W0038922

Ferdinand Fischer

Schönes NRW

Reiseführer zu den historischen Stadt- und Ortskernen in Nordrhein-Westfalen

Wir in Nordrhein-Westfalen
Unsere gesammelten Werke
4

Dritte überarbeitete Auflage, September 2006
Die Erstausgabe erschien 2003 im Klartext Verlag.

Redaktion:	Walter Ollenik, Jürgen Uphues
Fotos:	Jürgen Landes, Dortmund und Mitgliedsstädte
Regionalkarten:	Thomas Serres, Wuppertal
Satz und Gestaltung:	Klartext Medienwerkstatt GmbH, Essen
Umschlaggestaltung:	Marketing und Kommunikation, WAZ-Mediengruppe
Umschlagbild:	Christoph Kniel
Druck und Bindung:	Druckerei J.P. Himmer GmbH, Augsburg

ISBN 978-3-89861-673-8
ISBN-13 978-3-89861-673-7

www.klartext-verlag.de

Inhalt

Vorwort **8**

Ostwestfalen-Lippe 10

Germanen, Römer und Karl der Große 11
Bad Salzuflen 12
Blomberg 18
Brakel 24
Detmold 30
Höxter 36
Horn – Bad Meinberg 42
Lemgo 48
Lügde 54
Minden 60
Nieheim 66
Schieder-Schwalenberg 72
Warburg 78

Münsterland 84

Wallhecken und Wasserburgen 85
Rheda-Wiedenbrück 86
Rietberg 92
Steinfurt-Burgsteinfurt 98
Tecklenburg 104
Warendorf 110
Werne an der Lippe 116

Südliches Westfalen 122

Tausend Berge und mehr 123
Arnsberg 124
Bad Berleburg 130
Bad Berleburg-Elsoff 136
Bad Laasphe 142
Freudenberg 148
Lippstadt 154
Meschede-Eversberg 160
Schmallenberg 166
Siegen 172
Soest 178
Werl 184

Rheinland – Ruhrgebiet 190

Ruhr aus dem Sauerland – Rhein aus der Schweiz 191
Bedburg-Kaster 192
Düsseldorf-Kaiserswerth 198
Hattingen 204
Hattingen-Blankenstein 210
Herten-Westerholt 216
Kalkar 222
Kempen 228
Korschenbroich-Liedberg 234
Krefeld-Linn 240
Velbert-Langenberg 246
Wachtendonk 252

Bergisches Land und Eifel 258

Bergische Kaffeetafel, Maare und Mönche 259
Aachen-Kornelimünster 260
Bad Münstereifel 266
Bergneustadt 272
Dahlem-Kronenburg 278
Hellenthal-Reifferscheid 284
Hennef – Stadt Blankenberg 290
Hückeswagen 296
Mechernich-Kommern 302
Monschau 308
Nideggen 314
Remscheid-Lennep 320
Schleiden-Olef 326
Solingen-Gräfrath 332
Stolberg 338
Stolberg-Breinig 344

Register 350

Historische Stadt- und Ortskerne in NRW

Historische Stadtkerne
Historische Ortskerne
Münsterland
Tecklenburg
Steinfurt-Burgsteinfurt
Warendorf
Rheda-Wiedenbrück
Rietberg
Werne
Ostwestfalen-Lippe
Minden
Bad Salzuflen
Lemgo
Detmold
Lügde
Blomberg
Schieder-Schwalenberg
Horn-Bad Meinberg
Nieheim
Höxter
Brakel
Warburg
Rheinland/Ruhrgebiet
Kalkar
Herten-Westerholt
Wachtendonk
Kempen
Hattingen
Hattingen-Blankenstein
Krefeld-Linn
Velbert-Langenberg
Düsseldorf-Kaiserswerth
Korschenbroich-Liedberg
Bedburg-Kaster
Südliches Westfalen
Lippstadt
Soest
Werl
Arnsberg
Meschede-Eversberg
Schmallenberg
Bad Berleburg
Bad Berleburg-Elsoff
Bad Laasphe
Freudenberg
Siegen
Bergisches Land/Eifel/Rhein-Sieg
Solingen-Gräfrath
Remscheid-Lennep
Hückeswagen
Bergneustadt
Stolberg
Stolberg-Breinig
Nideggen
Aachen-Kornelimünster
Hennef-Blankenberg
Mechernich-Kommern
Monschau
Schleiden-Olef
Bad Münstereifel
Hellenthal-Reifferscheid
Dahlem-Kronenburg

Schönes NRW

Historische Stadt- und Ortskerne

Nordrhein-Westfalen: das Land von Kohle, Eisen und Stahl? Längst hat sich herumgesprochen, dass die Montanindustrie nur mehr einer von vielen Wirtschaftszweigen ist, auf denen die Kraft unseres Landes beruht. So ist mittlerweile weithin bekannt, dass Nordrhein-Westfalen auch ein Zentrum der Solarenergie und der Kunststoffverarbeitung, des Umweltschutzes, der Telekommunikation und der neuen Medien ist. Weniger geläufig ist der reiche Bestand an Bau- und Bodendenkmälern, die eine Jahrtausende

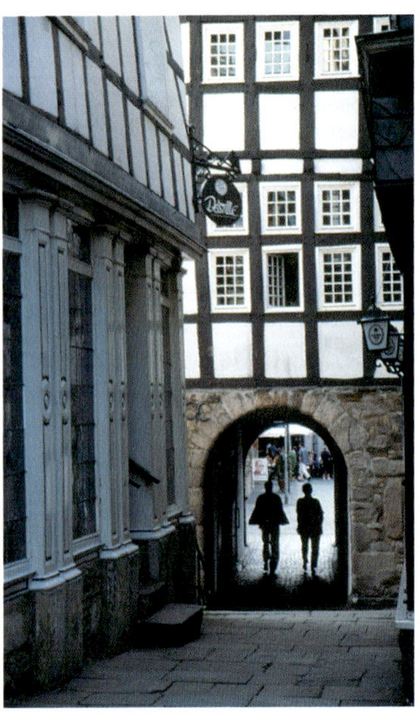

währende Siedlungs- und Kulturgeschichte bezeugen. So haben 55 historische Stadt- und Ortskerne Kriege, Krisen und die Abrissbirnen des Wirtschaftswunders weitgehend unbeschadet überdauert und üben immer aufs Neue einen besonderen Reiz aus – nicht nur für ihre Bewohnerinnen und Bewohner, sondern ebenso für Durchreisende und Gäste. Dennoch liegen die historischen Stadt- und Ortskerne zu sehr am Rande des öffentlichen Bewusstseins und der überregionalen Beachtung.

Konfliktsituationen zwischen dem Alten, Bewahrenswerten und neuen Herausforderungen zu mildern, zukunftsträchtige Lösungen zu finden und dem baukulturellen Erbe langfristige, wirtschaftlich tragfähige Perspektiven zu eröffnen – dies war und ist Anlass für das besondere Engagement des Ministeriums für Bauen und Verkehr zugunsten der historischen Stadt- und Ortskerne. 1985 legte Nordrhein-Westfalen ein Förderprogramm zu deren Erhaltung und behutsamen Erneuerung auf. 1987 schlossen sich die Historischen Stadtkerne und 1990 die etwas kleineren Historischen Ortskerne zu Arbeitsgemeinschaften zusammen.

Mit der Aufnahme in das Förderprogramm und eine der beiden Arbeitsgemeinschaften verpflichten sich die Mitglieder, die historischen

Grundrisse zu erhalten bzw. wiederherzustellen, noch vorhandene Befestigungsanlagen instand zu setzen, die Stadtsilhouette zu schützen, Baudenkmäler zu sichern, funktionslos gewordene Gebäude umzunutzen, öffentliche Grün- und Freiflächen aufzuwerten, historische Wegenetze zu rekonstruieren, alte Bachläufe freizulegen, Altbauten für Wohnzwecke zu modernisieren, Baulücken durch maßstäblichen Wohnungsneubau zu schließen, motorisierten Durchgangsverkehr zu unterbinden, die Verkehrssituation flächendeckend zu beruhigen, den ruhenden Verkehr in nicht störender Weise unterzubringen und die Bürgerschaft unmittelbar an den Planungen zu beteiligen.

Der hier vorgelegte Reiseführer möchte neugierig machen. Bilder und Texte, Stadtrundgänge und Geheimtipps führen Sie zu den historischen Schätzen in Nordrhein-Westfalen Weitere Informationen hält das Internet für Sie bereit: **www.hso-nrw.de**

Willkommen im schönen NRW!

Christof Sommer
Bürgermeister der Stadt Lippstadt
Vorsitzender der AG Historische Stadtkerne in Nordrhein-Westfalen

Willi Hönscheid
Bürgermeister der Stadt Nideggen
Vorsitzender der AG Historische Ortskerne in Nordrhein-Westfalen

Ostwestfalen-Lippe

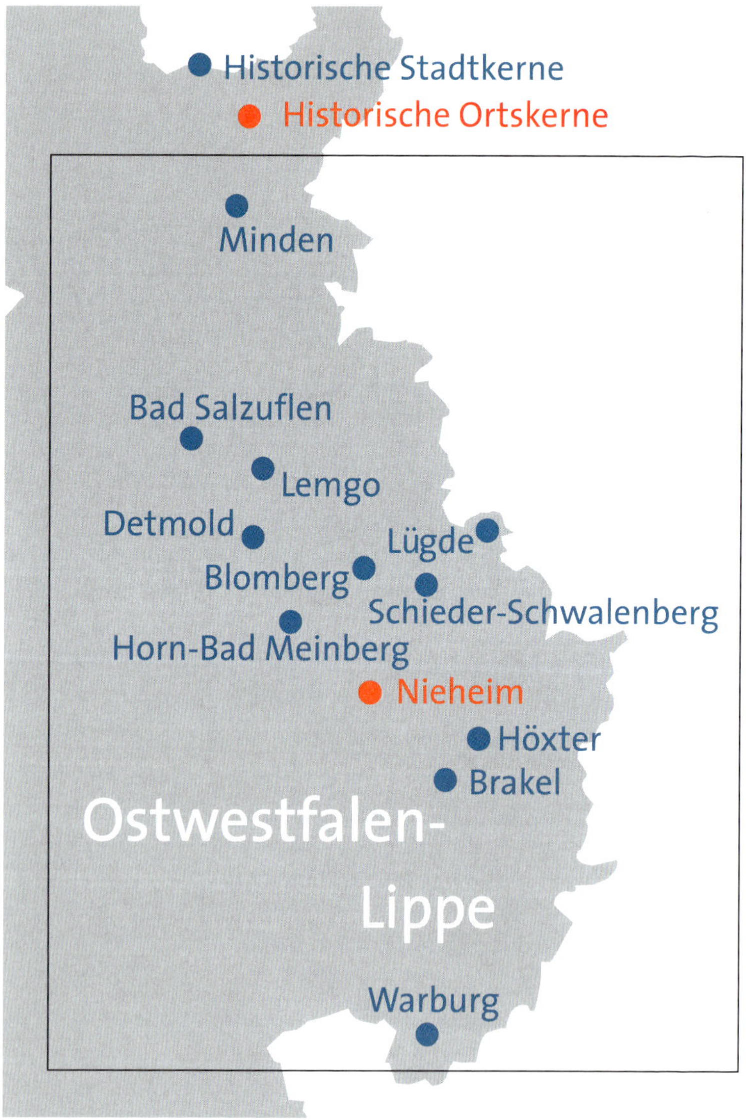

Historische Stadtkerne
Historische Ortskerne

Minden
Bad Salzuflen
Lemgo
Detmold
Lügde
Blomberg
Schieder-Schwalenberg
Horn-Bad Meinberg
Nieheim
Höxter
Brakel
Ostwestfalen-Lippe
Warburg

Germanen, Römer und Karl der Große

Das Land links der Weser, des Teutoburger Waldes, des alten Fürstentums Lippe steht für landschaftliche und kulturelle Vielfalt. Historische Traditionslinien verzweigen sich hier, wo Karl der Große es sehr schwer hatte, die aufständischen Sachsen unter seine Fuchtel zu bringen. Jahrhunderte zuvor hatten es auch die Römer nicht leicht: Selbst wenn heute die berühmte Schlacht im Teutoburger Wald etwas weiter nördlich nach Kalkriese bei Osnabrück verschoben worden ist – ein monumentales Denkmal ist immer noch bei Detmold zu bewundern: der „Hermann".

Teutoburger Wald, Paderborner Hochfläche, Warburger Börde, Lippe-Detmold, Alte Hansestadt Lemgo, es sind samt und sonders klingende Namen, die mit einer langen Geschichte, aber auch mit den Erinnerungen an Künstler des Wortes, der Leinwand, der Skulpturen, der Musik verbunden sind. Eine abwechslungsreiche Landschaft, wenn man einmal seine Füße über das sanfte Land zwischen 50 und 500 Metern setzt, die Höhenzüge des Eggegebirges, das Wiehen- und Wesergebirge besteigt. Germanen und Römer haben sich hier gefetzt, der Frankenkönig Karl hat eine Kaiserpfalz gebaut. Die Hanse hat in diesem Raum wichtige Handelsbeziehungen unterhalten. Aus dem Wohlstand sind zauberhafte Stadtbilder in Fachwerk, Stein und – inzwischen mit moderner Architektur – auch in Glas, Beton und Stahl entstanden.

Heute sind die historischen Stätten der Region mit attraktiven Angeboten verbunden. In Detmold taucht man in die Klangwelt der dortigen Musikhochschule ein. Nieheim bietet jede Menge Gaumenfreuden, denn dort ist nicht „alles Käse". Reizvoller als in der Malerstadt Schieder-Schwalenberg kann es kaum anderswo sein, und zwischen „Hexenbürgermeisterhaus" und den Gassen des Marktplatzes pulsiert das Leben in Lemgo. Wellness und das Flair eines Staatsbades sind in Bad Salzuflen zu spüren, dagegen verblieb in der nordwestlichsten Stadt Minden die Atmosphäre des Königreiches Preußen mit der alten Festung oder dem ehemaligen Regierungsgebäude. In Lügde rasen alljährlich die Osterräder zu Tal, andere Städtchen träumen behaglich vor sich hin, bieten freundliche Aufnahme, eine bodenständige Gastronomie und für den Besucher einige Abwechslung. Warburg bildet den südlichen Abschluss dieser Region, erhebt sich imponierend mit Alt- und Neustadt über der Diemel, so wie Blomberg mit seiner mächtigen Burganlage Eindruck macht.

Ostwestfalen-Lippe – eine Region, die man in ihrem Kern zügig mit dem Auto „erfahren" kann, die aber auch ein schönes Stück Deutschland für die Erkundung mit dem Rad darstellt, von den Wanderschuhen, die über die schon genannten Höhenzüge steigen, ganz zu schweigen.

Bad Salzuflen

Quelle der Gesundheit

Im Lipperland am Fuße des Teutoburger Waldes liegt eines der größten Heilbäder unseres Landes: Bad Salzuflen. Die alte lippische Salinen- und Badestadt beeindruckt durch ihre historisch gewachsene architektonische Vielfalt, aber auch mit modernem Flair. Die Altstadt mit eindrucksvollen Bauten aus der Zeit der Weserrenaissance und das um 1900 enstandene Kur- und Badeviertel mit seinen Badehäusern, Villen und Pensionen prägen auch heute noch das Gesicht der Stadt. Mächtige Gradierwerke bringen meeresähnliches Klima in die Stadt: Von April bis Oktober rieseln täglich bis zu 300.000 Liter über die Schwarzdornwände und zerstäuben zu feinem Nebel. Bad Salzuflen präsentiert sich heute als attraktives Gesundheitszentrum. Durch das moderne Ambiente des Therapiezentrums RehaVital und der GesundheitsTherme VitaSol werden Gesundheit und Wellness zu einem einzigartigem Erlebnis.
Im Zuge der kommunalen Neuordnung wurde Alt-Salzuflen 1969 mit der Stadt Schötmar und zehn Dörfern zur neuen Großgemeinde Bad Salzuflen zusammengeschlossen. Im gesamten Stadtgebiet finden sich heute 250 denkmalgeschützte Gebäude, davon allein 75 in der historischen Altstadt.

Geschichte

Salzuflen gehört zu den ältesten Salzgewinnungsstätten im deutschsprachigen Raum. Zwischen 1036 und 1051 schenkte der Paderborner Bischof Rotho dem Kloster Abdinghof eine Salzstätte in Uflen. Dort, wo der heutige Salzhof liegt, befand sich die Saline. Unter der Herrschaft der Grafen

Bad Salzuflen - Kreis Lippe

- von 73 m bis 127 m ü. NN.
- BAB 2 Anschlussstelle Nr. 29 Herford/Bad Salzuflen oder Nr. 31 Vlotho/Exter
- Bahnstation an der Strecke Herford-Altenbeken; InterRegio/IC-Station Herford (8 km), IC/ICE-Station Bielefeld (25 km), InterRegio-Station Altenbeken (35 km)
- Busanreise jeden Mittwoch (Mai-Sept.) aus den Großräumen Hamburg, Wilhelmshaven, Nieder- und Oberbergisches Land, Wuppertal, Ruhrgebiet; Samstag aus Berlin, Sonntag nach Berlin
- Paderborn/Lippstadt (60 km), Hannover (100 km), Münster/Osnabrück (110 km)
- N Minden (BAB 2/B 482) 32 km, **SO** Lemgo (B 252) 15 km, **S** Detmold

von Sternberg (1226 bis 1377) entstand östlich des Flusses rund um den Hafermarkt eine Gewerbesiedlung. Während der „Soester Fehde" wurde der nur wenig befestigte Ort 1447 von böhmischen Söldnern zerstört. Mit dem Wiederaufbau entstand in der zweiten Hälfte des 15. Jahrhunderts auch ein Mauerring mit drei Wehrtürmen und vier Toren. 1488 erhielt der so vergrößerte Ort durch den lippischen Landesherrn Bernhard VII. die Stadtrechte. Da Salzuflen das Salzmonopol in Lippe besaß und der Handel mit dem „weißen Gold" auch über die Landesgrenzen hinaus florierte, gelangte der Ort zu bemerkenswertem Reichtum.

Vom Wohlstand der Salzufler Bürgerschaft im 16. und frühen 17. Jahrhundert zeugen noch heute die vielen im Stil der Renaissance errichteten Bauten in der Innenstadt. Beendet wurde diese Blütezeit schließlich durch den Dreißigjährigen Krieg (1618 bis 1648). Ein verheerender Brand vernichtete 1762 weite Teile der Stadt. Zu guter Letzt musste im Jahre 1766 die wichtigste Einnahmequelle Salzuflens, die Saline, an den lippischen Landesherrn verkauft werden. Dieser ließ das Salzwerk grundlegend modernisieren und Gradierwerke errichten. Durch die Gradierung konnte der Salzgehalt der Sole von sechs auf circa 20 Prozent erhöht werden. Da alle Gewinne aus der Saline nun aber an den Landesherrn fielen, konnte Salzuflen hiervon nicht mehr profitieren. Erst als Medizinalrat Dr. Heinrich Hasse 1817 die Einrichtung einer Badeanstalt beantragte, begann allmählich der Aufschwung als Badeort. Bereits im folgenden Jahr wurde der Badebetrieb aufgenommen. Der Namenszusatz „Bad" durfte jedoch erst ab 1914 geführt werden.

Sehenswertes beim Stadtrundgang

P Parkhaus Ostertor oder Parkhaus Herforder Tor

1. Startpunkt des Rundgangs ist der **Salzhof**, hier beginnt in der ersten Hälfte des 11. Jahrhunderts die schriftlich überlieferte Geschichte Salzuflens und circa 770 Jahre später –1818 – auch die Geschichte des Kurortes und Heilbades Salzuflen. Bis 1926 wurde auf dem Salzhof das „weiße Gold" gewonnen. An Siedepfannen und Badewannen erinnert heute nur noch das 1934 über der **Paulinenquelle** errichtete Brunnendenkmal mit fünf Reliefs, die die Geschichte des Salzwerkes und die Anfänge des Badebetriebes zeigen. Auf einer Säule ist das Stadtwappen dargestellt.

2. Sehenswert sind die Ackerbürgerhäuser in der **Langen Straße 1 bis 9**, die im 16. und 17. Jahrhundert erbaut wurden. Eines der schönsten dieser Häuser ist die Nummer 7, erbaut 1621 von Johan Loofher, dem damaligen Pastor der reformierten Kirchengemeinde. Besonders malerisch ist das Haus Lange Straße 1, im Volksmund „Klein Venedig" genannt. Direkt an der Salze und ein wenig sogar über ihr liegt dieses vorspringende Fachwerkgiebelhaus von 1625; zwischen den Pfeilern haben früher Färber ihr Leinen in der Salze gespült.

3. Die Brücke über der Salze führt uns zur Straße Am Markt. Das zwischen 1545 und 1547 Am Markt 26 errichtete **Historische Rathaus** von Bad Salzuflen gilt als herausragendes Monument der wirtschaftlichen Blütezeit der Stadt. Der zweigeschossige Bruchsteinbau mit dem charakteristischen spitzbogigen Hauptportal erhielt sein im Stil der Renaissance gestaltetes Giebeldreieck im Zuge einer „Modernisierung" in den 1580er Jahren. Der gotisierende Treppenvorbau wurde 1859/60 angelegt.

4. Das 1530/31 erbaute Bürgermeisterhaus **Am Markt 32** weist unverkennbare Ähnlichkeiten mit dem gegenüberliegenden Rathaus auf. Dies gilt vor allem für das in den 1590er Jahren erneuerte Giebeldreieck. Bemerkenswert ist außerdem der „Adam und Eva"-Reliefstein mit zwei Wappenschilden. Zu den besonders reich ausgestatteten Bürgerhäusern zählt das 1564 von Bürgermeister Johann Barkhausen erbaute Gebäude **Am Markt 34**. Es gilt als „Juwel" der Baukunst der Weserrenaissance. Beeindruckend ist vor allem der fünfgeschossige Giebel. Die Spitze bilden ein „wildes Paar" und eine darüber stehende Halbfigur eines gepanzerten, bärtigen Mannes, der eine Kugel nach oben hält. Diese Giebelbekrönung ist ein typisches Motiv für die Architekturepoche der Renaissance.

5. **Am Markt 38** (erbaut 1620) beherbergt die älteste Apotheke Salzuflens (seit 1792), sie befindet sich **noch heute im Besitz der Familie Brandes**. Bis zum Jahre 1958 gab es im damaligen Salzuflen aufgrund des Apotheker-Privilegs nur die **Brandes´sche Apotheke**. Gegründet wurde sie von Gottlieb Brandes; dessen Sohn Rudolph Brandes war ein weit über die lippischen Grenzen hinaus bekannter Naturforscher und Publizist.

6. Hinauf zur **Stadtkirche auf dem Hallenbrink** führt die Brunnengasse. Ihren barocken Turmhelm (Welsche Haube) erhielt die in den ältesten Teilen (Unterbau der Turmes) aus dem 14. und 15. Jahrhundert stammende Kirche im späten 18. Jahrhundert nach einem Brand, der große Teile des Gebäudes zerstört hatte.

7. Weiter nach links in die Turmstraße gelangen wir zum **„Katzenturm"**, er ist – neben Resten der Stadtmauer – der letzte Zeuge der in der zweiten Hälfte des 15. Jahrhunderts errichteten Stadtbefestigung. Diese bestand ursprünglich aus einer etwa fünf Meter hohen Ringmauer, in die außer dem Katzenturm zwei weitere Wehrtürme und vier Stadttore eingelassen waren.

8. 50 Meter weiter gehen wir links den Schennershagen hinunter in die Ritterstraße zum **Hafermarkt,** dem ältesten Platz Salzuflens. Das Haus **Wenkenstraße 10a** ist stilistisch noch der Spätgotik zuzuordnen. Dekorativ gemusterte Backsteingefache zieren den Giebel und das vorkragende Speichergeschoss dieses 1520 von Pfarrer Anton Gießenbier erbauten Gebäudes. Schräg gegenüber, in der **Oberen Mühlenstraße 1,** beeindruckt **„Haus Backs"** mit seiner prachtvollen Fassade im Stil der Weserrenaissance. Der 1581 errichtete massive Unterbau wurde 1632 – mitten im Dreißigjährigen Krieg! – durch Hermann von

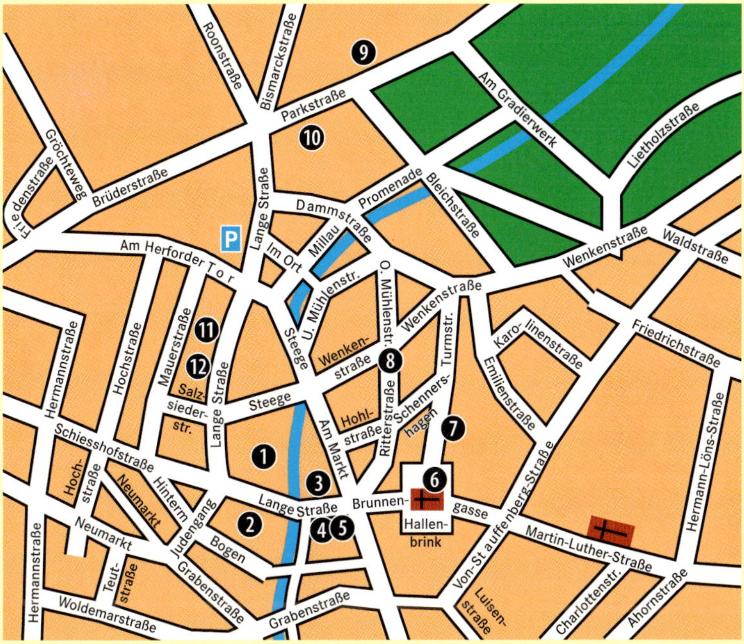

Exter um ein Speichergeschoss aufgestockt und unter Verwendung des ersten Giebels mit der aufwändigsten, je in Salzuflen gestalteten Schnitzfassade versehen.

9. Von hier führt der Weg durch die Obere Mühlenstraße und die Dammstraße, vorbei an der alten Stadtmühle (Dammstraße Nr. 7) über die Salze rechts auf die Millau-Promenade. Wir kommen über die Bleichstraße am Kurgastzentrum vorbei ins Kurviertel. Vor uns liegen die über 300 Meter langen **Gradierwerke**. Die Schwarzdornwände – einst Teil der 1945 stillgelegten Saline – dienen heute als Freiluft-Inhalatorium. Ein Durchgang gibt den Blick frei auf den **Rosengarten** und das 1904 erbaute **Leopold-Bad**; Namensgeber dieses Badehauses war Fürst Leopold IV., der von 1905 bis 1918 als letzter Monarch das Fürstentum Lippe regierte.

10. Gegenüber den Gradierwerken befinden sich eine Reihe **repräsentativer Villen, Pensionen und Caféhäuser** aus der Zeit um 1900.

11. Am Ende der Parkstraße biegen wir links in die Lange Straße. Das 1618 errichtete dreigeschossige Fachwerkgiebelhaus **Lange Straße 41** gehört zu den ortsbildprägenden Renaissance-Bauten der Salzestadt. Bemerkenswert sind die kunstvollen Rosetten in verschiedenen Variationen. **Das Gebäude beherbergt heute das Stadt- und Bädermuseum.**

12. Nur ein kleines Stück weiter befinden sich die in den Jahren 1612 und 1618 erbauten Fachwerkhäuser **Lange Straße 33 und 35**. Aufgrund ihres reichen Schnitzwerks, an dem vor allem die Rosetten- und Beschlagwerkornamente auffallen, zählen sie zu den repräsentativsten Beispielen der Baukunst der Weserrenaissance.

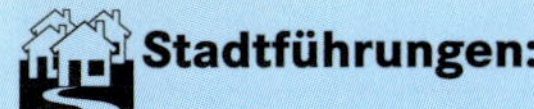

Stadtführungen:

Durch die „Historische Altstadt" und „Frauen in der Geschichte Bad Salzuflens", ⓘ Tourist Information T 05222/183183

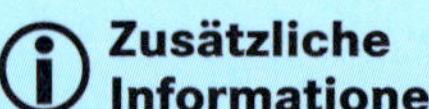

Stadt- und Bädermuseum, Lange Straße 41, einmalige Sammlung zur Deutschen Bädergeschichte sowie Stadt- und Salinenhistorie, Ö: März–Nov. di–sa 10–12, 14–17 Uhr, so 10–12, 13–17 Uhr; Dez.–Febr. di–sa 14–17 Uhr, so 10–12, 13–17 Uhr, T 05222/59766, F 05222/960607

Insidertipps

„Klein Venedig" (Lange Straße 1), Bürgermeisterhäuser (Am Markt 34), Historisches Rathaus, Brandes'sche Apotheke.

Anno 1571, T 05222/40661; Ratskeller, Am Markt 26, T 05222/59774; Ritterstr. 13, T 05222/50643; Haferkiste, Wenkenstr. 10, T 05222/59233; Zum Salzsieder, Dammstr. 8, T 05222/10540.

Historisches Rathaus

Altes Bürgermeisterhaus

Empfehlungen in der Umgebung

■ **GesundheitsTherme VitaSol:** Wasser- und Saunalandschaft, Fitnessclub, Beauty & Wellnes Center, Massage- und Solarienstudio, Restaurant, Sauna- und Fitnessbar, Ö: mo–sa 7–22, so/fei 7–20 Uhr (nur Thermalsole-Wasserlandschaft); Extersche Str. 42, T 01805/733633, www.vitasol.de

■ **Kurpark und Landschaftsgarten mit altem Baumbestand,** ⓘ Kur- und Tourist Information, T 05222/183183
Rosengarten an den Gradierwerken

■ **Wildgehege** an der Alten Vlothoer Straße

■ **Schloss Stietencron** mit Schlosspark, OT Schötmar, Schloss 1729 im Stil des Spätbarocks erbaut, nicht zu besichtigen (Musikschule)

Katzenturm

■ **Umweltzentrum Heerser Mühle:** Beispiele für umweltbewusste Garten- und Landschaftsgestaltung, ⓘ 05222/797-151; www.heerser-muehle.de

■ **Leopoldshöhe** mit Heimathof und Gut Eckendorf-Nienhagen: Fachwerkhof und Backhaus. ⓘ 05208/7129

■ **Histor. Extertalbahn,** 40 km durch das nordlippische Bergland, ⓘ 0177/630-9424

Anschriften:

Tourist Information,
Parkstr. 20, 32105 Bad Salzuflen,
T 05222/183183
www.bad-salzuflen.de
info@bad-salzuflen.de

■ Herford: **Tierpark,** bes. für Kinder geeignet, ⓘ 05221/81284

■ Oerlinghausen: **Archäologisches Freilichtmuseum** (Hausbau, Leben v.d. Steinzeit bis zum Mittelalter), ⓘ 05202/2220

Regelmäßige Veranstaltungen

Wochenmarkt auf dem Salzhof (di+sa) – Salzwerkbettag (Mitte Mai, Okt./Erntedank) – Salzsiederfest in der Altstadt (Anfang Mai) – „Dressur-Special" Stadion Flachsheide (Mai) – Historischer Markt (Ende Mai/Anfang Juni, alle drei Jahre) – „Philharmonischer Sommer" mit der Nordwestdeutschen Philharmonie (Juni) – Weinfest Salzhof (Aug.) – „Weihnachtstraum" mit Krippendorf auf dem Salzhof (Adventszeit)

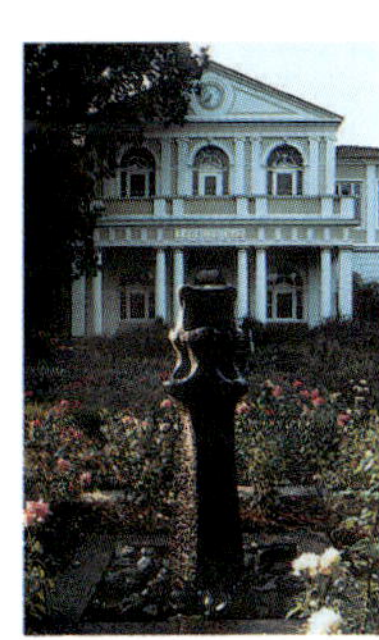

Leopold-Bad

Wege in der Umgebung:

jeden 2. Dienstag ab Torkasse Kurparksee geführte Wanderung durch die Salzufler Wälder, ⓘ T 05222/183183

Soleweg, BahnRadRoute Weser-Lippe, Wellness-Radroute, direkt in der Wandelhalle im Kurpark befindet sich ein Fahrradverleih ⓘ 05222/183236

in den Sommermonaten (April bis Oktober) lädt der Kurparksee zu einer Partie mit Ruderbooten nach historischem Vorbild ein, ⓘ 05222/81518

lohnenswerte Fahrten durch das lippische Bergland

Blomberg

Die „Blume" und ehemalige Residenz lippischer Grafen

Die 750 Jahre alte Stadt Blomberg, zwischen den Ausläufern des Teutoburger Waldes und der Weser, inmitten des waldreichen Hügellandes des Lippischen Südostens gelegen, wird in einem alten lippischen Städtereim auch „de Bleome" – die Blume – genannt. Zu Recht: Jahrhunderte alte Bauten mit oft meterdicken Mauern, geschwungene Straßen und Gassen mit repräsentativen Fachwerkhäu-

Marktplatz mit Rathaus und „Alheyd-Brunnen"

Blomberg – Kreis Lippe

- 180 m ü. NN.
- BAB 33 Anschlussstelle Nr. 26, dann B 1; BAB 2, Anschlussstelle Nr. 27, dann B 252 Rinteln; BAB 7 Kreuz Kassel, weiter BAB 44; BAB 7 Dreieck Hannover-West, dann BAB 2; BAB 44, Anschlussstelle Nr. 65 Warburg, dann B 252
- Hannover oder Paderborn/Lippstadt
- **NW** Detmold 19 km, **NO** Lügde 15 km, **O** Schieder-Schwalenberg 6 km

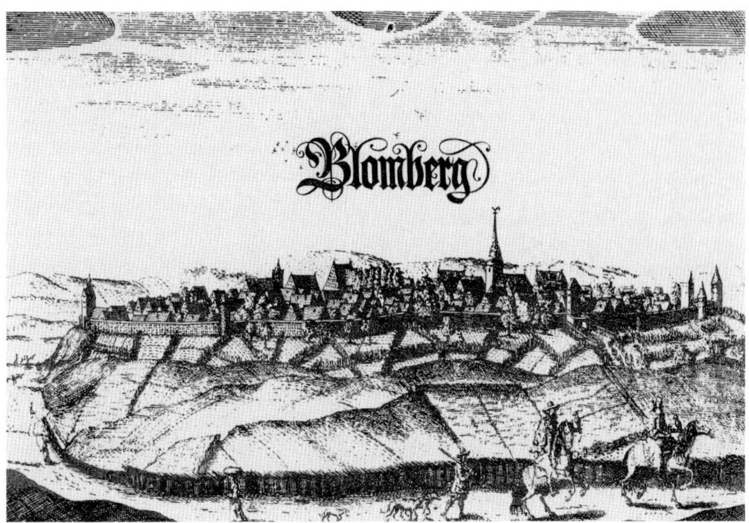

sern und Reste der mittelalterlichen Befestigungsanlage prägen das Bild dieser ostwestfälischen Kleinstadt. Direkt in Blomberg gibt es viele reizvolle Plätze zu entdecken, denn das Städtchen gehört zu den „historischen Stadtkernen“, die von der Landesregierung in das Sonderprogramm der Stadterneuerung aufgenommen wurden: Seit 1981 wurden 84 städtebaulich wertvolle Objekte saniert, die bei einem Stadtrundgang entlang der rund 250 Fachwerkhäuser angenehm auffallen. Nach einem solchen Altstadtbummel warten gute gastronomische Angebote in Cafés, Biergärten oder Restaurants darauf, ausprobiert zu werden.

Geschichte

Blomberg entstand – ähnlich wie Lemgo, Horn, Detmold und Salzuflen – nach dem typisch lippischen „Drei-Straßen-Schema“. Diese planmäßige Anlage entstand unter dem Edelherrn Bernhard III. zwischen 1231 und 1255 auf einem strategisch bedeutsamen Bergsporn oberhalb des Diestelbaches. Zu dieser Zeit wird ein Blomberger Stadtrichter genannt, vermutlich die Stadtrechte verliehen und die ersten Blomberger Münzen geprägt. Die äußerst günstige Lage am Schnittpunkt zweier wichtiger Handelsstraßen sorgte im Mittelalter für Reichtum und Wohlstand. Im 17. und 18. Jh. war Blomberg eine kleine Handwerker- und Gewerbestadt: Schuhe, Tische und Stühle fanden auf auswärtigen Märkten guten Absatz. Ab 1890 kam die Holzindustrie dazu, die mit ihren Produkten eine neue wirtschaftliche Blüte brachte. Und auch das Unternehmen Phoenix Contact liefert seit 1946 elektrische und elektronische Verbindungstechnik in alle Welt.
1970 erfolgt der Zusammenschluss mit 18 umliegenden Dörfern zu einem kommunalen Großgebilde.

Sehenswertes beim Stadtrundgang

Der Stadtrundgang beginnt am Marktplatz P in den Straßen ringsum oder am Piderit-platz.

Von den großen Kaufmannshäusern über die Gebäude von Handwerkern und Ackerleuten bis zu den kleinen Häuschen der Leineweber und Tagelöhner sind die früheren Wohn- und Lebensbedingungen unterschiedlicher Bevölkerungsgruppen ablesbar.

1. **Marktplatz:** repräsentativer und lebendiger Mittelpunkt Blombergs. Die nördliche Platzseite nimmt

2. ***Das Rathaus*** (1587 erbaut): ein, drei markante, gleich große Fachwerkgiebel fallen über einem zweigeschossigen Steinunterbau auf; links davor der „Schandpfahl", an dem Verurteile im Mittelalter zur Schau gestellt wurden.

3. **Der „Alheyd-Brunnen"** erinnert an ein denkwürdiges Ereignis von 1460: Die Alheyd Pustekoke hatte 45 geweihte Hostien aus der Martinikirche gestohlen und in einen Brunnen geworfen; die Frau wurde wegen des Frevels verbrannt, der Brunnen aber galt als wundertätig – Blomberg wurde zum Wallfahrtsort.

Vom Marktplatz führt der Rundgang über die Neue Torstraße, die Kirchhofstraße zum ehemaligen Amtsgericht und dem wuchtigen Martiniturm in das Viertel „Im Seligen Winkel".

4. **Haus Nr. 12** zeigt ein schmuckvolles Dielenhaus (1661) mit Beschlagwerkschnitzerei auf einer Spätrenaissance-Fassade.

5. ***Die ehemalige Klosterkirche*** (Schulstraße) „Zum Heiligen Leichnam" war zunächst lange Zeit als Wallfahrtkapelle errichtet und wurde erst später ausgebaut (1462/73): unter dem Langhaus der dreischiffigen Hallenkirche befindet sich die Grablege der Grafen zur Lippe.

In der folgenden Petersilienstraße und „An der Großen Mauer, stehen sehenswerte Handwerker- und Ackerbürgerhäuser. Besonders sehenswert:

6. **Petersilienstr. 43** und **„An der Großen Mauer 32"**, ehemals bewohnt von Handwerkern und Ackerleuten. Über den Steinweg erreicht man die

7. **Kuhstraße** im „Großen Viertel", in dem stattliche Kaufmanns- und Handwerkerhäuser bewundern werden können; z.B.

8. **Kuhstraße 16,** ein Gebäude das 1985 zur Stadtbibliothek umgebaut wurde;

9. **Kuhstraße 38,** dessen reiche Spätrenaissance-Fassade mit Beschlagwerk und figürlichen Schnitzereien geschmückt ist.

10. **Am Langen Steinweg 33** fällt ein großes Dielenhaus (1628) auf, dessen reiche Schnitzfassade wurde nach einem Brand 1978 wieder hergestellt. Von hier aus geht der Weg ins „Brinkviertel".

Kuhstraße

11. **Im Siebenbürgen 1a** erreicht man das Stadtarchiv, die Brinkstraße hinunter

12. **Das Niedere Tor** aus der Zeit von 1520/30 ist das einzige noch erhaltene Stadttor in Lippe, mit Toruhr und Glocke im Dachreiter geschmückt. Durch die Weinberggasse führt ein romantischer Fußweg zur Burg, entlang der weitgehend erhaltenen Stadtmauer mit sehr reizvollen Ausblicken in das „Blomberger Becken". Durch einen Torbogen gelangt man zunächst zum

13. **Bürgerhaus** *auf der* „Niederburg".

14. Hinter der Kuhpforte liegt nun rechts die

Burg Blomberg, die bis 1511 als Residenz der lippischen Landesherren diente. Von den drei Flügeln ist besonders auffällig die prächtige, vor der Mittelfront aufsteigende „Utlucht" und der farbenfrohe Fachwerkgiebel, vor allem prachtvoller Palmettenschmuck am Ostgiebel. Interessant auch die Türreliefs von Caleb und Josua mit einer Traube – über dem Eingang zum Weinkeller (in Blomberg gab es einen Weinberg, an den die Weinberggasse erinnert) oder das Bild des Strebkaz-Spiels (Ostflügel) oder das „Ludeziehen" als Gottesurteil. Heute ist die Burg Blomberg ein renommiertes **Burghotel**, mit allen modernen Annehmlichkeiten (Restaurant, Kaminhalle, Gewölbekeller, Rittersaal, Hochzeitskapelle, wunderbare Zimmer und Suiten, Sauna und Hallenbad) ausgestattet: T 05235/50010.

15. Nur wenige Meter entfernt das **Alte Amtshaus,** 1572 als Pfortehaus der Burg und Wohnung des herrschaftlichen Amtmanns erbaut. Auch hier zeigt sich noch einmal das reiche Schnitzwerk mit Brüstungsbohlen und vielfältigen Fächerrosetten.

Der Weg führt über den Pideritplatz und die Burgstraße zurück zum Markt.

Die Synagoge von 1808, eine nur von einer Handvoll erhaltener Synagogen. Die Raumaufteilung des Fachwerkbaues ist noch vorhanden und erkennbar. Heute ist dort das Stadtarchiv untergebracht.

Stadtführungen:

Histor. Stadtrundgang unter sachkundiger Führung April–Okt., an jedem 1.+3. sa; ⓘ Städt. Verkehrsbüro, Hindenburgplatz 1, 32825 Blomberg, T 05235/504-444, F 05235/504-450

Stadtbibliothek, Kuhstr. 16

Insidertipps

 Marktplatz mit Rathaus – Niedern Tor – Burg Blomberg

 Restaurant in der Burg Blomberg, T 05235/50010; Restaurant „Ul-

Im seligen Winkel, im Hintergrund die ehemalige Klosterkirche

meneck“, T 05235/424; Restaurant „Am Niederntor“, T 05235/96000; Gasthof „Marpetal“, T 05236/1097

Empfehlungen in der Umgebung

■ Reelkirchen, Wasserschloss und Kirche (13. Jh.) mit 1.000-jähriger Kirchenlinde;

Burg Blomberg

„Alheyd-Brunnen“

Dorfgemeinschaftshaus, Zeichen der intakten Dorfgemeinschaft: Treffpunkt der Reelkirchener.

■ **Altendonop,** eine alte Dorfidylle mit Wallhecke, Feldmannscher Scheune, Dorfplatz und Streuobstwiesen.

Regelmäßige Veranstaltungen

Stadtparty und Schützenfest im jährlichen Wechsel (Juli), 2006 Stadtparty- „Wilbaser Markt“ vor den Toren der Stadt (2. September Wochenende) - Kartoffelfest (1. Sonntag im Oktober) - Martinimarkt (Anfang November)

Altes Rathaus, Pideritplatz 5

Anschriften:

Städt. Verkehrsbüro,
Hindenburgplatz 1, 32825 Blomberg,
T 05235/504-444, F 05235/504-450,
www.blomberg-lippe.de
info@blomberg-lippe.de

Wege in der Umgebung:

Dingelstedtpfad (X 5), Niedersachsenweg (X 6); Wanderkarte 32 1:25.000

Bahnradroute Hellweg-Weser

Blomberg - Lügde (Osterräder) - Bad Pyrmont - Polle/Weser - Köterberg (Panorama) - Schieder (Stausee) - Blomberg

Brakel

Handel und Hanse am alten Hellweg zwischen Egge-Gebirge und Weser

Bei ihrer Reise nach Corvey rasteten im Jahr 836 Benediktinermönche in der „villa brechal". Aus dieser „villa" ist eine Großgemeinde im weiten Talkessel von Nethe und Brucht mit 15 ehemals selbständigen, jetzt eingemeindeten Orten geworden. Brakel, Luftkurort mit historischem Flair empfängt gern alte und junge Gäste: Die einen als Schüler, die diese Schulstadt im Kreis Höxter von der Grundschule bis zu den Gymnasien oder Schulen im Kloster Brede und noch anderen besuchen. Die anderen als gern gesehene Gäste, die sich für die vielen denkmalgeschützten Bauwerke des historischen Stadtkerns Brakel interessieren. Trotz sieben großer Brände lässt sich der mittelalter-

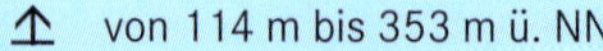

Brakel – Kreis Höxter

- von 114 m bis 353 m ü. NN.
- BAB 44 Anschlussstelle Nr. 65 Warburg, von dort ca. 40 km oder am Schnittpunkt der B 64 mit der „Ostwestfalenstraße" B 252
- NordWestBahn, RB-Linie 84, Paderborn – Brakel – Holzminden
- Paderborn/Lippstadt, ca. 60 km entfernt
- **NO** Höxter 20 km, **NW** Nieheim 15 km, **S** Warburg 30 km

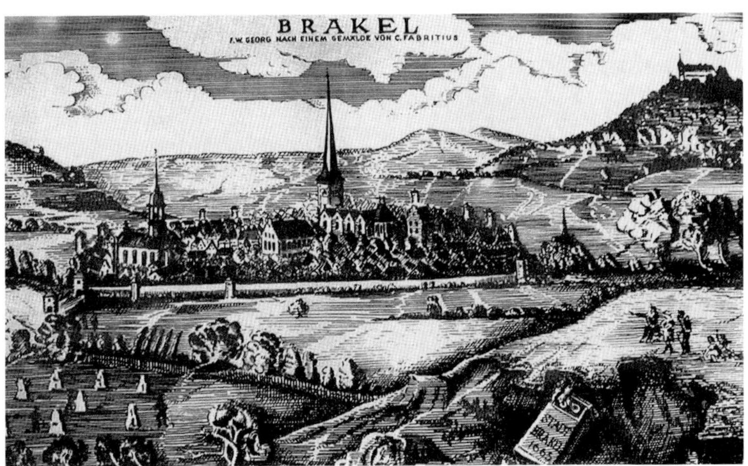

liche Grundriss der historischen Innenstadt und noch manches von der alten Hansestadt-Tradition erkennen. Der historische Stadtkern weist 76 denkmalwürdige Objekte auf, die alle unter Denkmalschutz gestellt worden sind.

Brakel ist sei 1974 „Staatlich anerkannter Luftkurort"; die Stadt besitzt zudem ein gut erschlossenes Gewerbe- und Industriegebiet mit namhaften Betrieben vorwiegend der Metall-, Holz-, Glas- und Kunststoffverarbeitung.

Geschichte

Bei der Überführung der Gebeine des hl. Veit von St. Denis nach Corvey wird Brakel als „villa brechal" erwähnt (s.o.). Eine Urkunde von 1213 berichtet, dass Hermann von Brakel seine Zehnteinkünfte „ad ecclesiam Bracle" überträgt, aber schon für die Zeit des 12. Jh. lassen sich die „Herren von Brakel" nachweisen. Auch die ältesten Bauelemente der kath. Pfarrkirche St. Michael reichen bis in das 12. Jh. zurück. Vom 14. Jh. ab steht Brakel in seiner vollen Blüte und gleichrangig mit den Städten Paderborn und Warburg, erkennbar u.a. an neuen Stadtmauern im Osten sowie am eigenen Gerichts- und Marktrecht. Im 15. Jh. verschlechtert sich die Lage Brakels; dennoch wird im vorstädtischen Bereich das Kloster auf der Brede gegründet. Der Dreißigjährige Krieg gräbt deutliche Spuren in das Gesicht der Stadt, dann aber verliert sich die Zeit bis 1803 in der Abgeschiedenheit einer kleinen Landstadt. Brakel wird preußisch, ja zur Kreisstadt erhoben. Dann kommen die Franzosen, die Verwaltung wird französisch und 1832 muß man den Kreissitz endgültig an Höxter übergeben.

Nach den Weltkriegen blieb noch eine sehr gute Substanz. Die Ablesbarkeit des historischen Stadtgrundrisses mit seinen zahlreich erhaltenen und sehenswerten Bauten schaffen die Basis zur Aufnahme in die Arbeitsgemeinschaft „Historische Stadtkerne".

Sehenswertes beim Stadtrundgang

P rund um den historischen Stadtkern, auch Nebenstraßen

Ausgangspunkt des Stadtrundganges (grüne Schilder) ist die

1. **Pfarrkirche St. Michael:** Grundbau entstand als romanische Pfeilerbasilika im 12. Jh., im Laufe der Jahrhunderte mehrfach umgebaut und erweitert. Außen ein Kreuzstein, dem Gedächtnis zweier Steinmetzen gewidmet, die bei Bauarbeiten vom Gerüst gestürzt sind. Innen: äußerst seltene Orgelflügel mit Bildern des Barockmalers Johan Georg Rudolphi (*1633, †1683 in Brakel). Eine Orgel ist schon 1349 erwähnt. Sehenswert die Kanzel (1622 gestiftet) und der steinerne Hochaltar (1748 gestiftet). Der Kirchplatz mit den Linden ist die „grüne Insel" der Altstadt.

2. Blick auf das Kloster **„Brede"**, gegründet 1483, mit Klostergebäude und Gymnasium der Armen Schulschwestern (Träger: Erzbistum Paderborn); errichtet auf Grundstücken der Brüder Dietrich und Bernhard von Asseburg.

3. Von der Kirche weiter durch die Papengasse, an der Nordmauer entlang, weiter durch die Spitalgasse zur Königstraße: **Haus Lobbenberg,** daneben

4. Königstraße: **sog. Speicherhaus** (1821) mit grünem Vorhof (und mehreren Vorgängerbauten an dieser Stelle), u.a. jüdischer Besitz des Moses Sudheim, Nachfahren ins Ruhrgebiet verzogen (Raum Essen).

5. **Stadtmauer** mit der vorgelagerten Alte Schmiede mit Mauerresten des 1329 errichteten Königs- bzw. Mesmekertores. Von hier verläuft auch das „Kaiwasser"; dieser künstliche Nebenlauf der Brucht konnte in der Schmiede als Antrieb genutzt werden.

6. Der Weg führt jetzt über die **Wallanlage** am Kaiwasser entlang in die Ostheimer Straße mit der 1715/18 erbauten **Kapuzinerkirche,** das erste Werk des westfälischen Barockbaumeisters Johann Conrad Schlaun (⇒Warburg, Arnsberg), mit der hohen, schlichten Fassade, die durch die Ausgewogenheit der Flächen beeindruckt. Über dem Portal das

Geburtshaus Petrus Legge

Wappen des Fürstbischofs Franz Arnold von Metternich. Innen: drei Altäre der Renaissance- und Barockzeit.

7. **Kapuzinerkloster,** ein dreiflügeliger Bau in schlichten Barockformen, heute das Pfarrzentrum und Sitz des Caritasverbandes. Eingangsstein erinnert an den Gründer des 1665 dem hl. Kilian geweihten Kloster.

8. **Ostheimer Straße** mit zahlreichen, gut erhaltenen und renovierten Fachwerkhäusern des 18. Jh., besonders Nr. 16 mit schmuckvoller barocker Tür und

9. Nr. 8, **Geburtshaus von Petrus Legge,** 1932 zum Bischof von Meißen ernannt.

10. An der Ecke zum **„Schoppenstiel"** und zur Henzengasse ergeben sich reizvolle Durchblicke zur Süd- und zur Ostmauer, die eine Vorstellung von der räumlichen Ausdehnung Brakels im 14. Jh. vermitteln.

11. **Marktplatz** (Wochenmarkt jeweils freitags Vormittag) mit der Rolandsäule, einer gotischen Steinsäule aus dem Jahr 1385; 5,45 m Höhe, Zeichen des städtischen Marktrechtes und auch Pranger.

12. **Rathaus** (Ursprünge bis ins 13. Jh.) mit verziertem Treppengiebel und kunstvoll gestaltetem Renaissanceportal (1573), Korbbogen und Quadereinfassung. Rechts unter dem Fenster eine Inschrift: *„Zu allererst seid bestrebt, den Willen Gottes zu achten! Und überhaupt: Respektiert die Obrigkeit als Träger öffentlicher Gewalt! Dann bleiben Land und Leute bei den Menschen in hohem Ansehen."* Inschrift unter dem linken Fenster: *„O Brokel du bist ehrenprys; Wo findt men dynes gliken? In Düdschland so ne stadt ni ist; se mött dy olle wyken."* Eingerahmt wird es vom

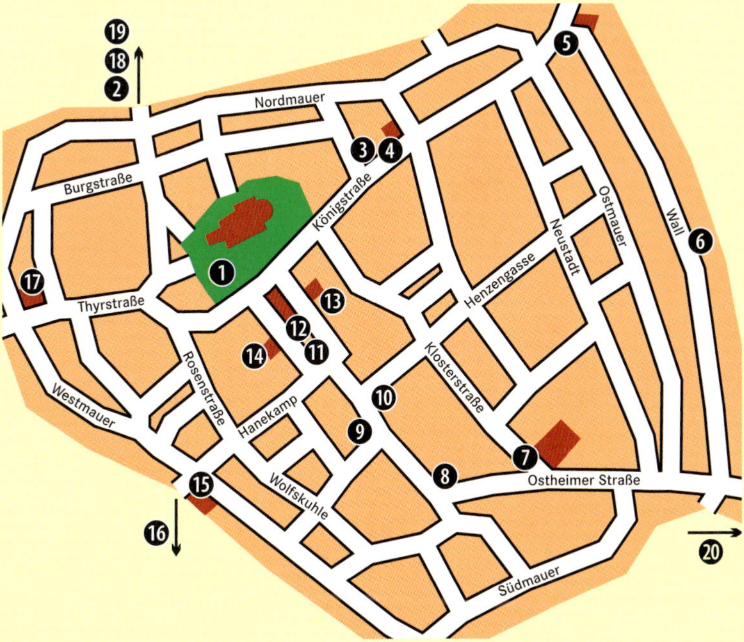

Nordmauer
Burgstraße
Königstraße
Thyrstraße
Rosenstraße
Westmauer
Hanekamp
Wolfskuhle
Klosterstraße
Henzengasse
Neustadt
Ostmauer
Wall
Ostheimer Straße
Südmauer
1 2 3 4 5 6 7 8 9 10 11 12 13 14 15 16 17 18 19 20

13. Haus des Gastes, das ehem. „Rothenbergsche Haus“, ein Ackerbürgerhaus (16. Jh.) mit klassizistischer Vorderfront (Tourist-Info und Museum) und von der

14. Alten Waage, ein Steinhaus mit spätgotischem Treppengiebel, war um 1350 zunächst Stadtsitz der Ritter von Modexen, dann bis 1840 Stadtwaage und Kornmagazin, danach Gefängnis und Feuerwehrgerätehaus; heute Ratssaal, Stadtarchiv und Ausstellungsräume.

Die nachfolgend genannten Ziele gehören nicht in den offiziellen Stadtrundgang:

15. Torwächterhaus, Rest des von 1306 bis 1803 bestehenden Hanekamperstadttores.

16. Ev. Auferstehungskirche, 1911–1912 im neugotischen Stil erbaut.

17. Zur Meierei: Gasthaus „Zur Meierei“, ein imposanter Fachwerkbau mit doppelt vorkragendem Giebel und sog. Höxter-Plattendeckung (1763) sowie einer bezeichnenden Inschrift: *„Arbeite und sei nicht faul, gebratene Taub fliegt nicht ins Maul.“*

18. Kloster Brede, etwas außerhalb, s. o. 2.

19. Annenkapelle, Annenbrunnen, 1719 erbaut, Ziel der jährlichen Prozession zum Annentag.

20. Friedhof der jüdischen Gemeinde am Hembser Berg: von der jüdischen Gemeinde Brakels 1854–1948 belegt.

Speicherhaus, Am Markt 5

Stadtführungen:

für Gruppen auf Anfrage durch die historische Altstadt ⓘ Haus des Gastes, Am Markt 5, tourist-info@brakel.de, T 05272/360-269, F 05272/360-44269

Zusätzliche Informationen:

Stadtmuseum im Haus des Gastes, Am Markt 5: Geschichte und Brauchtum der Hansestadt; ⓘ 05272/360-270
Haus „Alte Waage“, Am Markt, Wechselausstellungen; ⓘ Haus des Gastes T 05272/360-270
Museum Bökerhof, Schloss Bökerhof, Ö: Mai–Okt so/fei 14–17 Uhr, ⓘ Faltblatt, T 05251/603-093

Insidertipps

Kirche St. Michael – Kapuzinerkirche (J. C. Schlaun) – Rathaus – Alte Waage

Hotel „Am Kaiserbrunnen“, Brunnenallee 79, T 05272/6050; Steakhaus „Alte Scheune“, ein hübsches Fachwerkhaus, Königstraße 3, T 05272/9493; Restaurant „Bauerndeele“, Rosenstr. 4, T 05272/8294

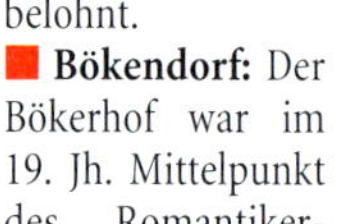

Geschenkartikel, Hanekamp 16, T 05272/7254; Ostheimer Str. 9, T 05272/5452; Nieheimer Str. 8, T 05272/6400

Empfehlungen in der Umgebung

■ **Hinnenburg,** nördlich von Brakel auf einer 282 m hohen Bergkuppe gelegen; heutiger Ausbau im wesentlichen 17./18. Jh.: Hauptgebäude der Renaissance, dreigeschossig, mit Eckturm nach Süden. Innen reiche Stuckarbeiten und das weithin berühmte Asseburger Archiv (nur Außenbesichtigung, nicht zugänglich).

■ **Modexer Warte:** ca. 2 km östlich der Stadt nahe der Kreisstraße nach Ovenhausen-Bosseborn; runder, hoher Turm, Teil der Brakeler Landwehr, 14. Jh.

■ **Kloster Gehrden:** erhalten blieben die zwischen 1160 und 1170 erbaute Klosterkirche mit barockem Hochaltar und zwei Gebäudeflügel. In der Pfarrkirche St. Peter und Paul, 1140 als romanische Pfeilerbasilika erbaut, ist das größte historische Glockengeläut Westfalens zu hören. Gehrden wurde mit der Goldmedaille im Bundeswettbewerb „Unser Dorf soll schöner werden“ belohnt.

Schützenfest

■ **Bökendorf:** Der Bökerhof war im 19. Jh. Mittelpunkt des „Romantikerkreises“ mit Annette von Droste-Hülshoff, den Brüdern Grimm, Clemens von Brentano und Josef von Görres; Literaturmuseum im Bökerhof; Freilichtbühne mit einer überdachten Zuschauertribüne, Laubengang im Park Schloss Bökendorf ⓘ Tourist Information s.u.

■ **Bellersen:** Das „Dorf B.“ in der Novelle „Die Judenbuche“ (A. v. Droste-Hülshoff), „Tourismus Musterdorf“ des Landes NRW mit dem Erlebnispfad zur Entfaltung der Sinne, dem Agrarhistorischen Rundwanderweg; Werkhaus und Kreativhof, Dauerausstellung „Das Urdorf“ mit Dorfmuseum und Schauanlage der Edelobstbrennerei, Wohnmobilhafen „Mühlengrund“ ⓘ 05276/7202

■ **Schloss Rheder:** Seit 1686 verbrieftes Recht, in Rheder *„Bier zu browen und auszuschenken“* – ausgeführt durch die Familie der Freiherren von Spiegel und Mengersen; Familienschloss an der Nethe, 1718 von J.C. Schlaun erbaut, mit 8ha großem Landschaftspark aus dem 19. Jhdt. und einem Husarenmuseum in der Vorburg. ⓘ Gräflich von Mengersen'sche Dampfbrauerei Rheder, T 05272/39230, F 05272/392320

1 Regelmäßige Veranstaltungen

Frühlingskirmes und Stadtfest (Christi Himmelfahrt bis zum Sonntag darauf) – „Annentag“ mit Innenstadt-Kirmes (1. August-Wochenende) – „Michaelis-Markt“ (2. Oktober-Wochenende)

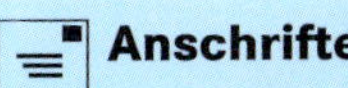

Anschriften:

Tourist-Information Brakel,
Am Markt 5, 33034 Brakel,
T 05272/360-269, F 05272/360-44269,
www.brakel.de und www.annentag.de
tourist-info@brakel.de

Pfarrkirche St. Michael

Wege in der Umgebung:

gut ausgebaute Rad- und Wanderwege mit Ausgangs- und Zielpunkt Brakel
ⓘ Information: T 05272/360-269, F 05272/360-44269
Agrarhistorischer Rundwanderweg (6 km) und Erfahrungsweg zur Entfaltung der Sinne (3,2 km) in Brakel-Bellersen, ⓘ Information T/F 05276/7202, www.bellersen.de
Gewässer-Lehrpfad, Obstbaum-Lehrpfad und Hudewald in Brakel-Gehrden
ⓘ Information: T 05648/226, F 05648/256
Historischer Höhenweg in Bökendorf ⓘ Information: T 05272/360-269, F 05272/360-44269

gut ausgebaute Radwege mit Ausgangs- und Zielpunkt Brakel

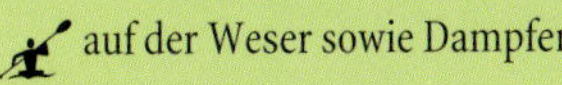

auf der Weser sowie Dampferfahrten

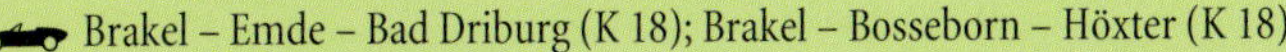

Brakel – Emde – Bad Driburg (K 18); Brakel – Bosseborn – Höxter (K 18)

Historischer Kornspeicher „Spieker“ und Lippisches Landesmuseum am Schlossgraben

Detmold

Kulturstadt im Teutoburger Wald

Detmold, die alte Residenzstadt, ist mit ihren knapp 80.000 Einwohnern die größte und bedeutendste Stadt des ostwestfälischen Kreises Lippe. Schon 1978 wurde die Altstadt im Bundeswettbewerb „Stadtgestalt und Denkmalschutz im Städtebau“ mit einer Goldplakette ausgezeichnet. Detmold ist Verwaltungszentrum des Kreises mit dem Sitz der Bezirksregierung, des Kreishauses, der Justizbehörden und der Staatsanwaltschaft. Das Landeskirchenamt, der Deutsche Jugendherbergsverband und eine der ältesten Hochschulen für Musik sind ebenso in Detmold zu finden wie 520 Baudenkmäler unterschiedlichster Epochen und Stilrichten, die das Bild der alten Residenzstadt prägen.

Detmold – Stadt im Kreis Lippe

- von 134 m bis 420 Meter ü. NN.
- BAB 7 Anschlussstelle Nr. 59, Richtung Hameln; BAB 44, dann BAB 33 (Wünnenberg), Anschlussstelle Nr. 22, weiter B 1; BAB 30, Anschlussstelle Nr. 29; BAB 2, Anschlussstelle Nr. 28.
- DB Bahnhof Detmold, davor zentraler Busbahnhof mit Linien in alle Ortsteile (Saison: Buslinie 792 zu allen Sehenswürdigkeiten); Urlauberticket Info: 0180-1339933, außerhalb von Lippe 05231/977782
- Paderborn/Lippstadt (ca. 65 km)
- **N** Lemgo 12 km, **O** Blomberg 15 km

Im historischen Stadtkern laden zahlreiche Straßencafés und Gaststätten zum Verweilen ein. Eine besondere Attraktion in der Innenstadt ist der lebhafte Wochenmarkt, der an drei Vormittagen in der Woche auf dem Marktplatz stattfindet.

Geschichte

Der Name Detmold taucht erstmals 783 auf: An einem Ort namens „Theotmalli" (= Volksgerichtsstätte) schlug Karl der Große die Sachsen. Graf Bernhard III. ließ die Siedlung um 1260 planmäßig neu anlegen und verlieh ihr das Stadtrecht. Nach verheerenden Zerstörungen in der Soester Fehde 1447 wurde Detmold zur Stärksten Festung des Landes ausgebaut. Seit 1550 war die Stadt fast ununterbrochen feste Residenz der Grafen und seit 1789 der Fürsten zur Lippe. Brandkatastrophen und Pest dezimieren Stadt und Bürgerschaft, die 1835 4.127 Einwohner zählt. Im 18. Jh. entwickelte sich Detmold von einer kleinen Ackerbürgerstadt (bürgerliches Fachwerk) zur ansehnlichen Residenzstadt.

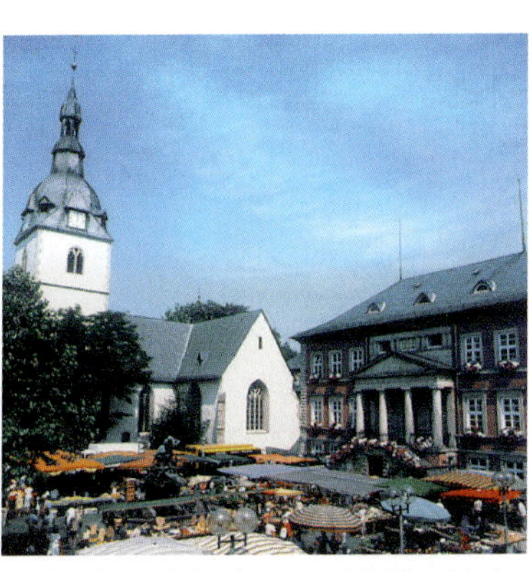

Marktplatz mit Rathaus und Erlöserkirche

Die Häuser wohlhabender Kaufleute und Beamter bildeten einen reizvollen Kontrast zu den farbigen, verspielt wirkenden Fachwerkhäusern. Im Zuge des wirtschaftlichen Aufschwungs der Gründerzeit wurden seit etwa 1875 bis weit ins 20. Jh. zahlreichreiche alte Häuser verändert oder durch Neubauten ersetzt.

Schmerimenhaus in der Langen Straße

Sehenswertes beim Stadtrundgang

1. Ab Tourist-Information: Auf dem **Marktplatz,** vor dem **klassizistischen Rathaus** (1828/30) mit Vorhalle aus dorischen Säulen, plätschert ein Märchenbrunnen, der sog. Donopbrunnen (ein Geschenk der Familie von Donop) mit Wassernymphe mit Rehen (Skulptur der Romantik von Hölbe 1901). Auf der Nordseite gehört die *Marktkirche* (auch Erlöserkirche) zu den ältesten Detmolder Bauwerken (dreischiffige, westfälische Hallenkirche 14./15. Jh.). Gegenüber über dem Schaufenster des Reisebüros eine Gedenktafel für den Komponisten Albert Lortzing (1826–1833 Mitglied des Detmolder Hoftheaters).

2. **Schlosspark** (hier ein Denkmal des Graf-Regenten Ernst, Regent von Detmold 1897-1904) mit der **Fürstlichen Residenz** (Weserrenaissancebau) 1550/57 als vierflügelige Anlage mit Treppentürmen erbaut; Privatwohnung der fürstlichen Familie des Prinzen zur Lippe (tägliche Schlossführungen).

3. Im Norden des Ausganges vom Schlossplatz beherrscht das neuklassizistische Landestheater mit einem Säulenportikus das Bild (1825 als Hoftheater erbaut, 1912 abgebrannt, 1914/15–1919 wieder aufgebaut), heute die größte Landesbühne Deutschlands.

4. Durch „Ameide" zum **Lippischen Landesmuseum,** ein spätklassizistischer Museumsbau, verbunden durch einen transparenten Zwischentrakt mit zwei Fachwerkhäusern: ehem. Zehntscheune mit hallenartiger Diele und ein fünfgeschossiges ehemaliges Kornhaus mit über 17 Meter hohem Schnitzgiebel, dazu die Mittelmühle von 1826 und der „Spieker" (Kornspeicher) von 1780.

5. In der Gasse **„Unter der Wehme"** das Geburtshaus des **Dichters Ferdinand Freiligraths** (Nr. 5) und das Sterbehaus des Dichters Christian Dietrich Grabbe (Nr. 7).

6. Krumme Straße 40, 42, 44 – ein sehenswertes Fachwerkensemble, u.a. Giebel mit Beschlagornamentik, Schnitzerei und Inschriften.

Fürstliches Residenzschloss

7. Am Ende der Langen Straße ist das ehem. Kavalierhaus (1724 erbaut, heute Hotel) zu sehen, dann der „Detmolder Hof" mit zwei auffälligen Schauseiten (Werksteinfries, Utluchten und Schmuckgiebel), das „*Schmerimenhaus*" nur wenige Schritte weiter ein stattlicher Steinbau von 1547 mit Renaissancefassade, gilt als schönstes Bürgerhaus der Stadt.

8. Gegenüber führt eine Gasse an der **mittelalterlichen Stadtmauer** entlang: die Auguststraße mit schlichten Fachwerkhäusern (17. Jahrhundert).

9. **Adolfstraße 1–15** mit dem städtebaulichen Schmuckstück: eine zusammenhängende Zeile von acht kleinen Häusern, innenseitig auf die Stadtmauer gebaut.

10. Vorbei an der **Martin-Luther-Kirche** (neugotisch von 1896/98) stößt man am Ende der Meierstraße auf die **Hof-Apotheke** mit dreistöckigem Fachwerkgiebel, reicher Innenausstattung. Am Giebel die Inschrift: „Friede den Eintretenden, Gesundheit den Herauskommenden, Eintracht den Bewohnern".

11. Der klassizistische **ehem. Witwensitz der Fürstinnen zur Lippe** am Südende der Neustadt, 1706–1718 erbaut, 1847–1856 in ein klassizistisches Palais gewandelt und seit 1947 Sitz der Nordwestdeutschen Musikakademie, heute Hochschule für Musik. Sehenswert auch der Palaisgarten: ursprünglich im 18. Jh. als Parterregarten angelegt, 1849–1865 vergrößert und als englischer Landschaftsgarten umgestaltet.

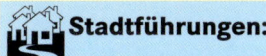

Stadtführungen:

April–Oktober, Sa und So 11 Uhr geführte historische Stadtrundgänge; Themenführung zur Stadtgeschichte und Stadtplanung, zur Weserrenaissance, Histor. Altstadt; sowie weitere auf Anfrage.

ⓘ Tourist Information, Rathaus am Markt, 32754 Detmold,
T 05231/977327-8, F 05231/977447,
www.detmold.de, tourist.info@detmold.de
Führung durch das Fürstliche Residenzschloss ⓘ 05231/70020

Fußgängerzone Lange Straße

Insidertipps

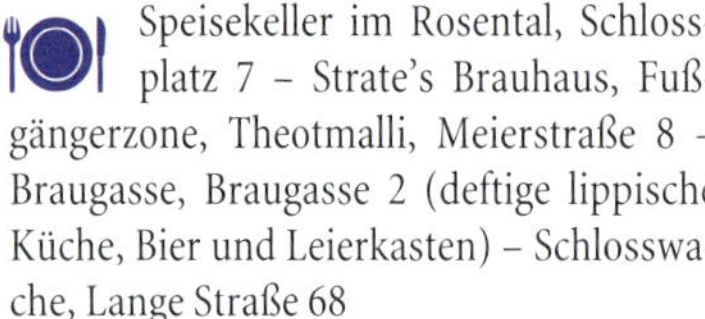

Marktplatz - Residenzschloss – Lippisches Landesmuseum – Literaturbüro OWL – Adolfstraße/Altstadt – ggf. Hermannsdenkmal (s.u.) – Externsteine (s.u.)

Speisekeller im Rosental, Schlossplatz 7 – Strate's Brauhaus, Fußgängerzone, Theotmalli, Meierstraße 8 – Braugasse, Braugasse 2 (deftige lippische Küche, Bier und Leierkasten) – Schlosswache, Lange Straße 68

Lippischer Schütze (handbemalte Flasche mit Wacholder)

Zusätzliche Informationen:

Lippisches Landesmuseum, Ameide 4 (am Schlossgraben): Naturkunde, Landes- und Kulturgeschichte, Volkskunde, Frühgeschichte, Völkerkunde, Möbel- und Innenarchitektur, Ö: di–fr 10–18, sa/so 11–18 Uhr, T 05231/99250, F 992525, www.lippisches-landesmuseum.de

Westfäl. Freilichtmuseum, Neustadt (Krummes Haus): über 100 vollständig eingerichtete historische Gebäude aus Westfalen, Demonstration alter Handwerkskünste, Ö: 1.4.–31.10 di–so und fei: 9–18 Uhr, T 05231/706105, F 05231/706106, www.freilichtmuseum-detmold.de

Fürstliches Residenzschloss: T 05231/70020, www.schloss-detmold.de

Empfehlungen in der Umgebung

- **Hermannsdenkmal:** 60 Meter hoch, 1875 auf der Grotenburg (386 m) erbaut, Erinnerung an den Kampf zwischen Römern und Germanen.
- **Teuto-Kletterpark:** Klettern unterm Hermannsdenkmal für Jedermann.
- **Externsteine:** Dreizehn Felsbildungen bestehen aus Sandstein und sind seit 1100 ein christlicher Wallfahrtsort mit einem „sacellum", einer Kapelle im Oberteil des westlichen Felsens; die Skulpturen von 1200 gehören zu den wichtigsten Bildwerken des Mittelalters.
- **Adlerwarte Berlebeck:** Greifvögel verschiedener Arten zeigen majestätische Flugeigenschaften während der Freiflug-Vorführungen.
- **Westf. Freilichtmuseum:** (2 km südlich) bietet mit 100 historischen Gebäuden aus allen Landschaften Westfalens und Demonstrationen alter Handwerkskünste ein großartiges Ziel.
- **Draisinenfahrt:** von Rinteln durch das Extertal nach Alverdissen.
- **Naturpark Teutoburger Wald und Naturpark Eggegebirge:** Vom Artland am

Hahnenmoor, Börsteler Stiftswald im Norden, den Waldbereichen der Fürstenauer Berge bis zur großen Weserschleife bei der Porta Westfalica mit den Gebirgszügen Teutoburger Wald und Eggegebirge.

■ **Vogel- und Blumenpark Heiligenkirchen:** über1.200 heimische und exotische Vögel, T 05231/47439, F 05231/46022

Anschriften:

Tourist Information, Rathaus am Markt, 32754 Detmold
T 05231/977327-8, F 05231/977447, www.detmold.de; tourist.info@detmold.de
Lippe Tourismus & Marketing AG
Felix-Fechenbach-Straße 5,
T 05231/621020, F 05231/627969, www.lippe-ferien.de; ferien@lippe.de

1 Regelmäßige Veranstaltungen

Sommerbühne und Lippe kulinarisch (August) – „Palaisgartenfest mit Kunst, Kultur und Musik“ oder „Internationales Straßentheaterfestival“ (wechselweise im Juni) – „Detmold spezial“ Kleinkunst, Folk, Rock u.a. (Oktober – April) – verschiedene Märkte wie Kunstmarkt (2. September WE), Residenzfest (2. Oktober WE), Andreasmesse, Kirmes seit 1604 (letztes November WE) – Internationale Jazznächte.

Fachwerkgiebel in der Krummen Straße

Wege in der Umgebung:

400 km markierte und ausgebaute Wanderwege, darunter Europ. Fernwanderweg E 1, Niedersachsenweg, Hermannsweg sowie der Residenzweg rund um die Stadt (57 km).

Rundweg „Leistruper Wald-Route“ und „Passadetal-Route“, sowie Europa-Radweg R 1, Bahnradroute Weser-Lippe, Wellness-Radroute, Weserrenaissance-Route und Römer-Route (Start Xanten bis Detmold) – führt von Bergkamen weiter nach Hamm mitten durch die Stadt (ⓘMünsterland Touristik, Hohe Schule 13, 48565 Steinfurt, T 02551/5099, F 02551/7144)

B 239 über Bad Meinberg, rechts ab nach Belle bis Schieder (Stausee: Segeln oder Kaffeetrinken), weiter nach Schwalenberg, Burg, Blomberg und lippische Dörfer bis Detmold.

Höxter

Haus Franzl an der Bachstraße

Sagenhaft im Weserbergland

Höxter, an der Weser gelegen, ist eine liebenswürdige Kleinstadt mit einer interessanten Geschichte. Die Landschaft des Weserberglandes und des Flusstales bietet ihre eigenen Reize. Um den modernen Marktplatz herum ziehen Straßen mit wunderschönen Fachwerkfassaden und -giebeln, die zum Teil in der Fußgängerzone, zum Teil in befahrenen Straßen betrachtet werden können. Das Mittelzentrum Höxter verfügt über eine moderne Infrastruktur an Sozial- und Bildungseinrichtungen, u.a. eine Abteilung der Fachhochschule Detmold.

Der markanteste Baustil stammt aus der Renaissancezeit im 16. Jh., beiderseits der Weser entwickelte sich die Weserrenaissance mit der charakteristischen Palmette und dem reichen, oft symbolhaften Schnitzwerk an den Fachwerkfassaden, aber auch einer reichen Dachlandschaft.

Höxter – Kreis Höxter

- ⇧ von 75 m bis 95 m ü. NN.
- 🚗 von Norden BAB 7 Anschlussstelle Nr. 71 Nörten/Hardenberg, weiter über B 241/83 ⇛ Uslar, Beverungen, Höxter; von Süden BAB 7 Anschlussstelle Nr. 76 Hann.-Münden/Lutterberg, BAB 496 bis Hann-Münden, B 80 Bad Karlshafen, B 83 Höxter; Westen BAB 44 Anschlussstelle Nr. 65 Warburg, dann B 241/83 Höxter; Osten: BAB 2 Braunschweig-Salzgitter, BAB 7 Kassel, Anschlussstelle Nr. 67 Seesen, dann B 64 Höxter.
- 🚌 Bf. Höxter, Busverbindungen in alle Ortsteile
- DB Bf. Höxter, Busverbindungen in alle Ortsteile
- ✈ Paderborn/Lippstadt, Hannover
- 🏛 **NW** Nieheim 19 km, **N** Schieder-Schwalenberg 21 km, **S** Brakel 16 km

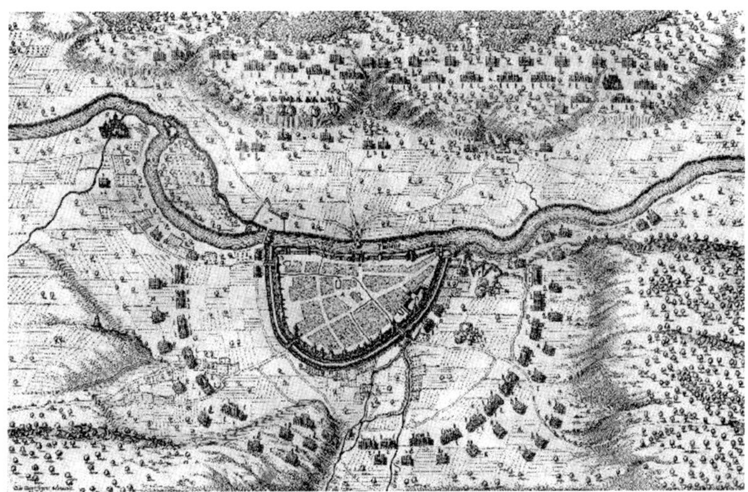

Geschichte

In der heutigen Altstadt von Höxter ist bereits eine Besiedlung seit dem 5. Jh. nachweisbar. Aber 822 wird diese „villa regia Huxori" am Schnittpunkt wichtiger Handelsstraßen erstmals erwähnt und Kaiser Ludwig der Fromme schenkt sie dem Kloster Corvey. In Höxter führte die Heer- und Handelsstraße „Hellweg" vom Rhein her durch die Börde, Paderborner Hochfläche, dann über die Weser und weiter nach Osten. 1115 sind eine Brücke über die Weser und ein Markt bezeugt, wenige Jahre später darf sich die Ansiedlung mit einer Mauer umgeben – der Bau dauerte ca. 100 Jahre. Spätestens mit der Übernahme des Dortmunder Stadtrechtes hatte der Ort seine charakteristische, im Halbkreis an die Weser heranreichende Grundform mit einem starken Befestigungsring. Um 1250 war Höxter eine der größten Städte in Norddeutschland und gehörte ab 1295 zur Hanse. Trotz eines wirtschaftlichen Niederganges seit dem Spätmittelalter konnte sich die Gemeinde weitgehend von der Herrschaft des Corveyer Abtes befreien. Mit der Reformation trat die Bevölkerung insgesamt zum Protestantismus über. Im Dreißigjährigen Krieg hatte Höxter wie so viele Städte in Westfalen unter der Kriegs- und Pestfurie schweres Leid zu durchstehen: 1.500 Einwohner wurden Opfer des „Blutbades" von Höxter. Alle Hoffnungen auf Freiheit wurden 1674 durch Bischof Christoph Bernhard von Galen zerschlagen; Höxter wurde Hauptstadt der reichsunmittelbaren Fürstabtei Corvey, dann sogar des Fürstbistums Corvey. 1803–1806 waren die nassau-oranischen Fürsten Landesherren, dann schließlich Jerome im Königreich Westfalen bis 1813; noch einmal mussten die Höxteraner den Landesherrn wechseln – ab 1813 gehörten sie zu Preußen, ab 1946 zu Nordrhein-Westfalen.

Sehenswertes beim Stadtrundgang

P Floßplatz, dann 5 Min. über die Weserbrücke bis zum

1. **Rathaus** aus der ersten Hälfte des 13. Jh. wurde 1610 bis 1618 im Stil der Weserrenaissance umgebaut. Über dem Kellerportal ist ein lateinischer Text zu lesen, dessen Übersetzung lautet: *„Dies Haus haben gebaut die versammelten Väter Höxters. Den Bau zu erhalten wird Pflicht der Nachwelt sein."* Innen: sehenswerte Markthalle, Aufstieg durch den Treppenturm.

2. **Haus Ahaus,** Am Rathaus 5, mit Utlucht (1612).

3. **Küsterhaus,** Am Rathaus 7, umgesetzter Bau von 1565.

4. Stummrigestraße 19: **Haus Horstkotte,** Bürgerhaus von 1554.

5. Stummrigestraße 27: **„Adam-und-Eva-Haus"** (1571), wegen der Figuren an dem rechten Eckständer. Über dem Eingang ist eine Kreuzigungsgruppe zu sehen, die einzige westlich der Weser.

St. Kilianikirche

6. Stummrigestr. 31 und 37: **Haus Elsner** mit Torbogen von 1561, Traufenhaus mit Speicher im Dachgeschoss; Haus Manegold, eines der ältesten Profangebäude in Westfalen: datiert auf 1242 durch dendrochronologische Untersuchung.

7. **Alte Stadtmauer** „Untere Mauerstraße", um 1250 entstanden, Länge von 2400 m, später durch Wall und Graben verstärkt, bis zu 6 m hoch und 2,5 m stark.

8. **Westerbachstr. 45:** Stadtverwaltung, erbaut aus dem Abbrucherlös der Petrikirche an dieser Stelle. Klassizistischer Bau, Volksschule, dann Altenheim, seit 1988 Stadtverwaltung.

9. Westerbachstr. 43: **Haus Ohrmann,** ein reichverziertes Haus von 1541, renoviert in auffälliger roter Farbe.

10. Westerbachstr. 33, 35, 37: **Tilly-Haus,** Haupthaus des ehem. **Heistermann von Zielbergschen Adelshofes,** in Brüstungsfeldern Musen Erato und Thalia; während des Dreißigjähr. Krieges soll der kaiserliche Feldmarschall Tilly hier mehrfach Quartier bezogen haben.

11. Westerbachstr. 28: **Brauhaus,** massive Sandsteinwände datieren das Gebäude auf 1330–1342, große Halle sichtbar erhalten, über einem gemütlich eingerichteten Gewölbekeller liegt die ehem. „Gute Stube".

12. **Papenstr. 2:** um 1365 datiertes Steinhaus, gehört zu den ältesten in Westfalen.

13. Weitere interessante **Fachwerkhäuser Westerbachstr. 15, 24, 20, 2/4/6/8,** Markstr. 1, 2, 11, 13.

14. Marktstr. 15: aus dem Rahmen fällt das **Haus Manegold,** 1891 im Palazzostil erbaut.

15. **Nicolaikirche:** 1157 erwähnt, Turm zugleich Stadttor, 1766 abgebrochen, im gleichen Jahr am Markt im Barockstil errichtet und geweiht. Turm von 1896.

16. Die **Dechanei,** Marktstr. 19: 1561 errichtet mit zweigiebeliger Front, über 60 Palmetten (größerer Halbkreis!).

17. **Haus Schäfer,** Marktstr. 18: um 1530/50 unter Einbeziehung eines älteren Steinhauses entstanden, bis 1900 verputzt, Ornamentschnitzerei erst 1983 entdeckt, mit typischem Sandsteinplattendach.

18. **Amtsgericht** am Möllingerplatz: von Uffelnscher Adelshof 1594 bis 1610 umfassend umgebaut und erneuert.

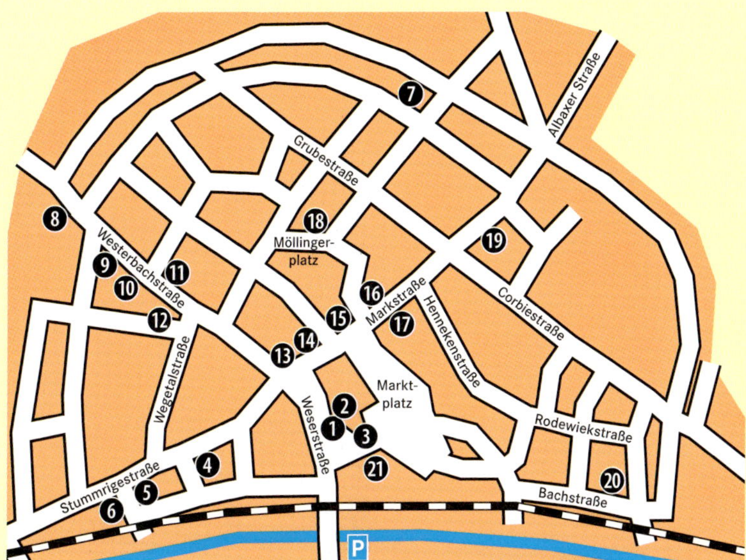

19. Nicolaistraße 10: **Haus Hütte** (1565), wohl neben **Haus Litto** (Marktstr. 13) das prächtigste in der Stadt.

20. Marienkirche: geht auf eine Klostergründung des Minoritenordens 1248 zurück; Bauwerk 1283, Chor 1320, der früheste gotische Bau in Westfalen. Innen: ein gotischer Lettner. Ab 1812 genutzt als Lagerhalle, Pferdestall, Lazarett; erst 1952 wieder ihrer ursprünglichen Bestimmung übergeben.

21. St. Kilianikirche: Vorgängerbau im Zuge der Sachsenmission um 800 errichtet; heutige Kirche um 1100 geweiht, ursprünglich als Basilika errichtet, 1200 eingewölbt, 1400 um das spätgotische Seitenschiff erweitert. zwei unterschiedliche Türme: Nordturm (48 m) ist Kircheneigentum, Südturm (45,65 m) ist der Stadtturm, ursprünglich Wachturm und Archiv. Innen: Taufstein von 1631, hölzerne Renaissance-Kanzel (1597) mit fünf Brüstungsreliefs aus Alabaster: Kreuzigungsgruppe und die Tugenden, Barockorgel von J. Clausing in Herford.

Detail des Erkers am Tillyhaus

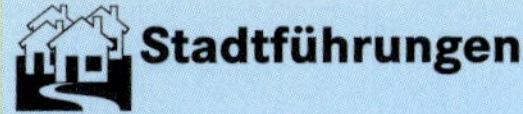

Stadtführungen:

durch das historische Höxter, ⓘ Tourist Information, Histor. Rathaus; regelmäßig mi+sa 10 Uhr (Mai–Sept.) oder n.V., T 05271/19433, F 05271/963435

Zusätzliche Informationen:

Galerie am Rathaus (Originalgrafik und Stiche, Antiquariat), W. Henze, T 05271/180720
Antique und Galerie, Stummrigestr. 43

Eines der zahlreichen jüngeren Fachwerkhäuser

Insidertipps

Histor. Rathaus – Häuser in der Stummrigestraße und Westerbachstraße – Nicolaikirche – Amtsgericht Möllingerplatz – Marienkirche – St. Kilianikirche

Wirtshaus Strullenkrug mit Biergarten, T 05271/7775 – „Zum Landsknecht" (histor. Gasthaus 1540), T 05271/921286 – Restaurant „Entenfang", T 05271/97080 – Hotel Niedersachsen T 05271/6880

Empfehlungen in der Umgebung

■ **Reichsabtei Corvey** (822 von Kaiser Ludwig dem Frommen gegründet), Entwicklung zum geistig-kulturellen Zentrum, Abteikirche (Barockausstattung) mit sehenswertem Westwerk, das von der Blütezeit zeugt und das älteste erhaltene Baudenkmal der Region ist. 1803 Auflösung des Klosters, Güterbesitz fiel an Preußen, 1820 kam Corvey an den Landgrafen von Hessen-Rotenburg; noch heute befindet sich Corvey im Familienbesitz des Herzogs von Ratibor und Fürst von Corvey.
Auf dem Friedhof neben der Abteikirche fand der Germanist und Dichter des Deutschlandliedes, August Heinrich Hoffmann von Fallersleben (bis zu seinem Tod als Bibliothekar in Corvey tätig) seine letzte Ruhestätte.

■ Das **Museum Höxter-Corvey** zeigt Dokumentationen zur Klostergeschichte, zur Corveyer Wohnkultur und zu Hoffmann von Fallersleben sowie Wechselausstellungen; die Corveyer Musikwochen runden das Angebot ab.

Wallanlage mit Stadtbefestigung

Haus Horstkotte, Stummrigestraße

■ **Räuschenberg,** sagenumwoben, mit Wartturm („Mäuseturm"), Landwehr und Weinbergkapelle.

■ **Köterberg (502 m),** höchste Erhebung westlich der Weser mit der Weißen Mühle bei Bödexen.

■ **Schloss Bruchhausen** derer von Metternich

■ **Fürstenberg:** 1747 gründete Herzog Carl von Braunschweig die Manufaktur, in der das weltberühmte Fürstenberger Porzellan hergestellt wird.

■ **Tonenburg,** heute als Zweiradhotel und Restaurant genutzt

Anschriften:

Tourist-Information, Histor. Rathaus, 37671 Höxter, T 05271/963-432, F 05271/963-435
FVV Corveyer Land, Corveyer Allee 21, 37671 Höxter, T 05271/974320-21

■ **Michaelskapelle** auf dem Heiligenberg

■ **Kloster Brenkhausen:** ehem. Frauenkloster, Ursprünge bis 1246, 1803 aufgehoben und seitdem Domäne. Heute wieder klösterliches Leben durch koptische Mönche.

■ **„Historische Orgelroute"** (118 Kilometer im Kreis Höxter) mit sieben historischen Instrumenten, größtenteils im 17. und 18. Jh. in den Klosterkirchen gebaut (Hinrich Clausing, Johann Patroclus Möller, Andreas Schneider, Andreas Schweimbs): Höxter, Peckelsheim, Willebadessen, Neuenheerse, Brakel.

■ **Schloss Fürstenberg:** Porzellanmanufaktur (Besichtigung) und „Fest im Schloss" ⓘ 05271/401-0; F 401-100

Regelmäßige Veranstaltungen

„Viehmarkt/Wochenmarkt" auf den Wällen (1. Mittwoch im Monat) – Fischer- und Flößertag (letztes April-WE) – „Corveyer Musikwochen" (Mai – Juni) – Hänsel- und Gretel-Spiele (1. Sa Mai-Sept.) – Höxter kulinarisch (Mitte Juni) – Jazzfestival (Mitte Juli) – Theatersommer (Juli/Aug.) – Huxorimarkt (letztes WE Sept.) – Märchentag (Mitte Oktober)

Wege in der Umgebung:

„Weserradweg" R 99 sowie R 1 und 2, außerdem 350 Radwege in der „Radkarte Stadt Höxter"

Weserdampfer, Paddeln auf Weser und Nethe, oder in/auf den Baggerseen zwischen Godelheim und Höxter ⓘ Fremdenverkehrsamt, Weserstr. 11, T 05271/68116

Horn – Bad Meinberg

Städtchen am Teutoburger Wald

Im reizvollen Lipperland zehrt der verträumte Ort Horn in der Stadt Horn-Bad Meinberg von der ruhmreichen Vergangenheit als die „Krone" im Kranz der Städte des Lipperlandes. Markante Bauten, mehr noch die gut erhaltenen Fachwerkhäuser erinnern an die Zeiten großer Geschichte. In der Vielfalt kultureller Veranstaltungen oder von Park- und Straßenfesten wird dem Besucher Unterhaltung und Geselligkeit geboten. Und gleich „nebenan" in Bad Meinberg der historische Kurpark und überhaupt der Heilgarten zum Auftanken und Wohlfühlen. Eine gesunde Mischung: historischer Stadtkern und Staatsbad Meinberg.

Mittelalterlicher Markt an der Burg

Horn-Bad Meinberg – Kreis Lippe

- von 140 m bis 468 ü. NN
- BAB 44 Anschlussstelle Nr. 65, B 252; BAB 33 Anschlussstelle Nr. 21/26, Richtung Detmold; BAB 2 Anschlussstellen Nr. 27/28/29, B 239, bzw. Richtung Detmold; BAB 30, Anschlussstellen Nr. 29/35; BAB 7 Anschlussstelle Hildesheim, B1
- DB Bahnhof Horn-Bad Meinberg und Haltepunkt Leopoldstal (RE), ⓘ Bahnhof Horn-Bad Meinberg T 05234/2811
- Paderborn/Lippstadt (ca. 45 km)
- **W** Nieheim 15 km, **N** Blomberg 10 km, **NO** Schieder-Schwalenberg 15 km,

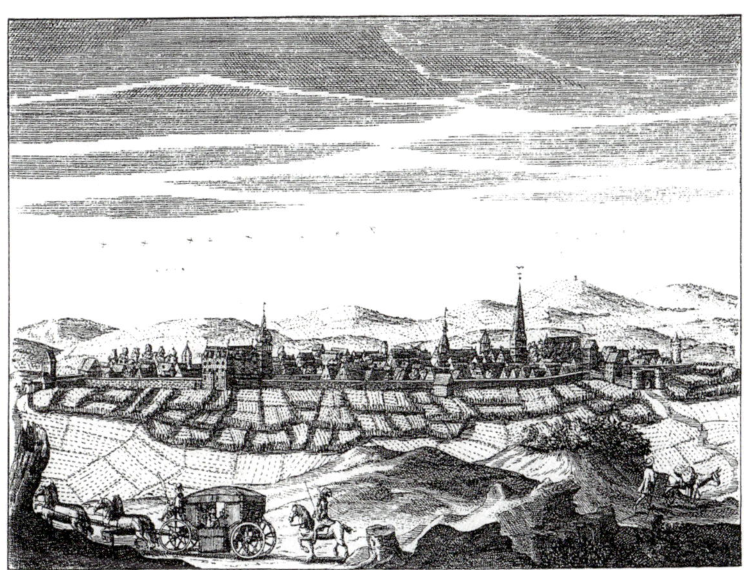

Geschichte

Marktplatz mit Rathaus

Die Stadt Horn entstand aus einer 1031 erstmals in einer Schenkungsurkunde Kaiser Konrads II. genannten Siedlung – „villa Hornan" an der Kölnischen Landstraße (bedeut. Handelsweg im Mittelalter). Die Edelherren Bernhard III. zur Lippe gründeten die Stadt und ließen drei Straßen in Längsrichtung parallel anlegen und auf beiden Seiten in ein Stadttor münden (in den 1860er Jahren niedergelegt), mit einer starken Mauer und einem äußeren Wassergraben umgeben (teilweise erhalten); für 1248 ist Horn als Stadt bezeugt. Die landesherrliche kleine Burg ist schon 1326/30 erwähnt, diente den lippischen Grafen zeitweise als Residenz und wurde nach einem Umbau im 17. Jh. noch Witwensitz. Im 16. Jh. erblühte die Stadt Horn, der sich sogar in gewisser Weise im Dreißigjährigen Krieg erhielt. Die kleine Ackerbürger- und Handwerkerstadt (besonders zahlreich waren die Schuster) zählte vor dem 20. Jh. keine 2.000 Einwohner. Nach einem Stadtbrand wurde der Marktplatz vergrößert; ein Denkmal gilt dem Andenken an den streitbaren Franz Hausmann, einem alten 48er, der Lippe auch im Reichstag vertrat.

Sehenswertes beim Stadtrundgang

Mit dem bis heute erhaltenen Stadtgrundriss und reich verzierten Bürgerhäusern aus dem 16. bis 18. Jh. stellt sich Horn als Typ einer mittelalterlichen Gründungsstadt mit Stadtburg vor.

1. Auf dem **Marktplatz** erinnert ein großes **Denkmal** (Justitia-Figur) an den lippischen Landtags- und Reichstagsabgeordneten Franz Hausmann (1818–1877), Rechtsvertreter der Stadt Horn.

2. **Das Rathaus** mit seinem markanten Eckturm und doppelläufiger Freitreppe wurde 1866 nach einem Stadtbrand im neugotischen Stil aufgebaut.

3. Sein Gegenstück ist der ehem. **von Kotzenbergsche-Hof** (Hotel Vialon), ein Bau der Weserrenaissance (1616/18) mit reichem Werksteinschmuck und zahlreichen Inschriften.

4. **Behmersches Haus** (Stadthaus), einziger Spätbarockbau der Stadt: 1756 erbaut, 1879 erweitert; diente als Amtsgericht, heute Teil der Stadtverwaltung.

5. **Rintelnsches Haus,** ein Giebelhaus mit seitlicher Auslucht und Stufengiebeln mit Werksteinvoluten (1579); Wappen von Lippe-Sternberg mit siebenstrahligem Stern.

6. **Ev.-ref. Pfarrkirche,** eine dreischiffige, spätgotische Hallenkirche (15. Jh.) mit Barockhaube auf dem Kirchturm; innen: ein Epitaph (1561), der Taufstein (1591) und fünf Kronleuchter aus Messing (1708).

7. Südwestlich der Kirche ein schönes **Fachwerkhaus-Ensemble.**

8. Der sog. **„Pfeifenkump“** ist ein 1860 errichteter Wasserbehälter, der durch eine hölzerne Wasserleitung vom benachbarten Bornsberg mit Wasser versorgt wird; seit 1546 versorgt er Horn mit Trinkwasser.

9. **Reste der Stadtmauer** in der Gardinenstraße, kleine mittelalterliche Gasse.

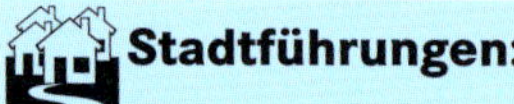

Stadtführungen:

öffentlich von Ostern – Okt. jeden 1. Sonntag im Monat, 11 Uhr und nach Vereinbarung ⓘ Tourist-Info T 05234/919659

10. **Burg Horn,** zu erreichen durch blühende Gärten und eine schmale Pforte in der Stadtmauer, entstand im 14. Jh., 1656/59 kamen der Turm mit barockem Portal und das Treppenhaus sowie der Ostflügel hinzu, diente als Residenz, Witwenwitz, Kornspeicher, Gefängnis und Jugendherberge; heute ein Burgmuseum und städt. Räume.

11. **Historischer Gasthof** „Alt Horn“ von 1579 das älteste Fachwerkhaus der Stadt mit Renaissanceschnitzereien im Giebel.

Externsteine

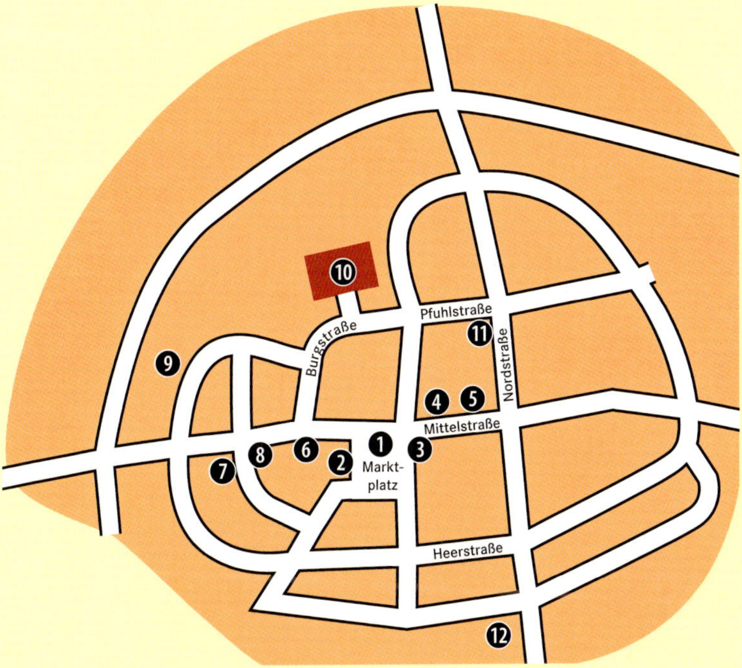

10
Pfuhlstraße
Burgstraße
11
Nordstraße
9
4
5
Mittelstraße
1
3
8
6
2
7
Markt-
platz
Heerstraße
12

12. Die „Malzdarre“, heute **Eulenturm** genannt, wurde um 1500 errichtet, einzig erhaltener Mauerturm von Horn und im 18./19. Jahrhundert vom Hornschen Braueramt als Trockenanlage für das Braumalz genutzt.

Hotel Vialon
RESTAURANT

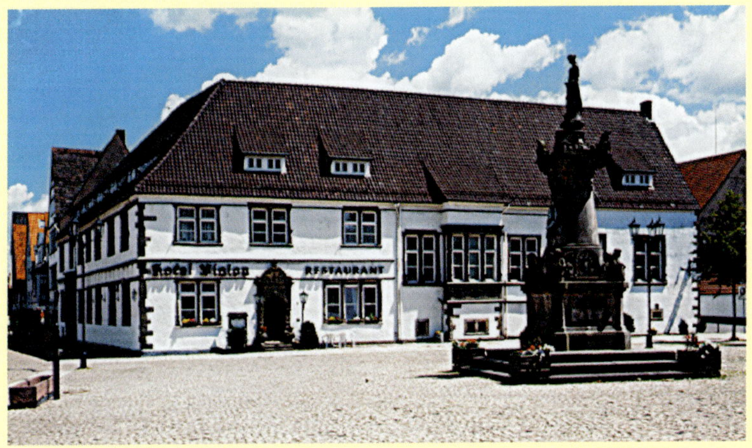

Von Kotzenbergscher Hof (Hotel Vialon)

Zusätzliche Informationen:

Burgmuseum: Geschichte von Burg und Stadt, die „Schlachtschwertierer“, Externsteine, Werke der Horner Künstlerbrüder Karl und Robert Henckel; ⓘ Tourist-Info T 05234/919659

Insidertipps

Rathaus – Kotzenbergscher-Hof (Weser-Renaissance) – Ev.-ref. Pfarrkirche – Burg Horn

Historisches Gasthaus „Alt Horn“ (von 1579),

Nordstr./Burgstr. 9, T 05234/3232; Weser-Renaissance Hotel „Vialon“ (1616), Marktplatz 1, T 05234/5088; Gasthaus „Zur Post“, Mittelstraße 91, T 05234/5882

Süßes: „Meinberger Moor“ (in den Cafés); Bier: Brauerei Horn

Rintelnsches Haus

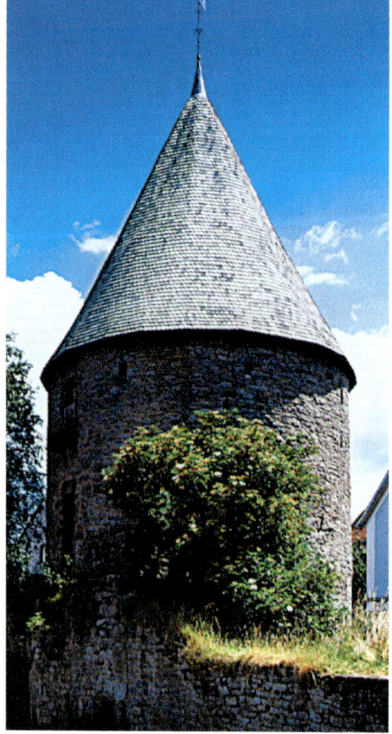

Turm der Stadtmauer (Eulenturm)

Empfehlungen in der Umgebung

- **Bad Meinberg:** Kurhäuser und barocker Park mit Brunnentempel von 1842, Thermalbad
- **Bellenberg:** Freilichtbühne ⓘ Tourist-Info T 05234/919659
- **Holzhausen:** Externsteine, eine bizarre, besteigbare Felsformation mitten im Naturschutzgebiet, – einzigartiges Natur- und Kulturdenkmal mit christlichem Relief (12. Jh.)

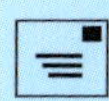

Anschriften:

Tourist-Info Horn-Bad Meinberg, Parkstr. 2, 32805 Horn-Bad Meinberg, T 05234/919659, F 05234/9577; www.horn-badmeinberg.de tourist-information@horn-badmeinberg.de

Regelmäßige Veranstaltungen

Schützenfest (alle drei Jahre, August 2006) – „Hörnchenfest", Familienfest in der Altstadt (Mitte Sept.) – „Kläschenmarkt", Kirmes im historischen Stadtkern (Anfang November)

Behmersches Haus

Wege in der Umgebung:

„Hermannsweg" Rheine bis Horn-Bad Meinberg, ⓘ Tourist-Info T 05234/919659

Römer-Route (Xanten bis Detmold); Wellness-Ratroute durch den Heilgarten „Teutoburger Wald", Europaradweg R 1 (Calais – St. Petersburg) ⓘ Tourist-Info T 05234/ 919659

Rathaus und Marktplatz

Lemgo

Die Stadt zwischen Teutoburger Wald und Weserbergland

Die alte Hansestadt Lemgo ist geprägt durch einen besonders großen und planmäßig angelegten mittelalterlichen Stadtgrundriss und wunderbar restaurierte Gebäude. Damit wurde Lemgo zu einer der architektonisch schönsten Städte Deutschlands. Ihr Alter von 800 Jahren sieht man den farbfroh gestalteten Hausfronten gar nicht an, im Gegenteil – Charme und Lebensqualität sind die Attribute dieser alten Hansestadt. Diese Stadt lebt, ist eine Heimat für Jung und Alt, in der das pulsierende Leben mit der überaus spannenden Ge-

Lemgo – Kreis Lippe

- von 100 m bis 345 m ü. NN.
- BAB 2 Anschlussstelle Nr. 28 Ostwestfalen-Lippe, weiter Ostwestfalenstraße L 712
- ICE-Hbf Bielefeld, Eurobahn bis Lemgo
- Hannover oder Paderborn/Lippstadt
- **NW** über L712 Bad Salzuflen 14 km; **SO** über B 252 Blomberg 18 km; **S** über B 238 Detmold 15 km.

schichte Lemgo den Reiz verleiht. Die ehemaligen Wallanlagen umgeben die Stadt heute nahezu als durchgängiger, attraktiver Grünzug.

Der historische Stadtkern bietet Zeugnisse der Spätgotik und Weserrenaissance: Steinbauten und Fachwerkhäuser stehen an diesem Kreuzungspunkt zweier ehemaliger Handelswege.

Geschichte

Lemgos Altstadt geht im westlichen Teil auf eine ältere dörfliche Siedlung zurück. Die Furt der Bega und die Kreuzung zweier Fernstraßen begünstigte die Gründung des Ortes.

Um 1290 ist Lemgo als Mitglied des Hansebundes erwähnt und entwickelte sich mit der Kraft seiner Kaufmannschaft zur größten und mächtigsten Stadt in der Grafschaft Lippe, die rastlose und geschäftige Handelsbeziehungen in alle Himmelsrichtungen zu den großen Hansestädten unterhielt. Prächtige Stein- und Fachwerkhäuser der späten Gotik und der Weserrenaissance zeugen heute noch von dem Wohlstand eines Teils der Bürger, der sich auf den Tuch-, Garn- und Leinwandhandel gründete. 260 Baudenkmäler aus den unterschiedlichsten Epochen faszinieren in einem bestens erhaltenen historischen Stadtkern. Aber Lemgo zeichnet sich durch eine hochwertige neue Architektur aus, die eine reizvolle Verbindung mit der historischen Umgebung eingeht und einen spannenden Dialog von Alt und Neu sichtbar macht.

Torhaus Haus Sonnenuhr

Sehenswertes beim Stadtrundgang

P Parkplatz Süd, von hier erreicht man zuerst den

1. **historischen Marktplatz,** einer der schönsten Stadtplätze in Norddeutschland, Wochenmarkt mittwochs und samstags, mit dem östlich platzierten

2. **Rathaus** (1350–1612), ein Baudenkmal von europäischem Rang, das die Bauperioden von dem gotischen Staffelgiebel (links) bis zur neuen Ratsstube der Renaissance (rechts) widerspiegelt, bes. die Rathauslaube (1565) rechts mit Lemgoer Rose (in blau) und Blattmasken und der Apothekenerker (1611/12) links, u.a. mit zehn Naturforschern, Ärzten und Philosophen in den Nischen der Brüstungsfelder sowie am Nordgiebel die sieben Künste.

3. Mittelstraße, **Planetenhaus** (1590/95): Fachwerk-Giebel mit allegorischen Darstellungen der damals bekannten Planeten und Löwenbildern für Macht und Stärke.

4. **Torhaus** (80 Meter weiter), überbaute Durchfahrt mit schmuckvoll verzierter Giebelfront (1593); ein Affe mit Spiegel und ein honigschleckender Bär symbolisieren Eitelkeit und Gefräßigkeit.

5. **Haus Alt Lemgo** (schräg gegenüber), mittelalterliches Steinhaus (1587) mit vierstufigem Fachwerkaufbau, der ein dichtes Schnitzwerk in vielfältigen Mustern zeigt.

6. **Kanzlerbrunnen** von Bonifatius Stirnberg am ehem. Ostertor, erzählt die heitere Begebenheit von einem Fass Bier, für das die Steuer nicht bezahlt wurde.

7. **„Pulverturm"** mit Fachwerk, ehem. Scharfrichterei; Scharfrichter waren damals auch Chirurgen!

8. Mahn- und Gedenkstätte anstelle der **Synagoge** der jüdischen Gemeinde von Lemgo (auch zwei jüdische Friedhöfe); im Innenbereich Manna-Eschen, die Kiesel erinnern an knirschendes Glas („Reichskristallnacht").

9. **Junkerhaus,** etwas weiter am Stadtrand in der Hamelnerstraße gelegen, erzählt mit seiner skurrilen Schnitzfassade eine spannende Geschichte.

10. **Stadtbücherei,** Papenstraße, Toreinfahrt führt in einen attraktiven Hof mit Lesegarten.

11. **Kerssenbrockschen Adelshöfe,** Papenstraße, aus dem 16. Jh.; heute HoT.

12. **St. Nicolai-Kirche** zeigt die „unglei-

Marienkirche

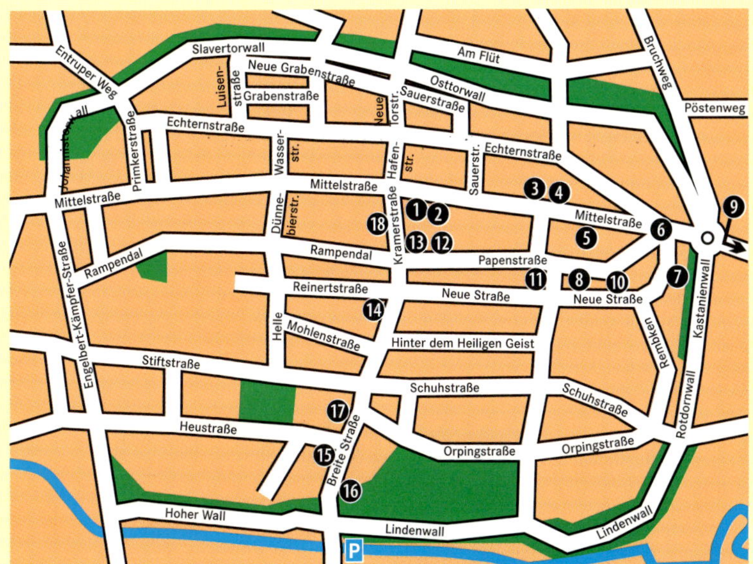

chen Brüder", d.s. die beiden Kirchtürme; rechts der höhere gehört der Kirche und trägt die Glocke, links mit Luke und Glockenspiel ein Stadtturm. Innen: Donop-Epitaph mit dem „Gesetz-Gnade-Schema", die Kanzel, der Voß'sche Hochaltar, die Taufe (1592), aber auch die moderne Plastik „Stein des Anstoßes" für Maria Rampendahl, der 1681 als letzter Hexe der Prozess gemacht wurde.

13. Ballhaus (rot) von 1608, ein Tanzhaus für die städtischen Bälle (daneben gelungene moderne Bauten mit sich wiederholenden Details), das Zeughaus (Streifenputz) von 1548.

14. Breite Straße 45 und 47, zwei eindrucksvolle Fachwerkhäuser mit ähnlicher Giebelornamentik.

15. Hexenbürgermeisterhaus, Breite Str. 19 (1568), die imposante Fassade ist ein Paradebeispiel für den Weser-Renaissance-Stil. Benannt ist es nach dem Bürgermeister Hermann Cothmann, während dessen Amtszeit es zu den letzten Prozessen kam. Heute zeigt es eine Sammlung zur Stadt- und Kulturgeschichte Lemgos.

16. Alte Abtei, ein barockes Haus mit zweiläufiger Freitreppe, ehem. Sitz der Äbtissin des Stiftes St. Marien; innen Räume mit farbigen Stuckornamenten des späteren Rokoko; rückseitig ein herrlicher Park, in dem das seltene Steindenkmal für „Hans den Schönen" – ein zahmer Kranich des Grafen Ludwig zur Lippe – steht. Der Rückweg führt an der

17. Kirche St. Marien vorbei, zwischen 1260 und 1320 als gotische Hallenkirche erbaut; sehenswert eine Schwalbennestorgel (1612). Hier finden die Lemgoer Orgeltage statt.

18. Kramerstraße 3–5: das „Wippermannsche Haus", ein spätgotisches Steingiebelhaus mit Kreuzblumen am viergeschossigen Staffelgiebel (1576), früher eine Brennerei „Wippermann Korn".

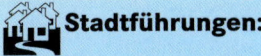

Stadtführungen:

Ständige Führungen durch den histor. Stadtkern, „Hexenverfolgung", „Jüdisches Leben", Führung in histor. Kostümen, Nachtwächterführung, **Tipp:** Glockenspiel-Wunschkonzert,
ⓘ 05261/9887-0

Zusätzliche Informationen:

Städt. Museum „Hexenbürgermeisterhaus“ mit Sonderausstellung „Hexenverfolgung in Lemgo“, ① 05261/213-276, F 05261/213-346
Stadtarchiv (Quellen z. Historie, bes. 200 Hexenprozessakten) ① 05261/213-413
Städt. Museum Junkerhaus: Interieur und Werke des Künstlers Karl Junker (1850–1912) ① 05261/667695, F 213-276
Frenkelhaus: Ausstellung zur Geschichte der Juden in Lemgo ① 05261/213-276, F 05261/213-346
Automobilmuseum „Der kleine Lemgoer“ ① 05261/78160
Städt. Galerie Haus Eichenmüller: zeitgenöss. Künstler ① 05261/893696
Weserrenaissance-Museum Schloss Brake ① T 05261/9450-0, F 9450-50
Kulturagentur des Landesverbandes Lippe im Schloss Brake ① T 05261/250242, F 2502949 mit der Skulpturen-Remise mit Werken der Bildhauer Heinrich Drake und Karl Ehlers.
STAFF Landschaftspark mit Skulpturen ① 05261/4119
Kutschfahrten: verschiedene Routen, (Süllwold T 05261/87395; Kluckhuhn, T 05261/68193)
Lemgomobil (Stadtführung mit einer Fahrrad-Rikscha) ① T 05261/9887-0

Insidertipps

Marktplatz mit histor. Rathaus – St. Nicolai-Kirche – Hexenbürgermeisterhaus – Frenkel- und Junkerhaus – Schloss Brake

„Stadtpalais“ (gut bürgerliche Küche), T 05261/258900; Zum weißen Ross (gut bürgerliche Küche), T 05261/4142

Lebkuchen aus dem Hause Pahna (seit Generationen in Lemgo hergestellt) – Strohsemmeln (auf Stroh gebacken) – Lippischer Schütze – Lemgoer Rathaussekt

Hexenbürgermeisterhaus

Empfehlungen in der Umgebung

■ **Schloss Brake:** 1589 auf den Grundmauern einer der größten Burgen Norddeutschland als Renaissanceschloss erbaut; markanter Turm ist weithin sichtbares Wahrzeichen. In einem Teil ist das Weserrenaissance-Museum eingerichtet; viele Sonderausstellungen. ① T 05261/9450-0, F 945050

■ **Eau Le,** Badespaß in Lemgo, Pagenhelle 14 ① T 05261/255-224

■ **STAFF Landschaftspark** 1.800 Meter nördlich des Stadtzentrums mit Skulpturen von Richard Serra und dem Blauen Stein von Dorsten Diekmann

■ **Wald- und Forstmuseum** Kalletal-Heidelbeck: ehem. Schlossmühle, Ausstellung zu den Tieren des Waldes, Entwicklung der Jagdwaffen, Fischereiwesen, ① T 05264/5109

■ **Windmühle Brink,** Kalletal-Bentorf: Ö: werktags Mai–Okt, T 05264/352

Zeughaus

■ **Kalletal** mit Berglandschaft im lippischen Norden bis zu den Weserauen: Weserfreizeitzentrum Kalletal-Varenholz, Schloss Varenholz, Tierpark Kalletal, Wald- und Forstmuseum Kalletal-Heidelbeck, Windmühle Bavenhausen

■ **Tierpark Kalletal,** Dalbke 1, ⓘ 05264/242, F 05264/5383

■ **Oerlinghausen** mit archäologischem Freilichtmuseum und Tönsberg (334 m), frühgeschichtliche Wallburganlage und Kapellenruine

Regelmäßige Veranstaltungen

Wochenmarkt (mi+sa) – Bäuerlicher Ostermarkt (14 Tage vor Ostern) – „Lemgoer Sommertreff" (Mitte Juni bis Mitte August) – Lemgoer Orgeltage (alle zwei Jahre) – Strohsemmelfest mit Brötchenspezialität (letztes Juni-Wochenende) – Bruchmarkt (3. Oktober-Wochenende) – Kläschenmarkt mit Adventskirmes (1. Dezember-Wochenende) – Lemgoer Eiswelt (Dezember bis Mitte Januar)

Anschriften:

Lemgo Information,
Kramerstraße 1,
32657 Lemgo,
T 05261/9887-0, F 9887-29,
www.lemgo.de
info@lemgo-marketing.de

Wege in der Umgebung:

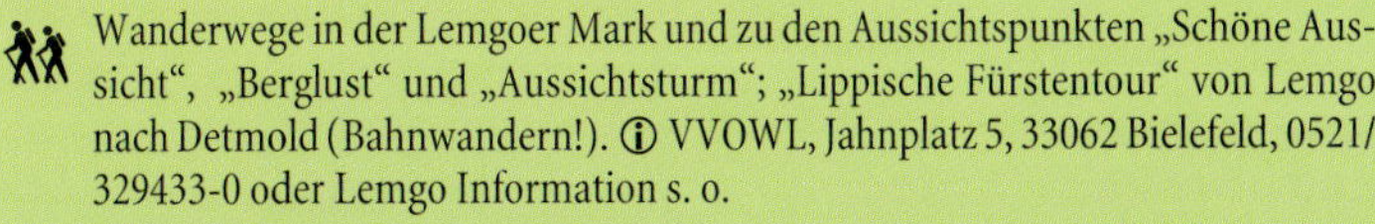

Wanderwege in der Lemgoer Mark und zu den Aussichtspunkten „Schöne Aussicht", „Berglust" und „Aussichtsturm"; „Lippische Fürstentour" von Lemgo nach Detmold (Bahnwandern!). ⓘ VVOWL, Jahnplatz 5, 33062 Bielefeld, 0521/329433-0 oder Lemgo Information s. o.

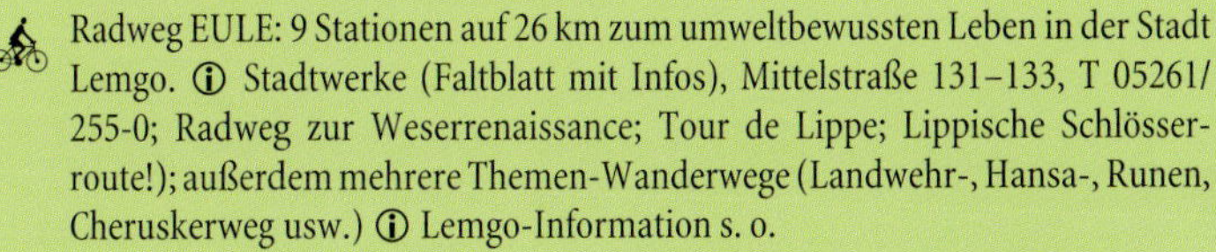

Radweg EULE: 9 Stationen auf 26 km zum umweltbewussten Leben in der Stadt Lemgo. ⓘ Stadtwerke (Faltblatt mit Infos), Mittelstraße 131–133, T 05261/255-0; Radweg zur Weserrenaissance; Tour de Lippe; Lippische Schlösserroute!); außerdem mehrere Themen-Wanderwege (Landwehr-, Hansa-, Runen, Cheruskerweg usw.) ⓘ Lemgo-Information s. o.

„Försterteiche" oder „Bega", (K. Kaatze, Kanuclub Lemgo, T 05261/3214)

Oster-räder-lauf

Lügde

Stadt der Osterräder

Die Stadt Lügde ist rund 89 qkm groß und grenzt im Westen an die Stadt Schieder-Schwalenberg und im Süden an den Kreis Höxter, im Norden und Osten an das Land Niedersachsen. 1970 wurde die alte Stadt mit neun weiteren Gemeinden zur neuen Großgemeinde „Stadt Lügde", zusammengefasst.

Die Stadt liegt in den Ausläufern des Weserberglandes und des Teutoburger Waldes, dem südöstlichen Teil des Lippischen Berglandes. Der historische Stadtkern umfasst mit der Stadtmauer 835 Gebäude, davon sind 116 Gebäude denkmal- oder erhaltenswert und 73 Gebäude stehen bereits unter Denkmalschutz.

Geschichte

Schon Karl der Große hinterließ in Lügde geschichtliche Spuren, indem er im Jahre 784 das Weihnachtsfest in

Lügde – Kreis Lippe

- von 98 m bis 495 m ü. NN.
- BAB 2 Anschlussstelle Nr. 37 Lauenau, dann B 442, B 217, B 83; BAB 33 Anschlussstelle Nr. 26 Paderborn-Elsen, dann B 1 bis Lügde
- DB Bf Lügde an der Hauptstrecke Hannover – Altenbeken.
- Paderborn/Lippstadt, Hannover
- **NW** Lemgo 35 km, **W** Detmold 35 km, **S** Schieder-Schwalenberg 18 km, **S** Höxter 30 km

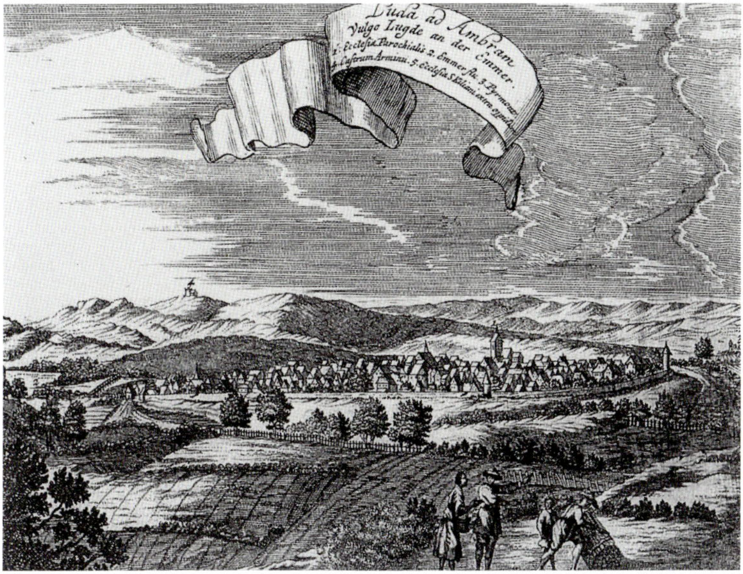

Stadtmauer mit Wehrgraben

„villa liuhidi" feierte. Wenn auch die Anfänge des Ortes darüber hinaus unbekannt sind, so gilt die Stadtgründung um 1246 durch die Grafen von Pyrmont als gesichert. Der Aufbau Lügdes folgte dem lippischen Planschema einer mittelalterlichen Neugründung: Drei dominierende Längsstraßen sind durch schmale Querstraßen leiterförmig miteinander verbunden. Der langovale Stadtgrundriss mit überwiegend kleinstrukturierten Grundstücken ist bis heute erhalten, die Grenzen des historischen Stadtkerns sind durch die etwa 1.500 Meter lange Stadtmauer mit Wehrtürmen und Wehrgraben deutlich ablesbar. Im Laufe ihrer Geschichte blieb die Stadt von Eroberungen, Brandkatastrophen und Überschwemmungen nicht verschont. Nach dem letzten großen Brand von 1797, der innerhalb weniger Stunden 243 Gebäude in Schutt und Asche legte und nur wenige Häuser unbehelligt ließ, entstand durch Wiederaufbau das heutige Stadtbild.

Altes Pfarrhaus, Vordere Straße 53

Sehenswertes beim Stadtrundgang

Kennzeichen der nach einem uralten Brauch benannten „Stadt der Osterräder" sind die frühklassizistischen Fachwerk-Ackerbürgerhäuser mit ihren typischen hallenartigen Deelen und die Wall- und Grabenzone mit zwei komplett erhaltenen Stadttürmen und der Stadtmauer. Ausgangspunkt ist der Marktplatz mit dem Rathaus.

1. Kirche St. Marien: 1894 anstelle eines Vorgängerbaus aus dem 13. Jh. errichtet. Sehenswert: Chorfenster über dem Hochaltar und der Kreuzigungsgruppe im Kreuzaltar.

2. Brückentorturm: Teil der ursprünglichen Befestigungsanlage und früheres Stadtgefängnis, und das

3. ehem. Feuerwehrgerätehaus (Dechenheim-Museum) markieren den westlichen Eingang zur Altstadt. Von hier aus führt der Weg zum Emmer-Ufer, von dessen gegenüberliegenden Bergwiesen zu Ostern die berühmten Lügder Osterräder herabrollen.

4. Älteste Häuser der Stadt: Hintere Str. Nr. 10 Längsdeelenhaus mit reichen Füllbrettern an der Giebelbasis, Deelentorbogen mit Entstehungsjahr von 1609; Nr. 12 Längsdeelenhaus zu drei Schiffen, reich verziertes Deelentor von 1612 und Nr. 14 fünfachsiges Satteldachgiebelhaus von 1669. Ihre mehrfach vorkragenden Giebel enthalten dekorative Schnitzereien und Inschriften.

5. Ehem. Franziskanerkloster mit stattlichem Barockportal (Liboriusfigur, Patron der Diözese Paderborn): Das dreiflügelige Konventsgebäude und die Kirche stammen aus den Jahren 1749/56. Der Komplex war 1860-1958 Krankenhaus, danach Alten- und Pflegeheim, seit 1977 Gemeindezentrum.

6. Wehrturm „Im Winkel", diente noch im 19. Jh. als Armenwohnung. An der Stadtmauer entlang geht es zur

7. Johanniskirche, 1864 geweiht, 1903 Turm und Sakristei angebaut. Innen: bedeutendes Chorwandgemälde von Heinrich Rüter, zeittypisch für sakrale Malerei.

8. Vordere Str. 37: Hof der Familie von Exter, ein traufenständiges Fachwerkhaus mit sieben Fensterachsen, klassizistischer Haustür und zweiläufiger Freitreppe.

9. Vordere Str. 38: Vierständer-Fachwerkhaus von 1798. Davor ein Denkmal für den

Stadtführungen:

Führung auf Anfrage durch den histor. Stadtkern bei der Tourist Information, Vordere Str. 81, 32676 Lügde, T 05281/78029 und 979642, F 05281/979643

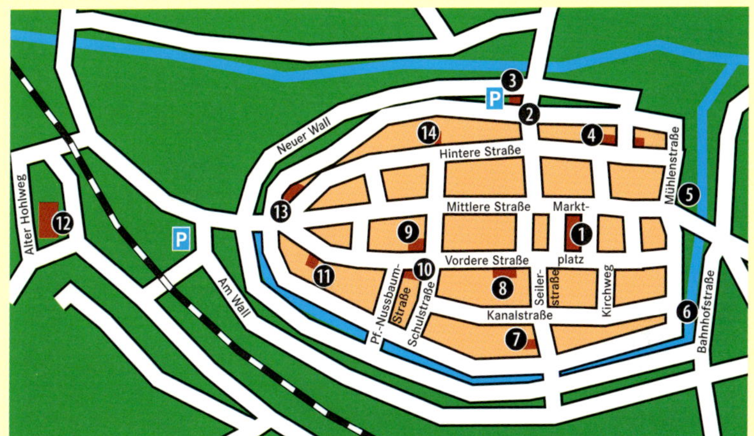

Astronomen und Kartografen Johannes Gigas, 1582 in Lügde geboren.

10. Altes Pfarrhaus, ehem. Mädchenschule: nach dem Brand von 1797 errichtetes Fachwerk-Querdeelenhaus mit siebenachsigem Wohnteil, Deelentor (1801).

11. Vordere Str. 81, das kleinste Gebäude der Stadt mit 5,30 Metern Breite, heute Tourist-Info.

12. Kilianskirche, mit einem Abstecher am „Oberen Tor" zu erreichen, ca. 400 Meter vor der Stadt gelegen: romanische kreuzförmige Gewölbebasilika mit ornamentalen Dekorationen und romanischem Taufstein, um 1135 entstanden. Sie ist das Wahrzeichen der Stadt und zählt zu den ältesten Baudenkmälern Westfalens. Zurück am „Oberen Tor" gleich links in die

13. Hintere Str. 84–88 (Nr. 86: Heimatmuseum) drei eindrucksvolle Fachwerkhäuser in unmittelbarer Umgebung des südlichen Stadttores und somit in städtebaulich außerordentlich bedeutsamer Lage.

Wehrturm „Im Winkel"

14. Hintere Str. 52, 46 und weitere Ackerbürgerhäuser; Nr. 52 und 46 mit Torbögen von 1744 und 1618.

Zusätzliche Informationen:

Heimatmuseum, Hintere Str. 86: Überblick über die Stadtgeschichte, Ö: di–sa 15–17 Uhr, so 15–18 Uhr, T 05281/77571
Dechenmuseum, Brückenstr. 16: alles über den Osterräderlauf, Ö: nach Vereinbarung, T 05281/7412

Insidertipps

Kilianskirche – ehem. Kloster – Heimatmuseum

„Berggasthaus – Café Kempenhof“, Am Golfplatz 1, T 05281/8647+57; „Hotel Sonnenhof“, Zum Golfplatz 2, T 05281/98030; www.hotelsonnenhof.com; Hotel „Stadt Lügde“, Vordere Straße 35, T 05281/9807-0; Hotel „Westfälischer Hof“, Bahnhofstraße 25, T 05281/7234

kleine und große Osterräder mit Inschrift und Stroh; „Osterfeuer“, ein Kräuterschnaps; Osterradtablett mit Gläsern und „Osterfeuer“ (Tourist-Info)

Empfehlungen in der Umgebung

■ **Ev.-ref. Kirche Elbrinxen:** Langschiff und Turm aus dem 12. Jh. zählt zu den ältesten Kirchen in Lippe, sehenswert ist die Kanzel von 1562, die 1.000-jährige Linde im Kirchhof.

■ **Klosteranlage** OT Falkenhagen: 1247 als Zisterzienserinnen-Kloster gegründet, Anfang 15. Jh. aufgegeben. Ab 1432 von Kreuzbrüdern neu aufgebaut, im späten Mittelalter das größte Kreuzherren-Kloster; sehenswert die Chorfenster mit Glasmalereien und Dormitorium von 1509 (ältestes Fachwerkhaus in Lippe).

Wehrturm und ehem. Feuerwehrgerätehaus am Brückentor; heute Dechenheim mit Osterradausstellung

■ **Köterberg:** 497 Meter hoch mit 1929 erbautem „Köterberghaus“ und Fernmeldeturm der Deutschen Post, eines der beliebtesten Ausflugsziele der Region.
■ **Emmer-Stausee** in Schieder; Allwetter-Sommerrodelbahn Bodenwerder, T 05533/934800
■ **Tierpark** in Bad Pyrmont, T 05281/2539
■ **Hallenwellenbad** in Bad Pyrmont, T 05281/606860
■ Hufeland Therme in Bad Pyrmont, T 05281/15-1750

Älteste Gebäude, Hintere Straße

Regelmäßige Veranstaltungen

Osterräder: Bei Einbruch der Dunkelheit rollen Ostersonntag sechs brennende mannshohe Holzräder vom Osterberg ins Tal; ein Brauch seit gut 2.000 Jahren – „Kultur im Kloster, Kabarett- und Kleinkunstveranstaltungen im ehem. Franziskanerkloster (www.kulturimkloster.de); sonstige Veranstaltungen: www.luegde-online.de

Kilianskirche

Anschriften:

Tourist-Information Lügde e.V.,
Vordere Straße 81, 32676 Lügde,
T 05281/78029 und 97 96 42, F 979643,
touristinfoluegde@t-online.de
www.touristinformationluegde.de

Wege in der Umgebung:

„Vogellehrpfad“ im OT Elbrinxen oder „Waldlehrpfad“ im OT Rischenau, dazu ausgeschilderte Wander- und Rundwanderwege, Karten in der Tourist-Info.

Regionale Radstrecke „Lipperadroute“ 11; Fernradweg R 3; Bahnradroute „Hellweg–Weser“; ⓘ Tourist-Info s.o.

Verleih in Schieder (T 05282/60171) und Emmerthal (T 05155/690).

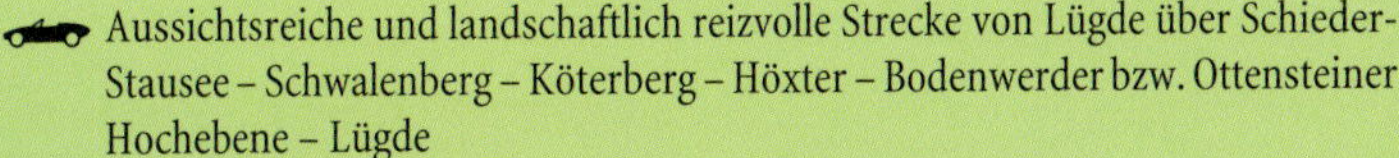
Aussichtsreiche und landschaftlich reizvolle Strecke von Lügde über Schieder-Stausee – Schwalenberg – Köterberg – Höxter – Bodenwerder bzw. Ottensteiner Hochebene – Lügde

Der Markt

Minden

Bischofs- und Hansestadt am Wasserstraßenkreuz von Weser und Mittellandkanal

In der „nordöstlichsten Ecke" von Nordrhein-Westfalen liegt Minden am Wasserstraßenkreuz von Weser und Mittellandkanal. Das „Mindener Land", ist reich an grünen Wiesen, idyllischen Orten und historischen Denkmälern. Ein Rundgang durch Minden gleicht einer Reise durch die Jahrhunderte. Minden heißt Altstadt, heißt Dom, heißt Weserrenaissance. Minden heißt aber auch Preußen und zeigt diese alte Zugehörigkeit mit dem Preußenmuseum in einem der bemerkenswertesten Bauwerke mit einer einzigartigen Ausstellung. Minden hat auch seine „grüne" Seite, ist Zentrum des Mühlenkreises und bietet einfach

Minden – Kreis Minden-Lübbecke

- von 45 m bis 58 m ü. NN.
- BAB 2 Anschlussstelle Nr. 33 Minden – Porta Westfalica, dann B 65, B 61, B 482
- DB Hbf Minden, Richtung Hannover, Ruhrgebiet
- Hannover, Paderborn/Lippstadt, Kleinflugplatz Vennebeck
- nur Anbindungen nach **Süden** – Bad Salzuflen 30 km, Lemgo 43 km, Detmold 55 km

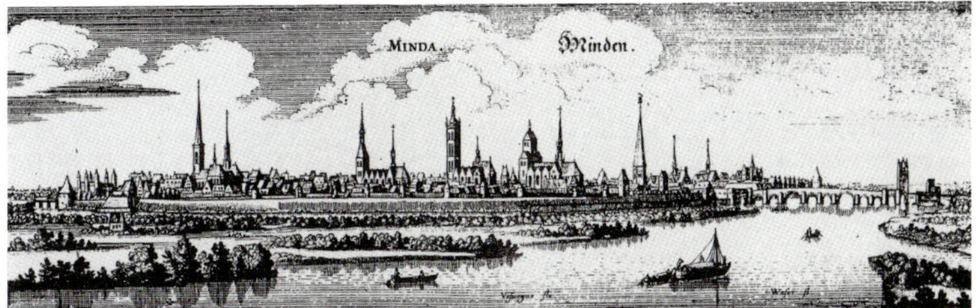

alles: Landleben, Idylle, Sport, Kultur, Schlösser, Mühlen und Moore. Hier kann man westfälisch leben und die Mindener Gastfreundlichkeit erleben. In der Mittelwesermetropole leben derzeitig ca. 90.000 Menschen.

Geschichte

Die 1.200-jährige Stadt Minden verdankt ihre Entstehung der bevorzugten Lage an einer Weserfurt und an der Kreuzung wichtiger Fernhandelsstraßen. Die erste urkundliche Erwähnung geht ins Jahr 798 zurück, als der Frankenkönig Karl in „Minda" sein Lager aufschlug. 977 erhielt die Stadt Markt-, Münz- und Zollrechte. Durch die günstige Verkehrslage und seine Position als Bischofssitz entwickelte sich Minden zum geistigen und wirtschaftlichen Zentrum im nordwestdeutschen Raum. Als wichtiger Handelsplatz schloss sich die Stadt der Hanse an. Nach dem Dreißigjährigen Krieg begann für drei Jahrhunderte die Zeit als Festungs- und Garnisonstadt. Erst 1873 wurde die Festung aufgehoben, so dass die Stadt sich endlich ausdehnen konnte. Trotz Zerstörungen im Zweiten Weltkrieg hat Minden seinen historischen Charakter bewahrt: Ein reicher historischer Baubestand vom Hochmittelalters bis ins 19. Jh. mit einem weitgehend unverfälschten Grundriss und eindrucksvoller Silhouette prägt bis heute die westfälische Mittelstadt.

Markt 8 – ehemalige Löwenapotheke

Sehenswertes beim Stadtrundgang

P Parkhaus Domstraße oder Kanzlers Weide, gebührenfreier Parkplatz (Übergang nur Glacisbrücke)

Ausgangspunkt ist der Markt (Hinweistafel)

1. Das **historische Rathaus** steht an der nördlichen Platzseite, ein repräsentativer Steinbau mit gotischem Laubengang; schräg gegenüber die eindrucksvollen Schauseiten des „Kaufhauses" und

2. der **Löwenapotheke.** An der Westseite des Marktes liegen alte **Speicherhäuser,** direkt an die Stützmauer zum Martinikirchhof angebaut. Ein Blick in dieses „Hof-Viertel" lohnt sich. An der Südseite des Marktes fällt der stattliche Fachwerkgiebel von

3. Haus Schmieding mit seinem Bilderfries zur Mindener Geschichte auf. Vom Markt führt der Weg die **Obermarkt-** und Opferstraße (oder über die Martinitreppe am „Mindener Buttjer" vorbei) hinauf zur

4. Martini-Kirche. Der heutige Kirchenbau geht auf eine kreuzförmige Gewölbebasilika (12. Jh.) zurück. Daneben

5. das **frühere Proviantmagazin** und die **ehem. Heeresbäckerei** aus dem preußischen Klassizismus.

6. Die **Marienkirche** beherrscht mit ihrem 64 Meter hohen gotischen Westturm die obere Altstadt. An der Ecke Brüder-/Kampstraße liegt

7. die **Alte Münze,** ein dreigeschossiger Sandsteinquaderbau (1260) mit Stufengiebel, Standerker und Torbogen aus der Weserrenaissance. Am Puppenmuseum vorbei geht es in eine kleine Gasse;

8. am **„Windloch",** Haus des Stadtmusikers, findet man

9. das **Hanse-Haus** am Papenmarkt, letzter Mindener Bau der Backsteingotik.

10. Die Museumszeile, nördliche Ritterstraße, zeigt ein einzigartiges Ensemble ehemaliger Bürgerhäuser (16./17. Jh.) mit „Utluchten", Torbögen und Fenstergewänden. 100 Meter südlich liegt

11. die **Petri-Kirche,** ein fast quadratischer Saalbau (1739/43) mit Apsiden im Westen

Fachwerk der Oberen Altstadt

und Osten. Am Ende der Ritterstraße kreuzen wir die Königstraße und kommen zum Simeonskirchhof. Hier liegen die Simeonis-Kirche (Anfang 14. Jh.) und

12. die **Mauritius-Kirche** von 1464. Vom Simeonskirchhof führt der Weg zurück zum Markt. Mit der Abbiegung rechts erreichen wir mehrere **Bauten der Jahrhundertwende**:

13. Stadttheater, Kreishaus, Weserklause und Regierung. Durch das Weserglacis mit Schwanenteich gelangt man zur Weserbrücke, quert den Klausenwall und erreicht die Bäckerstraße. Nach etwa 150 Metern liegt rechts

14. das sog. **„Haus Hill"** mit einer prachtvollen Weserrenaissance-Fassade (Ende 16. Jh.).

15. Schluss- und Höhepunkt des Rundganges ist der **1.000-jährige Dom,** eine der schönsten deutschen Hallenkirchen des 13. Jh., der auf die Bistumsgründung durch Frankenkönig Karl (später „der Große") zurückgeht. Imposant ist das mächtige Westwerk des Doms aus dem 12. Jh., das noch Bauteile aus spätkarolingischer Zeit enthält; an der Rückseite des Paradiesportals ein Steinrelief, das die Baugeschichte der Kirche wieder-

Rathaus am Markt

gibt. Deutsche Kaiser saßen auf der dreibogigen Kaiserempore im Westwerk. Sehenswert der Domschatz mit dem berühmten „Mindener Kreuz".

16. Weserglacis 2: ehem. Preußische Bezirksregierung, erbaut 1902–1906 auf dem Gelände der ehem. Stadtbefestigung im Stil der Weserrenaissance. Die Arbeiten wurden nach den Plänen Kieschkes mit dem Ministerium der öffentlichen Arbeiten in Berlin durchgeführt, die Ausstattung und Details stammen von Kanold – alles wurde mit Kaiser Wilhelm II. abgestimmt. Der dreigeschossige Vierflügelbau ist verputzt, weist architekturgliedernde Teile aus Sandstein auf und ein mit schiefer gedecktes Dach. Innen sind die Haupthallen, Treppenhäuser und Sitzungssäle mit überaus reicher und vielgestaltiger Dekoration versehen und daher unbedingt sehenswert (n. V. mit dem Bundeszentralamt der Deutschen Bahn AG)!

Stadtführungen:

zur Geschichte (bes. für sehbehinderte und nichtsehende Menschen), Themen „Preußentour", „Die Neustadt", „Frauen in der Festungsstadt", „Das Mittelalter", „Weserrenaissance", für ein „Kerzengeld" Begleitung der Mindener Nachtwächterin, ⓘ Minden Marketing GmbH, T 0571/8290-659, F 0571/8290-663

Zusätzliche Informationen:

Preußen-Museum NRW (in der Defensionskaserne), Simeonsplatz 12: „Preußen in Westfalen“, Ö: di–do, sa, so 11–17 Uhr, T 0571/837280 und 8372-824, F 8372-830, www.preussenmuseum.de

Mindener Museum für Geschichte, Landes- und Volkskunde mit Kaffeemuseum, Ritterstr. 23–33, Ö: di–so 11–17 Uhr, T 0571/9724010 und 89331, F 9724040

Rekonstruierte Schiffmühle Minden, Weserpromenade, Ö: di–so 10–18 Uhr, T 0571/8290-659, F 8290-663

Kunstschule und Kunstcafé lille Kunterbunt, Simeonscarré, T 0571/24368, www.lillekunterbunt.de

Puppen-Museums-Café mit Puppen aus verschiedensten Epochen und einem Café mit außergewöhnlichem Ambiente, Ritterstraße 38, Ö: di–so 10–18 Uhr, T 0571/850538

Insidertipps

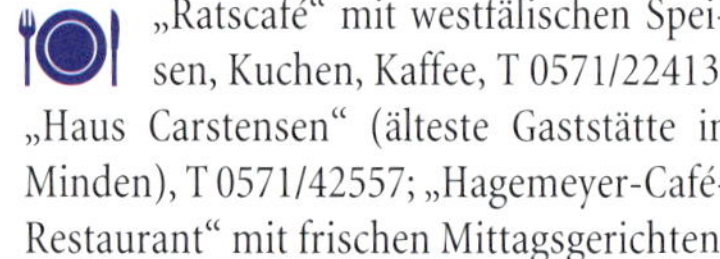

Obere Altstadt mit Gassen und Fachwerkhäusern – Dom – Wasserstraßenkreuz – Mindener Museum – Preußen Museum

„Ratscafé“ mit westfälischen Speisen, Kuchen, Kaffee, T 0571/22413; „Haus Carstensen“ (älteste Gaststätte in Minden), T 0571/42557; „Hagemeyer-Café-Restaurant“ mit frischen Mittagsgerichten, Salatbüfett, Kochen, do+fr besondere Angebote, T 0571/8889190

Tassen, Taschen, Pins und T-Shirts in der Minden Marketing GmbH.

Empfehlungen in der Umgebung

■ **Planetenpfad:** ab Preußen-Museum mit Darstellungen 1:1 Milliarde

■ **Minden – Alter Friedhof:** 1808 von der St. Martini-Gemeinde gegründet mit vielen Grabdenkmälern Mindener Familien.

■ Kanalbrücke Minden an der **Wasserstraßenkreuzung,** der Mittellandkanal wird mit Hilfe einer 314 Meter langen trogartigen Brücke über die Weser geführt, Fahrgastschiffe u.a. Schachtschleusenfahrt (13 m Höhenunterschied in der imposanten Schachtschleuse von 1915).

ⓘ Minden Marketing GmbH, T 0571/8290-659, F 0571/8290-663

■ **„Westfälische Mühlenstraße“** mit 42 Mühlen unterschiedlichster Arten: Bockmühlen auf hölzernem

Dom St. Petrus

Bock, Holländer-Mühlen mit steinernem Unterbau, Wassermühlen, aber auch sogenannte Rossmühlen, deren Mahlwerke von Pferden im Göpelzug angetrieben wurden; *Mahl- und Backtagen* von April bis Oktober.

■ **„Porta Westfalica“:** Durchlass für die Weser zwischen Weser- und Wiehengebirge mit gigantischem „Kaiser-Wilhelm-Denkmal“, 1896 eingeweiht

■ **Potts Freizeit Park,** ein origineller Erlebnispark mit vielen Überraschungen, Ö: Ende März bis Ende Oktober täglich 10–18 Uhr, T 0571/51088, F 5800421

■ **Besucherbergwerk Kleinenbremen:** Abenteuer Bergbau mit Museum für Bergbau und Erdgeschichte, Ö: 31.3.–29.10. je di+fr 10–16, sa/so/fei 10–16 Uhr, T 0571/ 99344438

Das Windloch

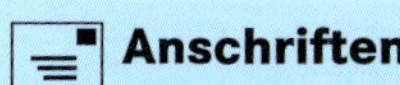

Anschriften:

Minden Marketing GmbH,
Domstraße 2,
32423 Minden,
T 0571/8290-659, F 8290- 663,
www.mindenmarketing.de
info@mindenmarketing.de

■ **Museumseisenbahn,** ein liebevoll restaurierter, preußischer Nebenbahn-Zug, von Minden-Oberstadt bis zum Besucherbergwerk Kleinen Bremen oder zur Windmühle Südhemmern, Auskünfte über Fahrzeiten etc. T 0571/58300, F 0571/53040, www.vereine.minden.de/mem/

Regelmäßige Veranstaltungen

Stadtfest (Ende Mai) mit kulturellen und kulinarischen Leckerbissen – „Mindener Sommernachtstraum“ (klassisches Konzert vor dem Dom) – „Gourmetmeile“ – Minden isst zauberhaft – Jazz Summer Night (August) – Freischießen (alle zwei Jahre Anfang August)

Wege in der Umgebung:

Der Mühlensteig – „Wanderweg der Müllerburschen“ (60 km entlang des Wiehen- und Wesergebirges, 10 Mühlen), ⓘ Minden Marketing GmbH, T 0571/ 8290-659, F 0571/8290-663

„Mühlenroute“ (40 verschiedene Mühlen in einzigartiger Mühlenlandschaft bei 320 km, fahrradfreundliche Unterkünfte), ⓘ Minden Marketing GmbH, T 0571/8290-659, F 0571/8290-663

die Weserlandschaft von der Weser aus erleben, ⓘ s.o.

Eine Spritztour von Mühle zu Mühle durch die grünen Felder und Wiesen am Wiehen- und Wesergebirge; dazu reichlich Einkehr- und Ausspannmöglichkeiten.

Nieheim

Gastlich rund herum

„Land der Wälderrücken, Wellen der Ackergebreite und umfriedeter Wiesen …“ mit diesen Worten skizziert der Dichter Peter Hille das Land rings um Nieheim, eingebettet zu Füßen des Holsterberges in eine sanfthügelige Hecken- und Feldlandschaft. Die ehemalige Ackerbürgerstadt blickt auf eine über 750-jährige Stadtgeschichte zurück und mit einem mittelalterlichen Stadtkern eine repräsentative Mitte. Charakteristisch für das Erscheinungsbild von Nieheim ist, dass die um das Jahr 1247 entstandene, kreisförmige Stadtanlage nahezu unverändert erhalten geblieben ist. Der Baubestand von Ackerbürgerhäusern über dem mittelalterlichen Stadtgrundriss stammt größtenteils aus der Mitte des 19. Jahrhunderts. Ein freundliches Kleinstadtflair wird mit dem Gewinn des 3. Bundeswettbewerbs „Familienferien in Deutschland, und der Anerkennung zum „Heilklimatischen Kurort“ unterstrichen. Von sich reden aber macht Nieheim mit dem „Deutschen Käsemarkt“ und dem „Nieheimer Käse“, einem speziellen Produkt der Region, der auch heute noch in echter Handarbeit als ein fettarmer, sehr eiweißhaltiger Käse zubereitet wird und als Vorspeise, Zwischengericht, als Frischprodukt zu Butter und Brot, als Geschmacksverfeinerer delikater Käsesaucen oder als reifer Hartkäse auf Schmalzbrot den Gourmet erfreut!

Kump Ecke Marktstraße/Schäferstraße, einer der drei Brunnen, die früher die Kernstadt mit Wasser versorgten; dahinter die „Alte Schule“.

Nieheim – Kreis Höxter

- von 138 m bis 339 m ü. NN.
- BAB 2 Anschlussstelle Nr. 28 Ostwestfalen-Lippe, B 252; BAB 44, Anschlussstelle Nr. 65 Warburg, B 252; BAB 33, Anschlussstelle Nr. 28 Paderborn-Mönkeloh, L 755
- **NW** Horn-Bad Meinberg 18 km, **N** Blomberg 16 km, **O** Höxter 24 km, **S** Brakel 14 km

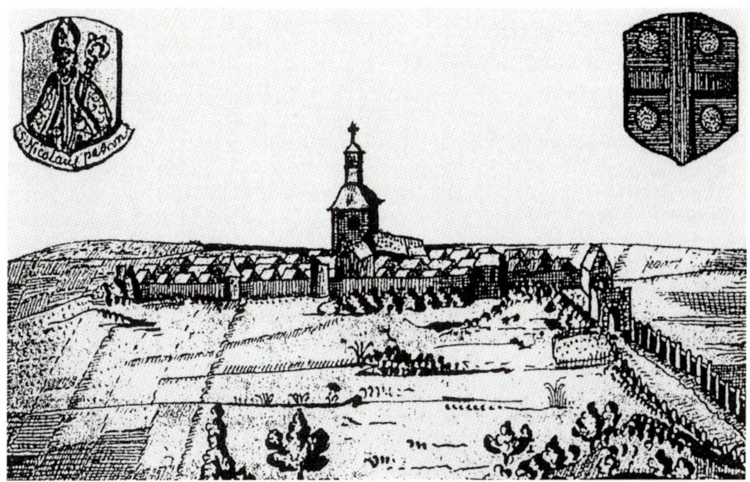

Geschichte

In einer Urkunde von 1275 ist zu erfahren, dass „Bernhard, Bischof von Paderborn das Dorf Nieheim zur Stadt erhoben hat …" Das bedeutet die Loslösung der Bauern aus damals vielfältigen Abhängigkeiten. In der befestigten Stadt blühte in der Folgezeit das Bürgertum auf, fremde konnten auf formellen Antrag und nach Ablegung des Bürgereides aufgenommen werden, es entstanden Zünfte und Gilden, Nieheim wird selbständige Kirchengemeinde. Sogar Mitglied der Hanse wird Nieheim, und zwar als „Beistadt" von Paderborn. Der Dreißigjährige Krieg forderte auch von Nieheim hohen Blutzoll, Feuersbrünste und Pestepidemien hemmten die Entwicklung der Stadt. Ein Großbrand 1700 zerstörte 257 Gebäude. Alle Gebäude (Ausnahme Pfarrkirche St. Nikolaus) stammen aus der Zeit nach 1700.

Heute strahlt die Stadt eine hohe Lebensqualität aus und ist für rund 3.400 Menschen wirtschaftlicher und kultureller Mittelpunkt.

Lüttge Straße, im Hintergrund die Pfarrkirche St. Nikolaus

Sehenswertes beim Stadtrundgang

P Marktstraße, Richterplatz

1. Die **St. Nikolaus Kirche,** zwischen Rathaus und „Alter Volksschule" gelegen, erhielt ihr heutiges Erscheinungsbild im Jahr 1497: römische Ziffern an einem Strebepfeiler des Chores rechts neben dem Eingang belegen dieses Datum. Ältere Gebäudeteile wie der mächtige Turm fügen sich harmonisch in den spätgotischen Baustil ein. Innen: Am Taufbecken Reliefdarstellungen aus dem Alten und Neuen Testament, das Sakramentshäuschen mit kunstvollen Steinmetzarbeiten (15. Jh.).

2. Altes Rathaus: Anno 1610 im Stil der Weserrenaissance erbaut; das hohe Dach ist mit Sollingplatten gedeckt. An der Vorderfront das Nieheimer Maß, eine Elle, für die Kaufleute und der eiserne Schandring für die Diebe am Markttag. Ende der 70er Jahre restauriert und einem modernen Verwaltungsgebäude angemessen gestaltet.

3. Sackmuseum: mit dem kleinsten Postsack der Welt. Das neue Museumskonzept vereinigt 150 Jahre Heimatgeschichte und die Vielfalt von Säcken, Beuteln und Tüten als ältestes Transportmittel in der Menschheitsgeschichte.

4. Ackerbürgerhäuser und Ziegelbauten mit reichhaltigen Ziersteinen in der Wasser- und Klingelstraße.

5. Kreuzkirche der Ev. Kirchengemeinde Marienmünster/Nieheim, 1869 eingeweiht.

6. Weberhaus, Friedrich-Wilhelm-Weber-Str. 13: einstiges Wohnhaus des Dichters Friedrich Wilhelm Weber, heute Bildungsstätte des Kolpingwerkes und Heimvolkshochschule; Gedenkräume des Dichters, ⓘ 05274/9893-0.

7. Lehmkuhle: hier wurde früher Lehm abgebaut, heute ein kleiner Teich. Nikolausquelle speist den gleichnamigen Bach und die stadtbildprägenden Kümpe. Aus der Mineralwasserquelle wird regelmäßig Wasser abgegeben werden, es handelt sich dabei um einen eisenhaltigen „Calzium-Magnesium-Hydrogencarbonat-Sulfat Säuerling".

8. Jüdischer Friedhof: unmittelbar vor den alten Befestigungsanlagen der Stadt gelegen; bis zur Verfolgung im Dritten Reicht hatte Nieheim eine Jüdische Gemeinde von ca. 140 Gläubigen.

9. Westfalen Culinarium: Es präsentiert entlang der Langen Str. in 4 Museen das kulinarische Erbe Westfalens rund um die Themen Brot, Schinken, Bier und Schnaps und macht sie mit allen Sinnen erlebbar.

10. Richterhaus: 1701 erbaut, ein ausladendes dreigeschossiges Fachwerkhaus in dem die Richter von Nieheim lebten, südlich davon (Poststraße) das Gefängnis; heute erinnert nur noch eine Gedenktafel daran.

11. Ratskrug: ein weiteres stattliches Fachwerkhaus mit kunstvollen Verzierungen und bemalten Schnitzereien (1712).

Blick in die Klingelstraße

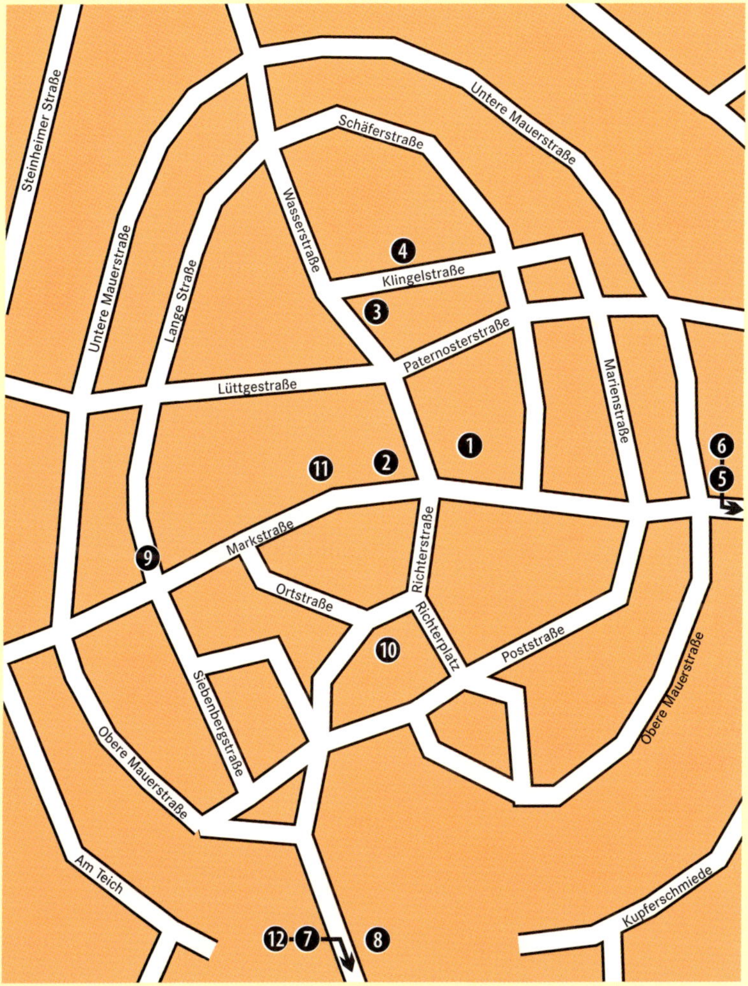

12. Holsterturm, Wahrzeichen der Stadt – vor rund 750 Jahren als Warte entstanden, heute beliebter Aussichtsturm über die Nieheimer Heckenlandschaft und das Steinheimer Becken bis zum Teutoburger Wald. Hier findet sich, vom wehrhaften Turm inspiriert, das Kunstwerk „ATTACKE“ von Auke de Vries: fünf in der Wand des Turms verankerte Speere.

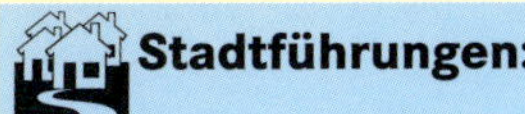

Stadtführungen:

Führungen durch die histor. Altstadt März – Oktober donnerstags 10 Uhr (gebührenfrei!), ansonsten auf Anfrage gebührenpflichtig,
ⓘ Tourismusbüro T 05274/8304

Zusätzliche Informationen:

Museum im Kornhaus: Ausstellung zum Nieheimer Käse, Museumsküche, Deutsches Sackmuseum und Heimatgeschichte, Ö: mi, sa und so 13–18 Uhr und n.V., T 05274/953630

„Handgemacht“ (Porzellan, Seiden, Glasobjekte), Wasserstr. 4, T 05274/952385

Tonarbeiten, Schäferstr. 32, T 05274/8542

Textilarbeiten: Verarbeitung buntgewebter Stoffe, Lärchenweg 9, T 05274/8166

Westfalen Culinarium: Lange Straße, täglich 10–20 Uhr und n.V., T 05274/9529241

Die drei Nieheimer Dichterhäuser: Wohnhaus F. W. Weber, der zwei Wegstunden entfernt in Alhausen bei Bad Driburg geboren wurde; ärztliche und poetische Tätigkeit, u.a. „Dreizehnlinden“. Gedenkräume sind n. V. zugänglich (T 05274/98930). Weitere sind: Hillehaus in Erwitzen und Dorfkrug „Zum Kukuk“ in Himmighausen, s. u.

Insidertipps

St. Nikolaus-Kirche, Museum im Kornhaus mit Deutschem Sackmuseum und Nieheimer Käsegeschichte, Holsterturm, Westfalen Culinarium

„Hotel Berghof“, T 05274/342; „Gaststätte Altenmüller“, Marktstr. 44, T 05274/343; „Speisegaststätte Ratskrug“, Marktstr. 32, T 05274/1238; „Westfälischer Hof“, Marktstr. 27, T 05274/98870; „Zur Hobelbank“, Am Teich, T 05274/775; „Pizzeria“ Marktstr. 29, T 05274/8671 … und nicht zu vergessen – ein Nieheimer Käseseminar ⓘ Tourismusbüro T 05274/8304

Nieheimer Käse aus den Käserein Pott und Menne; Nieheimer Käsetopf; Nieheimer Kunsthandwerk, z.B. bemalte Kacheln mit N. Motiven; regionale Spezialitäten, z.B. Brot, Wurst, Schinken, Korn, Kumpgeist, Marzipan-Käse, Korsäcke u.a., im Shop des Westfalen Culinarium, im Shop des Sackmuseums und bei den Käsewirten.

Holsterturm, Wahrzeichen der Stadt

Empfehlungen in der Umgebung

■ **Familienerlebnispark „Lehmkuhle“:** Spiele, Entdeckungen, Abenteuer: Kurverwaltung

■ **Optische Telegraphenstation:** Als Zeuge der optischen Telegrafie, einer heute fast vergessenen Nachrichtentechnik, ist die wieder aufgebaute und 1984 eingeweihte Station ein einzigartiges Baudenkmal. Die Station Nr. 32 an der Telegrafenlinie Berlin – Koblenz liegt auf der Finnstätte bei Oeynhausen; die Renovierung erfolgte in sechsjähriger Bauzeit (Initiative Heimatverein Oeynhausen).

■ **Schloss Holzhausen** im OT Holzhausen: heutige Anlage besonders durch Bauten des 17.–19. Jh. bestimmt, neben dem Haupthaus kommt der Gesamtanlage eine besondere Bedeutung zu: repräsentativer Herrensitz und Gutshofanlage.
■ **Schloss Grevenburg,** OT Sommersell: Wasseranlage, 1536 als Vorwerk errichtet, 1566–1579 als Familiensitz ausgebaut, Herrenhaus mit rechteckig umwallter Hofanlage mit Torhaus im Westen, stattlichem Giebelhaus mit älterer Durchfahrt von 1536 und achteckigem Treppenturm.
■ **Schloss Merlsheim,** OT Merlsheim: Wasserschloss mit einem zweigeschossigem Herrenhaus, Bauteile des 15.–17. Jh. und Treppenturmanbau (1919), mit Wirtschaftshof, Gräften, Gärten und Einfriedungsmauern.
■ **Gasthaus „Zum Kukuk“,** OT Himmighausen: lebenslanges Domizil des Heimatlyrikers Fritz Kukuk (1905–1987), heute ein Gasthaus mit besonderen lukullischen Genüssen, T 05238/228
■ **Peter-Hille-Haus,** OT Erwitzen: Geburtshaus des poetischen Mystikers und Weltwanderers Peter Hille (1854–1904); im restaurierten Geburtshaus eine „Literarische Gedenk- und Begegnungsstätte“.

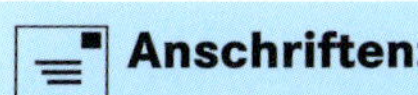

Haus des Gastes, Kurpark,
33039 Nieheim, T 05274/8304,
F 05274/8672, www.nieheim.de
tourismus@nieheim.de

Alle „geraden“ Jahre: Deutscher Käsemarkt, alle „ungraden“ Jahre: Hieheimer Holztage (jeweils am 1. September-Wochenende).

Wege in der Umgebung:

„Nieheimer Kunstpfad“ führt an fünf Stationen vorbei, an dem Künstler ihre Werke ausgestellt haben, so dass sich durch eine individuelle Sinneswahrnehmung die Lebensräume und Kunst in Nieheim erspüren lassen (Faltblatt Haus des Gastes).
Nieheimer Flechthecken: in früheren Zeiten dienten sie als „lebender Zaun“ zwischen den Weideflächen, aber auch Lieferant für Brennholz, Haselnüsse und Viehfutter. Besonders gutes Beispiel zu sehen unterhalb des Holsterberges, z.B. Station 16 des „Erlebnispfades“; auch als Planwagenfahrt zum Gut Externbrock, ⓘ T 05274/8304, F 05274/8672
Nieheimer Erlebnispfad: 6 km schöner Wege in der Natur führen zu 19 Stationen, wo Natur und Geschichte mit allen Sinnen wahrgenommen werden kann (Broschüre).
Weitere Wanderziele (Peter-Hille-Weg, Friedr.-Wilh.-Weber-Weg, Nordic Fitness Park, Heilklima Wege u.a.), T 05274/8304, F 05274/8672, www.nieheim.de

überregionale Radwanderwege R 1, R 51 und R 53 sowie „Mit dem Rad rund um Nieheim“, vier Touren verschiedener Länge; Faltblatt Haus des Gastes.

„Köterberg“, ein lohnendes Ausflugsziel, von seinem kahlen Gipfel (497 m) Fernsicht zum Brocken, Herkules (Kassel) und zur Porta Westfalica; alternativ die *Klosterregion Paderborn/Höxter* ⓘ www.klosterregion.de

Schieder-Schwalenberg

Burg Schwalenberg – hoch über dem Land

Die Maler- und Trachtenstadt zeigt liebenswerte Vielfalt

Vom „Grafenblick“, hoch über Schieder-Schwalenberg, hat man eine weite Aussicht in das Schwalenberger Land. Da erhebt sich die „Mörth“, ein Höhenzug, der vielleicht einmal ein Hochmoor war, durch den sich viele Wanderwege ziehen. Auf den „Teuto“ mit dem Hermann, auf die Egge, das Paderborner Land – das ist die wunderbare Umgebung dieses wirklichen Kleinstadtjuwels. Der Burgberg umschließt diesen Edelstein, der sich als bunte Maler- und Trachtenstadt einen Namen gemacht hat. Sie präsentiert sich zwischen Teutoburger Wald und Weserbergland mit einer geschlossenen historischen Altstadt, in der das 17./18. Jahrhundert aus den Giebeln der Fachwerkhäuser freundlich auf die Besucher schaut und zum Betrachten einlädt.

Schieder-Schwalenberg – Kreis Lippe

- von 300 m bis 450 m ü. NN.
- BAB 2 Anschlussstelle Nr. 37 Lauenau, B 217, B 1; BAB 33, Anschlussstelle Nr. 26 Paderborn-Elsen, B 1; BAB 44 Anschlussstelle Nr. 65 Warburg, B 252
- DB Bf im OT Schieder
- Paderborn/Lippstadt
- **N** Lügde 12 km, **NW** Blomberg 14 km, **S** Höxter 30 km oder Brakel 30 km

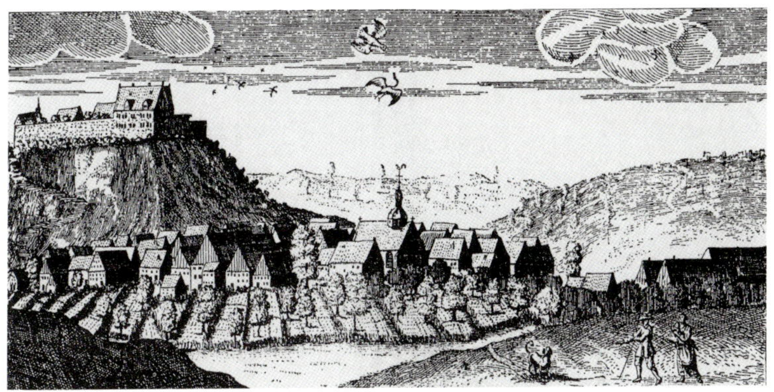

Geschichte

Wie hat sich eine Stadt ohne einengende Stadtmauern vor den bösen Feinden geschützt? Auch da zeigten die Schieder-Schwalenberger schon einen exzellenten Einfall: mit Dornenhecken, dem sog. „Knick“. Doch jetzt erst einmal der Reihe nach: erstmals urkundlich erwähnt ist Schwalenberg 1231, als Graf Volkwin III. auf dem Berg oberhalb des heutigen Schwalenbergs eine Burg errichtete. Im Schutze dieser Burg entstand eine kleine Siedlung, die eben durch den sog. „Knick“ bewehrt war. Erst im 16. Jh. erlebte die Stadt dank der umsichtigen Politik des Drosten Heinrich von Mengersen einen wirtschaftlichen Aufschwung. Aus dieser Zeit stammen das prachtvolle Fachwerk-Rathaus und zahlreiche Bürgerhäuser, die heute noch das Ortsbild nachhaltig prägen. Die männlichen Bewohner von Schwalenberg haben sich als „Ziegler“ verdingt, d.s. Mäher, Ziegelmacher und andere den Tagelohn einbringende Tätigkeiten.

Entree zur Altstadt

Zu Beginn des 20. Jh. stieg Schwalenberg zu einer gefragten Künstlerkolonie auf: die Abgeschiedenheit vom Großstadtleben, die besonderen, sehr guten Lichtverhältnisse und nicht zuletzt die idyllische Lage machten den Ort zu einem Geheimtipp für Maler. Nun entstanden ungezählte Kunstwerke in und vor der reizvollen Kulisse der kleinen Ackerbürgerstadt und ihrer Umgebung. Dieser kreative Geist lebt bis heute in den Mauern und hinter schönsten Fachwerkfassaden.

Sehenswertes beim Stadtrundgang

P Mengersenstraße

Fachwerk in der Brauergildestraße

1. Rathaus: der giebelständige Kernbau von 1579 wurde 1603 an der linken Traufseite erweitert. Im Erdgeschoss befand sich zunächst eine offene Markthalle, im 17. Jh. zum „Ratskeller", mit Gast-, Verkaufs- und Wohnräumen umgestaltet. Im Obergeschoss liegen die Versammlungs- und Amtsräume des Rates und Magistrats. 1906 entstand der Anbau mit Ratssaal, ausgemalt durch Friedrich Eicke (1961). Besonders einzigartige Zierschnitzereien sind in den Brüstungsfeldern über der mittleren Bogenstellung des Hauptbaus zu sehen.

2. Marktstr. 5: ehem. Adelssitz, erbau 1595 von Falk von Oeynhausen, später Amtssitz und Gerichtsstätte des Landesherren. Letzter Privatbesitzer war die jüdische Familie Bachrach, deren Wohn- und Geschäftsräume in der sog. „Reichskristallnacht" vom 9. November verwüstet wurden. Heute dient das Haus als Geschäft, Standesamt, Städtische Galerie/Museum. Vom Marktplatz führt der Weg die Alte Torstraße hinunter. 120 Meter hinter dem Rathaus liegt rechts die Künstlerklause (s.u.)

3. Brauergildestr. 5 zeigt ein stattliches Ackerbürgerhaus von 1611 mit einem zweigeschossigen Dachboden, früher Lager für Ernte und Viehfutter. Im linken Torständer verweit der Krug mit der Rose auf die Nutzung des Hauses als Schankwirtschaft „Zur Rose". Das Bier wurde damals im hauseigenen Braukeller hergestellt. Der Rundweg führt vorbei am Gasthof „Berggarten, und der Löwenapotheke zur

4. Ev.-ref. Kirche, aus dem 14. Jh. mit Resten eines Vorgängerbaues (13. Jh.), die Westerweiterung in der 1. Hälfte des 17. Jh. brachte der Kirche die Renaissancefenster. Markant schiebt sie ihren Turm aus der Dächerlandschaft der Altstadt heraus. Innen zeigt die von außen unscheinbare Kirche einen sehenswerten Taufstein (13. Jh.), das Sakramentshäuschen (1489), eine Kanzel, die um 1700 entstand und der Altartisch (um 1650). An der Nordseite der Kirche führt eine Treppe hinunter in den

5. Papenwinkel Nr. 12, das Pfarrhaus; es wurde 1694 aus Kollektengeldern finanziert. Beidseitig der Diele lagen die ehem. Stallungen, hier später die „Confirmandenstube"; im Westgiebel lag die Wohnung des Pfarrers. Daneben findet man die

6. Nr. 10: **Künstlerhaus Schwalenberg** (1786). Es bietet Wohn- und Atelierräume.

7. Papenwinkel Nr. 2 zeigt eines der beiden sehenswerten Ackerbürgerhäuser (mit Stallungen, Wohnbereich im hinteren Teil) in Schwalenberg, wurde 1591 als Wohn- und Wirtschaftshaus des Drosten Heinrich von Mengersen errichtet

8. und **Marktstr. Nr. 32,** interessant vor allem die beiden zweigeschossigen „Utluchten" beiderseits des Dielentores vor dem querstehenden rückwärtigen Haustrakt. Auch dieses Dach zeigt Sollingsandsteinplatten.

Stadtführungen:

ganzjährig auf Anfrage und auf Wunsch in Schwalenberger Tracht; Führung mit dem Schwalenberger Nachtwächter (April – Oktober, Mi, Fr, Sa)

ⓘ Tourist-Information Schwalenberg, Marktstr. 7, 32816 Schieder-Schwalenberg, T 05284/99-803, F 05284/99-805

9. Der **Schwalenberger Malkasten** liegt nur wenige Schritte vom „Robert-Koepke-Haus" und war ehemals ein Burgmannssitz. Von der Neuen Torstraße geht es steil den Klingenberg hinauf und gleich rechts liegt

10. Haus Klingenberg Nr. 7, ein seltenes Querdielenhaus aus dem Jahr 1604, u.a. Gerichtssitz des Samtamtes Schwalenberg, Oldenburg und Stoppelberg mit der Inschrift *„Allein Gott die Ehre. Der Herr behüte unseren Eingang und Ausgang von nun an bis in Ewigkeit."* Schon wenige Meter weiter plätschert der

11. Volkwinbrunnen (1952 nach einem Entwurf des Malers Friedrich Eicke, s. Rathaussaal), der an die Gründung Schwalenbergs durch den Grafen Volkwin und die erste urkundliche Erwähnung 1231 erinnert. Jahrhundertelang war hier die einzige Entnahmestelle für Frischwasser, die Wasserzuleitung erfolgt heute von der Magdalenen-Quelle durch einen 2,2 km langen Kanal.

12. Künstlerklause, die ab Ende des 18. Jh. als Gasthaus diente und sich in der zweiten Hälfte des 20. Jahrhundert zum Sammelpunkt für Künstler und Gäste der Malerstadt aufstieg. Besonders beeindruckend sind die 1931 gestalteten großen Figurengruppen auf der Fassade. Schräg gegenüber führt der Fußweg

13. zur **Burg Schwalenberg,** die malerisch über der Altstadt thront. Es sind die Restbauten einer im 13. Jh. angelegten, geschlossenen Höhenburg, ehemals mit Palas, Bergfried, Kapelle, Torturm und Wirtschaftsgebäuden, umgeben von einer Burgmauer. Die Anlage verfiel durch Verpfändungen und Folgen der „Samtherrschaft". 1911/13 erfolgte eine durchgreifende Erneuerung. Im Burghof noch ein Werk von Friedrich Eicke – die „Rolandsfigur".

14. Jüdischer Friedhof am Burgberg, auf dem seit der Mitte des 18. Jh. die Angehörigen der jüdischen Gemeinde bestattet wurden, etwa 170 Beisetzungen. 1922 wurde der Friedhof geschlossen; er zeigt Stelen mit hebräischer Inschrift.

Zusätzliche Informationen:

Städt. Galerie und Museum, Marktstr. 5, im Robert Koepke Haus, Polhof 1, u.a. Kunstausstellungen von Mai–Okt., Ö: di–so 14–17.30 Uhr, so 10–12 zusätzlich
Robert-Koepke-Haus: Literaturbegegnungen (im Herbst)
Papiermühle Plöger, Schieder, Im Niesetal 11, Kulturdenkmal und Museum mit Darstellung der Papierproduktion um 1900, Ö: 15. Mai – 31. Okt. sa 15–18, so/fei 10–12, 15–17 Uhr,
ⓘ **Heimatverein Schieder,** T 05282/3 47

Die alte Kirche

Insidertipps

Histor. Rathaus mit Ratssaal – Kirche – Burgberg mit „Grafenblick" – Stadtwasser – Holzfinnen am Eselkamp

Gasthof „Berggarten", Brauergildestr. 9, T 05284/9989-8; Hotel-Restaurant „Malkasten", Neue Torstr. 1, T 05284/98060; Ristorante „La Piazetta", Marktstr. 18, T 05284/943763

Blaudrucke, Schnitzereien, den „Grafenbitter" und den „Schwalenberger Nachtwächtertrunk" (Magenlikör bzw. Halbbitter aus Kräutern)

„Utluchten" – für den Ausblick

Empfehlungen in der Umgebung

■ **Familienpark „Funtastico"** am Schieder See mit vielen Attraktionen für Kinder; am See ein riesiger Abenteuerspielplatz, Kindermopeds, Nautic Jet, Luna Loop mit Seilbahn, Bootsverleih, Minigolfanlage. Ö: Mitte März – Ende Oktober täglich 10–18 Uhr, ⓘ 05282/411.

■ **SchiederSee:** Seeterrassen, Moseshütte, Seerestaurant, Segelschule, Abenteuerspielplatz, Freizeitzentrum SchiederSee, Fahrten mit der MS SchiederSee, ⓘ 05282/411; www.schiedersee.de

■ **Barockschloss Schieder** mit mächtiger Freitreppe (Haus des Gastes, Kurverwaltung), Schlosspark im Stil eines englischen Landschaftsgartens

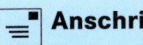

Anschriften:

Tournist-Information Schwalenberg, Marktstr. 7, 32816 Schieder-Schwalenberg, T 05284/99803, F 05284/99805

Tourist Information Schieder, Schloss Schieder, Im Kurpark 1, 32816 Schieder-Schwalenberg, T 05282/601-71, F 601-73, www.schieder-schwalenberg.de tourismus@schieder-schwalenberg.de

1 Regelmäßige Veranstaltungen

„Schwalenberger Sommerakademie" – Töpfermarkt in der Brauergildestraße (letztes Juni-Wochenende) – Intern. Schwalenberger Trachtenfest (alle zwei Jahre am ersten August Wochenende) – Literaturbegegnung Schwalenberg (Herbst)

Das historische Rathaus

Wege in der Umgebung:

ausgedehntes Wanderwegenetz im lippischen Südosten u.a. in Schwalenberg: Rundwanderweg „Burgberg" Stadtwasser, Rundwanderweg „Liebesweg", Streckenweg Schwalenberg-Schieder über das „Mörth" mit Abstecher um „Seerosenteich".

ausgeschilderte Radwanderwege im Lippischen Südosten

SchiederSee, ab Staudamm Ende auf der Emmer abwärts Richtung Lügde, Bad Pyrmont, Hameln (Weser)

vom Weserbergland („Köterberg") durch den Lippischen Südosten entlang des Schiederses zum Teutoburger Wald

Südansicht

Warburg

Die geschichtsträchtige und liebenswerte Stadt

Am Fuß des Naturparks „Eggegebirge/Südlicher Teutoburger Wald“ bettet sich die ehemalige Hansestadt Warburg in das romantische Diemeltal und klettert den Hang herauf – bereits mit Blick auf das nahe Hessen. Im Süden des Kreises Höxter liegt einer der fruchtbarsten Landstriche, die Warburger Börde. Die Stadtansicht von Süden gehört zu den schönsten in ganz Westfalen und die herausragende Bedeutung liegt in der Doppelstadtstruktur: Altstadt in der Diemelniederung – Neustadt auf dem Wartberg, beides voller Leben, jung geblieben, zeigt liebenswerte Reize, fesselt durch eine eindrucksvolle Lage. An vergangene Zeiten erinnern massives Fachwerk und sogar monumentale Bauten.

Warburg – Kreis Höxter

- von 148 m bis 431 m ü. NN.
- BAB 44 Anschlussstelle Nr. 65 Warburg, B 252/B 7 und B 241
- DB Bahnstrecke Kassel – Altenbeken und Warburg – Hagen (Ruhrtalbahn), ICE-Haltepunkt
- Paderborn/Lippstadt, Kassel-Calden
- **N** Brakel 30 km, Höxter 50 km, **W** Soest 80 km, **SW** Schmallenberg 100 km

Und über allem liegt eine liebenswerte Idylle, sie ist ein Treffpunkt für Alt und Jung. Bestandspflege, Modernisierung und Wohnumfeldverbesserung tragen dazu bei, in Alt- und Neustadt lebendige Wohnviertel und Einkaufsbereiche zu erhalten. Warburg besitzt einen großen Anteil erhaltenswerter historischer Bausubstanz: 171 Gebäude befinden sich im historischen Stadtkern.

Geschichte

Warburg geht auf eine die Diemelfurt beherrschende Burg zurück, in deren Schutz sich im 11. Jh. eine Siedlung entwickelte. Eine alte Burganlage auf der Warberg (= Wartberg) war Sitz des Grafen Dodiko, nach seinem Tode gelangt die Grafschaft an das Bistum Paderborn. 1195 wird Warburg erstmals in einer Urkunde als „civitas" bezeichnet. Um 1230 gründete Bischof Bernhard IV. von Paderborn die Neustadt auf dem strategisch günstigeren Bergkamm oberhalb der Altstadt. 1364 traten beide Städte der Hanse bei, zur Vereinigung von Alt- und Neustadt kam es 1436 – besiegelt im „Groten Breff"; ein gemeinsames Rathaus wird 1568 auf der Grenze zwischen Alt- und Neustadt errichtet. Zur wirtschaftlichen Blüte kommt Warburg als Handels- und Stapelplatz am Kreuzungspunkt wichtiger Straßen schon im 14. Jh., der wirtschaftliche Niedergang setzt nach vielen Pestepidemien, vor allem nach den Kämpfen des Dreißigjährigen und weiter nach den Siebenjährigen Kriegen ein. 1816 wurde Warburg Kreisstadt, ab 1849 an verschiedene Eisenbahnstrecken angeschlossen und damit moderner Verkehrsknotenpunkt; die Einwohnern stiegen und die Stadt wuchs über die Grenzen der mittelalterlichen Befestigung hinaus. Einige Fabriken und weitere Schulen werden gegründet. Nach dem Zweiten Weltkrieg setzt sich die Entwicklung mit einem großen Industriegebiet und in der Vereinigung mit 15 Ortsteilen und dem Kreis Höxter fort.

Arnoldihaus

Sehenswertes beim Stadtrundgang

P Schützenplatz oder Postparkplatz (ggf. auch jenseits der Diemel, Fußweg)

Es sei zunächst erklärt, dass die Warburger „Neustadt“ oben auf dem Berg liegt, während die „Altstadt“ der Stadtteil an der Diemel ist.

1. Marktplatz der Neustadt

2. Kirche St. Johannes Baptista, erbaut im 13. und 14. Jh., 1902 Turm mit hohem Helm erneuert.

3. Hotel „Alt-Warburg“, ein spätgotisches Bürgerhaus von 1510, dreigeschossig mit Speicherstock, heute Romantik-Hotel (s.u.).

4. Hirsch-Apotheke: der gotische Steinbau mit Staffelgiebel wurde 1705 durch einen barocken Umbau verändert.

Portal Historisches Rathaus

5. Haus Engelhardt, ein dreigeschossiges Bürgerhaus der Renaissance vom Ende des 16. Jh.

6. Erasmus-Apotheke: der breitgelagerte Fachwerkbau stammt aus dem Anfang des 16. Jh., die Straßenfront im 18. Jh. überarbeitet.

7. Haus Böttrich: das spätgotische Flett-Deelenhaus (15. Jh.) hatte im 2. Obergeschoss einen Speicherstock; 1980–1982 gründlich renoviert, heute Pfarrzentrum.

8. Corvinushaus, als zweigeschossiger Massiv- und Fachwerkbau der Spätgotik im 15. Jh. erbaut, ehem. „Romhof“, heute evangelisches Gemeindehaus.

9. Mönchehof: ehem. Stadthaus des Klosters Hardehausen, erbaut 14./15. Jh., erweitert 1728.

10. Haus zum „Stern“: Haus derer von Calenberg, später Stadthaus des Klosters Wormeln, erbaut um 1340.

11. Rathaus der vereinigten Alt- und Neustadt, erbaut 1568, Fachwerkaufstockung erfolgte 1902.

12. Kirche „St. Maria in vinea“ war die erste Altstädter Pfarrkirche, wurde Ende des 12. Jh. erbaut, seit 1286 Kirche der Dominikaner, erweitert im 13./14. Jh., seit 1826 Pfarrkirche der evangelischen Kirchengemeinde.

13. Das „Marianum“, erbaut 13./14. Jh., erneuert 1738 und 1751, war seit 1281 Dominikanerkloster, heute Gymnasium.

14. Altstädter Rathaus: ehem. Rathaus der Altstadt mit gotischem Staffelgiebel, erbaut Mitte 14. Jh., ein bedeutender Profanbau des Mittelalters und Marktplatz der „Altstadt“, Schauplatz des „Kälkenfestes“.

15. „Eckmänneken“, ehem. Zunfthaus der Bäcker – das älteste Fachwerkhaus Westfalens von 1471 zeigt drei Geschosse,

davon zwei Obergeschossspeicher; Name wegen der zwei hockenden Männerfiguren.

16. **„Arnoldihaus"** von 1513, ein spätgotisches Flett-Deelenhaus.

17. **„Eisenhoithaus":** hier arbeitete der Silberschmied und Kupferstecher Eisenhoit von 1554 bis1603.

18. **Glockengießerhaus** (1587), ein spätgotisches Bürgerhaus, wieder drei Geschosse, davon zwei Obergeschoss-Speicher.

19. **Biermannsturm:** ein Wehrturm in der Südmauer aus dem 14. Jh.

20. **Diemelbrücke** mit Nepomukfigur (1724) und einem großartigen Panoramablick auf den Südteil der Stadt.

21. **Johannistor:** das Südwesttor zur Altstadt mit Wehrturm, um 1350 erbaut.

22. **Rondell:** Blick auf Rathaus, ev. Kirche und Gymnasium.

23. **Burgkapelle St. Erasmus,** urspr. eine romanische Basilika mit Ober- und Unterkirche a. d. 11. Jh., 1681 als Wallfahrtskirche erneuert.

24. **„Sacktor",** ein Wehrturm (1443) am Innentor mit steinernem Wehrgang.

25. **Judenfriedhof** seit Anfang des 19. Jh., Grabsteine aus dem 18. und 19. Jh.

Stadtführungen:

Verschiedene thematische Stadtführungen beim Fremdenverkehrsverband; Kunsthistorisches WE mit Stadtrundgang und Museumsbesuch

Insidertipps

Diemelbrücke mit „Warburg-Blick“ – Altstadtkirche und Marktplatz – Doppelstadt Rathaus – Museum Stern

Romantik-Hotel „Alt Warburg“, Kalandstr. 11, T 05641/789800; „Papenheimer Hof“, Hauptstr. 90, T 05641/2353; Gaststätte „Zur Alm“, Ikenberg 16, T 05641/2105; Café „Eulenspiegel“, exzellente Konditorei und „Westfälisches Gedöns“-Eis, Marktstraße 13, T 05641/2209

Süße Warburger Stadtchronik aus Café „Eulenspiegel“

Haus Böttrich

Hotel „Alt-Warburg“

Empfehlungen in der Umgebung

- **Germete:** „Heil- und Luftkurort,, Quellen, Bewegungsbad, Kurpark
- **Nörde,** Geburtsort des westfälischen Barockbaumeister Johann Conrad Schlaun (das Geburtshaus wurde leider abgerissen)
- **Desenberg:** Basaltkuppe (345 m) vulkanischen Ursprungs mit Ruine einer ehem. Raubritterburg der Ritter von Spiegel. Nach der Sage soll Kaiser Karl der Große im Desenberg warten, sein großes Kaiserreich wiederherzustellen.
- **Kloster Hardehausen:** ehem. Zisterzienserkloster (1140, im Dreißigjähr. Krieg zerstört, 1675–1713 erneuert) bietet das Bild einer alten Klosteranlage mit handwerklichen Zeugnissen der Steinmetzkunst; heute Jugendhaus und Landvolkshochschule
- **Scherfede** mit Zehntscheune des Klosters Hardehausen (um 1700)
- **Orgelroute und Orgelmuseum,** Borgentreich: Tourist-Info, Am Rathaus 13, T 05643/809-0, F 809-90

Zusätzliche Informationen:

Warburger Museum im Haus zum „Stern“, Dokumente zur Stadt-, Wirtschafts- und Kunstgeschichte u.a. Sonderausstellungen, Werke berühmter Warburger Künstler (Eisenhoit, Schlaun), Ö: di–so 14.30–17 Uhr und n.V. ⓘ T 05641/741988

Anschriften:

Fremdenverkehrsverband
„Warburg Südegge e.V.“
Bahnhofstr. 28,
34414 Warburg
T 05641/92-555, F 92-583
www.warburg-touristik.de
info@warburg-touristik.de

■ alle ⓘ Tourist Information „Warburg Südegge e.V.“, Bahnhofstr. 28, 34414 Warburg, T 05641/92-555, F 05641/92-583, www.warburg-touristik.de, info@warburg-touristik.de

Regelmäßige Veranstaltungen

„Kunsthistorisches WE“ – Kurparkfest in Germete (1. Mai) – Warburg: Maimarkt (2. Mai-Wochenende) – „Kälkenfest“ (2. August-Wochenende) – Warburger Oktoberwoche

Mittelalterliches Kälkenfest

Wege in der Umgebung:

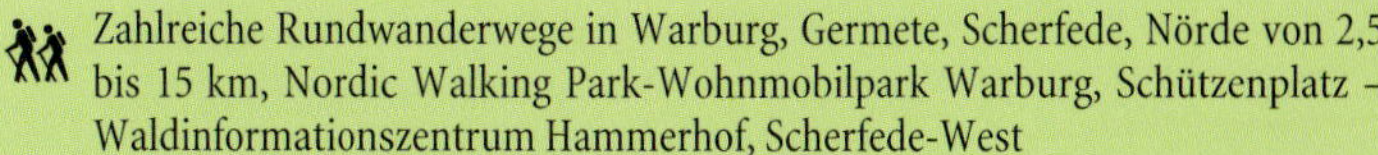

Zahlreiche Rundwanderwege in Warburg, Germete, Scherfede, Nörde von 2,5 bis 15 km, Nordic Walking Park-Wohnmobilpark Warburg, Schützenplatz – Waldinformationszentrum Hammerhof, Scherfede-West

R1 bis R4 sind Radrundwanderwege ab Marktplatz Warburg; dazu Fernradwanderwege (R 8 Weser – Sauerland; R 51 Niederlande – Weser), Radweg zur Weserrenaissance, ⓘ T 05641/92-555

Kanuwandern auf dem See und auf der Diemel ⓘ 05642/7682

Warburg – Nörde – Scherfede – Hardehausen (Kloster und See) – Germete – Warburg

Münsterland

Wallhecken und Wasserburgen

Vom Tecklenburger Land – dem „Balkon des Münsterlandes" bis zur Lippe im Süden, vom Naturpark Hohe Mark im Westen bis zur Parklandschaft des Kreises Warendorf im Osten reicht dieses Land, dem der alte Bischofssitz Münster vor vielen Jahrhunderten den Namen gab. Die Uhren laufen hier um etliches langsamer, es geht beschaulich zu.

Genauso langsam, so gemütlich bummelt man über die Märkte oder unter Arkaden entlang. Der Blick schwenkt hoch, klettert an den Treppengiebeln der Patrizierhäuser empor. Unten in den Landstädtchen winden sich krumme Gässchen zu den Märkten von Tecklenburg oder Steinfurt mit rundlichen Marktplätzen, mit Gasthof und Kirche, alles in rotem Stein oder hellem Putz. Draußen aber, im weiten grünen Land der Tieflandsbucht zwischen Lippe und Ems, Teutoburger Wald und Niederrhein, hatten sich nach dem Abklingen der Eiszeit gewaltige Erdmassen aus Sand und Kies über die Erdoberfläche gebreitet. Weit reicht der Blick, bis an den dünnen Streifen, wo sich Himmel und Erde berühren. Davor eine Farbsinfonie von gelben, roten und grünen Tönen: Weite Kornfelder, gesprenkelt mit knalligen Mohnblumen, saftige Weiden, gerahmt von dunklen Streifen der Eichenwälder oder Wallhecken – eine Parklandschaft, soweit das Auge reicht. Aus der weiten Landschaft leuchten wie hineingetupft die behäbigen Bauerngehöfte. Ein schmaler Steg führt über den Wassergraben, von Kopfweiden gesäumt. Breit ducken sich Wohnhaus, Scheune und Stall unter den Bäumen. Hellgrüne Fensterläden klappern im leichten Wind, der ständig über das Land streicht. Häufig lockt ein „westfälischer Himmel" in die Deelen und Küchen: Über der gekachelten alten Herdfeuerstelle hängen im Kamin die besten Würste, leckersten Schinken, die Westfalen zu bieten hat, oder „Bauerngold", frisch gestochener Spargel aus den Sandböden im Mai, Juni. Im Land zwischen Hümmling und Lippe träumen sie unter mächtigen Eichen oder verstecken sich hinter Wällen und Wassergräben: Wasserburgen, kleine Landschlösser, schmucke Herrenhäuser. Zur einen Seite Residenzen, zur anderen bäuerlicher Gräftenhof. Hier und da kassiert die Baronin einen „Tacken" (heute ein Euro) und der Baron erzählt von Vorfahren und über die Herrensitze. Große Baumeister haben wundervolle Anlagen geschaffen, etwa Johann Conrad Schlaun. Aber auch Schelme hat das Land des Westfälischen Friedens geboren wie den „tollen Bomberg", dessen skurrile Geschichten einen dicken Roman füllen, und filigrane Persönchen wie das Fräulein Annette von Droste-Hülshoff aus dem Rüschhaus. Nur der Stundenschlag der alten Standuhr kann die beschauliche Stille des Landes unterbrechen.

Rheda-Wiedenbrück

Stadt der „Flora Westfalica“

Rheda-Wiedenbrück mit seinen 4t.000 Einwohnern ist zugleich eine sehr alte und eine sehr junge Stadt …

… jung, weil ein breites Kultur- und Freizeitangebot und unzählige aktive Vereine die Stadt lebendig halten. Jung auch, weil sie erst am 1. Januar 1970 mit der kommunalen Neugliederung in NRW entstanden ist: Rheda und Wiedenbrück, die Gemeinden Batenhorst, Lintel, Nordrheda-Ems und St. Vit wuchsen zu einer Stadt von 86,6 qkm Fläche zusammen.

Rheda-Wiedenbrück ist auch eine sehr alte Stadt: vor über 1.000 Jahren gewährte der Kaiser des Hl. Römischen Reiches, Otto I., dem Bischof Drogo von Osnabrück für den in seinem Herrschaftsbereich liegenden Ort Wiedenbrück die Münz-, Markt- und Zollrechte.

Der Stadtkern von Wiedenbrück blieb in den vergangenen Jahrhunderten weitgehend unbeschädigt und weist zahlreiche historische Gebäude auf, die als denkmalwert eingestuft sind. Ein 2,3 km langer Park verbindet die Stadtteile Wiedenbrück und Rheda miteinander.

Geschichte

Der tatsächliche Beginn der Besiedlung des Wiedenbrücker Stadtgebietes ist nicht überliefert. Um das Jahr 785 begründete man dort eine dem Hl. Aegidius geweihte Kirche, ein erster Holzbau, der um 1200 durch einen frühgotischen Steinbau ersetzt wurde. Schon 803 unterstellte Frankenkaiser Karl der Große den Sprengel Wiedenbrück dem neu gegründeten Bistum Osnabrück. Die Kirche zu Wiedenbrück gehörte zu den fünf Urkirchen

Typisches Fachwerkornament

Rheda-Wiedenbrück – Kreis Gütersloh

- von 66 m bis 105 m ü. NN.
- BAB 2, Abfahrt Rheda-Wiedenbrück, Anschlussstelle Nr. 23
- DB Bahnhof Rheda, Strecke Hannover-Aachen, Regionalexpress nach Rheda-Wiedenbrück
- Lippstadt/Paderborn, Dortmund, Münster/Osnabrück
- **N** Warendorf 30 km, **O** Rietberg 15 km, **SW** Oelde-Stromberg 15 km, **W** Werne 70 km

des Bistums und war geistlicher Mittelpunkt des oberen Emsgebietes. Vor über 1.000 Jahren gewährte Kaiser Otto I. also dem Ort Wiedenbrück, und das genau im Jahr 952, das Markt-, Münz- und Zollrecht, damit wuchs Wiedenbrück zum wirtschaftlichen Zentrum; das Stadtrecht wurde 1196 verliehen. Die Bevölkerung wuchs im 12. und 13. Jh., die Stadt musste erweitert werden: Fürstbischof Engelbert von Isenberg stellte hierfür um 1249 die erforderliche Fläche zur Verfügung: Der die Stadt umfließende Arm der Ems wurde zugeschüttet und für die Neustadt eine künstliche Umflut geschaffen. Durch den Emsbogen ergab sich ein natürlicher Schutz, der durch Anlage von Wällen und Mauern verstärkt wurde. 1453 belagerte Graf Nikolaus von Tecklenburg die Stadt; Beschuss verursachte einen Stadtbrand. Vor allem aber litt Wiedenbrück im Dreißigjährigen Krieg, besonders 1647 – nur ein Jahr vor dem Westfälischen Frieden – als die Schweden die Stadt eroberten: Sie machten die Festung unbrauchbar. Dennoch – knapp zwanzig Jahre später befestigte man sie erneut. Eine neue Feuersbrunst 1685 verwüstete die Stadt, vor allem aber Kriegsabgaben, Einquartierungen und Erpressungen trieben Wiedenbrück in tiefe Verschuldung. Um 1800 lebten nur noch etwa 1.800 Menschen in der Stadt. Der Anschluss an das Eisenbahnnetz in der zweiten Hälfte des 19. Jh. brachte Industrie in die Stadt und damit einen bescheidenen Wohlstand.

Haus Hemmelmann

Sehenswertes beim Stadtrundgang

1. Marktplatz Wiedenbrück mit historischem Gebäudeensemble und Denkmal „Betender Landmann“. Das historische Rathaus am Markt 1, Wiedenbrück *(Denkmal d. M. 2002)*, wurde 1619 errichtet und 1790 im größeren Umfang umgebaut. In dieser Zeit entstand die Traufenseite zum Markt, ein früherer Laubengang wurde mit in das Gebäude einbezogen, dessen Breite durch einen sog. Neidkopf (unheilverhütende Bedeutung, anstelle von heidnischen Bauopfern) markiert wird. Über der Eingangstür sind zwei Wappen zu sehen: das Speichenrad von Osnabrück unter einem Kurhut des Kurfürsten Clemens August von Bayern und das Wiedenbrücker Stadtwappen.

2. Romantikhotel „Ratskeller“, Lange Straße, historisches Gebäude mit prächtigen Fachwerkornamenten und reicher Bildersprache besonders an der Fassade und ****Sterne-Hotel, Restaurant.

3. St. Aegidiuskirche am Kirchplatz (Erstgründung 785 n. C.), von Romanik zur Gotik, Querschiff von 1260, wertvolle Kunstschätze.

4. Franziskanerkloster, Mönchstraße *(Denkmal d. M. 2001)*, bewohnt, Klostergarten, sehenswert der Klosterbogen. Das Kloster wurde von Franz Wilhelm von Wartenberg, Kardinal und Fürstbischof von Osnabrück am 13. Juni 1644 gegründet. 1645 zum Konvent erhoben, wurde dennoch erst 1667 der Grundstein für den bis 1716 dauernden Klosterbau gelegt. Die aus dem 15. Jh. stammende Marienkirche wurde zur Ordenskirche

bestimmt. Der „Patersbogen“ zwischen Haus und Kirche, in den erst 1948 ein Durchgang für Fußgänger gebrochen wurde, ist aufgrund einer Auflage der Stadt Wiedenbrück gebaut worden.

5. Heimatmuseum, Lange Str. 50, historisches Fachwerkhaus, Funde zur Stadtgeschichte und Wiedenbrücker Bildhauerschule, mittelalterliche Programme.

Verbunden werden die beiden Ortsteile Wiedenbrück und Rheda durch die **„Flora Westfalica“,** dem Gelände der Landesgartenschau (1988), ein fast drei km langer Natur- und Erholungspark, einer der schönsten innerstädtischen Parks in NRW. Das ehem. Landesgartenschaugelände besticht durch seine natürliche Vielfalt: Blumenpracht und die Ems als verbindendes Element mit einer einzigartigen Flora und Fauna.

6. Wasserschloss Rheda, Steinweg, mit seinem mächtigen Turm (erbaut um 1180), dem Renaissancetrakt, Barockflügel, Kapellenturm, mit dem „Graffiti“ eines Gefangenen, Remise mit Pferdeskelett, Kutschenmuseum, Spielzeug- und Kostümsammlung, Orangerie (Konzerte, Kunstausstellungen), Künstlerwerkstatt Bleichhaus. Seit 1988 bewohnt von der Fürstenfamilie zu Bentheim-Tecklenburg.

7. Altstadt Rheda, Kleine Straße, Großer Wall, Doktorplatz mit historischem Häuserensemble (das älteste von 1549), Zunftzeichen, Leinewebermuseum (privat, Kleine Str. 11)

Domhof, Rheda, Am Domhof, Fachwerkhaus mit auf Holz gemalten Lipperenaissancedecke, heute Begegnungsstätte, Jazzveranstaltungen.

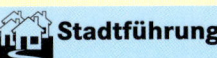

Stadtführungen:

Führungen durch die Altstadt Rheda und den „Historischen Stadtkern“ Wiedenbrück mit den üppig verzierten Häusern.
Führung durch das romantische Wasserschloss Rheda.
Themen: Entführung ins Mittelalter bei Dunkelheit und Fackellicht, Alte Gassen und Kneipen, Klingende Stadtführung, Ackerbürger und Bauerntaler, Ökologische Führung „Flora Westfalica“: versch. Gärten, Bruchwald, Wiesen, Auen, ⓘ Flora Westfalica 05242/ 930116

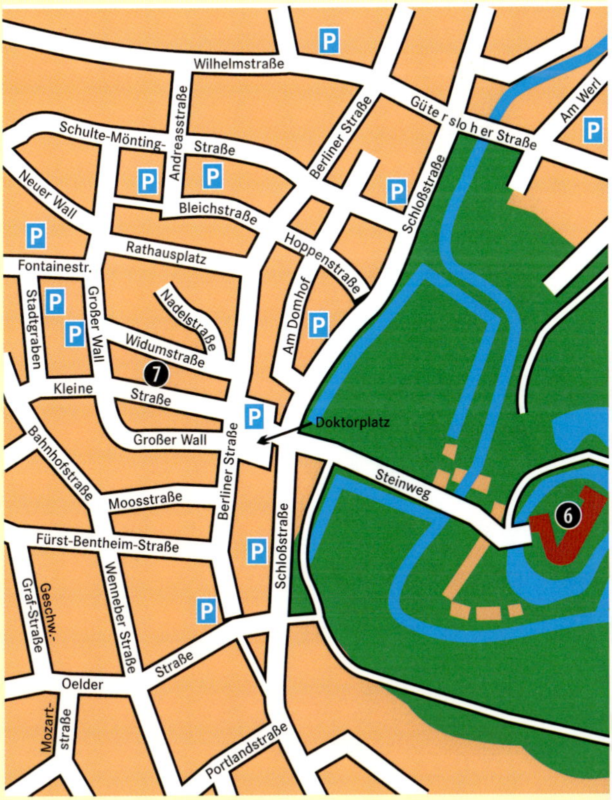

ⓘ Zusätzliche Informationen:

Leinewebermuseum und Altstadt-Café: (privat, Kleine Str. 11) Sammlung zur Flachsverarbeitung, Webstuhl, Trachten, Hauben u.a. ⓘ 05242/47335

Heimatmuseum: im Heimathaus Wiedenbrück (1591), Lange Str. 50, mit archäolog. Funden, Wiedenbrücker Bildhauerschule, u.v.a. Ö: mi, sa, so 15–17 Uhr ⓘ 05242/7797

Kutschenmuseum: ausgestellte Stadt-, Reise- und Sportwagen sowie Schlitten, die einst im Schlossdienst eingesetzt wurden; u.a. der „Napoleon-Schlitten“ mit schielendem Hofnarren als Galionsfigur; **Spielzeug- und Kostümsammlung:** Ausstellung vermittelt Eindruck vom täglichen Leben auf Schloss Rheda und zeigt dazu die Gala-Garderobe; **Orangerie (1783):** Kultur- und Musikveranstaltungen; **Künstlerwerkstatt Bleichhäuschen:** im offenen Atelier kann man Kunstschaffenden über die Schulter schauen. ⓘ 05242/94710

Radio- und Telefonmuseum im „Verstärkeramt“: ⓘ 05242/44330

Die Torbögen der Wiedenbrücker Häuser sind reich verziert

Insidertipps

„Flora Westfalica“ – Wasserschloss Rheda – Marktplatz Wiedenbrück – St. Aegidiuskirche

Romantik Hotel „Ratskeller“, Markt 11, T 05242/921-0; Bistro-Café „Anker-Villa“, Lange Str. 60, T 05242/901828; „Fuchshöhle“, Kirchstr. 10, T 05242/5320; „Zum Paradies“, Lichte Str. 6, T 05242/56363; „Ems-Haus“, Gütersloher Str. 22, T 05242/44033 (Rheda); „Docter's Restaurant“, Berliner Straße 19, Rheda, T 05242/942540

Ackerbürgerhäuser an der Langen Straße

Biergärten auf dem Historischen Marktplatz

Anschriften:

Flora Westfalica, Mittelhegge 11, 33378 Rheda-Wiedenbrück, T 05242/9301-0
www.rheda-wiedenbrueck.de oder
www.hist-stadt.nrw.de
www.flora-westfalica.de
rheda-wiedenbrueck@gt-net.de
info@flora-westfalica.de

Empfehlungen in der Umgebung

- **Burgmannshof Haus Aussel,** OT Batenhorst: Fachwerkhaus mit besonderer Holzschnitzkunst, heute Designerwerkstatt
- **Pfarrkirche St. Vit,** OT St. Vit, barocke Kirche, besondere Kunstwerke
- **Flora Westfalica** für Kinder: Seilzirkus, Wasserspielplatz, Spielerei mit besonderen Einrichtungen, Skater-Anlage

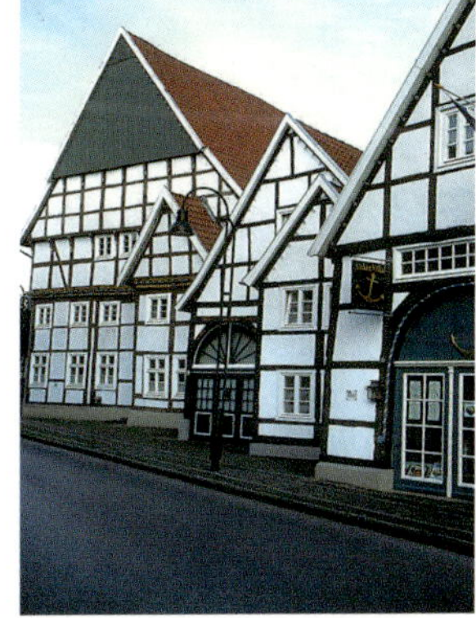

Gut erhaltene Ensembles von Fachwerkhäusern bewahren den Charme des Historischen Stadtkerns

Regelmäßige Veranstaltungen

Kreuztracht (Karfreitag) – Rosenmontag 50 Wagen (Karneval) – Aktionsmulde im Flora-Westfalica-Park (Sommer) – Doktorplatz in Rheda: Jazzkonzerte (Sommer) – Musikfeuerwerk im Flora-Westfalica-Park (letzter Sa/Aug.) – Schlemmen am Schloss (Rheda/Aug.) – Flora-Klassik-Sommer (Mai bis September, Reethus) Christkindelmarkt (Nov./Dez.)

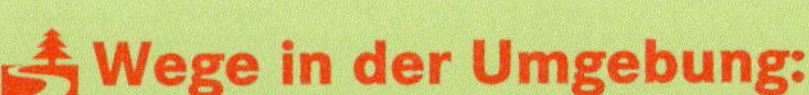

Wege in der Umgebung:

 s. Broschüre „Wandern und Radwandern" mit vielen Empfehlungen

 Radweg „Histor. Stadtkerne", „LandesGartenSchau-Route", Fahrradverleih, ⓘ 05242/9301-1

 Kanufahren auf der Ems, ⓘ Kanuclub M. Fritsche, T 05242/44641

Rietberg

Die Stadt der schönen Giebel

Die Stadt Rietberg, im Süden des Kreises Gütersloh am Übergang der Naturräume des Münsterlandes in das Paderborner Land gelegen, }hat eine lange geschichtsträchtige Vergangenheit, u.a. als Grafschaftsresidenz und Landeshauptstadt. Dies spiegelt sich an vielen Stellen im historischen Stadtkern, dem Herz und Zentrum der Stadt, die von der Ems durchflossen wird, wider. Liebevoll restaurierte Fachwerkhäuser und eine urig gemütliche Gastronomie verleihen Rietberg einen besonderen Charme. Durch die Einbettung in eine weitläufige, intakte Natur (über 500 ha Naturschutzgebiete) lassen sich beim Wandern oder Radfahren die landschaftliche Schönheit und Ruhe genießen.

Der Verlauf der Ems zwang den Stadtkern in seine runde Form, dessen mittelalterlicher Grundriss auch heute noch gut abzulesen ist – ein „Rundling“ von einem Grüngürtel und Gewässern umgeben; eingebettet darin 67 denkmalwürdige Häuser, deren farbige oder schwarzweiße Giebel allen Besuchern freundlich entgegen treten.

Hofbeamtenhaus, 17. Jh., mit „Utluchten“

Rietberg – Kreis Gütersloh

- von 74 m bis 93 m ü. NN.
- BAB 2 Anschlussstelle Nr. 23 Rheda-Wiedenbrück/Rietberg; Anschlussstelle Nr. 24 Gütersloh/Rietberg; BAB 33 Anschlussstelle Nr. 25 Paderborn/Schloss Neuhaus, ⇛ B 64 Richtung Münster; BAB 44 Kreuz Wünnenberg Haaren, weiter BAB 33 wie oben
- Linie 77
- DB Bahnhof Gütersloh, Bahnhof Lippstadt
- Paderborn/Lippstadt
- **W** Oelde-Stromberg 20 km, **NW** Rheda-Wiedenbrück 9 km, **S** Lippstadt 17 km

Geschichte

Nach ersten Besiedlungen in der Altsteinzeit gibt es Erkenntnisse über eine herrschaftliche Inbesitznahme seit Anfang des 12. Jh., als die Arnsberger Grafen hier eine Grenzburg besaßen. 1237 wurde Rietberg durch einen Erbvertrag von der Grafschaft Arnsberg abgetrennt und 1353 von Kaiser Karl IV. zur freien Grafschaft erklärt. Die Stadtrechte Rietbergs sind im Jahr 1289 bezeugt. Die Lage der Stadt im Bogen der Ems ließ einen Siedlungs-„Rundling" entstehen, dessen Grundriss noch heute durch den Grüngürtel der ehemaligen Stadtwälle und den seit 2005 wieder in Gänze geschlossenen Gewässerring des Stadtgrabens gut ablesbar ist. 1699 gelangte Rietberg in den Besitz der Grafen von Kaunitz (Mähren, Tschechien) und wurde 1816 preußisch. Ein Stadtbrand zerstörte 1457 fast die ganze Stadt. Der Kirchturm der katholischen Pfarrkirche von 1483 stellt das älteste Gebäude der Stadt dar. Das stadtbildprägende ehem. Franziskanerkloster auf der „Klosterinsel", dem Gelände der alten

Rietberger Heimathaus

Stadtburg, entstand in der ersten Hälfte des 17. Jh., das Alte Progymnasium 1746/50. Die heute überwiegend vorhandenen Fachwerkhäuser gehen auf das 17. Jh. zurück; die Struktur der Stadt entspricht im wesentlichen noch dem Urkataster von 1820.

Sehenswertes beim Stadtrundgang

P am Schulzentrum und vor den Toren der Altstadt

1. Kath. Pfarrkirche St. Johannes Baptista: spätgotisch, in der Barockzeit erweitert und um 1900 erneuert.

2. Histor. Rathaus, Rathausstr. 31: Fachwerkbau von 1805 mit barockisierenden Umbauten, Wahrzeichen der Stadt.

3. Ehem. **„Conductionshaus"**, Rügenstr. 1: als gräfliches Steuerpächterhaus 1634 errichtet, später Knabenschule, heute Verwaltungsgebäude der Stadt Rietberg.

4. Heimathaus, Klosterstr. 3: eindrucksvolles Ackerbürgerhaus (1645) mit „Utlucht", heute Begegnungsstätte und Museum.

5. Ehem. Klosterkirche St. Katharina: (1. Hälfte 17. Jh.) mit Resten der Krypta für die Bestattung der Grafen von Rietberg seit der Klostergründung 1618; im 18. Jh. grundlegende Erneuerung des Klosters und Erweiterung der Kirche; geschlossenes Bauensemble aus der Barockzeit mit großzügigem Klostergarten.

6. Altes Progymnasium, Klosterstr. 13: barocker Dreiflügelbau mit Fachwerk, ehem. Lateinschule, heute Stadtbibliothek und Stadtarchiv, Ratssaal.

7. Ackerbürgerhaus, Emsstr. 7: von 1664 mit zwei typischen Rietberger „Utluchten".

8. Ehem. Stadtmühle am Nordtor von 1745, Rathausstr. 6.

9. Auf der **Emsinsel** der ehem. **städt. Friedhof** (1791): seit 1923 Gedenkstätte für die Gefallenen der Weltkriege.

10. Das „neue herrschaftliche Haus Münte", Müntestr. 10 (Denkmal des M. 2006): barocker Dreiflügelbau mit überputztem Fachwerk, seit seiner Errichtung 1745 bis 1808 Sitz der gräflichen Regierung; im Vorgängerbau befand sich die alte gräfliche Münzprägestätte („Münte"), nur Außenbesichtigung.

11. Ev. Kirche, Müntestr. 13: aus dem Anfang des 17. Jh., zunächst Hofbeamtenhaus, dann Brauerei, 1903 Umbau zur Kirche; Geburtshaus des Paderborner Hofbaumeisters F. C. M. Nagel (1699–1764).

12. Bartscher-Haus, Müntestr. 11 (Denkmal des M. 2004): 17. Jh., mehrfach verändert, um 1800 Wohnhaus und Werkstatt des Hofmaler Philipp Ferdinand Ludwig Bartscher (1749–1823), einige Wandmalereien entdeckt und freigelegt.

13. Wohn- und Speicherhaus, Müntestr. 4 (Denkmal d. M. 2002): das älteste Haus der Stadt (1553).

14. Ackerbürgerhaus, Pochenstr. 11: von 1598, Wohnhaus der Familie des Dichters Wilhelm Junkmann, Freund der Annette von Droste-Hülshoff.

15. Altes Gericht, Rathausstr. 18 (Denkmal des M. 2005): wie das Rathaus aus dem Baumaterial des 1803 abgebrochenen Schlosses

Historisches Rathaus von 1805

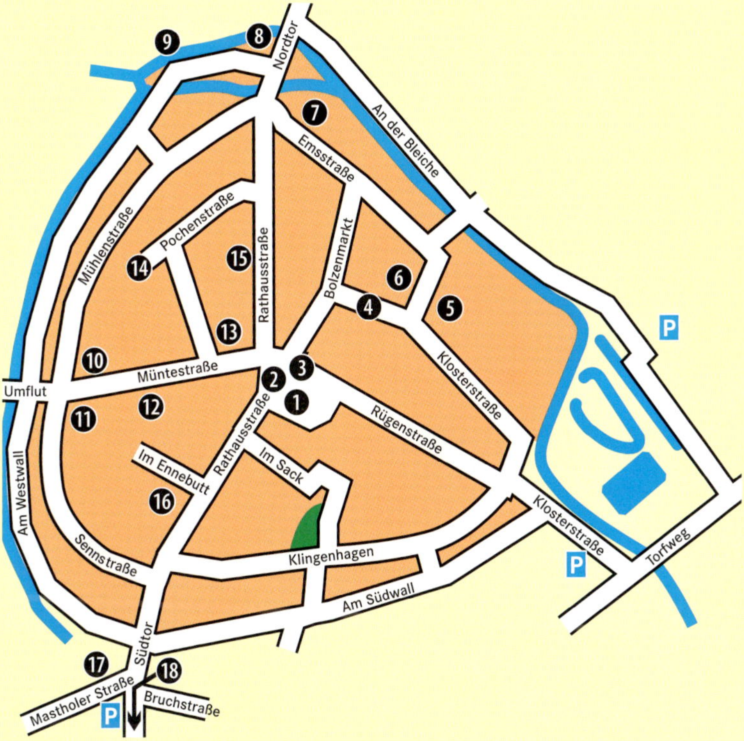

Rietberg als Fürstliches Gerichts- und Gefangenenhaus von dem Detmolder Baumeister Arnold Trump 1806/07 errichtet, heute Galerie für zeitgenöss. Kunst.

16. Geburtshaus des Bildhauers Heinrich Fleige (1840–1890), Rathausstr. 40.

17. Kath. Gesellenhaus, Mastholter Str. 2: 1905 errichtet, 1927 umfassend verändert.

18. St. Johannes-von-Nepomuk-Kapelle, Johannesweg (Denkmal d. M. 2001): ein Denkmalensemble von überregionaler Bedeutung: Nepomukstatue 1723 errichtet, Johanneskapelle 1747 geweiht, sieben Bildstöcke des Johannesweges 1751 errichtet. Die Kapelle ist eine der besten spätbarocken Schöpfungen in Westfalen – ein Zentralbau im Wechselspiel konkaver und konvexer Flächengliederungen. Über dem Portal das in Blei gegossene Allianzwappen des Grafen von Kaunitz-Rietberg, innen neben dem Barockaltar eine aufwendige Gestaltung der Wände durch den Stuckmarmor und allegorische Darstellungen (Glaube, Liebe, Hoffnung). Die Bedeutung dieses Ortes geht bis in das Mittelalter zurück, als sich hier der Rietberger Freistuhl (Gerichtsstätte) befand. Eine „Huldigungslinde“ blieb bis heute erhalten. Die Kapelle liegt am Ende eines Prozessionsweges zum Standbild des heiligen Johannes von Nepomuk. Die sieben Bildstöcke mit Darstellungen des Martyriums dieses Heiligen bilden den Rietberger „Johannesweg“.

Stadtführungen:

Heimatverein, Dr. M. Orlob, T 05244/7322; auch Führungen zur Johanneskapelle und durch das Heimathaus.

Klosterkirche St. Katharina mit reicher Barockausstattung

Stadtmaskottchen Rieti für Kinder (Bürgerbüro); Rietberg-Uhr (Bürgerbüro); Rietberg-Pralinen Konditorei Reineke; Gebäck der Fa. Schulte, Benteler-Str. 9, Mastholte; Ambiente, Rathausstr. 7, Tee und Geschenke

Insidertipps

Histor. Rathaus – Ehem. Klosterkirche St. Katharina – das herrschaftliche Haus Münte – Altes Gericht – St. Johannes-von-Nepomuk-Kapelle

Gute Einkehr: Hotel Vogt, Rathausstr. 24., T 05244/8802; Cafe Münte, Müntestr. 2., T 05244/988877; Gaststätte Bartscher, Rathausstr. 8, T 05244/8823

Johannesweg mit Blick auf die Johanneskapelle

Zusätzliche Informationen:

Heimathaus Rietberg, Museum für Heimatgeschichte, Klosterstr. 3, Ö: so+mi 15-18 Uhr

Stadtarchiv im Alten Progymnasium, Klosterstr. 13, ⓘ T 05244/986370

Altes Gericht, Galerie, Rathausstr. 18 (zeitgenöss. Kunst) ⓘ T 05244/77712

Bartscher-Haus, Besichtigung in kleinen Gruppen n. V. über Rietbergwerke, T 05244/9830

Orgelbauwerkstatt Speith, Im Sack 1, T 05244/8852

Regelmäßige Veranstaltungen

„Rietberg Kulturig e.V." (Kulturreihe und Abo) –Karneval in Rietberg, eine ostwestfälische närrische Hochburg – Stadtbürgerfest – „Rietberger Sommer", u.a. Open-air Großkinonacht (Mitte August) – Tommy Emmanuel Guitar Festival (August) – „Jakobi-Markt" OT Mastholte: Markt in der Tradition des Jakobus Wallfahrtsweges nach Santiago de Compostella (4. Mittwoch im Juli) – alle fünf Jahre: Erntedankumzug (Herbst 2010) – Adventsmarkt Rietberg (Dezember)

Empfehlungen in der Umgebung

■ **Benediktinerinnenabtei Varensell,** Hauptstr. 53, OT Varensell: Kloster, in dem einzigartige Mosaikarbeiten hergestellt werden, sowie eine Fahnen-Kunststickerei und Hostienbäckerei ist; Buch- und Kunsthandel ⓘ T 05244/52970

■ **Institut Vita,** Stennerlandstr. 22, Rietberg: parkähnliche Anlage mit Minigolf, Großschach, Vogelvolieren, Fahrradverleih, Pferdekutschfahrt, Arkaden-Cafe ⓘ T 05244/98040

■ **OT Westerwiehe:** Fachwerk-Bauernhof „Schulte auf'm Wiehen", Berkenheide, in den vergangenen Jahren restauriert, Besichtigungen: ⓘ T 05244/ 7988; Hühnerdenkmal: OT Westerwiehe, das Hühnerdorf Deutschlands

■ **Jüdischer Friedhof:** OT Neuenkirchen, Eltzbacherweg, Besichtigung und Führung n. V. T 05244/ 986370

■ **Nadermanns Tierpark:** Delbrück Schöning, Grafhörsterweg 5 mit heimischen Tieren zum Anfassen, aber auch Exoten, kleiner Freizeitpark mit Ponyreiten, Kletterburg; ⓘ T 05244/5163, F 05244/902931

Anschriften:

Tourist-Info und Bürgerbüro Stadt Rietberg,
Rügenstr. 1, 33397 Rietberg,
T 05244/986-0, F 05244/986-400,
www.rietberg.de
info@rietberg.de

■ **OT Mastholte:** Pfarrkirche St. Jakobus, Haus Reilmann und Heimathaus: historisches Gebäudeensemble, Barockkirche (neuromanisch erweitert) sowie „Pfarrer-Rudolf-Bracht-Platz", Mastholter See mit Rundwanderweg.

Stifterwappen der Grafen von Kaunitz-Rietberg

Wege in der Umgebung:

Zu den Naturschutzbereichen „Bokeler See" (u.a. Mühle Füchtey in Bokel), „Antfängers Mühle" und „Steinhorster Becken"; Ornithologische Wanderungen und Rundwanderwege; alle ⓘ T 05244/986111

u.a. Landesgartenschau-Rad-Route; Radroute Histor. Stadtkerne, Bahnradroute sowie R 1 (Höxter – Groenlo), R 2 (Gondelheim bis Winterswyk), R 47 (Dümmersee bis Biedenkopf) alle ⓘ T 05244/986-0
Ems-Radweg, Bahnradroute Hellweg-Weser

Kanutouren auf der Ems, Kanuclub Rietberg T 05244/986308 oder 928455

„Drei-Mühlen-Tour": Antfängers Mühle – Stadtmühle – Füchteys Mühle

Steinfurt-Burgsteinfurt

Renaissance zwischen Holland und Weser – Bürger, Adel und Musik

Marktplatz Burgsteinfurt

Inmitten einer weitläufigen Parklandschaft mit Landschaftsschutzgebieten liegt Steinfurt im nordwestlichen Münsterland, entstanden 1975 durch den Zusammenschluss der beiden traditionsreichen Ortsteile Burgsteinfurt und Borghorst als neue Stadt an der Steinfurter Aa.

Heute gibt sich diese junge alte Stadt den stolzen Titel „Kulturmetropole" im Steinfurter Land und präsentiert damit ihre besondere Eigenart – zwischen den stolzen Renaissancefassaden klingt und singt es bei den Steinfurter Promenadenfestspielen oder aus „Il Bagno", das als wunderschöne Grünanlage beide Stadtteile miteinander verbindet. Der Stadtteil Burgsteinfurt gehört zur „Arbeitsgemeinschaft historischer Stadtkerne": der historische Kern ist durch die Straßenführung und Reste der Befestigungsmauern mit einem der Türme deutlich ablesbar. Dank der großen Zahl erhaltener Baudenkmäler (183 in die Denkmalliste eingetragen, 75 davon als besonders denkmalwert) kommt Burgsteinfurt im westlichen Münsterland besondere Bedeutung zu.

Geschichte

Während Borghorst vor allem auf geistliche Wurzeln zurückblickt, ist es in Burgsteinfurt mehr eine weltliche Entstehungsgeschichte. Der Ort entstand um eine Wasserburg, die 1129 erstmals urkundlich erwähnt wurde, trat aber bereits mit der ersten Erwähnung des Haupthofes der Bauerschaft Sellen als Besitz der Abtei Werden (Ruhr) 890 in die Geschichte ein. Das Geschlecht

Steinfurt – Kreis Steinfurt

- von 58 m bis 60 m ü. NN.
- PKW – BAB 1 bis Münster-Nord, B 54 bis Steinfurt; BAB 30, Anschlussstelle Nr. 7 Rheine-Nord, weiter B 70; BAB 31, Anschlussstelle Nr. 30, Abfahrt Gronau/Ochtrup, weiter B 54
- Busverbindungen der Westfalenbus GmbH nach Steinfurt
- DB Regionalexpress Münster-Enschede, DB Regionalbahn
- Münster/Osnabrück (Greven)
- **NO** Tecklenburg 30 km, **SO** Warendorf 65 km

Steinfurt nannte sich nach seinem Sitz, der „steinernen Furt" in der Aa, wo sie eine Wasserburg zur Sicherung der Furt errichteten. Das imposante Bauwerk wurde in seiner gegenwärtigen Anlage nach der 1164 erfolgten Zerstörung neu errichtet; noch heute ist das Wasserschloss der Sitz der fürstlichen Familie. Diese überließ Kaufleuten, Handwerkern und Ackerbürger die vererblichen Hausstätten in verkehrsgünstiger Lage an der Furt gegen ein geringes Entgeld (Hühner, Wachs oder Geld). Die Marktsiedlung entstand im Schutze der Burg, die 1338 „stat to Stenvorde" genannt wurde. Burgsteinfurt wurden 1347 die Stadtrechte nach münsterischem Vorbild verliehen, die Stadt mit Mauer, Wall und Graben befestigt, deren Verlauf noch heute an der engen Häuserzeile am Wilhelmsplatz nachzuvollziehen ist. Die Stadt erreichte 1536 die volle Selbstverwaltung durch gewählte Bürgermeister, Schöffen und Ratsherren. Haupterwerb der etwa 1.200 Einwohner waren Landwirtschaft und Wollweberei; im 16. Jh. gewann die Leinenweberei an Bedeutung. Die Reformation führte zur Gründung einer Lateinschule, wenige Jahre später zur „Hohen Schule" ausgebaut, die als bedeutendste reformierte Hochschule Nordwestdeutschlands galt. Der Zuzug von Calvinisten vergrößerte die Einwohnerzahl der Stadt. Durch den rasch wachsenden Reichtum der Stadt entstanden eindrucksvolle Häuser; im Mittelpunkt das 1561 entstandene Rathaus, Zeichen des Selbstbewusstseins der Bürgerschaft. Bis 1614 entstanden daraufhin weitere Bürgerhäuser im Stil der Renaissance, die noch erhalten sind.

Ein weiteres Wahrzeichen ist das Bagno (ital. „il bagno" = das Bad), 1765 bis 1775 im französischen Stil angelegt und später in einen englischen Park umgewandelt.

Die „Franzosenzeit" brachte einen wirtschaftlichen Niedergang. Bereits 1721 wurde ein Teil der Stadtmauern abgetragen. Gegen Ende des II. Weltkriegs war ein Drittel der historischen Bausubstanz der Altstadt durch Bomben zerstört. Durch sorgfältige Restaurationen und Rekonstruktionen sind ca. 180 denkmalwürdige Objekte erhalten und präsentieren sich nicht nur im Fachwerk-, sondern im z.T. großbürgerlichen Renaissancestil.

Sehenswertes beim Stadtrundgang

P Graf-Arnold-Platz oder Kalkwall

1. Altes Rathaus: Kunsthistorisches Kleinod (1561) von Baumeister Gerd Völker; auffallend der fein ausgearbeitete Giebel mit sieben Fialen, unter der Giebelspitze das Stadtwappen, die Giebelränder mit Kugeln verziert; der Rathausturm ruht auf einem Baumstamm (Kaiserstiel gen.). Früher offene Halle für Stadtwache und Gefängnis, Stadtwaage und Braupfannen; im Obergeschoss das Kaminzimmer und der große Rathaussaal. Hier kreuzten sich die Handelswege, standen Richterstuhl und Pranger.

2. Wasserstr. 12 **„Hubertshaus“** mit Schweifwerkgiebel und einem Halbradaufsatz; aufwändiges Steinhaus mit Schaugiebel erbaut 1609 von dem gräflichen Gerichtsschreiber und Notar Gerhard Huberts.

3. Viefhoek 1+5: Ackerbürgerhäuser mit Brettergiebeln und großen Dielentüren.

4. Hahnenstr. 8 **„Huck-Beifang-Haus“**, 1609 vom gräflichen Rentmeister Eberhard Huck errichtet, mit reich verziertem Erker im Obergeschoss.

5. E.**Haus Bütkamp 3**, durch Fachwerkzwischenteil mit dem Huck-Beifang-Haus verbunden; ebenfalls ein Beamtenwohnhaus (1584), das mit seinem Dreistaffelgiebel, Kugelaufsätzen und Steinkreuzfenstern äußerst repräsentativ wirkt. Ornamentale Anordnung der Fassadenziegel, erinnert an holländische Backsteinbauweise.

6. Kornschreiberhaus (Nr. 14) mit spitzem, hohen Giebel und „overgetimmerten“, also überkragenden Geschossen; erbaut von dem gräflichen Kornschreiber, der 1617–1658 hier lebte.

7. Schlossmühle, 1352 erwähnt, mahlte unter dem Schutz des Edelherrn (gegenüber!). Bis 1973 im Betrieb, 1921 mit einem Obergeschoss versehen.

8. Schloss Steinfurt: 1129 erstmals urkundlich erwähnt, wohl zur Sicherung der Furt über die Aa errichtet; nach einer 1164 erfolgten Zerstörung wieder errichtet. Von den ältesten Teilen der Burg ist noch die Schlosskapelle, eine Doppelkapelle und der Rittersaal erhalten. Prachtstück ist das Haus der Gräfin Walburg mit einer reich verzierten „Utlucht“ im Renaissancestil (1559). Neben dem malerischen Torhaus (15. Jh.) befindet sich ein alter Burgmannshof, daran schließen sich Remisen und Ökonomiegebäude an. Privatbesitz.

9. Burgstraße: traufenständiges Fürstliches Kunsthaus, einer der frühen Museumsbauten in Westfalen.

10. Markt: sog. **„Weinhaus“** (um 1445), Gegenstück zum Rathaus, errichtet vom Grafen zu Bentheim-Steinfurt, der damit seine Stellung als Stadtherr zeigt; im Erdgeschoss ein 6 m hoher Saal für öffentliche Zwecke oder Feierlichkeiten genutzt, Verkauf von Wein. Jugendstilfassade mit Kaufmannszeichen: der Merkurstab.
In der Nähe das **„schwarze“ Haus** mit Sandsteinfassade und Agaven-Vasen, es gehörte dem gräflichen Rentmeister von 1795–1812.
Beamtenhäuser: **Haus Kestering** mit prächtigem Löwenschmuck von 1648; **Haus Goddaeus** mit großen Maueranker n 1614, ein stattlicher Renaissancebau mit Schweifwerkgiebeln, Zeichen für den Wohlstand des Bürgertums.

11. Ev. Große Kirche am „Friedhof“ (Freier Hof) mit ehem. Komturei des Johanniterordens. Bis 1100 entstand neben einer ersten Kirche ein neues größeres Gotteshaus, im 12. Jh. zu einer zweischiffigen romanischen Basilika umgebaut, starke Vergrößerung im 14. Jh.; der Turm entstand 1426–1480 mit Treppengiebel. Prunkstück ist der steinerne fünfbogige Lettner sowie die Barockorgel von Konradt Bader von 1658.

12. Die unmittelbar anschließende **Johanniter-Kommende** entstand durch großzügige Schenkungen der Edlen von Steinfurt 1244 aus dem sog. Aahof neben der Großen Kirche. Die Anlage ist ein größerer Komplex einzelner Bauten mit Komturei (Refektorium, Schlafsaal und Speicher), heutiges Erscheinungsbild von 1721, im Besitz des Fürsten.

13. Kath. Pfarrkirche St. Johannes Nepomuk, entstanden zwischen 1721 und 1724, stilreine Barockfassade in strenger Formgebung von den Gebrüdern Pictorius. Die Kirche wurde 1885 im neuromanischen Stil erweitert.

14. Kleine Kirche, 1471–77 errichtet, schlichter spätgotischer Saalbau mit für diese Region einmaliger Fassade: Strebepfeiler sind spitzbogig zusammengeführt und tragen kleinen Achteckturm.

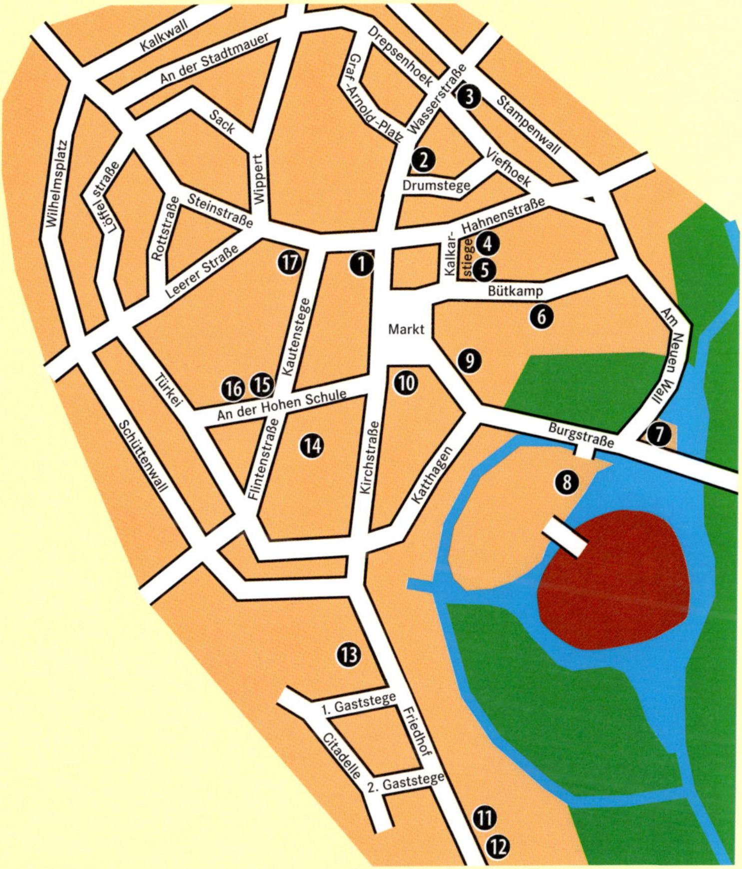

15. Geisthaus, einziges Armenhaus der Stadt, neben der Hohen Schule, 1542 erwähnt. Typ. Ackerbürgerhaus des 17./18. Jh. mit auf Knaggen vorspringenden Brettergiebeln.

16. Hohe Schule: das beeindruckendste Gebäude Steinfurts; 1591 wurde hier die Lateinschule aufgenommen, zu einer Akademie mit den Fakultäten Theologie, Jura, Medizin und Philosophie angehoben; angegliedert waren Buchdruckerei und Apotheke. 1807 wurden napoleonische Truppen einquartiert, später Besitz der preußischen Justizbehörde, 1945 bei einem Bombenangriff zerstört, später in Anlehnung an den alten Zustand wieder hergestellt.

17. Beifanghaus, Steinstraße, von 1606, ein Schmuckstück unter den Steinfurter Fachwerkhäusern: charakteristisch das auf Knaggen vorkragende Obergeschoss, der verbretterte Giebel und die sich halbkreisförmig durchschneidenden Balken; im rückwärtigen Teil ein Kellergewölbe mit der darüber liegenden „Upkammer“.

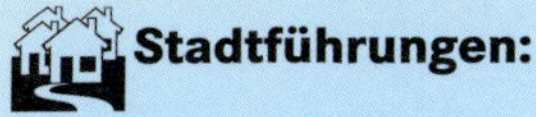

Stadtführungen:

Histor. Stadtrundgang ⓘ Tourist-Information+Verkehrsverein, Altes Rathaus, T 02551/1383

Zusätzliche Informationen:

Stadtmuseum Steinfurt, An der Hohen Schule 13 (Stadtgeschichte, Rektoratszepter, Bagno-Stiche, -modell, Schuhmacherwerkstatt), Ö: mi 15–17, sa+so 11–13 Uhr und n. V. ⓘ 02551/5987 + 919742
Heimathaus Borghorst, Münsterstraße 7 (mit „Tante-Emma-Laden", Spinn- und Webstube, Seilerei, Holzschuhmacherei, Uhrmacherwerkstatt, Bauerntenne) Ö: 2. So im Monat 15-17.30 Uhr und n. V. ⓘ 02552/63248 + 2963
Hollicher Mühle, Burgsteinfurt, Hollich 146a, Ö: Apr.–Okt. sa 14–17 Uhr, ⓘ T 02551/3202
Niedermühle von 1352, Teil der Stadtbefestigung, bis 1957 mit zwei Mahlgängen gemahlen, Ö: April–Okt. sa 14.30–17.30 Uhr und n. V., ⓘ 02551/3202
Stadtführungen: Histor. Stadtrundgang ⓘ Tourist-Information + Verkehrsverein, Altes Rathaus, Markt 2, T 02551/1383

Insidertipps

Altes Rathaus – Schloss – Hohe Schule – Marktplatz - Kommende

„Schlossmühle", Burgstr. 17, T 02551/5563; „Ackerbürgerschänke", Viethoek 5; „Roleff Pöttken", Steinstr. 7, T 02551/82102; Café „Schwan", Steinstr. 7, T 02551/2424 (alle Burgsteinfurt)

Empfehlungen in der Umgebung

■ **Bagno-Park** ehem. Lustgarten des Grafen von Bentheim-Steinfurt mit Alleen, See (Bootsverleih) und der Konzertgalerie, ältester freistehender Konzertsaal Europas mit aufwendig renovierten Stuckdekorationen im Louis XVI-Stil ⓘ T 02551/1383

■ **Steinfurt Hollicher Mühle:** Der Vorgängerbau brannte am 5. Januar 1858 bis auf die Grundmauern ab. Heimatfreunde restaurierten die Mühle, seit 1988 kann die „Holländerachteck Mühle" in Holzausführung auf einem Sockel aus Bruchstein besichtigt werden. (T 02551/3202)

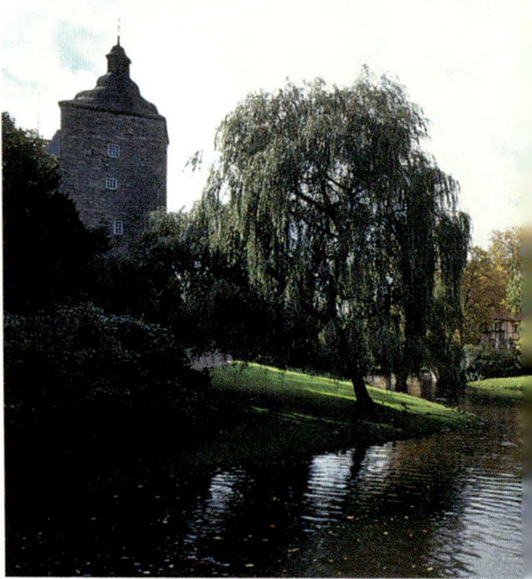

Das malerische Torhaus vor dem Schloss

■ **Kombibad Borghorst,** Gräfin-Bertha-Str. 13, Wasserspiele, Rutschen, T 02552/2115

■ **Frei- und Sportbad Burgsteinfurt,** Tecklenburger Str. 48a, T 02551/2411

■ **Haus Welbergen:** Wasserburg (Mitte 16. Jh.), Vorburg mit Torhaus, Zugbrücke, Ringmauer, Wassermühle, 1730 barocker Umbau mit Barockgarten ⓘ T 02553/98180

■ **Kloster Langenhorst:** ehem. Augustinerinnenkloster (12. Jh.) mit Hallenkirche, Stiftsgebäude und Dormitorium ⓘ T 02553/98180

Renaissance-Giebel

■ **Töpferei-Museum Ochtrup** mit Geschichte der Töpferei, Ausstellungen ⓘ 0 2553/98-180
■ **Rheine Zoo:** Naturzo}o, Affenwald ⓘ VV Rheine, T 05971/54055
■ **Vogelpark Meteler Heide:** Freiflughallen, Tropenhaus, Gehege, Volieren ⓘ 02556/8922
■ **Horstmar:** Stadt der Burgmannshöfe, histor. Rathaus, Hallenkirche, Wasserschloss Haus Alst ⓘ 02558/7934

Anschriften:

Tourist Information, Verkehrsverein Steinfurt e.V., Markt 2 – Altes Rathaus, 48565 Steinfurt, T 02551/1383, F 7326, www.steinfurt-touristik.de info@steinfurt.de

Regelmäßige Veranstaltungen

Leinenmarkt auf dem Marktplatz (April/Mai)

Häuser am Markt

Wege in der Umgebung:

„Mühlenrundweg" (10 km) und „Konzertgalerie-Rundweg" (15 km) sowie überregionale Wanderwege (X 6 und X 11) ⓘ Tourist Information T 02551/1383

Eine der schönsten Radtouren ist die „100 Schlösser Route" mit den Verbindungswegen zu allen Schlössern im weiten Flachland. Viele der Bauten verbinden sich mit großen Namen: wie z. B. Annette von Droste-Hülshoff oder dem „Tollen Bomberg" ⓘ T 02551/939291. Überregional: Radroute „Histor. Stadtkerne NRW": von Steinfurt bis Warendorf, Rundkurs ca. 300 km ⓘ Tourist Information T 02552/925228

ca. 15 km entfernt auf der Ems, z.B. bei Emsdetten 12 km

St-B. – Nordwalde – Altenberge – Laer – Höpingen – Darfeld – Horstmar – Schöppinger Berge – Leer – St.-B.

Historisches Bergstädtchen Tecklenburg

Tecklenburg

Der Balkon des Münsterlandes

Der prädikatisierte Luft- und Kneipp-Kurort ist das nördlichste Bergstädtchen in Deutschland und hängt wie ein Balkon über der wunderbaren Parklandschaft des Münsterlandes – Tecklenburg, malerisch eingebettet in einen engen Gebirgseinschnitt des Teutoburger Waldes. Nur ein paar Meter höher und der Blick kann von der alten Burganlage über den Ortskern schweifen: liebevoll restaurierte alte Fachwerkhäuser aus dem 16. bis 18. Jh. prägen das Bild der Stadt. Man glaubt, gleich wird der Graf von Tecklenburg in der Kutsche um die Ecke biegen, denn der Autoverkehr ist so gut wie völlig aus Tecklenburg verschwunden. So umgibt ein Hauch von Vergangenheit die historische Altstadt, die an ihren schmalen Gassen dicht bebaut ist. Zahlreiche denkmalwürdige Objekte lassen sich in Tecklenburg bestaunen.

Tecklenburg – Kreis Steinfurt

- von 100 m bis bis 200 m u. NN.
- BAB 43 bis Autobahnkreuz Münster-Süd, BAB 1 bis Anschlussstelle Nr. 73, Lengerich/Tecklenburg
- R 45 nach Tecklenburg
- DB Regionalexpress nach Münster, DB Regionalbahn nach Lengerich
- Münster/Greven
- **SW** Steinfurt 45 km, **SO** Warendorf 51 km, **S** Werne a. d. Lippe 74 km

Geschichte

Auf dem Höhenzug des Teutoburger Waldes liegt das nördlichste deutsche Bergstädtchen – Tecklenburg. Und noch höher über dem Städtchen liegen die Reste der ehemaligen Burg, der „Tecklenburg", sie prägte die Geschichte. Sie wurde bereits vor 1150 genannt und ist wohl von den Grafen von Zütphen angelegt. Später wurde sie vom Kölner Erzbischof Philipp von Heinsberg käuflich erworben und den Grafen von Tecklenburg als Lehen überlassen. Dann hatte sie den Rang einer landesherrlichen Residenz mit einem Verwaltungssitz. Es war aber auch das erste westfälische Territorium, in dem die Reformation eingeführt wurde. Nach einem 100-jährigen Erbschaftsstreit kam die Burg durch Kauf an Preußen: Im Jahr 1723 wollte ein französischer Baumeister die Burg großartig umbauen. Er war vom preußischen König beauftragt worden. Dann aber ritt der Preußenkönig, es war Friedrich der Große, unterhalb der Burg vorbei und sah die Anlage. Da soll er gerufen haben: „Ist das der alte Kasten, der uns so viel Geld kostet? Vom nächsten Jahr an wird nichts mehr bezahlt! Abreißen, Punktum!" So wurde die Burg bis um 1820 als „Steinbruch" benutzt. Der Ort unterhalb der Burg ist schon 1226 erwähnt worden, eine gewachsene, terrassenartig angelegte Siedlung von langgestreckter, dem Berg angepasster Grundform mit einem dreieckigen Marktplatz und unregelmäßigen Straßenverläufen mit zahlreichen Verbindungstreppen. Das Ackerbürgerstädtchen hat das alte Stadtbild des 17. und 18. Jh. noch weitgehend bewahrt.

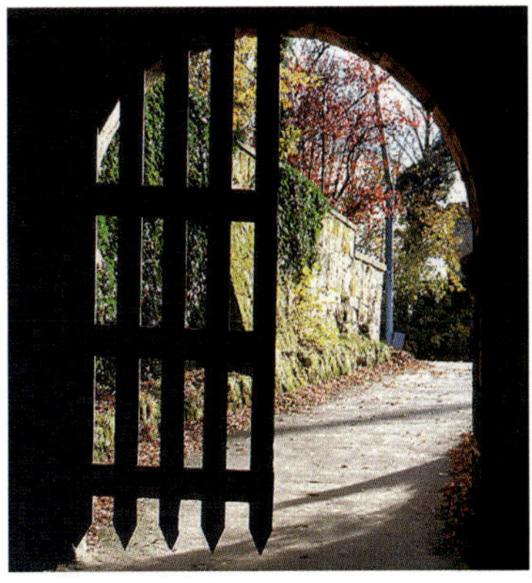

Burgtor der Vorburg

Sehenswertes beim Stadtrundgang

P am Burgberg oder „Chalonnes-Platz“

1. Marktplatz und Haus des Gastes: Seit der 2. Hälfte des 16. Jh. nahm der Marktplatz seine heutige Gestalt an. Das Gebäude Markt 7 (Haus des Gastes) bewohnte der Amtsrichter Wilhelm Modersohn, Bruder des Worpsweder Malers Otto Modersohn. Das nahe traufenständige große Fachwerkhaus (1603), Landrat-Schultz-Straße 19, beherbergte früher die Post.

2. Durch die **Legge** führt die im 16. Jh. von Gräfin Anna neu geschaffene Schlossstraße zur Burg. Zwischen 1660 und 1850 befand sich hier die namengebende Leinenprüfanstalt: Hausweber mussten hier ihr Leinen zur Begutachtung auslegen. Links schließen sich schon die Umfassungsmauern des Burgbergs an.

3. Die **Bastion** wurde im 16. Jh. angelegt. Die Preußen verschütteten das Rondell; heute erscheint es als unterirdische Anlage im Innern des Berges. Historische Abbildungen zeigen aber, dass die Anlage mit ihren bis zu 8 m dicken Mauern den Sockel für eine Geschützbastion bildete, darauf standen die Kanonen zur Abwehr der Feinde. Die Bastion wurde erst 1944 entdeckt. Entlang der Schlossstraße befindet sich links die ehem. Schule (1822 aus Steinen der Burg errichtet), heute Kartenverkaufsstelle der Freilichtbühne.

4. Nach kurzem Steilanstieg steht man im Bereich vor dem Burgtor, hier standen früher die Gebäude der Schlossverwaltung. Das ehemalige **Amtsgericht** erinnert noch an diese Funktion.

5. Das **ehem. Gefängnis** (Bau von 1819) mit wuchtigen Mauern und kleinsten Fenster befand sich gegenüber im ausgemauerten Zwickel des Burggrabens bei der Gerichtslinde.

6. Die Burg, von der nur noch die Umfassungsmauern, der Mittelwall und einige Gewölbe erhalten sind, ist das Ergebnis zahlreicher Umbauten, da sie immer wieder dem Fortschritt der Waffentechniken angepasst werden musste: 1388 wurde die Burg noch mit Wurfmaschinen angegriffen, aber 1493 bereits mit Kanonen. 1180 wird die Burg erstmals durch eine Urkunde benannt. Im 17. Jh. errichtete ein Graf Mauritz das Renaissancetor. (ausführliche Beschreibung s. Tecklenburg, histor. Stadtrundgang, Heft 72). Vorbei an der Jugendherberge (1935/36) gelangt man durch einen Mauerbogen auf den Philosophenweg oberhalb des Weinbergs, der 1987 mit 300 Weinstöcken wieder aufgerebt wurde und an den gräflichen Weingarten erinnern soll.

7. Junker- oder Meesenhof, 1569 von dem Drosten Christopher von Tecklenburg vor dem Burgberg errichtet. In der Nähe ließ der ab 1565 amtierende Pfarrer Johannes Bloemendahl das Pfarrhaus, die sog. „Widum“ zum Schlossgraben hin durch einen Anbau erweitern.

8. Schiefes Haus, Krummacherstr. 3, gegen Ende des 17. Jh. errichtet; typischer Dreiständerbau für die Wohnweise von Tagelöhnern und Handwerkern. Zeitweise von mehr als zehn Personen bewohnt, im hinteren Teil die kaum veränderte, bleiverglaste Webstube.

9. Krummacherhaus, Nr. 2, von 1603; hier wurde der Theologieprofessor, Kirchenlieddichter und Pfarrer Friedrich Adolf Krummacher geboren. Von dort zurück zum Marktplatz. Sehenswert sind von hier aus die Fachwerkhäuser „Im Grund“. Der Weg führt nun in Richtung

10. Ev. Kirche St. Georg, 1320 zum ersten eine Georgskapelle benannt, gegründet von der Grafenfamilie. Sie liegt direkt am Wallfahrtsweg nach Santiago de Compostela. Möglicher Vorgängerbau im 11. Jh., 1562–1566 unter der Gräfin Anna von Tecklenburg fertiggestellt, 1710–1720 Turmbau. Sehenswert im Inneren: die Kronleuchter, der klassizistische Taufstein, Grabmäler, die Orgel von 1963. Am Aufgang zur Kirche steht das sog. Haus an der Kirchentreppe, Landrat-Schultz-Straße 16, zeitweise als Ratsstube genutzt.

11. Puppenmuseum, ehemaliges Kreismuseum mit Leinenausstellung, 1864 erbaut, beherbergt heute ein Puppen- und Spielzeugmuseum. Ö di, do, sa+so 14.00–17.00 Uhr, von Nov.–März sa+so 14.00 bis 17.00 Uhr. Über den Sattel der Straße geht es hinunter zur Ibbenbürener Straße mit einzigartigen Fach-

werkbauten aus verschiedenen Jahrhunderten. Weiter hangabwärts stehen die Häuser im Bereich des ehem. Stadtgrabens, auf dem freien Platz vor Nr. 5 und Nr. 7, dem Schweinemarkt, wurde früher der Viehmarkt abgehalten.

12. Armentreppe und Armenhaus, Nr. 19, sie führt zur Schlossstraße hinauf. Im Armenhaus wohnten zwei bedürftige Familien. Über weitere Straßenzüge, die abzweigende Brunnengasse, zur Brochterbecker Straße über den Kammweg des Teutoburger Waldes, entdeckt man noch einige sehenswerte Fachwerkbauten. Die „Hexenküche“ ist ein besonderes Naturdenkmal inmitten hoher Laubbäume, über die Felsen führen Stege. Vom Hornwerk kann man einen Abstecher zum

13. Bismarckturm machen, er wurde 1904 auf dem Stumpf einer vom Blitzschlag zerstörten Windmühle errichtet (Schlüssel im Hotel Bismarckhöhe). Von hieraus über die Brochterbecker Straße zur Innenstadt zurückgehen.

14. Brochterbecker Straße Nr. 7: **„Greiffsches oder Winckelsches Haus“** von 1674, errichtet vom gräflichen Rat Dr. von Winckel, es repräsentiert den Wohnanspruch der Honoratioren. Aufwendiges Bauvorhaben: tiefer Eingriff in das „Hornwerk“ zur Schaffung einer ebenen Fläche, anschließend Steilwände abfangen mit mächtigen Stützmauern; Haus wurde sorgfältig renoviert, Fachwerk freigelegt. An der Einmündung der Brauerstraße steht ein Vierständerbau, das Haus „Frickenstein-Klinge“, aus dem 16. Jh. Brauerstraße wegen der 17 Bierbrauer um 1670; gegenüber einer von 20 ehem. Brunnen im Bereich der Ibbenbürener Straße.

15. Kath. Kirche St. Michael, Brauerstraße, schlichter Saalbau im Stil des Klassizismus von 1845; 1961/62 umfassend restauriert.

16. Quelle an der Bahnhofstraße, sicherte jahrhundertelang die Tecklenburger Wasserversorgung.

17. Wasserschloss Haus Marck, gelegen unterhalb des Tecklenburger Südhangs in einer sehr reizvollen Talaue von 1567; zu diesem Zeitpunkt auf der Grundlage der Vorgängerbauten im Stil der Weserrenaissance umgebaut. Privatbesitz der Familie von Diepenbroick-Grüter; Ö: Führungen n.V. ⓘ T 05482/925773

Stadtführungen:

durch den historischen Stadtkern sowie Themenführungen Hexenzauber-Hexenwahn, Leinenweber, Raubritter und Edelleute; Geschütz- und Bastionsbesichtigung ⓘ Tecklenburg Touristik GmbH, Markt 7, 49545 Tecklenburg, T 05482/9389-0, F 9389-19

Insidertipps

Burgruine – Bastion – Schiefes Haus – Ev. Kirche – Puppenmuseum

Hotel „Drei Kronen“, Landrat-Schultz-Str. 15, T 05482/929280; „Schlossschänke“, Schlossstr. 1, T 05482/1674; Gasthaus „Anno 1560“ (hist. Gasthaus mit bes. Flair), Ibbenbürener Str. 2, T 05482/6341 + 7687; Café „Rabbel“ am histor. Marktplatz, T 05482/219

im „Haus der Geschenke“ (Markt 8–10) T 05482-309; „Geschenkideen“ bei M. Sprekelmeyer, Ibbenbürener Str. 1 und Landrat-Schultz-Str. 16, T 05482/925185

Marktplatz

Zusätzliche Informationen:

Puppenmuseum (im ehemaligen Kreisheimatmuseum) ⓘ T 05492/9389-0

Empfehlungen in der Umgebung

■ **Freilichtbühne:** Seit 1924 werden Theaterstücke in der alten Burgruine aufgeführt. 1934 wurde die Bühne auf die heutigen Maße ausgedehnt. Alljährlich wird ein Musical und eine Operette sowie für Kinder ein Märchen angeboten. Größtes Freiluft-Musiktheater Deutschlands.
ⓘ T 05482/220 + 227

■ **Heilkräutergarten im Kurpark** mit einem Lehrpfad und ein Botanischer Steingarten an der alten Burgmauer können besichtigt werden. Besser noch, man nimmt einmal Lupen und ein Pflanzenbe-

Fachwerkromantik

Freilichtbühne

stimmungsbuch mit und beschäftigt sich mit den Kräutern, die als Tee oder Salbe auch heute noch gute Wirkung zeigen! ⓘ 05482/9389-0

■ **Hexenküche**: Sagenhafter Pfad mit Klettermöglichkeiten.

■ **Ehem. Zisterzienserinnen-Klosterkirche** und Stiftsgebäude, OT Leeden: 1240 gegründet, in der Reformationszeit in ein freiweltliches Damenstift umgewandelt, 1812 aufgehoben.

■ **Dörenther Klippen:** Nahe der Sommerrodelbahn liegen die sagenumwobenen Dörenther Klippen, von der Natur geformten Felsen in der Form eines „hockenden Weibes"
(Sommerrodelbahn: ⓘ T 05451/3226).

■ **Teuto-Express:** histor. Eisenbahnlinie Ibbenbüren – Bad Laer ⓘ T 05482/929182

Regelmäßige Veranstaltungen

Geranienmarkt (1. Wochenende im Mai) – Weinfest auf dem Marktplatz mit Wein aus Deutschlands nördlichstem Weinberg (1. Wochenende im Sept.) – Musiktheater auf der Burg (Mai–Sept.) – Leinenmarkt (2. Wochenende im Sept.) – Halloween (4. Wochenende im Okt.) – Nikolausmarkt (2. Advents-Wochenende)

Anschriften:

Tecklenburg Touristik GmbH,
Markt 7, 49545 Tecklenburg,
T 05482/9389-0, F 938919,
www.tecklenburg-touristik.de
info@tecklenburg-touristik.de

Wege in der Umgebung:

Hermannsweg, ein Kammweg über den „Teuto", gezeichnet mit weißem **H**, Gesamtlänge von ca. 156 km. Unter dem Begriff „Hermannshöhen" wurden die beiden bekanntesten und traditionsreichsten Wanderwege der Region der Hermannsweg und der Eggeweg miteinander verknüpft, Gesamtlänge 220 km.
Nordic Walking Park Tecklenburger Land: auf rund 300 km Länge insgesamt 33 Trails in unterschiedlichen Schwierigkeitsgraden und Anforderungsprofilen

Sagenroute; Sternfahrten rund um Tecklenburg; Radwandern von Hof zu Hof

Der Teuto-Express, eine Museumseisenbahn, dampft durch das Tecklenburger Land bis zu den Kurorten im „Heilbädergarten" des Osnabrücker Landes.
ⓘ zu allen Vorschlägen: Tecklenburg Touristik GmbH, Markt 7, 49545 Tecklenburg, T 05482/929182, F 05482/938919

Warendorf

Pferde, Sport und mehr

„Warendorf liegt an der westfälisch-münsterländischen Ems, an einer Furt, ungefähr im Schnittpunkt des achten Längen- und des zweiundfünfzigsten Breitengrades. Handwarm haben nur wenige der acht- bis zehntausend Dortgeborenen sowie der fünf- bis siebentausend Vonferngekommenen mit Pferden zu tun, in diesem schmucken Städtchen aus höchsten dreistöckigen Wohnhäusern, Gassen mit Katzenkopfsteinpflaster, krummen Straßen und viel zu schmalen Bürgersteigen. Alle Warendorfer indessen leben, atmen, essen, trinken, freuen und ärgern sich im Dunst- und Bewusstseinskreis von Pferden.“

Historischer Schweinemarkt

So begann der Schriftsteller Paul Schallück (1922–1976) eine Satire über seine Geburtsstadt.

Pferde machen die Stadt heute weltweit bekannt. Die wechselvolle Vergangenheit Warendorfs spiegelt sich in den historischen Fassaden der Altstadt wider. In der Parklandschaft der Münsterländer Bucht gelegen, ist die Region ein Paradies für Radfahrer.

Warendorf – Kreis Warendorf

von 53 m bis 88 m ü. NN. / Altstadt: 56 m ü. NN.

BAB 1 Köln – Bremen, Anschlussstelle 78 Münster Süd, B 51 / B 64; BAB 1 Bremen – Köln, Anschlussstelle 74 Ladbergen, B 475; BAB 2 Köln – Hannover, Anschlussstelle 20 Beckum, B 475; BAB 2 Hannover – Köln, Anschlussstelle 23 Rheda-Wiedenbrück, B 64

DB NordWestBahn – Münster – Warendorf – Bielefeld

Düsseldorf, Hannover, Münster/Osnabrück

N Tecklenburg 35 km, **NW** Steinfurt-Burgsteinfurt 56 km, **SO** Rheda-Wiedenbrück 22 km, Rietberg 28 km, **SW** Werne 45 km

Geschichte

Die Geschichte Warendorfs begann vor ca. 1200 Jahren in der Zeit Karls des Großen. Gelegen am Schnittpunkt zweier großer Handelswege, wuchs der Marktfleck schnell zum überregionalen Handels- und Gewerbezentrum und erlangte als eine der ersten Siedlungen im Münsterland den Status einer Stadt. Grundlage waren Handwerk und Handel, vor allem das Leinengewerbe. Als Mitglied der Hanse vertrat Warendorf die Interessen der Städte im Dreingau. Bis heute spiegelt sich Macht und Reichtum in den prächtigen Fassaden der Bürgerhäuser wider. Regionale und überregionale Katastrophen verhinderten jedoch eine kontinuierliche Aufwärtsentwicklung. In der Zeit der Wiedertäufer und im Dreißigjährigen Krieg stand der Rat in Opposition zum Münsteraner Fürstbischof und verlor jeweils die Stadtrechte.

1803 wurde das Fürstbistum säkularisiert und preußisch. Preußische Gründlichkeit brachte auch Zucht und Ordnung in das westfälische Pferdeleben – und 1826 das Landgestüt nach Warendorf. Pferde sind seither Markenzeichen der Stadt und prägen das Image.

Der historische Warendorfer Marktplatz

Sehenswertes beim Stadtrundgang

1. Marktplatz: Beachtenswerte Vielfalt an Bürgerhäusern aus unterschiedlichen Epochen. Alle Typen des norddeutschen Bürgerbaus sind vertreten. In ihren prachtvollen Giebeln wird die Zeit der Westfälischen Hanse wieder lebendig. Besonders sehenswert: Renaissancegiebel Markt 4 u. 15, Barockbau Markt 13.

2. Historisches Rathaus von 1404, heute Museum mit wechselnden Ausstellungen, sehenswert: Historischer Ratssaal.

3. Pfarrkirche St. Laurentius, während der Sachsenkriege Karls des Großen entstand hier ein erster Kirchenbau. 1404 Baubeginn der heutigen Kirche. Der Bau, als Westfälische Hallenkirche mit typischen Quergiebeln errichtet, repräsentiert Stolz und Selbstbewußtsein der Warendorfer Kaufleute.

4. Schweinemarkt mit Fachwerkhäusern: Einer von drei Spezialmärkten des mittelalterlichen Warendorf. Es schließen sich enge Gassen mit pittoresken Fachwerkhäusern an.

5. Klosterstraße 7: Klassizistisches Bürgerhaus erweist sich als schmuckes Stadtpalais, Teil des dezentralen Stadtmuseums (s.u. 8);. innen kostbare Bildtapeten der Pariser Manufaktur Dufour & Leroy, Biedermeierzimmer.

6. Franziskanerkloster: 1652 wurde mit dem Bau der Kirche der Grundstein für das Kloster gelegt, 1683 vollendet. Das wappengeschmückte barocke Klosterportal geht auf den Baumeister Ambrosius von Oelde zurück. Sehenswert die spätbarocke Innenausstattung.

7. Bentheimer Turm: Standhaftes Relikt der ca. 600 J. alten Befestigung. Der Name stammt vom Haus Bentheim, das früher an der Stelle des Klosters stand. Zu seinen Füßen befindet sich der alte jüdische Friedhof.

8a. Museum „Gadem Zuckertimpen“: Die Stadtbefestigung prägte auch den Verlauf des Zuckertimpen. Kleine Mietshäuschen, die sogenannten Gademe schmiegten sich an die Mauer. Haus Nr. 4 im Ursprung um 1660, Teil des Dezentralen Stadtmuseums.

8b. Ebenso das **Torschreiberhaus.** An der wichtigen Fernverbindung Bielefeld–Münster gelegen, musste hier der Wegezoll entrichtet werden. Möbel und Gebrauchsgegenstände aus der damaligen Zeit, aber auch alte Quittungsblöcke, Bildtafeln und Modelle lassen das Leben im frühen 19. Jh. in Warendorf lebendig werden.

9. Christuskirche: Als preußische Beamte kamen vielfach Protestanten aus dem fernen Berlin ins katholische Münsterland. 1899 wurde die evangelische Kirche fertiggestellt.

Historischer Marktplatz mit Rathaus und Blick auf St. Laurentius

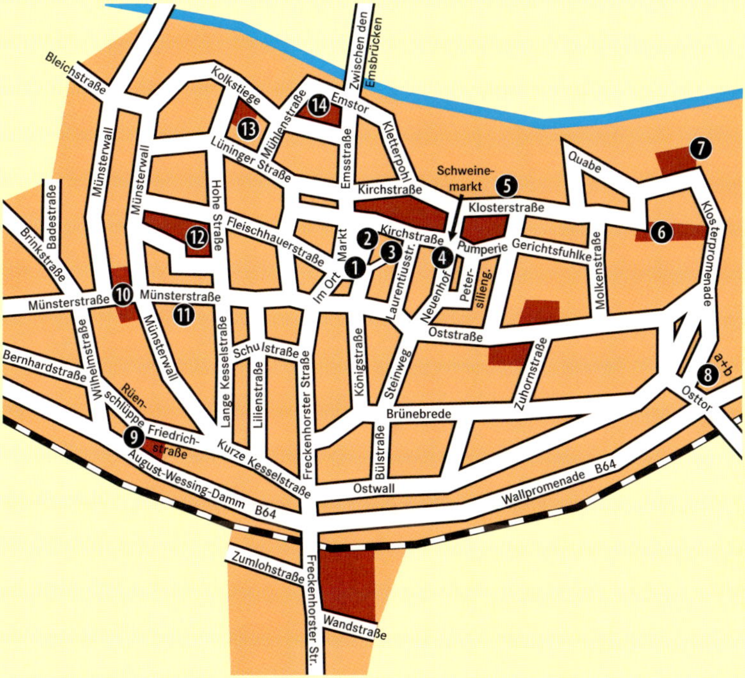

10. Münstertor: Ehemalige barocke Torpfeiler der Zisterzienserabtei Marienfeld. Nach der Säkularisierung den Warendorfern 1823 vom Preußenkönig Friedrich Wilhelm III. geschenkt, ersetzte das alte Stadttor.

11. Haus Bispinck: Farbiger Stuck und Jugendstilornamente empfangen die Besucher im Haus Bispinck. Das Bürgerhaus im Stil des Historismus ist Teil des Dezentralen Stadtmuseums.

12. Pfarrkirche St. Marien: Umrisse der Kirche in der Rasenfläche. Ungewöhnlich: Die neue Basilika wurde mit dem Chor nach Westen erbaut. Bemerkenswert: „Maria vom Hellegraben", Pieta von 1430 u. gotischer Osterleuchter.

13. Fachwerkhaus Kolkstiege 1: Das Objekt wurde als erstes in einer Reihe von erhaltenswerten Gebäuden mit Hilfe der „Altstadtfreunde" und des Heimatvereins restauriert. Gleich nebenan im Haus Hohe Straße 24 wurde der Schriftsteller Paul Schallück geboren.

14. Mühlenhof, Mühlenstraße 3-7: Zu den ältesten Anlagen der Siedlung Warendorf zählt der bischöfliche Amtshof, ursprünglich Sitz der bischöflichen Amtsverwaltung, später über viele Generationen an die Familie Zurmühlen verpachtet. Schlichter Bau des 18. Jh., Rückseite: Andeutung einer barocken Dreiflügelanlage mit kleinem Ehrenhof.

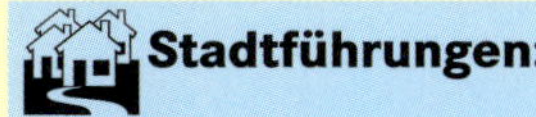

Stadtführungen:

Historische Altstadt, thematische Stadtführungen für Erwachsene, Stadtführung für Kinder „Geschichtsdetektive", Stadterkundungsspiele für Kinder und Erwachsene, NRW-Landgestüt, Sportschule der Bundeswehr, Deutsches Olympiadekomitee für Reiterei, Deutsche Reiterliche Vereinigung; ⓘ Verkehrsverein Warendorf, T 02581/787700

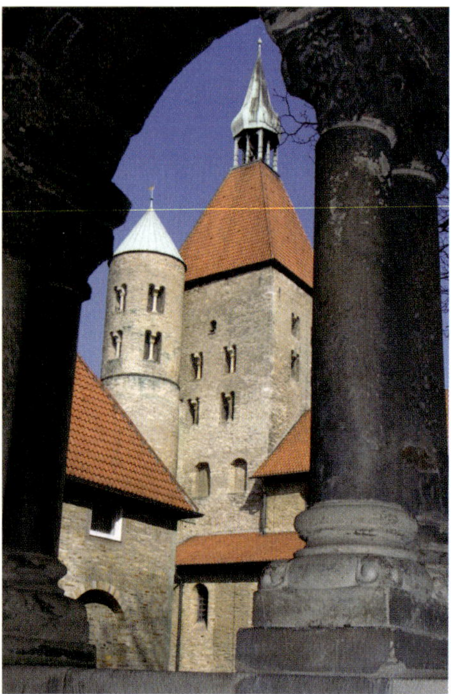

Stiftskirche St. Bonifatius Freckenhorst

Zusätzliche Informationen:

„Dezentrales Stadtmuseum“:
Ö: so 15 bis 17 Uhr
Bürgerhaus des Klassizismus, Klosterstraße 7
Gadem Zuckertimpen, Zuckertimpen 4
Torschreiberhaus, Zuckertimpen 4
Haus Bispinck, historist. Bürgerhaus, Münsterstraße 19
Historisches Rathaus, Markt 1, Ö: di–fr 15–17, sa 10.30–12.30, so 10.30–12.30, 15–17 Uhr
Stiftskammer St. Bonifatius, OT Freckenhorst, Museum; Ö: auf Anfrage, T 02581/980077
Informationen und Führungen: Verkehrsverein Warendorf, 02581/787700

Insidertipps

Histor. Marktplatz – Franziskanerkloster – Bentheimer Turm mit jüdischem Friedhof – Lilienstraße und Petersiliengasse mit kleinen Fachwerkhäusern – Nordrhein-Westfälisches Landgestüt

„Hotel im Engel“, Brünebrede 35-37, T 02581/93020; Histor. Brauhaus „Warintharpa“, Kirchstr. 14-15, T 02581/633966; „Porten Leve“, Freckenhorster Str. 33, T 02581/1618; Caféhaus „Hinz und Kunz“ (mit schön bemalter Holzdecke), Emsstraße T 02581/9378-0

„Warendorfer Pferdeäppel“ (Trüffel-Spezialität mit Vollmilch- oder Zartbitter-Schokolade überzogen, verpackt im Weckglas auf Stroh); Café Hülsmann, Krickmarkt 4, T 02581/2801/2700, F 633223

Empfehlungen in der Umgebung

■ **Nordrhein-Westfälisches Landgestüt**, Sassenberger Str. 11, gegr. 1826 als königl. preuß. Landgestüt; stellt qualitätvolle leistungsgeprüfte Hengste für die Zucht zur Verfügung. Viele Sieger von nationalem und internationalem Rang gehen auf Vererber des NRW-Landgestüts zurück (Gestüt grenzt an die Altstadt)

■ **Naherholungsgebiet „Emssee“** nördlich der Altstadt

■ **Stiftskirche St. Bonifatius,** „Bauerndom des Münsterlandes“ OT Freckenhorst,

Radabweiser am Kletterpohl

romanische Basilika m. Krypta, Weihe 1129, neben St. Patrokli in Soest der bedeutendste Sakralbau der frühen Romanik Westfalens; sehenswert: roman. Taufstein, Thiatildisschrein, Grabmal der Geva, Kreuzgang (4 km südlich)

■ **St. Johannes**, OT Milte, Katholische Dorfkirche mit romanischem Turm und gotischem Stufengiebel. Ungewöhnlich: Langhaus und Innenausstattung sind seltene Beispiele des preußischen Klassizismus. Kruzifix des Nazareners Wilhelm Achtermann im Altarraum (4 km westlich)

■ **Kloster Vinnenberg**, 1250 als Zisterzienserinnenkloster gegründet. Nach Bränden im 17. Jh. neu aufgebaut, heute von Benediktinerinnen geführt. Für Besucher zugänglich: Kloster- und Wallfahrtskirche (8 km nordwestlich)

■ **Doppelschlossanlage Harkotten-Ketteler** in Sassenberg-Füchtorf (12 km nördlich)

■ **Schloss Vornholz** mit Kavalleriemuseum in Ennigerloh-Ostenfelde (16 km südöstlich)

■ **Stellmacherei Hoetmar**

Anschriften:

Verkehrsverein Warendorf,
Emsstraße 4, 48231 Warendorf,
T 02581/787700, F 787711,
www.warendorf.de
verkehrsverein@warendorf.de

Regelmäßige Veranstaltungen

Rosenmontagszug – Weinfest, Renntage (1. Wochenende im Juni) – Historisches Heimatfest „Mariä Himmelfahrt“ mit Illumination, Prozession, Zapfenstreich zum Bürgerschützenfest (WE nach 15.8.) – Trad. Fettmarkt, Trödel-, Vieh- und Krammarkt, Kirmes, Reitturnier (Mitte Oktober) – Warendorfer Hengstparaden (Ende September, Anfang Oktober) und zum Ende der Marstallzeit (Januar) der „Tag der offenen Tür“ mit mehrstündigem Programm
Veranstaltungskalender:
www.verkehrsverein-warendorf.de

Wege in der Umgebung:

Binnendünengebiet Vohrener Heide / Wanderwege des Westfälischen Heimatbundes: Münster-Bielefeld, Rheine-Warendorf, Bad Laer-Lippborg

„Pättkestouren“ auf überwiegend asphaltierten Wegen in die Münsterländer Parklandschaft, angeschlossen an den Emsauenweg von Warendorf bis Rheine; „100-Schlösser-Route“, Route der „Historischen Stadtkerne“, Kultur-Parcours; Fernradweg: Europaradweg R1

Kanutouren auf der Ems nach Voranmeldung beim Verkehrsverein möglich

Werne an der Lippe

An der Lippe in grüner Parklandschaft

Werne an der Lippe – gelegen an der Grenze zum östlichen Ruhrgebiet, öffnet seine Tore weit in die nördliche Parklandschaft des Münsterlandes. Attraktiv und liebenswert sind die Eigenschaften, die der Stadt Werne ihr besonderes Flair vermitteln. Lage, Vielfalt und Tradition machen aus Werne einen typischen Ort des Münsterlandes, das für seine stilvolle Landschaft und Wohnlichkeit bekannt ist.

Geschichte

834 wird der Ort, der an der Kreuzung wichtiger Handelsstraßen an der Lippe aus einem bischöflichen Haupthof mit hölzerner Kirche entstanden war, erstmals erwähnt. 1195 wird Werne eine Zollstätte und hat einen Markt, eine Lippebrücke wird bereits im 13. Jh. bezeugt. Obwohl Kirchplatz und Markt benachbart sind, bleiben sie durch eine geschlossene Bebauung voneinander getrennt. 1362 konnte durch die Bestätigung des freien Marktes am Simon-Juda-Tag (28. Okt.) eines der wichtigsten Rechte zur Stadtwerdung erworben werden, heute unter „Sim-Jü" das größte Volksfest an der Lippe. Nach einem großen Brand im Jahr 1400 machten sich die Bürger gleich an den Wiederaufbau. Dennoch blieben die nächsten 400 Jahre von Pest, Großbränden und Plünderungen geprägt. 1874 kam der Bergbau nach Werne und

Kirchhof 15

Werne a. d. Lippe – Kreis Unna

- von 52 m bis 104 m ü. NN.
- BAB 1 „Hansalinie" Anschlussstelle Nr. 80 „Hamm-Bockum-Werne", weiter über Zubringer zur B 54, BAB 2 Anschlussstelle Nr. 15 „Kamen-Bergkamen", weiter über B 61 bis Lünen, dann B 54
- VKU, T 01803/504030; Busbahnhof, Konrad-Adenauer-Platz
- DB Dortmund – Münster, Bf Werne
- Dortmund, Münster-Osnabrück
- **SW** Herten-Westerholt 42 km, **O** Rheda-Wiedenbrück 70 km

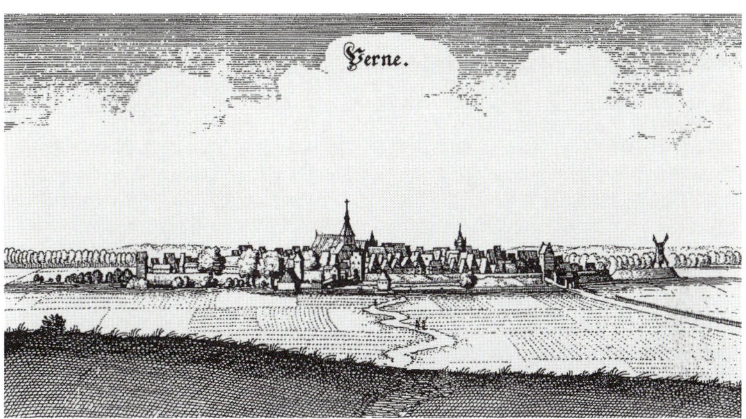

Werne um 1650 (Matthaeo Merian)

schenkte (per Zufall) der Stadt sogar eine sprudelnde Solequelle. Heute leben knapp 32.000 Werner Bürgerinnen und Bürger in einer modernen Stadt, die den Strukturwandel erfolgreich vollzogen hat.

Wärmehäuschen am Kirchhof mit dem Eingang des Stadtmuseums

Sehenswertes beim Stadtrundgang

1. Altes Amtshaus: Amts- und Wohnsitz des bischöflichen Amtsrentmeisters von Bruchhausen (1691); ursprüngl. Fachwerkhaus, um 1800 im Stil des Klassizismus verputzt; seit 1962/1980 Stadtmuseum (s.u.) und Archiv.

2. Pfarrkirche St. Christophorus: Aus der Urpfarre (um 800) entstand 1154 die erste steinerne romanische Kirche. Nach der teilweisen Zerstörung im 15. Jh. durch Graf Adolf von der Mark als gotische dreischiffige Hallenkirche wieder errichtet. 1555 neuer Turm mit Helm; Kirchturm in heutiger Form von 1900. Innen: achtseitiger Taufstein und Strahlenmadonna (15. Jh.) sehenswert.

3. Wärmehäuschen/Spiker: um 1400 rings um den Kirchplatz entstanden, von Bauern der Umgebung als Speicher/Spiker und zum Aufwärmen vor und nach dem Kirchgang benutzt; beim Stadtbrand von 1586 größtenteils zerstört. Erhalten blieben das Fachwerkhaus Kirchhof Nr. 15 mit geschnitzten Blattmasken (1562) und das Fachwerkhaus Roggenmarkt 24 zwischen Kirchhof und Roggenmarkt; dieses gehört zu den ältesten Kleinfachwerkhäusern Westfalens.

Markt 9, Historisches Rathaus

4. Historisches Rathaus von 1512–1514 mit Dreistaffelgiebel und Wappentafel (1561), gutes Beispiel münsterländischen Profanbaus. Früher Tagungsstätte von Stadtrat, Rats- und Scabinats-(Schöffen-)gericht; vor dem Gebäude befand sich im Mittelalter die öffentliche Waage und der Pranger. Ab 1816 Sitz von Land- und Stadtgericht (späteres Amtsgericht) und Gerichtsgefängnis. 1969–1973 umfangreich restauriert, heute Tagungsstätte des Stadtrats, Ort für Kulturveranstaltungen.

5. Seit über 300 Jahren (1659) leben „Kapuziner“ in Werne, **Kloster und Kirche** wurden 1671–1680 von Ambrosius von Oelde (bed. Baumeister des Barock, gest. 1705, im Kloster begraben) erbaut: Kapuzinerkloster, Südmauer 5. Innen: Altäre und Kanzel aus dem 17. Jh., n. d. Säkularisierung ab 1835 als Schulgebäude genutzt; 1851 Rückkehr der Kapuziner, um 1900 Rückgabe des Klosters an den Bischof von Münster.

6. Südmauer und Westmauer: 1383 wurde Werne erstmals mit Zaun, Wall und Graben umgeben; 1415 Bau der eigentlichen

Stadtmauer, erst 1502 gänzlich fertig gestellt.

7. Jüdischer Friedhof mit dem ältesten Grabstein von 1702/03.

8. Westmauer mit kleiner Gasse zum Roggenmarkt, weiter zum Moormann-Teich, wo früher die bischöfliche Burg von Werne stand, die 1586 abbrannte.

9. Altes Steinhaus, ehem. Merveldter Hof, Moormannplatz 10–12: um 1400 „Steinhaus" genannt, Giebelbau mit Halbradaufsätzen, nach 1560 stark erneuert.

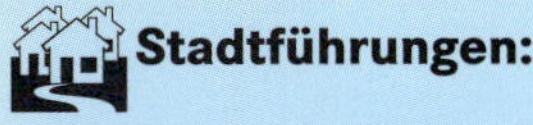

Stadtführungen:

durch den historischen Stadtkern; ⓘ Stadtmarketing Werne GmbH, Markt 19, T 02389/534080

Zusätzliche Informationen:

Stadtmuseum Altes Amtshaus: Exponate zur Vor- und Frühgeschichte, zur mittelalterlichen Stadtwerdung, zu Werne im 19. und 20. Jh. (Kurbad, Zeche); Modelle, museumspädag. Angebote, Ö di-fr 10-12 und 14-17 Uhr, so 10-13 Uhr, sa nach Vereinbarung; Kirchhof 13, T 02389/780773, www.museum-werne.de

Insidertipps

Marktplatz – Kirchhof – Roggenmarkt

„Haus Eickholt", Café, Bauernladen, Biergarten. Wesseler Str. 20, 59368 Werne, (Ö zu erfragen unter T 02599/740070). Das Haupthaus der Hofanlage steht unter Denkmalschutz. Der Kern des Vierständerbauernhauses stammt vermutlich aus dem Jahre 1736. Der Wirtschaftsteil wurde um 1870/80 in Backstein erneuert.

Altes Steinhaus, Moormannplatz 10–12

Kapuzinerkloster, Südmauer 5

Werne-Pralinen (Café „Telgmann"); besondere Schnäpse und Liköre (Brennerei Glitz-Ehringhausen)

Empfehlungen in der Umgebung

Freilichtbühne: Idyllisch in den Stadtpark Werne einbezogen, ist die Freilichtbühne von der Bundesstraße 233 aus schnell zu erreichen ⓘ T 02389/6849.

Fachwerkhäuser am Kirchhof

■ **Natursolebad Werne:** Am Hagen, Sole-Erlebnisbecken mit 32 °C und vielen Wellnessangeboten, attraktive Saunalandschaft. Gradierwerk am Stadtsee: 50 m lange und 7 m hohe Schwarzdornhecke zum Inhalieren; ⓘ T 02389/98920, www.natur-solebad-werne.de

Regelmäßige Veranstaltungen

Sim-Jü, größtes Volksfest an der Lippe (Ende Oktober), Mai-Kirmes (um 1. Mai), www.werner-sommer-wochen.de (Juni/Juli) Flohmarkt (September)

Anschriften:

Stadtmarketing Werne GmbH, Markt 19, 59368 Werne, T 02389/534080, F 537099, www.verkehrsverein-werne.de info@stadtmarketing-werne.de

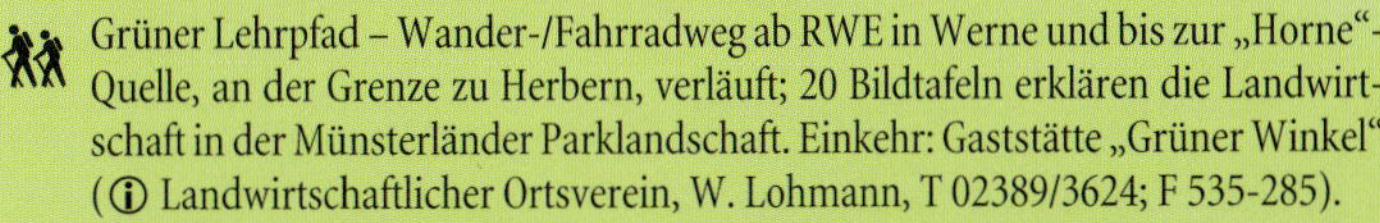

Wege in der Umgebung:

Grüner Lehrpfad – Wander-/Fahrradweg ab RWE in Werne und bis zur „Horne“-Quelle, an der Grenze zu Herbern, verläuft; 20 Bildtafeln erklären die Landwirtschaft in der Münsterländer Parklandschaft. Einkehr: Gaststätte „Grüner Winkel“ (ⓘ Landwirtschaftlicher Ortsverein, W. Lohmann, T 02389/3624; F 535-285).

Römer-Route (Start Xanten bis Detmold) – führt von Bergkamen weiter nach Hamm mitten durch die Stadt und Radroute Cappenberg über Werne weiter nach Herbern auf der „100-Schlösser-Route“ ⓘ Münsterland Touristik, An der Hohen Schule 13, 48565 Steinfurt, T 02551/939291, www.muensterland-tourismus.de (siehe auch unter Wandern)

durch die Parklandschaft zum münsterländischen Versailles „Schloss Nordkirchen“, ⓘ VV Nordkirchen

Südliches Westfalen

Historische Stadtkerne
Historische Ortskerne
Lippstadt
Soest
Werl
Arnsberg
Meschede-Eversberg
Südliches Westfalen
Schmallenberg
Bad Berleburg
Bad Berleburg-Elsoff
Bad Laasphe
Freudenberg
Siegen

Tausend Berge und mehr

Fast 2.000 Jahre lag das Land im Dornröschenschlaf, die Städtchen umweht von Spitzweg'scher Poesie. „Das Land ist mir sauer geworden", soll Karl der Große über das „Süderland", den südlichsten Zipfel Westfalens, gesagt haben. Es grenzt östlich und südlich an das Bundesland Hessen, nördlich an die Soester Börde mit der Norddeutschen Tiefebene, durchzogen vom Rothaargebirge. Seine Bewohner gingen schon früh in die weite Welt: Wolter von Plettenberg und der Lippstädter Stadtgründer Graf Bernhard nach Livland, Theodor von Pungelscheid trug die Königskrone von Korsika, einer der Fürstenbergs ersparte seinem Land mit 100 Sauerland-Schinken drohende Einquartierungen fremder Truppen, und die Winterberger Handelsleute sollen gar vor Kolumbus in Amerika gewesen sein. Um die Jahrhundertwende quartierten sich die ersten Touristen im Sauerland ein: Skiläufer und Wanderer. Heute bieten Gipfel von 400 bis 843 Metern in herb-süßer Landschaft ein gesundes frisches Reizklima. Höhlen, Aussichtstürme, blaue Talsperren mit weißen Flotten, Naturparks mit schmucken Dörfern, die voller Stolz die meisten Goldmedaillen des Wettbewerbs „Unser Dorf soll schöner werden" der Bundesrepublik errangen, zeigen eine gesunde Umwelt mit hoher Lebensqualität! Bunt verstreut dazwischen historische Städtchen mit Wochenmärkten, Freilichtbühnen, Heimatmuseen, Heerscharen grüner Röcke beim Schützenfest – dem „höchsten Festtag" zwischen schwarzweißem Fachwerk –, alten Bergkirchen mit schönstem Bauernbarock, Burgen, die von Bergen blicken, Schlösser, die in Tälern träumen. Die alte Hauptstadt des Herzogtums Westfalen aber ist Arnsberg, die Stadt der Grafen, Kurfürsten und Preußen, aber auch der Leuchten und Beamten. Draußen Fichtenforst und Eichenhaine, Bergwald und Birkenalleen wohin man schaut. Mehr als die Hälfte des Landes ist von Laub- und Nadelwäldern bedeckt. Auf und ab schwingen die mal sanfter, mal steileren Bergketten, dazwischen Wiesen, Felder, verträumte Täler mit schwarzweißen Fachwerkhäusern und roten Geranien unter silbrigen Schieferdächern – ein märchenhafter Anblick wie bei „Schneewittchens"!

Hier quillt Wasser, aufgesaugt, gesammelt, gefiltert, sprudelt es aus dem Berg, plätschert durch Wald und Wiesen. Daraus machen die Sauerländer ihr berühmtes frisches Pils. Durchreisende mit klingenden Namen lobten Land und Leute: die Hülshoff und C.F. Schinkel genauso wie Max von der Grün oder Richard von Weizsäcker.

Arnsberg

Die alte westfälische Landeshauptstadt

Das über tausend Jahre alte historische Zentrum Arnsberg liegt malerisch auf einem von der Oberen Ruhr umflossenen Bergrücken. Es kombiniert herrliche Landschaft – unter europäischen Schutz gestellt – und ein wundervoll erhaltenes Landeskulturerbe: die historische Altstadt mit dem mittelalterlichem Regierungsviertel, mit dem Regierungsviertel der Preußen und dem bedeutenden Kloster Wedinghausen.

Arnsberger Adler – Wappen in einem Glasfenster

Hier regierten erst die Grafen von Westfalen/von Arnsberg die Grafschaft Arnsberg, dann die Kölner Fürstbischöfe das Herzogtum Westfalen, einen eigenständigen Kirchenstaat, der erst 1803 unterging. Hier wurde westfälisches Recht und Reichsrecht gesprochen. Hier wohnte aber auch der berüchtigte westfälische Hexenrichter von Schultheiß. Die vielen mittelalterlichen Gebäude, der Alte Markt, Oberfreistuhl und Schloßberg zeugen davon.

Gegenstück zum mittelalterlichen Regierungsviertel bildet das preussische Regierungsviertel, ein gradliniges Klassizismusviertel. Es ist in seiner Geschlossenheit in Westfalen ohne Beispiel. Hervorzuheben ist die von Karl Friedrich Schinkel geprägte Auferstehungskirche am Neumarkt.

Kloster Wedinghausen war wichtiger Knotenpunkt im europäischen Netzwerk der Prämonstratenser. Es beheimatete den weltberühmten Gero-Codex (Unesco-Weltkulturerbe) und rettete den berühmten Kölner Dreikönigsschrein mit den Gebeinen der Heiligen Drei Könige, den Kölner Domschatz und die Dombibliothek. Diese Heiligtümer der christlichen Welt wurden dort

Arnsberg – Hochsauerlandkreis

- von 146 m bis 448 m ü.d.M.
- Autobahnkreuz Werl über die BAB 445/46, Anschlussstellen Nr. 65/66, weiter B 7, B 229, der Ausschilderung „Historische Altstadt“ folgen
- Bahnhof der DB (⇛ Hagen und ⇛ Kassel)
- Dortmund, Paderborn-Lippstadt; Landeplatz Arnsberg-Menden
- **NO** Werl 22 km, **W** Meschede-Eversberg 17 km, **SW** Schmallenberg 45 km

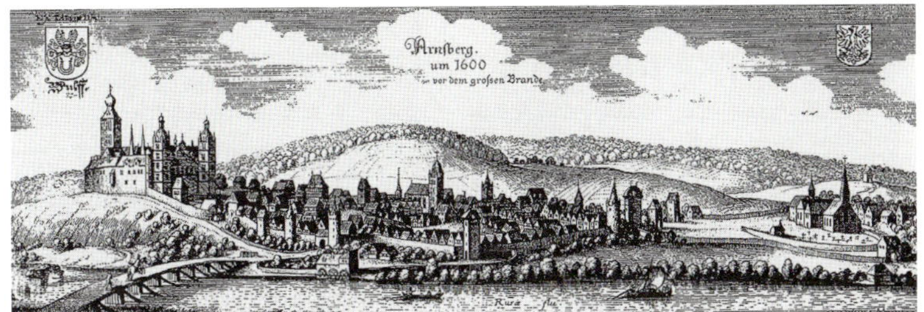

jahrelang vor den französischen Revolutionstruppen versteckt. Heute fordert Kloster Wedinghausen mit überraschender Modernität die Geschichte heraus. Die moderne Architektur des wieder gewonnenen Klosterhofs und die Neugestaltung des Westflügels haben neben der sehenswerten Propsteikirche/Klosterkirche einen viel beachteten neuen Kulturort geschaffen.

Geschichte

Bereits vor 1000 wurde der Name Arnsberg in einer Güterliste des Klosters Werden erwähnt. Die Grafen von Werl, ein mächtiges Geschlecht zwischen Emsland und Rothaargebirge, bauten in Arnsberg um 1060 die Alte Burg, ca. 1100 eine neue Burg auf dem Adlerberg (heute „Schlossberg“) und regierten als Grafen von Arnsberg das Land. Stadtrechte erhielt Arnsberg schon vor 1238. Die Grafschaft selbst wurde vom kinderlosen, letzten Grafen Gottfried IV. 1368 an das Erzstift Köln verkauft. Arnsberg wurde Hauptstadt des Herogtums Westfalen. Bis 1802 waren die lebensfrohen Renaissance- und Barock-Kurfürsten und Erzbischöfe von Köln die Herren des Landes. In Arnsberg tagte der Landtag (Ritter und Städte). Hier saßen die kurfürstlichen Behörden. 1803 erhielten die Hessen das Land zugesprochen, 1816 rückten die Preußen in die alte Grafschaft ein. Oberpräsident Vincke aus Münster sorgte dafür, dass Arnsberg Sitz einer preußischen Bezirksregierung wurde. Aus der Sorge um neuen standesgemäßen Wohnraum für die preußischen Beamten entstand unter Einfluss K. F. Schinkels das Klassizismus-Carré. Im Zweiten Weltkrieg blieb die Altstadt von großen Zerstörungen verschont.

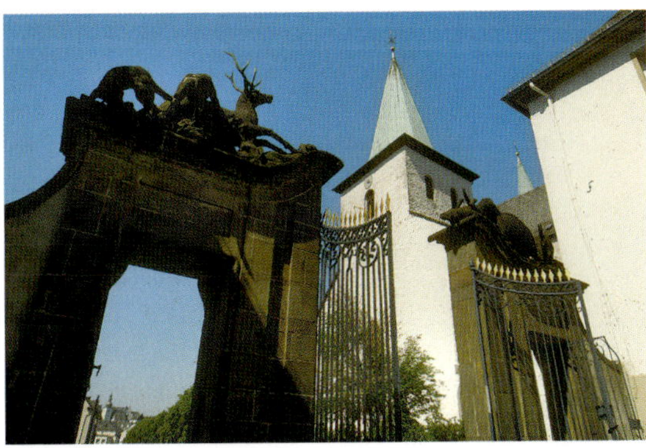

Hirschberger Tor (1753) mit der ehemaligen Kirche des Klosters Wedinghausen (heute Propsteikirche)

Sehenswertes beim Stadtrundgang

P Altstadtgarage unter dem Neumarkt, Busparkplatz vor der Propsteikirche

1. Klassizismus-Viertel: Neumarkt mit der Auferstehungskirche (1822–1824 auf dem Grundriss eines griechischen Kreuzes erbaut, 1825 eingeweiht), weitere Straßenzüge mit dem für Westfalen einmalig geschlossenen Bürgerhaus-Carré in klassizistischer Bauweise (Einfluss K. F. Schinkels). Dazu gehören noch das ehem. Palais des Regierungspräsidenten (Klosterstraße 4) und Verwaltungsbauten wie das „Gerichts- und Kriminalhaus", heute Amtsgericht (Eichholzstraße 2-4) und Casino (Königstraße 22).

2. Wedinghausen, Prämonstratenserkloster: 1170/73 gestiftet, 1803 säkularisiert. Propsteikirche St. Laurentius, westf. Hallenkirche, Chorfenster (um 1254), Grafentumba (um 1330), Hochaltar ehem. Fürstenberg-Epitaph (1618) von H. Gröninger, Pfeilerfiguren (1700), Kanzel und Beichtstühle aus Kloster Grafschaft. Erinnerungsrelief an das Versteck der Kölner Domschätze und der Reliquien der Hl. Drei Könige (1794–1803). Ostflügel mit Kreuzgang (Fresken!), Sakristei, Kapitelsaal und Grafenkapelle (1274); Bibliothek (1694); Prälatur (1666). Der 2004 restaurierte Westflügel (1717) mit Kreuzgang beherbergt das Stadtarchiv und die Ausstellung: „Denn das Erste ist verloren…" Der Klosterhof wurde 2006 neugestaltet und mittels eines modernen Glas- und Lichthauses wiedergewonnen.

Hirschberger Tor (1753) von J.C. Schlaun/ J.C. Manskirch (Figuren), 1826 hier aufgebaut.

3. Landgericht (Brückenplatz 7), jenseits der Ruhr zum Abschluss der klassizistischen Phase 1838 fertiggestellt; innen ein Vestibül mit dorischen Säulen.

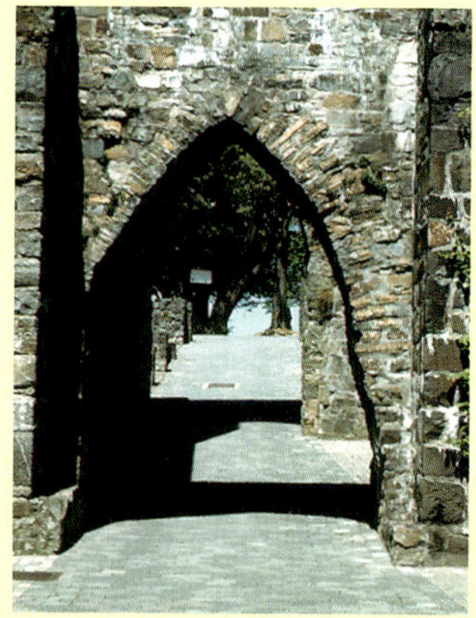

Auf dem Schlossberg

4. Alter Markt (die „Gute Stube"): **Landsberger Hof**, das Liebesschlösschen des Kurfürsten Ernst v. Bayern, 1605 für seine Mätresse Gertrud v. Plettenberg errichtet, heute Sauerland-Museum; **Maximilianbrunnen**, Geschenk des Kurfürsten Maximilian Friedrich (1779); **Altes Rathaus** (jetzige Gestalt: 1710), auch Sitz des Landtages, mit Glockenspiel und kurkölnischem Wappen am Archivturm; **„Zur Krim"**, Haus des Hexenrichters Schultheiß († 1646); **Glockenturm** (alter Stadtturm, 13. Jh.) mit barocker Zwiebelhaube (1722).

5. Weichs'scher Hof (Soester Str. 1): Sitz des Landjägermeisters und des letzten Landdrosten v. Weichs († 1815), gegenüber: **Haus Honning** (Schloßstr. 3), Sitz des Landschreibers; beide Gebäude nach dem Stadtbrand 1600 erbaut.

6. Stadtkapelle: 1323 erstmals erwähnt; Glocken der „Kapelle" im Glockenturm. Vor der Kirche mit Ruhrkiesel gepflasterter Platz; früher am Fest des Hl. Pantaleon (27. Juli) Durchführung des „Feldgerichtes".

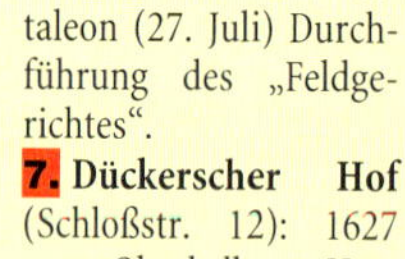

7. Dückerscher Hof (Schloßstr. 12): 1627 von Oberkellner Hermann Dücker mit Marstall und Reitschule gebaut, seit 1856 erstes Hospital in Arnsberg. Nördlich anschließend Kloster der Jesuiten (1683), ab 1773 kurkölnische Brauerei, dann 1816 eines der drei Häuser für die Bezirksregierung, seitdem „Katasteramt" genannt. An der Hausfront eine halbe „Preußische Rute", ein Wegemaß.

8. Schlossberg mit Außenbastionen: Auf dem von einer Schleife der Ruhr umflossenen Plateau ließen die Grafen ihre Burgen, die Kurfürsten drei Schlösser bauen, das letzte 1724–1732 durch J. C. Schlaun für Kurfürst Clemens August von Wittelsbach, 1762 zerstört durch preußische Truppen. Seit 1967 ist die Schlossruine saniert, gesicherte Wege führen über und um das Schlossplateau.

9. Femegericht (Oberfreistuhl): Sitz des westfälischen Femegerichtes (nachempfunden: mit Bänken, Richtertisch und Schwert unterhalb des Schlossberges); erstmals 1174 erwähnt, versammelte ab dem 15. Jh. jährlich an bestimmten Tagen alle Freigrafen, prüfte ihre Rechtshandlungen und war in rechtsunsicheren Zeiten „Hals- und Blutgericht“ für Kapitalverbrechen.

10. Stadtmauer und Grüner Turm: erhaltene Stadtbefestigungen, ehemalige Stadttürme mit einigen Metern Original-Stadtmauer an der „Bindfaden-Gasse“.

11. „Mäuse-“ (= Maut-) oder Limps- (= Limes-) turm: westlicher Stadteingang mit abgerissenem Tor, Torwächterhaus und Zollstation von der Ruhr her.

12. Jägerstraße mit klassizistischen Häusern: besonders das typisch klassizistische Bürgerhaus „Schennen“ (Jägerstr. 37, dahinter Gerberei und Mühle).

13. Alte Regierung (Jägerstr. 1): ab 1783 aus Steinen des zerstörten Schlosses gebaut, als Zuchthaus geplant, 1802 als Kaserne genutzt und ab 1816 Sitz der preußischen Bezirksregierung.

14. Von der Alten Regierung entlang der Königstraße weitere **Häuser des Klassizismus**, am Neumarkt vorbei bis zum ehem. **Amtsgerichtsgefängnis** (Eichholzstr. 2-4, 1832/33 errichtet).

15. Eichholz: Naherholungsgebiet mit alter Promenade, Königseiche, Ehmsendenkmal (Gründer des Sauerl. Gebirgsvereins), „Kinderteich“ (Teil des Rundweges „Natur und Landschaft“, ⓘ VV 4055).

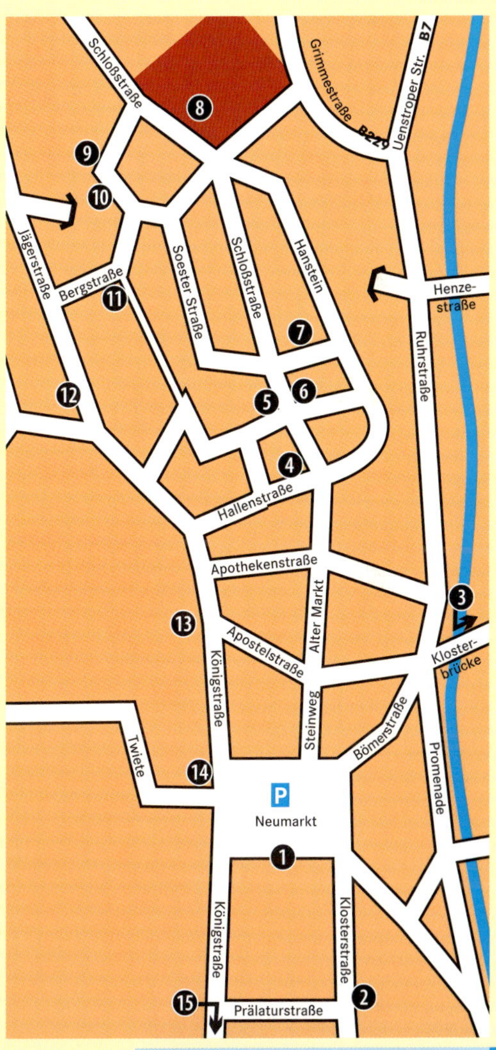

Stadtführungen:

Verkehrsverein Arnsberg (s. Anschriften) April – November sa 14.30 Uhr ab Neumarkt; verschiedene Themenführungen und „Szenario“ (szenische, spektakuläre Führung), Termine im VV T 02931/40 55

Im Klassizismusviertel: Häuser an der Königstraße

Insidertipps:

Schlossberg mit Festungsmauern, herrl. Ausblick; **Altstadt** mit Oberfreistuhl, Stadtmauern, Türmen u. romantischen Gassen; Alter Markt mit Rathaus, Glockenturm u. Maximilianbrunnen; **Klassizismusviertel** mit Auferstehungskirche; ehem. Kloster Wedinghausen.

Zusätzliche Informationen:

Kloster Wedinghausen, Propsteikirche St. Laurentius, Klosterstraße
Ö: Di–Sa 9.30–12, 14.30–18 Uhr, So ganztägig; Ausstellung zur Klostergeschichte, Ö: 14–17 Uhr (außer Fr und an Feiertagen)
Sauerland-Museum zur Geschichte des kurkölnischen Sauerlandes, Alter Markt 26, T 02931/4098
Ö: Di–Fr 9–17, Sa 10–18, So 14–17 Uhr
Feuerwehrmuseum auf dem Schlossberg
Ö: in den Sommermonaten von 9–17 Uhr, Eintritt frei
Kunsthaus „Sepia“, Schlossstraße 3, T 02931/22867 oder 13038
Ö: Fr.+Sa 15–18 Uhr, So 11–13, 15–18 Uhr
Kunstverein, Neumarkt 24, T 02931/21122
Ö: Mi–Fr 17–19, So 11–13 Uhr
Altes Rathaus (Alter Markt 19),
Ö: Stadtbüro T 02931/8931143

Hotel Menge, Ruhrstraße, ca. 10 Min. entfernt, T 02931/5252-0; Zum Landsberger Hof, Alter Markt 18, T 02931/89 02-0; Altes Backhaus, Alter Markt 27, T 02931/5220-0; Mercato Vecchio, Alter Markt 1–3, T 02931/5255-0; Cafe Compania, Steinweg 2, besonderes Kaffeehaus brasilianischer Art.

Hübsches, kleines Antiquitätengeschäft vor dem Glockenturm, dahinter das Künstlerhaus „Sepia“, Literarische Buchhandlung Houtermanns, Steinweg, mit reichen lokalen und regionalen Publikationen.

Regelmäßige Veranstaltungen

Größtes Osterfeuer des Sauerlandes: Ostersonntag auf dem Kreuzberg – Karnevalsumzug durch die Altstadt: Karnevalssonntag – Bürgerschützenfest: 1. Juli-WE – Intern. Kunstsommer (August) – Weihnachtsmarkt auf dem Neumarkt (Dez.) – Rittermahl im Knappensaal (T 02931/4055)

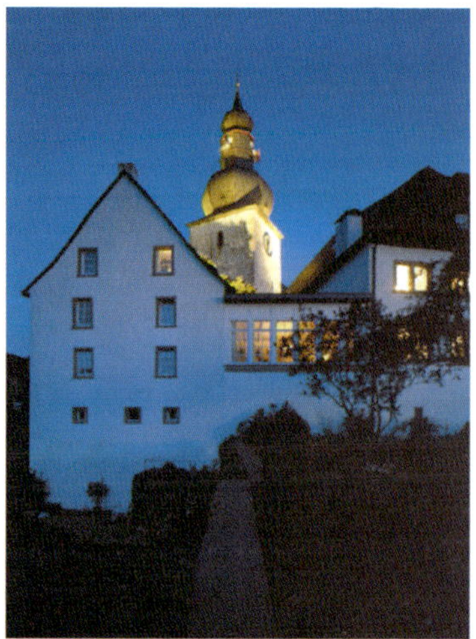

Weichs'scher Hof und Glockenturm

Empfehlungen in der Umgebung

■ **Kreuzkapelle:** neugotisch, herrlicher Ausblick auf die Altstadt; Alte Burg „Rüdenburg“: Westlich des Ruhrtales „Porta Sauerlandia“ gelegener Bergkegel mit der ersten Burg der Grafen von Werl. Ausgrabungen zeigen die Ruinen. *Jüdischer Friedhof* (alles jenseits des westlichen Ruhrlaufes).

■ **SGV-Naturschutzzentrum Sauerland,** Umwelterziehung, prakt. Naturschutz, Übernachtungs- und Freizeitmöglichkeiten, Hasenwinkel 4, 59821 Arnsberg, T 02931/524840.

■ **Waldschule** in Arnsberg – Naturkunde-expeditionen in den weiten Wäldern rund um Arnsberg, Herbreme 2, 59759 Arnsberg, T 02931/805-140

■ **Prämonstratenser-Klöster** im OT Rumbeck (1193) und OT Oelinghausen (1174), Krypta von 1200 mit Kölnischer Madonna (Wallfahrten), barocker Hochaltar, Madonna im Strahlenkranz, Histor. Orgel, „Herbsthaus” mit Klostergartenmuseum, T 02932/31882 oder 33841.

■ **Pfarrkirche St. Johannes-Baptist** (Vorgängerbau 1822, 1892–1913) OT Neheim: Backsteinbasilika im neuromanischen Stil, wegen der Größe auch im Volksmund „Sauerländer Dom“ genannt.

Anschriften:

Verkehrsverein Arnsberg, Neumarkt 6, 59821 Arnsberg, T 02931/4055, F 12331, vv-arnsberg@t-online.de
www.Arnsberg-Info.de oder
www.hist-stadt.nrw.de

■ **Burgmannshöfe,** OT Neheim, Burgstraße: **Drostenhof** (Geburtshaus Wilhelms von Fürstenberg, Mitte des 16. Jh. Deutscher Ordensmeister in Livland), *Fresekenhof und Burghaus Gransau* waren Sicherungsbauten an der nordwestlichen Grenze der Grafschaft Arnsberg

■ **Synagoge** OT Neheim, Mendener Straße: Eines der wenigen sehr gut erhaltenen jüdischen Gotteshäuser in NRW (1875 errichtet)

■ **Schloss Herdringen** OT Herdringen: barocker Ursprungsteil mit Anbau im „Tudor-Stil“ und Landschaftspark

■ **Freilichtbühne** OT Herdringen am Ortsausgang: T 02932/3 91 40

■ **Wildwald Vosswinkel,** OT Vosswinkel, T 02932/9723-0, F 81644

■ **Schloss Höllinghofen,** OT Vosswinkel mit Landschaftspark

■ **Naturpark Arnsberger Wald,** OT Breitenbruch als Ausgangspunkt

Wege in der Umgebung:

Wandern: Um das und im Eichholz/OT Alt-Arnsberg, über den „Hohen Nacken, durch das Mühlbachtal/OT Rumbeck, weiteres, ausgeschildertes reiches Wegenetz des SGV, ⓘ VV 02931/4055

Radwanderweg durch das Ruhrtal (Oeventrop – Haus Füchten beschildert)

Paddelboot einige Abschnitte auf der Ruhr ab OT Neheim/Arnsberg bis Fröndenberg

Fahrt durch das „Alte Testament“ bei Hellefeld, Grevenstein bis Wenholthausen etc., ⓘ VV 02931/4055

Orangerie im Schlosspark

Bad Berleburg

Alte Residenz – junges Heilbad

Das romantische Kneippheilbad und die liebenswerte Urlaubsregion Bad Berleburg am Rothaarsteig mit seiner mehr als 725-jährigen Stadtgeschichte, liegt inmitten des Naturparks Rothaargebirge (= rauhe Höhe) in einer der waldreichsten Landschaften der Bundesrepublik.

Das prächtige, barocke Schloss der Fürsten zu Sayn-Wittgenstein ist Mittelpunkt der historischen Altstadt und prägt noch heute das Stadtbild. Sein reizvoll angelegter Schlosspark, der mit seinem jahrhundertealten Baumbestand dem Heilbad heute als Kurpark dient, lädt zum spazieren gehen und Verweilen ein und erinnert auf Schritt und Tritt an die traditionsreiche Vergangenheit.

Bad Berleburg – Kreis Siegen-Wittgenstein

von 351 m bis 789 m ü. NN

von Norden: BAB 33/44 Autobahnkreuz Wünnenberg, Haaren, Anschlussstelle Nr. 31, weiter über B 480; von Osten: BAB 5, Anschlussstelle Nr. 2 Alsfeld-Ost, B 62; von Süden: BAB 45, Anschlussstelle Nr. 25 Dillenburg oder (im Westen) Wenden, Anschlussstelle Nr. 19 weiter über B 54 - B 62 - B 480

DB Regionalbahn 73 (Rothaarbahn) im Stundentakt

N Schmallenberg 24 km, **SO** BB-Elsoff 10 km, **S** Bad Laasphe 21 km, **SW** Freudenberg 55 km

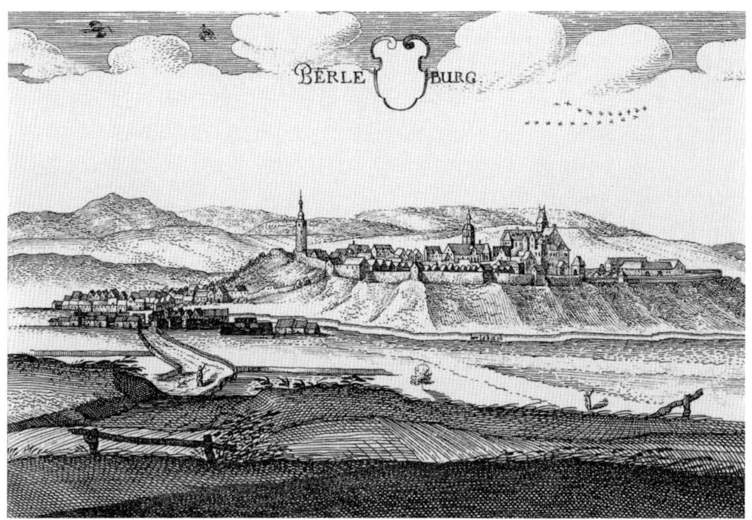

Die gesunde Umgebung Bad Berleburgs mit seinem milden Reizklima und den klaren Wassern der Gebirgsbäche bildet die ideale Voraussetzung für die Durchführung einer aktivierenden Gesundheitsmaßnahme. Für ihre erstklassigen, modernen medizinischen und therapeutischen Leistungen sind die Bad Berleburger Rehabilitationskliniken in ganz Deutschland bekannt.

Landschaftliche Schönheit und eine weitgehend unberührte Natur verleihen dem alten Residenzstädtchen mit seinen malerischen Fachwerkhäusern den besonderen Reiz.

Geschichte

Aus der vorchristlichen Zeit sind drei Wallburgen (Dotzlar, Aue und Wemlinghausen) bekannt. Anfang des 9. Jh. liegen erste urkundliche Nachrichten für Arlfeld und Raumland vor. Aus dem 12. und 13. Jh. sind die Kirchen in Arfeld, Raumland, Elsoff und Girkhausen noch vorhanden. Die heutige Ortschaft Bad Berleburg ist in einer Urkunde des Klosters Grafschaft erstmals 1258 erwähnt. Die Stadt Berleburg entwickelte sich in der Folgezeit zum Mittelpunkt des nördlichen Wittgensteiner Landes. Der Bau des heutigen Schlosses wurde um 1500 begonnen und 1733 vollendet. Das Schloss wird noch heute von der Familie zu Sayn-Wittgenstein-Berleburg bewohnt. Im Jahre 1825 wurde die Stadt, wie schon zuvor durch zahlreiche andere Brände, durch einen Großbrand zu etwa dreiviertel vernichtet. Durch den Bau der Landstraßen um 1840 (heute B 480) und der Eisenbahnlinie (1890) wurde die Wirtschaftsstruktur der Stadt Berleburg erheblich verändert: Sägewerke, holzverarbeitende Betriebe und eine Papierfabrik waren erste industrielle Anfänge.

Zusätzlich entwickelte sich in Bad Berleburg und seinen Orten der Tourismus.

Schloss Berleburg

Sehenswertes beim Stadtrundgang

P am Schloss

1. Schloss Berleburg, Goetheplatz 8, eine große, nach Osten geöffnete Dreiflügelanlage mit dem mittelalterlichen Kernbau in einem Teil des zweigeschossigen Nordflügels. Nach Süden zeigt sich ein Renaissanceportal mit Wappen und Muschelkrönung. Der Rote Turm entstand wie das übrige Bauwerk von 1555–1557. Stattlich ist der Mittelflügel mit drei Geschossen und 17 Fensterachsen von 1731–1737, umgestaltet von Baumeister Julius Rothweil unter dem Grafen Casimir zu Sayn-Wittgenstein-Berleburg. Die seitlichen Türme wurden erst 1912 so passend dem Bau hinzugefügt. Der festliche Musiksaal mit umlaufender Empore, Kamin und kleiner Grotte mit prachtvollen Stuckarbeiten von 1735 stammt von Carlo Maria Pozzi.

Das Schloss wird zu einem Teil von Seiner Durchlaucht Prinz zu Sayn-Wittgenstein-Berleburg bewohnt; weite Teile werden bei einer Schlossführung gezeigt. Ganzjährig klingt und singt es auch im Schloss von vielfältigen Konzerten, die mit der Internationalen Musikwoche Anfang Juli ihren Höhepunkt haben. ⓘ Schloss Berleburg, 57319 Bad Berleburg, T 02751/ 4 21

2. Schlosspark: Der westliche Teil des Schlossparks mit Teichen und der Bergquelle des Berlebaches ist ursprünglich als Tiergarten angelegt worden; vor dem Gartenhaus stehen vier allegorische Figuren, gefertigt von J.F. Sommer.

3. Stadtkirche, Neue ev. Pfarrkirche, Schlossstraße *(Denkmal d. M. 2001):* Vorgängerbau bei dem Stadtbrand von 1825 auf dem heutigen Goetheplatz vernichtet, 1857 wurde die Neue Pfarrkirche nach Plänen des Architekten Buchholz mit bewusst aufgenommenen italienischen Einflüssen gebaut – eine neuromanische Basilika mit polygonalem 4/8-Chorschluss, errichtet aus massivem grauen Bossenmauerwerk, die Gesimse, Gewände und Rundbogenquader aus rötlichem Sandstein. Der quadratische Turm ist an die Seite des Mittelschiffes gerückt und wird von einem achteckigen Zeltdach mit dem lateinischen Kreuz auf einer Kugel bekrönt.

4. Ludwigsburg, Ludwigsburgstr. 5, Bau von Zimmermeister Mannus Riedesel, der ehemalige Stammsitz einer Seitenlinie des Berleburger Grafenhauses. Der Fachwerkbau mit prächtiger Balkenschnitzerei entstand von 1707–1709.

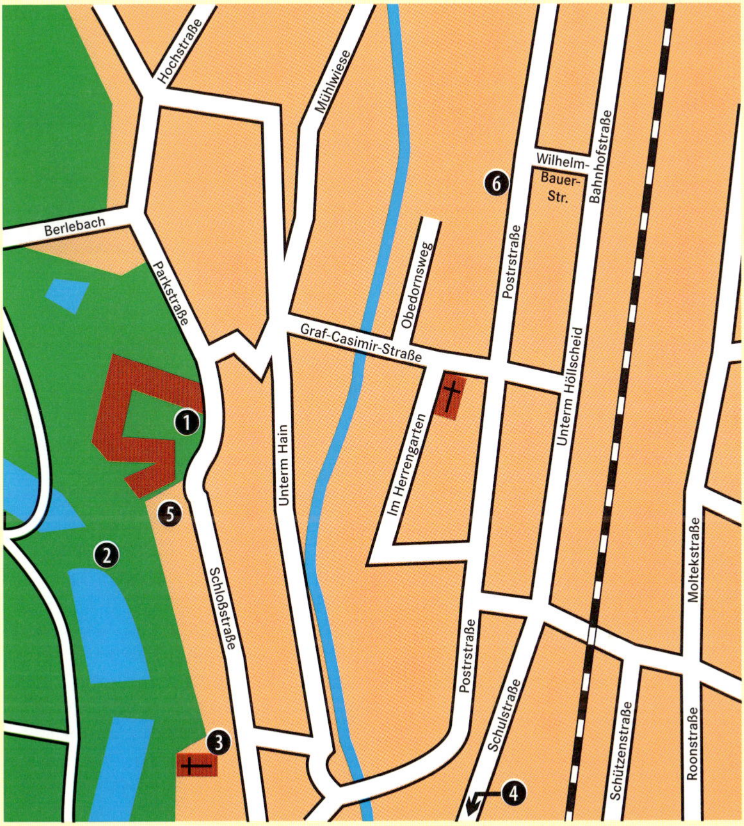

5. Wohnhaus Am Goetheplatz 6 (Denkmal d. M. 2003): eines der wenigen Gebäude, die den Stadtbrand von 1825 überstanden haben.

Ludwigsburg

Das zweigeschossige Bauwerk mit repräsentativer Hauseingangstür und viergeteiltem Oberlicht weist eine Mansard-Dachkonstruktion auf. Die Fassade wird durch ein Zwerchhaus in der Mittelachse betont.

6. Am Rathaus, Poststr. 44, befindet sich ein asymmetrisch gestaltetes Jugendstilhaus mit Mittelrisalit und zwei übereinander liegenden Holzveranden, zur Zeit Tourist-Information.

Stadtführungen:

auf Anfrage individuelle Führungen, ⓘ T 02751/9363-3

Insidertipps

Schloss Berleburg mit Schlosspark – Ludwigsburg – Wohnhaus am Goetheplatz 6

Hotel „Wittgensteiner Hof", Parkstr. 14, T 02751/93719-0 (bürgerliche, gute Küche); Restaurant „Hubertusstube", Schulstr. 27, T 02751/7885

Bad Berleburger „Holzobst" (Touristinfo, Poststr. 44), Holzschüsseln aus der „Drehkoite" (s.u.).

Empfehlungen in der Umgebung

■ **Hof Espe,** B.B.: Ausstellung über das Leben und Arbeiten vom 18.–20. Jh. auf einem Wittgensteiner Bauernhof. Ö: 1. Sa und 3. Mi im Monat 14.30–17.30 Uhr, T 02751/3862 oder 7142

■ **Drehkoite** im OT Girkhausen: In einer alten Holzwerkstatt erlebt man, wie bereits vor über 450 Jahren ohne Motorantrieb aus einem Stück Holz bis zu fünf Holzschüsseln gedreht und Holzlöffel von Hand geschnitzt wurden (T 02758/725, Fam. Baudiga oder 1039 Drehkoite).

■ **Modelschnitzerei Riedesel,** OT Wunderthausen: handwerkliche Herstellung von Spekulatiusmodeln und anderen Formen (T 02750/461).

■ **„Wittgensteiner Kirchen-Tour":** evangelische Kirchen, die sich als schlichte weiße Gotteshäuser im Wittgensteiner Land präsentieren (T 02751/9363-3)

■ **Kirche Raumland,** OT Raumland: spätromanische, westfälische Hallenkirche mit drei Schiffen, zwölf Bildfelder im Chorraum aus dem 15. Jh. (T 02751/51039)

■ **Schieferschaubergwerk:** Der Naturstein „Schiefer" war drei Jahrhunderte lang ein begehrter Baustoff, der bis vor 30 Jahren in den Gruben vielen Bürgern Arbeit und Brot gaben. Im Bergwerk finden sich Darstellungen, wie die Vorfahren um die Jahrhundertwende in reiner Handarbeit Dach- und Wandschiefer aus Felsgestein herstellten (T 02751/51054), Ö: April – Oktober, mi 15+16, sa 14+15 Uhr.

■ **Bundesgolddorf** OT Diedenshausen: Gebäudeensemble, imposante Fachwerkgebäude in gutem baulichen Zustand, Heimathaus, Johannes-Althusius-Straße, Ö: 2. so im Monat 14–18 Uhr (T 02750/310).

■ **Schmiedemuseum** OT Arfeld: Erbaut Mitte des 19. Jh., erweitert um eine Wagnerei. Im Obergeschoss sind handwerkliche und landwirtschaftliche Gerätschaften ausgestellt, die hier gefertigt wurden, Ö: April-Oktober samstags 10–12 Uhr (T 02755/8080).

■ **Fachwerkkapelle:** OT Sassenhausen (Denkmal d. M. 2002), Eder-Lahn-Straße:

Zusätzliche Informationen:

Schlossmuseum: Kunstsammlung, Waffen, Jagdgeräte und -trophäen, zahlreiches Porzellan und Gläser aus deutschen Manufakturen des 18. Jh. Ö: 1.10.–30.4. di, do sa, so 14.30, 1.5.–30.9. täglich 10.30 und 14.30 Uhr, T 02751/421

Wittgensteiner Heimathaus, Goetheplatz: Denkmal, Einzelgebäude, Ausstellungen mit Sammlungen zur Vor- und Frühgeschichte Wittgensteins und Jahrhunderte alte Ofenplatten und Öfen sowie acht Bände der „Berleburger Bibel" und ein historischer Kolonialwarenladen. Ö: di, fr, sa, so 15–18 Uhr, T 02751/923-232

Parkstraße

Poststraße 44

Fachwerkkonstruktion, 1705 von den Bewohnern des damals um 14 Häuser zählendes Dorfes errichtet, Entwurf und Ausführung von dem Zimmermeister Mannus Riedesel (⇛ Ludwigsburg, Bad Berleburg); ausgewogene Proportionen, reichhaltige Schnitzereien, u. a. eine Dämonmaske mit herausgestreckter Zunge! Innen: eine sorgfältig gearbeitete Kanzel und das sog. Ehrengestühl. Die Kapelle diente bis 1901 zugleich als Schulgebäude.

■ **Schloss Schwarzenau,** OT Schwarzenau, Alexander-Mack-Straße: nur Außenbesichtigung.

■ **Alexander-Mack-Museum,** OT Schwarzenau, Zur Eiche: Relig.-histor. Vergangenheit und bäuerl. Vorratshaltung. Ö: 1. so im Monat 14–17 Uhr, T 02755/725 oder 02751/923-234

■ **Freilichtbühne Hallenberg,** Stadt Hallenberg, überdachte Sommeraufführungen von Kinder- und Erwachsenenstücken, T 02984/513, F 2151

■ **Panoramapark Oberhundem,** Freizeit- und Tierpark mit vielen Attraktionen, 57399 Kirchhundem-Oberhundem, Ö: April–Oktober, T 02723/774-100

Regelmäßige Veranstaltungen

Wollmarkt (1. Sonntag im Mai) – Stünzelfest mit Kreistierschau (Anfang Juni) – Let's Dixi (Mitte August-Mitte Sept.) – klassische Konzerte (ganzjährig) und Intern. Musikfestwoche (1. Juliwoche) im Treppenhaus des Schlosses – Mittelalterlicher Markt (Mitte August) – Holzmarkt (Anfang September) – Erntedankfest mit Brotmarkt: Markt mit Festzug (1. Sonntag im Oktober)

Anschriften:

Tourist Information, Poststr. 44,
57319 Bad Berleburg,
T 0 27 51 / 93 63-3, F 93 63-43
tourist.bad-berleburg@t-online.de

Wege in der Umgebung:

„Rothaarsteig" – Weg der Sinne mit ca. 154 Wanderkilometern mit naturkundlichen, kulturellen und historisch interessanten Anlaufpunkten; „Waldskulpturenweg" zwischen Schmallenberg und Bad Berleburg sechs Zugangssteige von B.B., 17 km B.B. bis Schmallenberg mit elf Skulpturen

Ederauenradweg von der Ederquelle 180 km, ⓘ Tourist Info T 02751/9363-3, F 9363-43

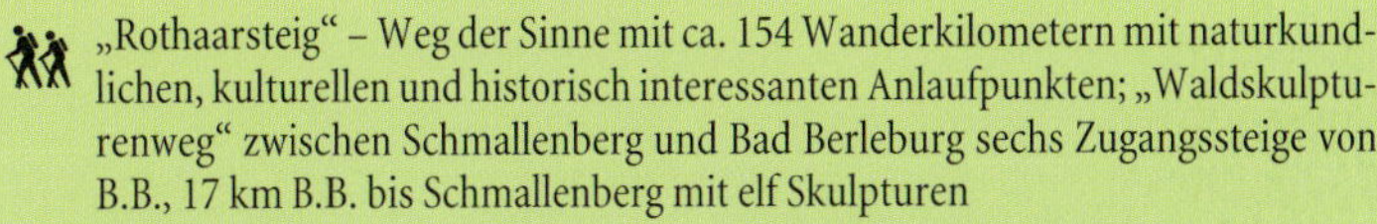

Von Bad Berleburg (kleiner Abstecher empfohlen über „Christianseck" und Diedenhausen: „Bundesgolddorf") bis Elsoff (Rundgang s. u.), dann an der Kirche ⇛ Ortsausgang ⇛ Schwarzenau, Sassenhausen ⇛ Bad Laasphe.

Bad Berleburg-Elsoff

Wiedererstanden nach dem „Elsoffer Bauernkrieg“

Mit „Ort am Erlenwasser“ kann man „Elsapha“ übersetzen, unter diesem Namen findet Elsoff im Jahr 1059 seine erste urkundliche Erwähnung als Eigenkirche.
Elsoff liegt am östlichen Rand des Rothaargebirges, etwa 15 Kilometer von Bad Berleburg entfernt. Der bebaute Ortskern mit einer Fläche von 12,6 ha gehört zu einer Gruppe von 22 ehemals selbständigen Gemeinden, die in der kommunalen Neugliederung (1975) mit der Stadt Berleburg zusammengeschlossen wurden.
Schutz und geistig-kulturelles Zentrum ist und war die dem Hl. Andreas geweihte Kirche mit ihrer noch erkennbar wehrhaften Einfassung. Neuere Einrichtungen wie Schule,

Dorfkirche

Bad Berleburg-Elsoff – Kreis Siegen-Wittgenstein

- von 370 m bis 643 m ü. NN.
- von Norden: BAB 33 / 44 Autobahnkreuz Wünnenberg, Haaren, Anschlussstelle Nr. 31, weiter über B 480; von Osten: BAB 5, Anschlussstelle Nr. 2 Alsfeld-Ost, B 62; von Süden: BAB 45, Anschlussstelle Nr. 25 Dillenburg oder (im Westen) Wenden, Anschlussstelle Nr. 19 weiter über B 54 - B 62 - B 480
- DB Regionalbahn 73 (Rothaarbahn) im Stundentakt
- **NW** Bad Berleburg 15 km, **S** Bad Laasphe 21 km, **W** Freudenberg 39 km

Kindergarten oder Sportplatz mit Schützen- und Festhalle wurden am Rand des historischen Ortskerns gebaut. Land- und Forstwirtschaft sowie die Holzverarbeitung sind bis heute die wichtigsten Erwerbszweige geblieben.
Elsoff verfügt über einen historisch gewachsenen Ortsgrundriss, der mit seinen typischen Fachwerkbauten nahezu vollständig erhalten geblieben ist. Zusammen mit den Bauerngärten, Obstwiesen, Weiden und Einzelgehöften bilden sie das unverwechselbare Erscheinungsbild des Ortes, der 2002 im Wettbewerb „Unser Dorf soll schöner werden" mit der Goldmedaille ausgezeichnet wurde.

Geschichte

1059 wurde Elsoff erstmals urkundlich erwähnt. Am Zusammenfluss von Mennerbach und Elsoffbach hat sich der Ort als Haufendorf entwickelt. Die Geschichte Elsoffs ist eine Geschichte des Streits um die „Vogtei Elsoff", die 1194 erstmals als eigenständiger Verwaltungs- und Gerichtsbezirk erwähnt wird. Mit der Verpfändung der Vogtei Elsoff (1428) an die Brüder Johann und Ebert von Dernbach wird gewissermaßen der Grundstein für den bereits erwähnten Streit gelegt: fortan ringen Hessen und Wittgensteiner um Einfluss und Macht in der Vogtei.
1724/25 kommt es zur offenen Rebellion der Vogteier gegen ihre Landesherren, die Grafen von Wittgenstein. Im „Elsoffer Bauernkrieg" wehren sich die Bewohner der Vogtei gegen Abgaben und Leibeigenschaft. Ohne Erfolg – der Aufstand wir blutig niedergeschlagen. Dann kehrt allmählich Ruhe in der Vogtei ein. Im Vertrag (1837) zwischen dem Land Hessen und dem Staat Preußen findet fast ein Jahrhundert später eine Klärung statt. 1900 zählt Elsoff 551 Einwohner, 1950 sind es 1.098, nach 1970 pendelt sich die Einwohner bei etwa 700 ein.

Sehenswertes beim Stadtrundgang

P unmittelbar an der Kirche

Bedingt durch die Geschlossenheit des gesamtdörflichen Ensembles gilt Elsoff aus denkmalpflegerischer Sicht als „das vielleicht interessanteste Dorf in Westfalen“, das sich am Zusammenlauf von Mennerbach und Elsoffbach als dicht bebautes Haufendorf entwickelt hat. Bestimmend für das Dorfbild sind zweigeschossige Fachwerk-Bauernhäuser, in schwarzweiß oder rotbraun eingefärbt, auf gestrecktem Rechteckgrundriss, die zumeist Wohn- und Stallteil unter einem Dach vereinigen. Zwölf Häuser sind in die Denkmalliste eingetragen, nach der letzten Inventarisation (1991) kommen aber weitere 64 Häuser in Frage. Holz und der in der Region früher abgebaute Schiefer lieferten die Materialien für die noch heute das Ortsbild beherrschenden Fachwerkhäuser. Oft liegen gepflegte Bauerngärten vor den Häusern. Auffällig sind aber die vielen Balkeninschriften mit den verschiedensten Bibelsprüchen: *„Der Herr segne dich auf Zion, der Himmel und Erde gemacht hat.“* (Ps 13.4); oder *„Demut ist die schönste Tugend, aller Christen Ruhm und Ehr, denn sie zieret unsere Jugend und das Alter von viel mehr.“* (1770) (Vogteistraße 1 und Gastwirtschaft Spies, Vogteistraße 11)

P Parkplatz oberhalb der Ev.-ref. Dorfpfarrkirche

1. Ev.-ref. Dorfpfarrkirche, sie steht für ein Kirchdorf ungewöhnlich weit abseits am südwestlichen Dorfrand auf einer Anhöhe. Erwähnt wird in einer Urkunde, dass sich der adelige Buobo 1059 von der Mutterkirche Raumland löst. Die Kirche zeigt einen bemerkenswerten romanisch-gotischen Baustil. Bei dem heutigen Bauwerk handelt es sich um eine ursprünglich flachgedeckte Saalkirche aus der Übergangszeit zwischen romanischem und gotischem Baustil, Mitte des 13. Jh. (nach J. Burkardt); in der 2. Hälfte des 13. Jh. erfolgte eine Einwölbung mit Einbau von Stichkappengewölben auf mächtigen Wandpfeilern. Die Kirche hat ein großes Schiff mit drei Jochen, an das sich ein kleinerer zweijochiger Chor anschließt. Der heute vorhandene Westturm wurde 1869 an Stelle des alten Turmes erbaut. Fast wäre die Kirche Anfang der 1980er Jahre, der Kirchturm erneut 2000/2001

Brauweg 2

eingestürzt. Die durchhängenden Gewölbe wurden in einer bemerkenswerten Bausanierung erhalten; dabei konnte die originale Putz- und Farbausstattung gerettet werden, die als romanisierende Gewölbemalereien 1912/13 angebracht worden waren: Ornamentbänder und Fabeltiere, zusätzlich sind dezente Wandmalereien des Künstlers Nikolaus Bette eingefügt worden. Auch der Kirchturm wurde mit einem Aufwand von 300.000 DM saniert und renoviert.

Die Orgel im Chorraum wurde 1885 von dem Korbacher Orgelbauer Vogt installiert und zählt – nach Expertenmeinung – zu den wertvollsten Instrumenten mit romantischem Klangbild; die Orgel wurde umfassend renoviert und z.T. rekonstruiert. (Schlüssel im Pfarramt, Pfr. Kötter, T 02751/240, F 2249720)

Bei einem Rundgang fallen vor allem die Inschriften auf:

2. Kirchstraße 1, eine Gehöftanlage, bestehend aus Fachwerkhaus mit Scheune, stammt aus dem 18. Jh. Die Scheune nimmt im Ortskern einen wichtigen Platz ein. **Vogteistraße 6:** Die sanierte Zachariasscheune ist Stützpunkt des städt. Bauhofes; die Inschrift ist leider verwittert, dafür ist am Lagerbalken noch ein Zahnschnittmuster erkennbar.

3. Vogteistraße 5 zeigt noch für alle „Naseweisen" eine schöne Inschrift: *„Wer da bauet an die Strasen, der muß sich tadeln lassen; von vielen die vorrübergehen und dieses Handwerk nicht verstehen;so wie diese Bauart ist geschehen. In deine Vater Hände, befehl ich Herr mein Ende."*

Über die „Wolpfad-Straße" zum **jüdischen Friedhof „Unterm Heiligenberg":** Von 1822 bis 1942 wurden hier die jüdischen Bürger der Orte Elsoff, Arfeld, Richstein, Beddelhausen und Schwarzenau beigesetzt. (Das letzte, noch mit Stroh eingedeckte Haus eines jüdischen Mitbürgers (Sophie Stern, Haus-Nr. 80) stand zwischen „Gasse" und „Konrads" und trug hebräische Inschriften.)

4. Zurück über die Vogteistraße über die Bäckerbrücke in die **Brückenstraße 1:** hier steht ein traufenständiges, zweigeschossiges Fachwerkhaus, das vermutlich im 18. Jh. errichtet wurde.

5. Brückenstraße 7: Mühlenhofanlage, ehem. Wassermühle mit Doppelmühlrad; Inschrift: *„Schlag drey jahr in schwerem und verbott trotz habe gewand wie nunbekannt steh hier vor meister und gesellen. Hand aufs aller beste und warte allezeit auf gäst: Hauß Du sagt Wohl sein ich wart auf Gäst, ..."* und längere Fortsetzung: *„Wer unschuldig lebt, der lebt sicher, wer aber verkehrt ist auf seine Wege, wird offenbar werden."* Sal. 10 V.9

Brückenstraße 9: Bei dem Wohnhaus (im Giebelfeld besondere Fachwerktechnik) stellt das Haupthaus (1770) eine für Elsoff typische

Wolpfad

gebracht: Der Datum der fällt richtig ein wie da die Scheuer gemacht soll sein; drum wundr sich ein jeder Man wie dies Gottes Weisheit fügen kann; es ist doch im Voraus bestellt wie es soll gehen in der Welt."

Mennertalstraße 12: Eine schöne Inschrift ist diese: *„Es wandeln sich die Zeiten Es wandelt sich die Welt Doch Gott der bleibt der Gleiche der sie in Händen hält. Erbaut Anno 1810."*

Mennertalstraße 18: *„Die Arbeit tut es nicht allein, des Herren Seegen muß da seyn; Drum ruf Gott an zu deinem Werk, Gebot ist über Witz und Stärk. ... Aufgericht den 14. Juni 1821."*

An der **Jakobstraße 7** liegt neben einer großen Kastanie, an dem mit Blausteinpflaster gestalteten Platz das ehem. Backhaus, durch den Heimatverein saniert und erweitert.

Jakobstraße 2: *„Ach wache treuer Menschenhüter durch deiner guten Engel wacht, auch über meine Haab und Güter und habe darauf fleisig acht, wen Unglück, Wasser, fluth und Brand wo wohl hir als auch im gantzen Land in Gnaden ab durch deine Hand."*

Jakobstraße 4: *„Wohl dem der den Herrn fürchtet und auf seinen Wegen geht. Du wirst dich nähren von deiner Hände Arbeit. Wohl dir, du hast es gut. Dein Weib wird sein wie ein fruchtbarer Weinstock um dein Haus herum, deine Kinder wie Öhlzweige um deinen Tisch her."*

Jakobstraße 6: In dem historischen Grundriss des Ortes steht hier ein Fachwerk-Scheunengebäude.

Allein wegen der Inschriften sei noch dieses Haus genannt: **Immenweg 1:** *„Freue dich nicht meine Feindin, dass ich danieder liege ich werde wieder aufkommen und so ich im Finstern sitze, so ist der Herr mein Licht und so fort. Micha. 7 V.6."*

Alle Inschriften zitiert nach Notiz und H. Grauel (Gasse)/K.-D. Braun, 2001

Gehöftanlage dar, mit einer Scheune von 1702. Die Inschrift: *„Befiehl du deine Wege und was dein Hertze kränkt der allertreuste Pflege des der den Himmel lenkt, der Wolken, Luft und Winden gibt Wege, Lauf und Bahnder wird auch Wege finden da dein Fus gehen kan: Habe deine Lust an dem Herrn der wird dir geben was dein Hertz wünscht."*

Brückenstraße 5: Schmiede, sie wurde renoviert und soll als Museum genutzt werden. In dem ungewöhnlich dicken Massiv-Mauerwerk ist in einem Stein links neben dem Eingang eingemeißelt: „G B 1841". Nach mündlicher Überlieferung von Ludwig Marburger sen. bedeuten diese Buchstaben „GB = Gemeinde-Brauerei 1841".

Brückenstraße 15: Hier dürfte es sich um das älteste noch bewohnte Haus handeln: ältester Nachweis „1334 Cuntzen Sohn in der Gossen". Das Haus trägt keine Inschrift, während die Scheunenverbesserung ausweist: *„Durch gottes hülfe von johann Georg Grauel Anna Ehliesabet Ehleut verbessert den 21. April Anno 1766."*

An der Mennertalstraße durchfließt der Mennerbach den Ort. In der Nr. 1 entdeckt der Besucher einen giebelständigen Fachwerkbau, eine zweigeschossige Konstruktion mit durchgehenden Eckständern.

Mennertalstraße 3: *„Ach Gott du hast es schon bedacht und dießes Hauß in Stand*

Vogteistraße

Anschriften:

Tourist Information, Poststr. 44, 57319 Bad Berleburg, T 02751/9363-3, F 9363-43, tourist.bad-berleburg@t-online.de; www.elsoff-wittgenstein.de

Insidertipps

Gasthof Spies „Peters", Vogteistr. 11, T 02751/384; Gasthof Spies „Jörge", Brückenstr. 6, T 02751/769; Gasthof Marburger „Feisel", Vogteistr. 4, T 02751/8286

Empfehlungen in der Umgebung

Kinderspielplatz Nähe Brückenstraße (Festhalle)

Regelmäßige Veranstaltungen

Backhausfest (Juni) – Kartoffelbraten (Juli) – Sportfest (Aug.) – Dorfmarkt (Sept.) – Brotmarkt (Okt.) – Bärentanz (Dez.) sowie verschiedene Kirchenkonzerte; ⓘ Tourist Information s.o.

Zusätzliche Informationen:

Dorfführungen: Adolf Baetzel, Vogteistr. 22, 57319 BB-Elsoff, T 02751/350

Wege in der Umgebung:

Bachaufwärts der Elsoff folgen, durch schmale Fahrwege die östlichen Hänge steil hinauf: Aussicht auf ein beeindruckendes Panorama; Rothaarsteig, s. Bad Berleburg

An der Kirche ⇛ Schwarzenau, dann Sassenhausen; alternativ in Elsoff an der Sparkasse ⇛ Bad Berleburg (kleiner Abstecher empfohlen über „Christianseck" und Diedenshausen, Bundesgolddorf).

Wallstraße 17-21

Bad Laasphe

In der Grafschaft Wittgenstein

Bad Laasphe liegt an einer der natürlichen Eingangspforten ins Wittgensteiner Land, dort wo die Lahn ihr enges, oft nur 100 m breites Gebirgstal verlässt und in eine bis auf etwa 500 m verbreiterte Talaue eintritt. Das Relief des Laaspher Gebietes ist stark ausgeprägt: Während die Talsohle der Lahn bei etwa 310 bis 330 m ü.d.M. liegt, erreichen die umliegenden Berge Höhen von 500 bis 700 Meter.

Aus der „Sommerfrische" des Jahres 1904 wurde ein moderner Kurort: 1983 verlieh das Land NW der Stadt die Bezeichnung „Staatlich anerkanntes Kneipp-Heilbad". Seit dem 1.1.1984 führt die Stadt in ihrem Namen den Zusatz „Bad".

Bad Laasphe – Kreis Siegen-Wittgenstein

von 310 m - 700 m ü.d. M

BAB 45 Anschlussstelle Nr. 25 Dillenburg, dann B 253, B 62 Richtung Biedenkopf nach Bad Laasphe; BAB 45 Anschlussstelle Nr. 21 Siegen, dann B 62 Richtung Bad Laasphe oder L 719 Richtung Deuz – Bad Laasphe

DB Bahnstation Bad Laasphe, ICE-Station: Kassel-Wilhelmshöhe und Frankfurt; von da im Stundentakt nach Marburg, dann Regionalbahn: RB 93 bzw. 94 nach B.L.

N Bad Berleburg und BB-Elsoff 25 km , **W** Freudenberg 51 km, **SW** Siegen 41 km

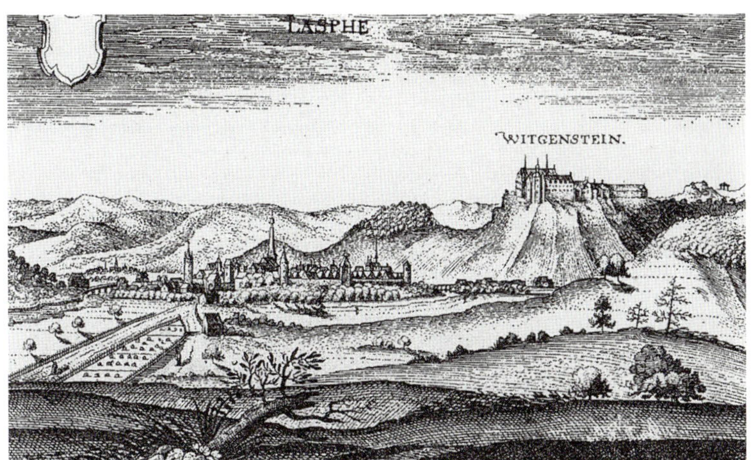

Geschichte

Eine vermutlich erste Erwähnung von Laasphe (= Lassafa = Lachswasser) findet sich im Urkundenbuch des Klosters Fulda, sie belegt den Ort für die Zeit von 780 bis 807. Laasphe entwickelt sich auf einem Grundriss für etwa 100 Häuser mit ca. 280 Meter Länge und 90 bis 125 Metern Breite, gesichert von einer Stadtmauer mit vier Ecktürmen, zwei Flankentürmen und zwei überbauten Toren. Mit dem Jahr 1238 wurde die Grafschaft Stift (das heutige hessische Battenberg und das Wittgensteiner Gebiet) in die beiden Grafschaften Battenberg und Wittgenstein geteilt. Laasphe wurde damit zur Residenz der neuen Grafschaft Wittgenstein und hat wohl zwischen 1240 und 1250 Stadtrechte erhalten. 1438 und 1506 verwüsteten Brände die Stadt. 1605 wird die Grafschaft in Sayn-Wittgenstein-Berleburg im Norden und Sayn-Wittgenstein-Wittgenstein im Süden geteilt; Laasphe übernahm für den südlichen Teil die Funktion der „Hauptstadt". Die Befestigungsanlagen wurden wegen ihrer wehrtechnischen Bedeutungslosigkeit nach 1800 abgebrochen, Wall- und Grabenzonen aber nicht bebaut. Schloss Wittgenstein sowie die Altstadt mit ihren 63 denkmalgeschützten malerischen Fachwerkhäusern und der aus dem 13. Jh. stammenden Kirche geben Zeugnis von der Vergangenheit.

Inschrift „Stoltz'sches Haus"

Sehenswertes beim Stadtrundgang

P Rathaus, Haus des Gastes oder Nähe Ev. Kirche

Der Kirchplatz, etwas erhöht auf angeschwemmten Geröllmassen gelegen, ist die Keimzelle Laasphes („Lassaffa“ = Lachswasser) gewesen. Die Häuser gruppieren sich im Kreise um die Kirche. Dicke Tonnengewölbe in einigen Häusern deuten auf eine sehr alte Verteidigungsanlage hin. Die Anlage der mittelalterlichen Stadt spiegelt sich noch heute in den Straßenzügen der Altstadt wider: Hinter den Häusern der Wallstraße (früher „Hintergasse“) und der Mauerstraße (früher „Waffelgasse“) verlief der ovale Mauerring. Von der alten Befestigung ist nichts erhalten geblieben; vielleicht ist die Mauer als Fundament für einige Häuser der Wallstraße verwendet worden. Ein Blick von der unteren Gartenstraße zur Wallstraße gibt einen guten Eindruck über den ehemaligen Verlauf der Mauern. Die Altstadt zeigt insgesamt einen leiterförmigen Grundriss mit weitgehend ursprünglicher Parzellierung der Straßen, Gassen (Traufgassen aus dem Mittelalter übernommen); Bebauung vorwiegend aus dem 17. und 19. Jh., überwiegend Fachwerkbauten, z. T. landschaftstypisch verschiefert.

1. Evangelische Kirche, Kirchplatz *(Denkmal d. M. 2001):* ältester erhaltener Bau der Stadt im ursprünglichen Stadtkern, 1230 in einer Urkunde genannt. Baustil, der schon Übergänge von der Romanik zur Gotik aufweist, lässt die Bauzeit auf etwa 1250 ansetzen; Turm und heutiges Seitenschiff haben damals schon als eigene kleine Kirche bestanden, das größere Hauptschiff wurde erst später angebaut. Ein Fachwerkanbau von 1667 ist die Kirchschule, die Jahrhunderte lang als Klassenzimmer genutzt wurde. Im Gewölbe darunter fanden die Wittgensteiner Grafen bis 1806 ihre letzte Ruhe. Der Kirchplatz war bis 1595 Begräbnisplatz.

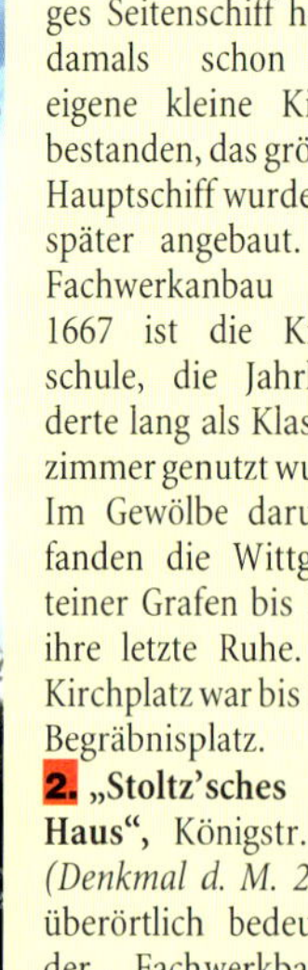

2. „Stoltz’sches Haus“, Königstr. 49, *(Denkmal d. M. 2002)* überörtlich bedeutender Fachwerkbau: *„Durch Gottes Hilff gebaut von Johann Adam Stoltz, Anna Elisabeth Eheleut. Baumeister Hermannus Riedesel Anno 1705 …“* ist an dem imposanten dreigeschossi-

„Stoltz’sches Haus“

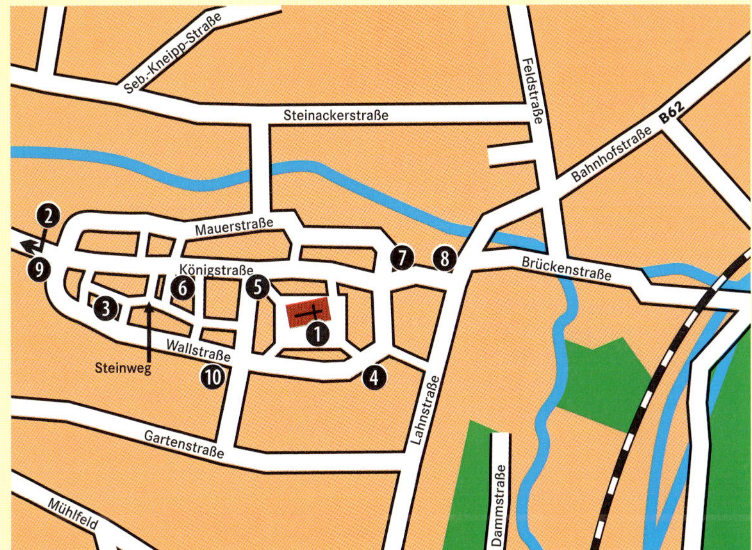

gen Stockwerksbau und dessen gut gegliedertem Fachwerk zu lesen. Eindrucksvoll zeigt sich der reich verzierte Nordgiebel mit seinen sorgfältig ausgeführten und farbigen Schnitzereien: maskenhafte Gesichter, Federbüsche, Weinlaub und Trauben. Exotisch die wie Elefantenfüße gestalteten Fußstreben, verziert mit Feigen. Auch an den Traufseiten aufwändiges Fachwerk.

3. Haus „Herrnwilm“, Steinweg 17: gut proportioniertes Fachwerk („Wilder Mann“) und schöne Verzierungen.

4. Hartnack-Ensemble, Wallstraße 5-13 *(Denkmal d. M. 2003):* aufwändig gestaltete Fachwerkbauten aus dem 16./17. Jh., typische Handwerker- und Ackerbürgerhäuser, malerisches Ensemble.

5. Brunnen-Ensemble, Königstraße: Brunnen- und historischer Marktplatz, Gebäude aus dem 16.–19. Jh.; der Brunnen (1994) mit Darstellungen der Geschichte des Platzes.

6. „Roter Ochse“, Königstraße 19: reiche Fachwerkverzierung, 1687 errichtet als Gasthaus – „*... durch Gottes hülff erbauet ... 1687*“.

7. Königstraße 2–6: Gebäudeensemble im klassizistischen Stil nach dem Brand von 1822 entstanden.

8. Bahnhofstr. 1: Fachwerk aus dem 18. Jh., Handwerkerhaus, im 19. Jh. Chausseegeld-Hebestelle (Maut/Zoll).

9. Königstr. 43, ein Haus gebaut 1868 mit vorspringenden Bauteilen an den Ecken, einem interessanten Treppengeländer und der verbretterten und gestrichenen Fassade; im Obergeschoss ein Fries mit Engelköpfchen. In diesem Haus praktizierte der weit über die Stadtgrenzen bekannte Leibarzt Dr. Hermann Brünjes (*1888) von 1919–1965.

10. Wallstr. 33 – ein schon „wieder“ denkmalwürdig: Vorbau verkleidet in schwarzen Fliesen, goldfarbener Eloxal-Schaufensterrahmen, typisch für die „goldenen“ 1960er!

Stadtführungen:

monatlich: Bad Laaspher Kirchentour: Führung durch die ev. und kath. Kirche und das Haus der Freien ev. Gemeinde mit Gang durch die Altstadt; Altstadtführung – für Gruppen auch nach Vereinbarung.
ⓘ Tourismus, Kur und Stadtentwicklung TKS Bad Laasphe, Wilhelmsplatz 3, 57334 Bad Laasphe, T 02752/898, F 7789

Zusätzliche Informationen:

Radio-Museum: Einzigartige Sammlung von Röhrengeräten der Radiotechnik mit 2.700 Geräten, davon 750 ständig ausgestellt. Ö: di, do, sa+so 14.30–17 Uhr oder n.V. (T 02752/9798).
Pilzkundliches Museum: im „Hauses des Gastes“ über 1.000 einheimische und ausländische Pilze; Lehrstätte der deutschen Gesellschaft für Mykologie; Pilzseminare für Anfänger und Fortgeschrittene. Ö: mi–fr 13.30–17.30, sa 12–16 Uhr, ⓘ T 02752/898.

Kirchplatz

Insidertipps

Stadtkirche – Stoltz'sches Fachwerkhaus – Hofapotheke Königstraße – Kurpark mit Panoramablick

„Zum Roten Ochsen“, Königstr. 19, T 02752/479391 – Tagesgericht 5 Euro; Brauereigaststätte „Sonne“; Hotel „Lahnblick“ mit Panoramaausblick, Höhenweg 10, T 02752/5090; Hotel „Wittgensteiner Hof“, Wilhelmsplatz 1, T 02752/820; OT Glashütte: Hotel „Jagdhof“ – eines der Top-Hotels in D., exklusives Restaurant mit aufwändiger Speisekarte, Glashütter Str. 20, T 02754/3990; Pension „Kamerichs“ (eines der zehn kuriosesten Hotels weltweit): Übernachten im Freien, Ditzroder Weg 18, T 02752/6120; Cafe-Konditorei „Schröder“, Lahnstraße 6, klassisches, exzellentes Konditorei-Angebot, T 02752/1559.

Brunnen-Ensemble

Cafe-Konditorei „Schröder“, Lahnstraße 6, „Laaspher Lachswasser“ (Kräuterschnaps mit einem Hauch Anis), „Laaspher Mülltonne“ mit bunten Kieselsteinen, Brunnentrüffel; Salben und Cremes aus Eigenherstellung der Stadtapotheke; Bosch's Bier Spezialitäten aus der Bad Laaspher Privat-Brauerei Bosch

Empfehlungen in der Umgebung

■ **Schloss Wittgenstein:** Weitläufige Schlossanlage, 1187 erwähnt als Burg „Widegensteyne“. Von den heute bestehenden Gebäudeteilen stammt der quergestellt Mittelbau, der einen barocken Dachreiter trägt, aus dem 17. Jh. Seine rückwärtigen Flügel bauen auf dem mittelalterlichen Kern auf. Die nach vorn anschließende, östliche Baugruppe, erschlossen durch eine Rampe, wurde im 18. Jh. errichtet. Der Mittelbau beherbergt die Schlosskapelle mit einem flachbogigen Stichkappengewölbe und im Stockwerk darüber der ehem. Bildersaal (heute Aula des Institutes Schloss Wittgenstein, nur Außenbesichtigung).

■ **Denkmal des Oberforstmeisters Reus** an der „Alten Burg" im Wald: Begründer der systematischen Fichtenaufforstung

■ **Niederlaasphe:** Industriemuseum Trafostation; Feudingen: Heimatmuseum; Banfe: Heimatmuseum; Hesselbach: Gleitschirmfliegen.

Regelmäßige Veranstaltungen

Altstadtfest (letztes volles WE August, von Freitag bis Sonntag) – Radiobörse

Anschriften:

Tourismus, Kur und Stadtentwicklung TKS Bad Laasphe, Wilhelmsplatz 3, 57334 Bad Laasphe, T 02752/898, F 7789, www.bad-laasphe.de
www.hist-stadt.nrw.de
badlaasphe@t-online.de

Evangelische Kirche

Wege in der Umgebung:

Rothaarsteig, E 1, Lahnhöhenweg, Wittgensteiner Panoramaweg, Planetenlehrpfad

Lahntal RWW und Mountainbikingtouren

auf der Lahn

bis Sassenhausen, Schwarzenau, Ortsausgang links steil hoch nach Elsoff (⇛ s. auch S. 134f.), von hier an der Sparkasse weiter nach Bad Berleburg (kleiner Abstecher empfohlen über „Christanseck" und „Diedenshausen", „Bundesgolddorf").

Blick über die prachtvollen Fachwerkhäuser auf ,die evangelische Kirche

Freudenberg

Schwarzweißes Fachwerk vor grüner Waldkulisse

Die Stadt Freudenberg entstand in ihrer heutigen Größe bei der kommunalen Gebietsreform 1969 aus siebzehn ehemals selbständigen Gemeinden. Diese Orte waren zuvor schon über Jahrhunderte hinweg politisch im Amt Freudenberg in gemeinsamer wirtschaftlicher, kirchlicher und kultureller Geschichte miteinander verbunden. „Freudenberg“ kommt von „Freidenberg“, d.h. ein Berg, der Freiheit versprach, Freiheit für die Bewohner der Burg („Bürger“).

Die Stadt ist als Erholungs- und Freizeitschwerpunkt ausgewiesen und 1979 als Luftkurort anerkannt worden. Kurpark, Freizeitanlagen, Haus des

Freudenberg – Kreis Siegen-Wittgenstein

- von 243 m bis 505 m ü. NN
- BAB 45, Anschlussstelle Nr. 20 Freudenberg
- Linie 954 nach Freudenberg
- DB Regionalbahn nach Hagen und nach Finnentrop
- **NW** Bergneustadt 32 km, **S** Siegen 14 km, **O** Bad Laasphe 65 km, **NO** Bad Berleburg 61 km und BB-Elsoff 70 km

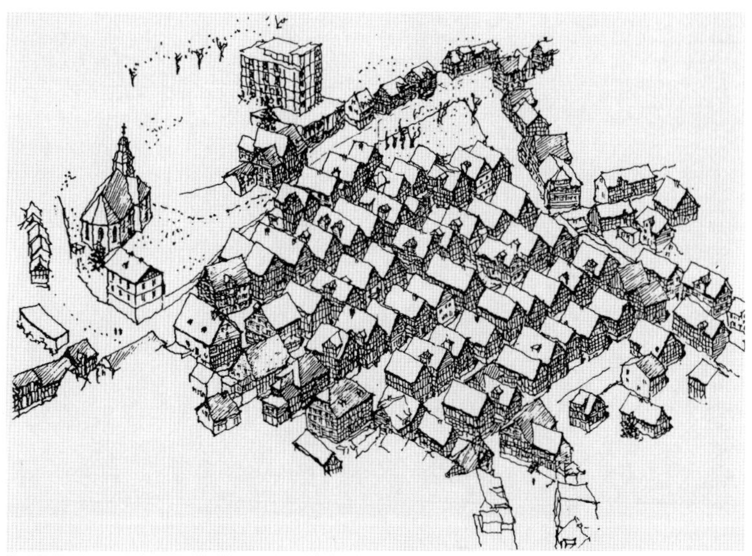

Gastes sind nur einige der Ausbauten für den Tourismus. Die Freilichtbühne zählt zu den bekanntesten Freilichttheatern in NW mit Programm für Kinder und Erwachsene. Historische Altstadt „Alter Flecken“: Gebäudeensemble in einheitlicher Fachwerkbauweise, z.T. Straßenzüge in Hanglage, Baudenkmal von internationaler Bedeutung, im Kulturatlas des Landes NRW eingetragen.

Geschichte

Ort und Burg Freudenberg wurden 1389 erstmals urkundlich erwähnt und mit der Verleihungsurkunde der Stadtrechte 1456 als „Flecken“ bezeichnet. 1540 zerstörte ein Brand Burg und Burgmannsiedlung. Graf Wilhelm der Reiche von Nassau ordnete den Wiederaufbau der Burgmannshäuser außerhalb des Burgberings in geraden Straßen und Hausgrundstücken an und legte damit den bis heute unveränderten Stadtgrundriss fest. Auch nach dem zweiten großen Brand von 1666 ließ Fürst Johann Moritz von Nassau-Siegen den „Alten Flecken“ auf den Grundrissen von 1540 wieder aufbauen. Diese so vollständig in Fachwerkbauweise errichtete Kleinstadt aus dem 17. Jh. hat Freudenberg einen überragenden Rang unter den schützenswerten Denkmälern eingeräumt.

Hütten- und Hammerwerke machten Freudenberg als Produktionsstätte von Stahl erster Güte bekannt; später traten an deren Stelle Leder, Leim- und Filzfabriken. Erst nach dem Zweiten Weltkrieg gewann hier die Eisen- und Blechbearbeitung eine ähnliche Bedeutung wie im übrigen Siegerland. Diese Branche wird heute vor allem durch weltweit exportierende Spezialmaschinen-Hersteller, elektrotechnischen Gerätebau und Dienstleistungsunternehmen nahezu ersetzt.

Prächtiges Fachwerk in der Altstadt

Sehenswertes beim Stadtrundgang

P Parkplatz vor der ehem. Bildungsstätte und ab Altes Rathaus, Krottorfer Straße

1. Altstadt „Alter Flecken“, Amtshaus *(Denkmal d. M. 2002)* (Altes Rathaus), Haus des Gastes, Krottorfer Str. 23/25: Die Errichtung dieses Hauses muß vor dem zweiten Stadtbrand im Jahre 1666 geschehen sein, bis 1796 Amtssitz des jeweiligen Amtmannes bzw. Schultheissen des Fürstenturm Nassau-Siegen, 1796 für fremde durchziehende bzw. einquartierte Truppen als Lazarett genutzt. Nach den Befreiungskriegen verkaufte das Königreich Preußen das Amtshaus, als Schule, dann im nordwestlichen Gebäudetrakt eine Wachstube der Stadt und bis 1969 Rathaus mit „historische Ratssaal“. Jetzt Tourist-Information; im ehemaligen Ratssaal mit historischem Ambiente finden Trauungen statt.

2. Ev. Kirche: 1601–1606 erbaut für die seit 1585 selbständige reformierte Gemeinde, 1666 ausgebrannt, 1670 erneuert, in gebrochenem Blau gehaltene umlaufende Emporen, neue Orgel.

3. Der Turm der ev. Kirche war der ursprüngliche Schlossturm mit Gefängnis. Erbaut vor 1389, seit 1601/06 Kirchturm; die Glockenstube und die barocke Haube wurden nach 1670 errichtet.

4. Schultor: letztes von ursprünglich vier Stadttoren, 1812 wegen Baufälligkeit abgebrochen. Wegen der unmittelbar benachbarten Schule (Rathaus!) so benannt.

5. Scheune Achenbach, Krottorfer Straße *(Denkmal d. M. 2001):* Eines der wenigen erhaltenen Gebäude eines Scheunenkranzes, der sich um den „Alten Flecken“ zog. Nach dem großen Stadtbrand mussten allen Scheunen auf Anordnung des Landesherren außerhalb der Stadtmauern errichtet werden, um die Brandgefahr einzudämmen, andererseits aber auch die Versorgung der Stadtbevölkerung mit Lebensmitteln und Viehfutter sicher zu stellen. Im Gebäude ist heute eine Dauerausstellung von musealen Großgegenständen aus dem Bereich der Landwirtschaft.

6. 1796 wurde ein Freudenberg durchfahrender Fouragetransport der französischen Armee gegen den Widerstand der Bewohner des „Alten Fleckens“ überfallen und die mitgeführte Kriegskasse geraubt. Münzen aus dem Raub werden im **Stadtmuseum** (s.u.) gezeigt.

7. Im Haus **Oranienstr. 31** ließ sich der weltberühmte Uhrmacher Johann Peter Stahlschmidt nach seiner Meisterprüfung 1785 nieder; eine seiner kunstvollen Bodenstanduhren mit zwei Zifferblätter befindet sich im Stadtmuseum.

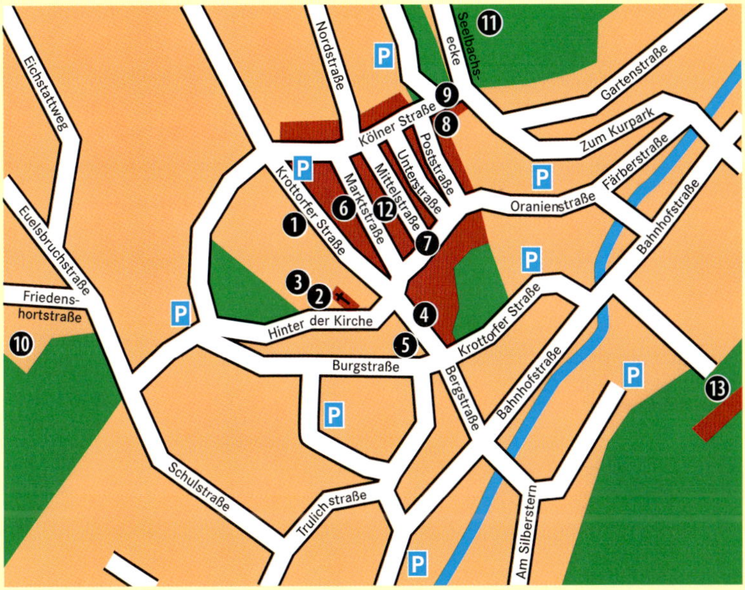

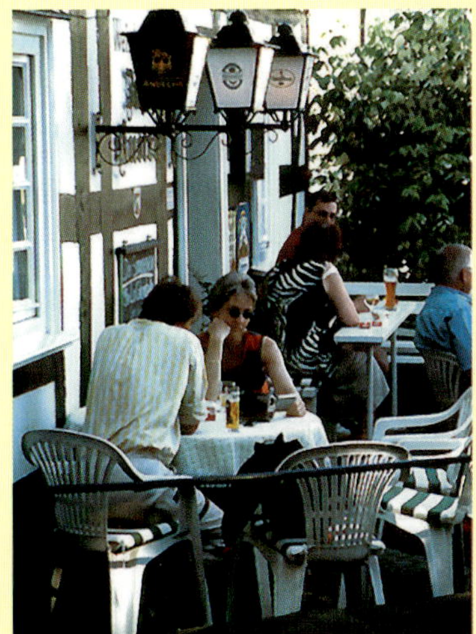
Gastlichkeit im historischen Ambiente

8. Wohnhaus Kölner Str. 3: ältestes Haus Freudenbergs, hat den zweiten Stadtbrand 1666 überstanden; Scheune der linken Gebäudehälfte ein Anbau der 2. Hälfte des 19. Jh.

9. Flecker „Backes“: hier stand 1773–1949 der Flecker „Backes“ mit drei Backöfen, wahrscheinlich das größte Backhaus im Siegerland; jetziges Stadthaus 1950 neu errichtet.

10. Kath. Kirche: modernes Bauwerk mit Rundturm und Kuppel, sehenswerte Fenster von Georg Meistermann.

11. Kurpark auf dem Schieferacker mit Fotoblick auf die historische Altstadt.

12. Stadtmuseum: Wirtschafts- und baugeschichtliche Entwicklung wird mit zahlreichen Exponaten dokumentiert.

13. Freilichtbühne: Theater für Kinder und Erwachsene mit jährlich wechselndem Programm.

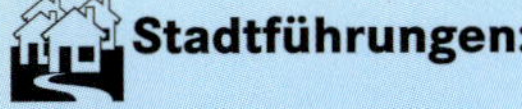

Stadtführungen:

durch den histor. Stadtkern
ⓘ T 02734/43164 oder 43120, F 43122

Zusätzliche Informationen:

Stadtmuseum Freudenberg, Mittelstraße 4–6: Fachwerkeinzelgebäude, Dauerausstellung über Stadtentwicklung, Erzbergbau und Erzverarbeitung, Haubergbewirtschaftung, Religionsgeschichte, Siegerländer Uhrmacherkunst sowie Wechselausstellungen, Ö: mi, sa/so 14–17 Uhr, ⓘ T 02734/43164

Technikmuseum (neu) in Fachwerkhalle mit Dampfmaschine, Traktoren, kompl. mechan. Werkstatt, landwirtschaftlichen Maschinen und Geräten, Ö: Mai–Okt. so 10–18 Uhr und Gruppen nach Vereinbarung ;ⓘ 02734/8090

Evangelische Kirche im Ortsteil Oberholzklau

Insidertipps

Evang. Kirche (1601–1606) – Stadtmuseum in der Mittelstraße – Kurpark mit Blick auf das Fachwerkensemble Histor. Stadtkern „Alter Flecken" – Evang. Kirche – Kath. Kirche – Eisenverhüttungsofen (Nachbildung)

Hotel-Restaurant „Zur Altstadt" (nationale und internationale Gerichte), T 02734/496-0; „Siegerland Hotel" (10 min. in den Wald), Küche „Rubens und Landluft" (heim. Spezialitäten), T 02734/4670; Cafe „Flecker Kaffeehaus", Marktstraße, schnuckeliges Café bis in den 1. Stock mit einem guten Preis-Leistungs-Verhältnis und freundlichem Service

aus dem Kreativ-Workshop Patchwork/Quilt, Traumschachteln, Lampenschirme, ⓘ 02734/436888 oder 43164; Nostalgia, Mittelstr. 20, T 02734/1720

Empfehlungen in der Umgebung

■ **Freilichtbühne Freudenberg,** jährlich wechselnde Kinder- und Erwachsenenstücke, überdachte Sitzplätze, gute Akustik, ⓘ 02734/489699, F 1822

■ **Ev. Kirche** OT Oberholzklau aus dem 13. Jh.: wehrhaftes Gotteshaus mit über 700 Jahre alten Chorraum und Fresken mit Szenen der Grablegung Marias, ältestes Pfarrhaus (Schlüssel im

Pfarrhaus); idyllischer Dorfweiher und altes Backhaus.

- **Bäreneiche** OT Oberholzklau: 400-jährige Traubeneiche mit Stammumfang von 5 m.
- **La-Tène-Ofen** OT Büschergrund: Kelten schmolzen hier um 500 v. C. Eisen.
- **Wildenburg** (13. Jh.), liegt bereits in Rheinland-Pfalz, Burg verfallen, sehenswert der 20 m hohe Bergfried und das Herrenhaus (Revierförsterei).
- **Friesenhagen:** Saalkirche (1740) mit barocker Turmhaube, einige schöne Fachwerkhäuser.
- **Schloss Krottorf** (12. Jh.): Stammsitz derer von Hatzfeldt-Wildenburg, best erhaltene Wasserburg im Rheinland. Besichtigung mit Park, Wehrgang mit Zinnen, Räume mit Stuckdecken des Domenico Rosso (Ö: April–Okt. fr/sa/so 11–17 Uhr, T 02294/403).
- **Ev. Kirche** OT Oberfischbach: frühklassizist. und wohl proportionierte ev. Kirche von 1793–1795, innen eine Kanzel (18. Jh.) und der Orgelprospekt (1820). Fachwerkhäuser mit sehenswerten klassizistischen Details.
- **Glockenturm und Ehrenmal** OT Niederndorf
- **Drei-Herrenstein** (alte Grenzmarkierung)

Denkmalgeschützte Scheunengruppe

Anschriften:

Verkehrsverein/Kultur- und Touristikamt, Krottorfer Str. 25, 57251 Freudenberg, T 02734/43164, F 43115, www.freudenberg-stadt.de oder www.hist-stadt.nrw.de info@freudenberg-stadt.de

Regelmäßige Veranstaltungen

Südwestfälische Freilichtbühne: altstadtnahes Kulturangebot (Ende Mai bis Anfang September) – Kulinarischer Sonntag (1. So im Juli) – Altstadtfest (letztes August-WE) – alle zwei Jahre: abwechslungsreiches Folklore- und Musikprogramm, traditionelle Veranstaltung.

Wege in der Umgebung:

Rundwanderung Freudenberg – Seelbachsecke (7km), Wilhelmshöhe (10km) – Kuhlenberg, Giebelberg (18 km) – Krottorf (20 km)

„Asdorftal“, einstieg am Asdorfer Weiher, ca. 11,5 km gut ausgebauter Weg.

Altes Rathaus

Lippstadt

Licht – Wasser – Leben

Schon im Mittelalter zählte Lippstadt zu den schönsten Städten Westfalens, vor allem zum Kreis der Hansestädte. Heute bestimmt eine Mischung aus Tradition, Exklusivität, Attraktivität mit anheimelnder Gemütlichkeit die Atmosphäre der in vielen Dingen führenden Stadt: Bei einer bundesweiten Umfrage erreichte sie bereits im Urteil der Bürger einen 8. Platz (zwischen 50.000 und 100.000 Einw.), im gastronomischen Bereich einen 7. und im kulturellen Angebot sogar den 6. Platz! Lippstadt bietet hervorragende Einkaufsmöglichkeiten, ist in bezug auf Wirtschaftskraft führend im Großkreis und gilt im Regie-

Lippstadt – Kreis Soest

- 70 m ü. NN
- BAB 2, Abfahrt Nr. 23 Rheda-Wiedenbrück; BAB 44, Abfahrt Nr. 58 Erwitte/Anröchte, weiter Bundesstraße 55
- DB Bahnhof Lippstadt, ICE-Strecke Hamm/Kassel
- Paderborn/Lippstadt, Dortmund, Düsseldorf, Münster/Osnabrück
- N Rietberg 15 km, **SW** Soest 22 km, **SW** Werl 40 km

rungsbezirk Arnsberg schließlich als beispielhafte Schulstadt mit Weiterbildungskolleg, Studienzentrum der Fernuniversität und anderen Schulformen. Eine glückhafte Symbiose zeichnet Lippstadt aus – die Tradition einer alten Hanse-Stadt mit reicher Geschichte.

Geschichte

Im Jahr 1185 wurde Lippstadt als älteste Gründungsstadt Westfalens planmäßig am Südufer der Lippe angelegt und bis in das 17. Jh. als „Statt-tor Lippe“ bezeichnet oder auch nur „Lippe“ genannt; Stadtrechte erhielt Lippstadt 1220 durch Bernhard II., danach erweiterte sich die Stadt noch in diesem 13. Jh. auf einer Fläche von ca. 51 ha. Im Norden sicherte die Lippe die Stadt, im Osten, Süden und Westen errichtete man eine Stadtmauer mit fünf Toren. Verstärkungsbauwerke erfolgten 1524 und zu Beginn des 17. Jh. sowie während des Dreißigjährigen Krieges; 1633 bis 1678 war Lippstadt die stärkste Festung zwischen Rhein und Weser, Jahre vorher war sie noch vom Tollen Christian von Braunschweig überfallen und ausgeraubt worden. Drei große Stadtbrände vernichteten im 17. Jh. weite Teile des Stadtgebietes, 1656–1658 erfolgte ein schneller Wiederaufbau. Nach dem Siebenjährigen Krieg (1756–1763) hob der preußische König Friedrich II. die Festungseigenschaft Lippstadts auf und ließ alle Festungswerke schleifen. 1850–1914 entwickelte sich Lippstadt zum Industriestandort mit dem auch heute noch größten Arbeitgeber des IHK-Bezirks, der Firma Hella KG Hueck & Co. mit rund 7.200 Arbeitsplätzen. Im Zweiten Weltkrieg blieb Lippstadt weitgehend von Zerstörungen verschont; so prägen Bauwerke aus verschiedenen vergangenen Epochen die Straßen und Plätze der Stadt.

Stiftsruine

Sehenswertes beim Stadtrundgang

P Marktplatz, Nähe Heimatmuseum/Rathaus

1. Der **Bernhardbrunnen** zu Ehren des Stadtgründers steht am Anfang der Langen Straße: Er stammte aus tüchtigem Geschlecht, war Feldherr an der Seite Heinrichs des Löwen, Mönch der Zisterzienserabtei Marienfeld, Abt von Dünamünde, Bischof von Selonien in Livland – ein bedeutender Mann Westfalens im M.A.

2. Jakobikirche, erstmals urkundlich 1260 genannt. Im Portal ein stark profilierter Kleeblattbogen, das Innere überrascht als gotische Halle, nur zwei Joche tief, mit einem markanten Kreuzrippengewölbe und ausgeprägter Chorpartie. Die Jakobikirche wird im Jahr 2006 ausgebaut, um eine gemeinsame Nutzung von Kirche, Kunst und Kultur zu erzielen

3. Haus Köppelmann (Denkmal d.M. 2006): Erlesene, nicht selten eigenwillig ausgeformte Stuckornamente findet man im Rokokosaal des 1721 errichteten Hauses. Palais Rose, Haus Kleine, Alte Post und Altes Amtsgericht an der Langen Straße, Zeugen einer gesunden, mittelständischen Bürgerschaft.

4. Altes Rathaus (Denkmal d.M. 1999), 1773/74 mit Mittelrisalit, Rokokoportal auf den Grundmauern eines Vorgängerbaus (13. Jh.) errichtet; mit Rathausplatz und Bürgerbrunnen, Rathausgalerie, Stadtinformation und Ratssaal.

5. Stadtpalais (Denkmal d.M. 2001), Lange Straße 15: Steinbau von 1785–1788, durch den Architekten C. A. v. Vagedes unter Bürgermeister Delhaes errichtet, mit herausragenden Stuckdekorationen im Innern, Trauzimmer im Erdgeschoss, Saal im Obergeschoss. 1799 logierte hier der Preußenkönig Friedrich Wilhelm III. mit seiner Gemahlin, 1825 der Kronprinz von Preußen.

6. Brüderkirche von 1281, die frühere Kirche des von Friedrich von Hörde gestifteten Augustiner-Eremitenklosters. Von hieraus ging die Reformation durch ganz Westfalen; neben der Kirche das Geburtshaus Martin Niemöllers.

7. Marienkirche: Bernhard II., der Gründer Lippstadts, hat diesen wichtigsten Sakralbau zwischen Soest und Paderborn 1222 als Bischof von Selonien geweiht, ein kreuzförmiger Hallenbau mit Westturm und zwei Osttürmen (1. Drittel des 13. Jh.); der spätgotische Hallenchor, Sakristei und Kapelle an der Südseite wurden von 1478–1506, der Turm mit welscher Haube ergänzt, sehenswert sind die Deckenmalereien. Das hohe Retabel, die Bilderwand über dem Altar im Westteil, einer der seltenen evangelischen Barockaltäre, entstand 1663 nach einem Gelübde eines angesehenen Bürgers.

8. Altes Brauhaus, ehem. Stammhaus der Weissenburger Privatbrauerei Nies.

9. Metzgeramtshaus (Denkmal d.M. 2005), nahe der Marienkirche, mit der Jahreszahl 1574 (Gründungsdatum des Amtes) und Emblemen der Fleischer, das einzige Zunfthaus, das seit über 400 Jahren heute noch im Besitz der Metzgerzunft ist. Beim jährlichen traditionellen Richtmannsessen (Pfefferpotthast mit Salzkartoffeln und Gurken) wird das Tischgebet in Plattdeutsch gesprochen.

Alte Börse: ein sehr stattliches dreigeschossiges Fachwerktraufenhaus mit Schnitzwerk und Schleppgauben.

10. Nicolaikirche (Denkmal d.M. 2002): Der Westturm, ältestes Bauwerk der Stadt, stammt aus dem 12. Jh., das Langhaus von 1873/75. Sehenswert im Inneren: die im Rokokostil 1763 von Bruder Liborius in Soest geschnitzte, mit vier Gemälden geschmückte Kommunionbank, der Flügelaltar des Geseker Malers Gert van Lon und der Armenseelenaltar (1520); das Gedenkbild der Jakoba von Tecklenburg (als Äbtissin von Borghorst und Vreden) an der Nordwand der Kreuzkapelle (1558), Hermann tom Ring zugeschrieben, ein romanisches Kruzifix aus der 2. Hälfte des 13. Jh.; die Fenster (acht Tugenden) im Süd- und Nordschiff von B. Lippsmeier in der expressiven Sprache der Moderne.

11. Stiftsruine (Denkmal d.M. 2003): Eine der schönsten und formenreichsten frühgotischen Klosterruinen Deutschlands. Von dem 1185 gegründeten Augustinerinnenkloster ist nur der Remter mit wenigen Bogen des einstigen Kreuzganges geblieben.

12. Goldener Hahn: ein besonders schönes dreigeschossiges Ackerbürgerhaus mit durchgebauter Mitteldeele und einem zweiten Obergeschoss, mit der um 1566 entstandenen Grotesken-Schnitzerei im Stil der „Weser-Renaissance“, Lippstadts ältestes Gasthaus mit regionalen Spezialitäten, Lange Straße 12.

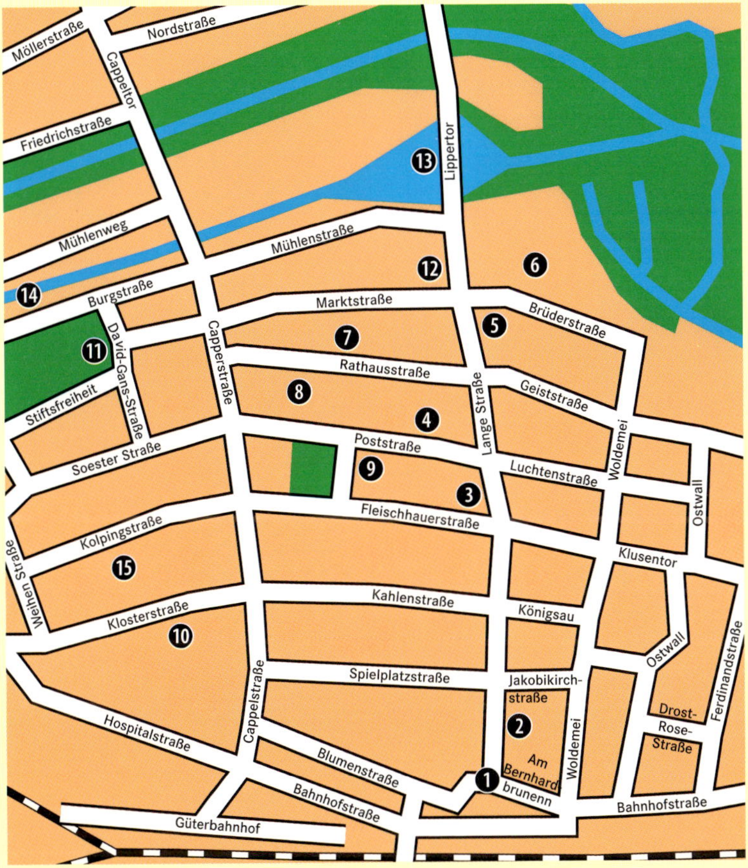

13. Lippebug, Lippertor: Im Zuge der Hochwasserschutzmaßnahmen entstandene Fläche (Insel in der Lippe) für Sonderveranstaltungen, die besonders gärtnerisch gestaltet wurde. Altes Steinwehr an der Lippe: Um die Gräben der Festungsanlage unter Wasser setzen zu können, musste die Lippe aufgestaut werden. Die gesamte Schleuse ist in den Sichtflächen aufwendig mit bearbeiteten Natursteinen verkleidet.

14. Burgmühle, Burgstr. 58, älteste Mühle, 1788 in den „Alten Nachrichten“ von Lippstadt genannt. Sie stand mit der landesherrlichen Burg an der westlichen Umwallung der Stadt Lippstadt, 1209 als Zubehör der Burg erbaut und diente seit jeher als Getreidemühle.

15. Kloster St. Annen Rosengarten: 1435 als „Süsternhaus“ gegründet, 1814 aufgelöst; Grundmauern in einer Gartenanlage zu besichtigen.

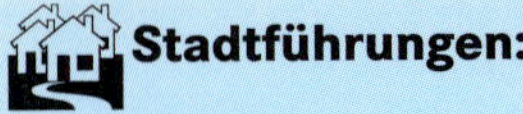

Stadtführungen:

Historische, Alternative sowie Kinderführung, Lippstadt und das Wasser, Geschichte Lippstädter Frauen, Histor. Kneipenführung ⓘ T 02941/58515

Zusätzliche Informationen:

Heimatmuseum (Denkmal d.M. 2000), stattliches, verputztes Fachwerk-Giebelhaus mit prachtvollen Stuckdecken, nach dem großen Stadtbrand 1656 als Sitz des brandenburgischen Stadtkommandanten von Pöllnitz errichtet, Rathausstraße 13, heute Städtisches Heimatmuseum, u.a. eine der bedeutendsten Fächerausstellungen und eine Spielzeugsammlung, Ö: di-sa 10–12, 15–18 Uhr, so 10–12 Uhr, mo/fei geschlossen. Stadtarchiv, histor. Saal, T 02941/720-892

Insidertipps

Rathaus – Marienkirche – Städt. Heimatmuseum – Nicolaikirche – Ruine der Stiftskirche St. Marien – Goldener Hahn – Fachwerkgebäude in der Rathaus- und Poststraße – altes Steinwehr an der Lippe

Hotel „Drei Kronen“, Am Markt, T 02941/3118 („Bib Gourmand“ im Michelin); „Der Hülshoff“, ein umgesetztes Denkmal-Ensemble etwas außerhalb, Am Friedhof 4, T 02941/61279; Restaurant „Goldener Hahn“ (400 Jahre altes Ackerbürgerhaus, reiches Schnitzwerk) mit Altbier und Altbierbowle, Langestraße 12, T 02941/58408; „Hülsemann's Schänke“, Lange Straße 89 (Fachwerktraufenhaus 18. Jh.) T 02941/4576; „Cosacks Brennerei“, umgestaltetes altes Landgut mit ansprechender Gastronomie, Gut Mentzelsfelde Nr. 8, T 02941/9488127; Café „Peters“ (neoklassizistische Fassade mit historischer Barocktür), ausgezeichnet mit „Die Tasse“ im Café-Führer, Am Rathausplatz, Lange Str. 17, T 02941/4037

Peters Pralinen, Pumpernickel, Lippstädter Bier aus der Brauerei Thombansen, „Lebensräume“ (ehem. Schlosserei), Cappelstraße: gehobene Wohnaccessoires

Marienkirche

Empfehlungen in der Umgebung

■ **Bad Waldliesborn:** Mineralheilbad mit weitläufigem Kurpark, Thermal-Solebad und abwechslungsreichem Kultur- und Freizeitprogramm; „Frühlingsmarkt“ (März/April), „Maifest“ (Chr. Himmelfahrt), „Apfelfest“ (September), Weihnachtsmarkt (Dezember)

■ **Ev. Stifts- und Filialkirche:** OT Cappel, romanische Pfeilerbasilika aus dem Anfang des 12. Jh. mit zweitürmigem Westbau, reichgegliederter, dreischiffiger Vorhalle und Nonnenempore, Langhaus um 1150 von Osten her an den Westbau angegliedert, Seitenschiffe, Haupt- und Nebenapsiden vermutlich um 1700 abgebrochen, die Arkaden vermauert. Die Restaurierungen datieren von 1886, 1951, sowie 1979 bis 1981. An die Kirche schließen Kapitelhaus und Abtei (beide um 1552) an. Stiftdechanei und Stiftsdamenhaus als Fachwerkgebäude errichtet.

■ **Wallfahrtskirche St. Dionysius,** OT Bökenförde: Romanisch gewölbte Pfeilerbasilika (2. Hälfte 12. Jh.) mit Westturm, Langhaus mit zwei Jochen ohne Querschiff, 1889 östliche Erweiterungsbauten.

■ **Schloss Overhagen:** Wasserschloss auf zwei Inseln, 1619 durch Johannes von Brachum erbaut. Fassade mit geometrischen Backsteinmustern in den Farben Rot und Gelb, vermauerte figurative Sandsteine mit einer Vielzahl an fratzenhaften oder porträtähnlichen Gesichtern und Tierköpfen; Portalrisalit von 1735 (Außenbesichtigung).
■ **Schloss Herringhausen:** Wasserschloss, 1720 bis 1730 durch Justus Wehmer aus Hildesheim als Herrenhaus mit Mansarddach, übergiebeltem Mittelrisaliten und doppelläufiger Freitreppe erbaut; nur Außenbesichtigung.
■ **Schloss Hellinghausen:** Vorhanden ist nur noch das Torhaus; zweiflügeliger Barockbau nach einem Brand vor vielen Jahren nicht wieder aufgebaut.
■ **Pfarrkirche Hellinghausen,** verputzte Saalkirche (1781) mit der größten erhaltenen Orgel von Carl Kuhlmann, Grabplatten (1595, 1769), Sage vom „steinernen Brot".
■ **Haus Gasthof Voß:** OT Lipperode, das älteste Fachwerkhaus im Stadtteil trägt reiche Zierschnitzereien; 1676 ausgestattet mit Privileg des Bierbrauens.
■ **Burgruine:** OT Lipperode, ehem. lippische Wasserburg am Lippeübergang, 1248 urkundlich erstmals erwähnt, 1605–1609 mit starker Schanze nach niederländischer Festungsbautechnik umgeben und als Wasserburg verstärkt; erhalten nur die geschleifte Festung mit Maurerresten und Wassergräben.
■ **Freier Stuhl:** OT Lipperode, Grenzstein an Stelle des ehem. Freistuhls im Stadtteil Lipperode (1413 urkundlich erwähnt) mit Wappen und Inschriften der früher hier zusammenstoßenden Herrschaftsbereiche: Clemens August von Bayern (Bischof von Paderborn, 1757; Wenzel Anton von Kaunitz (Graf von Rietberg, 1757; die Lippische Rose (Fürstentum Lippe, 1833).
■ **Lippeaue:** Überschwemmungsgebiet, teilweise Naturschutzgebiet, Kanu-Touren und intern. Kanuslalom-Strecke an der Burgmühle mit Kanu-Wettkämpfen.
■ **Alberssee:** OT Rebbeke, Seeuferstraße: Strandbad mit Segel- und Surfstation, Strand-Café, Beach-Party und Beach-Volleyball-Turnier in den Sommerferien.

Regelmäßige Veranstaltungen

Lippstaädter Lenz (April) mit Entenrennen – Lippstädter Altstadtfest (Chr. Himmelfahrt bis Sonntag): Gaukler, Künster in der Stadt, Live-Musik, Kinderflohmarkt, Altstadtlauf – Rathausplatz-Festival (Juli/August): Musikveranstaltungen mit Livebands – Lippstadt „Culinaire" (September) – Lippstädter Herbstwoche (Oktober): Volksfest, Innenstadt-Großkirmes mit Feuerwerk, „Kanal in Flammen", begleitende Kulturveranstaltungen – Lippstädter Wortfestival: Lesungen, Vorträge, Kabarett, Musik (alle zwei Jahre, zuletzt im Jahr 2005)

Anschriften:

Lippstadt Marketing GmbH & Co. KG
Stadtinformation im Rathaus
Lange Straße 14, 59555 Lippstadt
T 02941/58515, F 02941/79717
info@lippstadt-marketing.de
www.lippstadt.de

Wege in der Umgebung:

Rund um Lippstadt; Römer-Route (Start Xanten bis Detmold) führt von Bergkamen weiter nach Hamm mitten durch die Stadt ⓘ Münsterland Touristik, Hohe Schule 13, 48565 Steinfurt, T 02551/5099, F 7144; BahnRad Route Hellweg-Weser; Route Historische Stadtkerne Münsterland, ⓘ Stadt Rietberg 05244/986400

Kanutouren für Jedermann an verschiedenen Einstiegen, ⓘ Bernhard Deppe, 02941/922490 oder Gamann Kanu 02941/79939

Meschede-Eversberg

Ackerbürgerstädtchen auf dem Eversberg

Von der Autobahn winkt der Kirchturm mit barocker Haube den Vorbeifahrenden: „Es lohnt sich, Eversberg anzuschauen!“ Während aus südlicher Richtung die Hügelkette der „Caller Schweiz“ heftig auf und nieder wogt, kann man am Ende der BAB 46 (Anschlussstelle Bestwig, Nr. 71) zweimal rechts fahren und erreicht über Wehrstapel mit einer aufsteigenden Straße die schöne

Katholische Pfarrkirche (1247)

Meschede-Eversberg – Hochsauerlandkreis

- von 400 m bis 600 m ü. NN
- BAB 46, Anschlussstelle Nr. 70 Meschede oder Nr. 71 Bestwig; von Norden: Bundesstraßen B 55 oder von Süden B 7 (aus dem Ruhrtal).
- DB Bahnhof Meschede, Busverbindung
- Paderborn-Lippstadt
- **W** Arnsberg 33 km, **N** Soest 37 km, **S** Schmallenberg 30 km

historische Bergstadt am Fuß des Schlossberges im Naturpark Arnsberger Wald. 750 Jahre ist die Stadt alt, die aber 1975 ihre Stadtrechte durch die kommunale Neugliederung an Meschede verloren hat. 1981 wurde Eversberg im Rahmen des Wettbewerbs „Unser Dorf soll schöner werden“ als Bundesgolddorf ausgezeichnet.

Geschichte

1242 gründete Graf Gottfried III. (Arnsberger Grafengeschlecht) die Stadt Eversberg, um sein Land zu sichern, das ringsum von den Besitzungen des Erzstiftes Köln umgeben war. Die Stadt erhielt das „Lippstädter Recht” und eine eigene Münzstätte, die Gerichtsbarkeit und das Marktrecht. Der Graf wies Eversberg Holz und Weiden zu, um die Bürger zur Stadtgestaltung anzuspornen. Beim Verkauf der ⇛ Arnsberger Grafschaft wurde Eversberg doch „kurkölnisch“. Viele Schicksale mussten unter dem Schlossberg erduldet werden: hessische Besetzung, Verpfändung an das Haus Lippe, Widerstand gegen das reformierte Bekenntnis, Hexenprozesse, Pest und Brände, Plünderungen im Dreißig- und Siebenjährigen Krieg. In einem Rathaus aus Fachwerk wurde auch der Unterricht für die Kinder aus Eversberg durchgeführt; eine ältere Schulstätte bestand schon 1695. Mit Velmede wird die Samtgemeinde (von „zu samt“ = zusammen, Gemeindeverband) Eversberg gebildet, später das Amt Eversberg, insgesamt preußisches Staatsgebiet. Trotz einer Schiefergrube war die Landwirtschaft wichtigster Wirtschaftszweig; 1846 gab es hier die erste Textilfabrik in Westfalen, dazu zahlreiche kleinere Brennereien für den Hausgebrauch sowie Flachs- und Wollverarbeitung.

Sehenswertes beim Stadtrundgang

P vor dem ehem. Rathaus

1. Wildschwein-Rathaus: Das alte Rathaus auf dem Markt stammt von 1786; darin wurden von 1804 bis 1912 die Kinder vom Schulvikar und einem Lehrer unterrichtet. An der eingeschossigen Fachwerkfassade, zu der eine zweiläufige Treppe hochführt, prangt ein Hirschgeweih und ein Eberkopf *„Anno 1764 ... ist dieses Swein von den Eversberger gefangen."* Das Stadtwappen führte den Eber und den Arnsberger Grafenadler.

2. Pfarrkirche St. Johannes Evangelist: Am Abhang des Schlossberges steht die Kirche mit einer farbprächtigen Barockausstattung, deren Bau 1242 im romanisch-gotischen Übergangsstil begonnen wurde und die 1247 von Erzbischof Konrad von Köln das Tauf- und Begräbnisrecht erhielt, eine dreijochige Hallenkirche mit frühgotischem Chor und 5/8 Schluss, einem starken Kirchturm (40 m hoch), früher ein Wehrturm und Zuflucht in Kriegszeiten. 1712 wurde durch den Meister C. Hesse der dreifach gestufte barocke Turmhelm gesetzt. Beachtenswerte Gewölbemalereien wurden 1934 entdeckt und 1957 restauriert: im Schiff Sterne und Kreise, bizarre Tier- und Pflanzenornamente (Ende 13. Jh.), im Chorgewölbe Christus als Weltenrichter (die sog. „Deesis") mit Hl. Petrus, Paulus, Johannes evang. und Philippus, eine kölnische Arbeit von um 1330. Die reiche Barockausstattung mit Hochaltar (1720) ist vermutlich ⇛ Kloster Grafschafter Schule. Das Hauptbild des Altares „Abendmahl" wurde gestiftet von Abt Nicolaus Hengesbach, einem gebürtigen Eversberger aus dem Kloster ⇛ Wedinghausen in Arnsberg; in der Spitze der Kirchenpatron, der Evangelist Johannes. Neben dem Altar Türen und Bilder der Hl. Maria und Hl. Anna im frühen Rokoko. Die Seitenaltäre (Hl. Maria und Hl. Nikolaus) und Beichtstühle stammen von dem Bildhauer Leonhard Falter (um 1735–1807) aus Schmallenberg und dem Minoritenbruder Liborius aus Werl. Sehenswert ist die Doppelmadonna im Engelkranz (um 1730) und die Heiligenfiguren an den Pfeilern (Adler bei Johannes Evang. und Statue des hl. Norbert). Die etwas derb wirkende Pieta (15. oder 16. Jh.) stammt aus einer Feldkapelle.

3. Burgruine: Der frühere stattliche Burgbau wurde von Graf Gottfried III. von ⇛ Arnsberg vermutlich vor 1242 zur Sicherung nach Osten angelegt. Für 1245/1300 Kastellane, u.a. Gottfried von Meschede, nachgewiesen, danach 1370 Burgmann Heinrich Wrede. Auf Stichen von 1575, 1577 und noch 1840 erkennt man drei Türme und hohe Gebäudeteile der Burg. 1437 besetzten die Hessen während der ⇛ Soester Fehde die Burg; kurz danach verpfändete Erzbischof Ruprecht von Köln die Hälfte des Schlosses an Bernhard VII. zur Lippe. Schon 1300 forderte Erzbischof Wigbold die Schließung der Feste, Herzog Johann von Kleve besetzte Eversberg, und seit dem 16. Jh. verfiel die Höhenburg. „Burggraf von Eversberg" war ein leerer Titel, er wohnte sogar außerhalb der Burg, von der seit 1629 nicht mehr gesprochen wird. Die neuen Vertreter des hessischen, später preußischen Staates hatten kein Interesse mehr an der gräflichen Burg – nur die Bürger benutzten sie als Steinbruch, sie verfiel.

Von der Aussichtsplattform hat man einen herrlichen Blick in die Umgebung.

4. Alte Gassen: Sehenswert ist die kleine Kapelle am steilen Berghang mit Resten der Stadtmauer, die Lucienkapelle, ein kleiner Saalbau mit Dachreiter, dreiseitigem Chor und Schmuckportal, dessen Tür noch original erhalten blieb. Wegen der „Roten-Ruhr-Epidemie" gelobte man den Bau und baute sie 1739 anstelle einer eingestürzten Kapelle neu. Sehenswert der Barockaltar mit einer Madonna mit Kind, flankiert von der Patronin, der hl. Luzia, und der hl. Agatha. Etwas weiter ist einer der wenigen Feuerwehrtürme aus Fachwerk anzuschauen, in dem früher die Schläuche nach mühevollem Einsatz getrocknet und Übungen zur Brandbekämpfung abgehalten wurden. In den Gassen und Straßen schauen die Fachwerkgiebel zur Straße – alte Ackerbürgerhäuser, d.h. die Bewohner haben als Bürger „nebenbei" Landwirtschaft betrieben.

5. Fachwerkhaus-Ensemble: Die Ackerbürgerstadt zeigt auffällig viele und vor allem schön restaurierte Längs-Deelenhäuser mit sehr sinnfälligen Inschriften. In Kirchennähe, in der Mittel-, der Johannis- und der Oststraße sowie an der Stadtmauer, sind solche Fachwerkhäuser des 17. und 18. Jh. zu finden. Chronogramme verweisen auf die Baujahre.

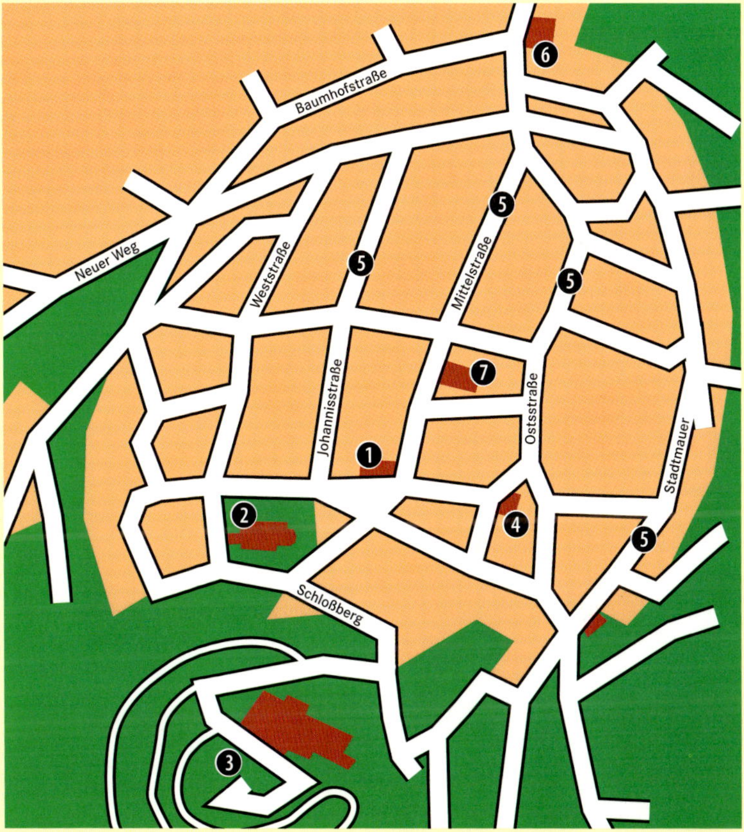

6. Rochuskapelle: Gelobter Bau wegen der Pest während des Dreißigjährigen Krieges zu Ehren des hl. Rochus, als Schutzheiliger gegen die Pest verehrt. 1669 entstand die Kapelle und wurde nach einem Abriss wegen Baufälligkeit 1927 neu errichtet. Im Innern steht ein Altar mit drei Statue: St. Rochus, rechts St. Laurentius und links St. Vinzentius.

7. Heimatmuseum: Mittelstraße 12, ein Ackerbürgerhaus (18. Jh.), 1754 zusammen mit fünf Nachbarhäusern abgebrannt, schon 1756 als typischer Vierständerbau, zweigeschossig wieder aufgebaut auf vier Eichenholzständerreihen als Träger des Dachwerks und einer niedrigen Bruchsteingrundmauer ohne Keller. Inschrift: „Camerarius Casparus Dolle et Anna Margaretha Lorens Anno Domini 1756 1. Juni“ (Der Kämmerer Caspar Dolle und Anna Margaretha Lorens im Jahre des Herrn 1756, den 1. Juni).

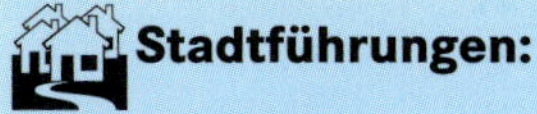

Stadtführungen:

n.V. durch den Verkehrsverein und für holländische Besucher mit Dolmetscher, T 0291/51154

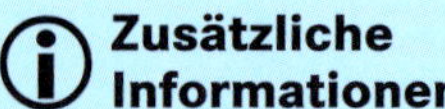

Zusätzliche Informationen:

Heimatmuseum: Neben dem „Dr.-August-Pieper-Platz“ (Sozialpolitiker) kommt man zu dieser sehenswerten volkskundlichen Sammlung vom frühen Leben und Schaffen in Eversberg sowie eine Scherbensammlung, Ö: di, do, sa 15–18, so 11–12 Uhr, T 0291/51154

Insidertipps

Aussichtsplattform Burgruine – St. Johannes-Kirche – Fachwerkhaus Dr. Engel und Bauernhaus – Heimatmuseum.

„Lindenhof Hesse“, Mittelstr. 15, T 0291/51170; „Dollen-Hof“, Mittelstr. 27 a, T 0291/50742; Gaststätte „Scheer“, Bue 14, T 0291/50716; „Bergstadtschenke“, T 0291/9527770

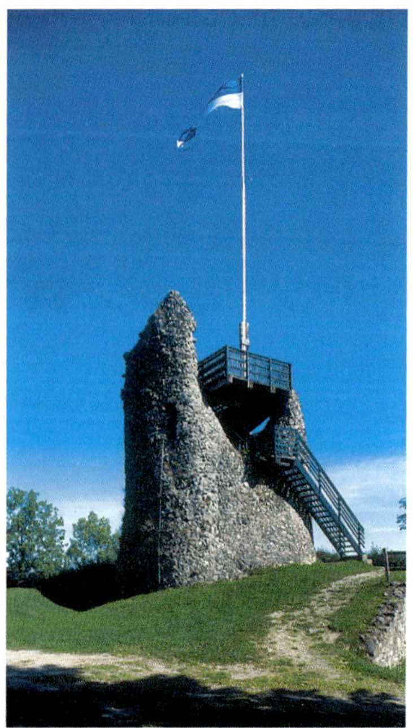

Burgruine

Empfehlungen in der Umgebung

St. Walburga, Meschede: Aus dem Frauenstift St. Walburga erfolgten Gründungen von Höfen, Klöstern, das Stift war wirtschaftliches Zentrum des Ruhrtales. Auf den Resten der alten Stiftskirche entstand 1663 die Pfarrkirche St. Walburga. Sensationell sind die in den Boden eingelassenen Tongefäße zur Verbesserung der Akustik! Auf der anderen Seite der Ruhr liegt die Hünenburg, eine Wallburg die vor vielen Hunderten von Jahren den Menschen von „Mescedi“ Schutz vor Feinden bot.

Macke-Geburtshaus, Schützenstraße Nr. 16: Eine Gedenktafel weist auf das Geburtshaus des bedeutendsten deutschen Malers aus der Zeit des Expressionismus hin – August Macke (1887–1914).

Die Einsiedelei und das **moderne Kloster** in Meschede: Auf einem Hochplateau über Meschede steht die Klausenkapelle St. Michael (18.Jh.) und einem Anbau aus Fachwerk, auffällig der Kieselboden in der Kapelle. Mit der Aussicht von hier ist die mächtige Klosterkirche der Benediktiner Abtei auf einer Anhöhe im Norden der Stadt nicht zu übersehen. Hoch ragen die roten Backsteinwände der wie ein gewaltiges Schiff 1964 gemauerten Kirche empor. (Abtei Königsmünster, T 0291/29950)

Wassermühle Oberberger Str. 11, OT Berge (T 02903/850101): eine Bannmühle am Ortsausgang, die den Kurfürsten von Köln gehörte; erstmals erwähnt 1516. Das Wohnhaus steht seit 1571, die Wassermühle im heutigen Zustand stammt von 1850 und ist noch voll mit der Mühlentechnik eingerichtet. Auf dem alten Kornboden wurde liebevoll mit alten Möbeln das „Mühlen-Café“ eingerichtet.

Kotthoffs Mühle und Sägemühle: Am Caller Bach 17, OT Calle; Aus einem Hammerwerk wurde 1864 eine Getreidemühle mit zwei Mahlgängen, einen für Roggen- und Weizenmehl und einen für Futtermehl, je mit einem Wasserrad angetrieben (T 0291/6619, F 52559).

■ **Sägemühle Schulte:** Sägemühle 13, OT Remblinghausen, eine mehr als 300 Jahre alte Anlage mit Stellmacherwerkstatt, der Maschinenanlage mit Turbine, Transmission und angetriebenen Gattersäge, Dreschmaschinen, Schrotmühle aus der Zeit von 1880 bis 1920. 1987 unter Denkmalschutz gestellt und von 1987 bis 1993 Instand gesetzt (T 0291/3367, F 52217, mgh.mes@t-online.de).

■ **Hennetalsperre:** 1901 bis 1905 baute die „Thalsperrengenossenschaft der Oberen Ruhr" an dem Flüsschen Henne eine 38 m hohe Bruchsteinmauer, im leichten 370 m langen Bogen; nach vier Jahren Bauzeit wurden elf Millionen cbm Wasser gestaut. Später war die alte Mauer außerordentlich gefährdet, so entstand von 1950–1955 das neue Sperrwerk von 250 m Breite, 60 m Höhe und der Kronenbreite von 10 m; gestaut werden in der Hennetalsperre ca. 39 Millionen cbm. Auf der Talseite ist das Sperrwerk als Naturdamm ausgebildet, eine außergewöhnliche Anlage!

■ **Abenteuerland Fort Fun** für Kinder und Eltern in Bestwig Wasserfall

Regelmäßige Veranstaltungen

Gimmentalfest (2. WE Aug.) – Gemeindegesangsfest (3. So im Okt.)

Anschriften:

Verkehrsverein Eversberg, Burghagenweg 2, 59872 Meschede-Eversberg
T 0291/51154, F 56216;
Touristikinformation „Rund um den Hennesee",
Von-Stephan-Straße 2
59872 Meschede
T 0291/9022443
F 0291/992453
tag-meschede@gv.bestwig.de

Das ehem. Ackerbürgerhaus (1756) beherbergt heute das Heimatmuseum

Wege in der Umgebung:

 besonders im Naturpark Arnsberger Wald, auch rund um den Hennesee oder oberhalb der Hennetalsperre von Schüren nach Oesterberge.

 ausgeschilderter Ruhrtalradweg

 Hennetalsperre oder auf dem Flüsschen Henne (Wasserstand!)

 über die B 55 Richtung Hirschberg, dann Möhnetal oder Soester Börde.

Schmallenberg

Schiefer und Strumpfwirker

Zwischen Hunau- und Rothaargebirge, im Hochsauerland, erwartet Schmallenberg seine Gäste. Ursprünglichkeit und Vielfalt, Berge bis 831 m mit ausgedehnten Laub- und Nadelwäldern und stille, grüne Täler mit klaren Gebirgsbächen prägen das Bild dieser Landschaft. Gepflegte Städtchen, Dörfer und Weiler, 83 einzelne Ortsteile mit schiefergedeckten Fachwerkhäusern fügen sich harmonisch in die mit 303 qkm landesweit größte Gemeinde ein.

Vor mehr als 200 Jahren zog es schon Sommerfrischler hierher. Heute stehen Kureinrichtungen im Heilbad Bad Fredeburg, in den staatlich anerkannten Luftkurorten Schmallenberg und Nordenau sowie dem heilklimatischen Kurort Graf-

Schmallenberg – Hochsauerlandkreis

- von 329 m bis 831 m ü. NN
- BAB 4 und BAB 45 bis Anschlussstelle Nr. 18 Olpe, dann B 55 und B 236; BAB 44 bis Autobahnkreuz Werl, dann BAB 445/46 bis Anschlussstelle Nr. 68 Wennemen, weiter B 7 bis Kreuzung Freienohl, weiter über B 511 und B 236.
- von Bestwig/Lennestadt Busanschluss, u.a. Bus 367 nach Schmallenberg
- DB Bahnhof Lennestadt/Altenhundem oder Bestwig
- Lippstadt/Paderborn
- **N** Meschede-Eversberg 31 km, **S** Bad Berleburg 35 km, BB-Elsoff 45 km, Bad Laasphe 35 km

schaft zur Verfügung. Neun „Bundesgolddörfer" im Wettbewerb „Unser Dorf soll schöner werden" erzählen so einiges vom Reiz der Orte. Schmallenberg sichert sich seit Jahren einen Löwenanteil der Übernachtungszahlen und führt in der Gastronomie einen schon sprichwörtlichen Ruf!

Geschichte

Die Keimzelle der Stadt stand einst im weiten Bogen der Lenne, eine Burg der Kölner Erzbischöfe und des Klosters Grafschaft. Als 1244 eine Befestigung der Stadt beschlossen wurde, lag die Burg bereits verwaist; Anfang des 14. Jh. wurden die Befestigungsanlagen sogar noch erweitert. 1350 wies die Stadt für 450 Jahre eine Häuserzahl auf, die sie so schnell nicht wieder erreichen sollte: 150! Als Mitglied der Hanse erschloss sich Schmallenberg deren Handelsverbindungen; im Spätmittelalter entwickelte sich der Ort zu einem Ackerbürgerstädtchen. Wie überall wüteten Brände in der Stadt, 1822 vernichtete ein Großfeuer 132 Gebäude. Danach zeigte sich in der Altstadt Schmallenbergs ein eindrucksvoller Wiederaufbau im Stil des preußischen Klassizismus: zwei parallel verlaufende Straßen (West- und Oststraße) werden mit fünf Querstraßen leiterartig verbunden. Bei den durchweg zweigeschossigen Gebäuden sind die symmetrischen Straßenfronten mit der Betonung einer Mittelachse typisch. Die einheitliche Bebauung wird durch Material, Farbgebung und Architekturdetails wie Naturschiefer, weiß lackierten Kranzgesimsen und Fenstern betont. Noch einmal wird Schmallenberg am Ende des II. Weltkrieges schwer heimgesucht. Heute lohnt das Stadtbild sicher einen Aufenthalt: Frisches, mit Blumen geschmücktes schwarzweißes Fachwerk herrscht vor.

Bürgerhaus „Balzer-Schmalen“, heute Stadtarchiv

Sehenswertes beim Stadtrundgang

P Großparkplatz an der Stadthalle

1. Flachgiebelhaus, Weststraße 12: Baudenkmal, fünfachsiges Haus in Jugendstilform.

2. Bürgerhaus „Schenk“, Weststr. 11: Baudenkmal, klassizistisches Kernhaus mit Zierfachwerk unter Jugendstileinfluss, heute Geschäft mit Hausbrunnen und Hausofen.

3. Ackerbürgerhaus, Weststr. 38/40: Baudenkmal, Sonderbautyp: Doppelhaus, Denkmal des Monats in 2000.

4. Kath. Pfarrkirche St. Alexander mit Kirchplatz: romanische Hallenkirche westfälischen Typs mit neoromanischem Anbau von 1905/06 von dem Aachener Dombaumeister Buchkremer. Sehenswert: spätgotische Pieta (15. Jh.), ein spätgot. Sakramentshäuschen und der Hochaltar im Stil des Grafschafter Barocks (1740) von den beiden Vettern J.L. Falter und J. A. Destadt aus Schmallenberg. 2000/2 Anbau eines neuen Turms (Meditationsraum).

5. Pfarrhaus, Kirchplatz 5: Pastorat, klassizistisches Schmallenberger Bürgerhaus.

6. Bürgerhaus, Südstraße 3: Baudenkmal nach dem Stadtbrand von 1822 entstanden, zweigeschossig mit fünf Fensterachsen, besondere Fassadengestaltung, gradläufige Freitreppe mit Sitzbänken in einem jugendstilhaften Gitter; Denkmal des Monats in 2001.

7. Historisches Ensemble „Alter Friedhof“, Unterm Werth: Parkanlage mit historischen Gebäuden – „Balzer-Schmalen“, heute Stadtarchiv.

8. Renaissance-Kapelle „Auf dem Werth“ von 1682, ein Saalbau mit kleinem Barockaltar; Grabstätte des legendären „Floigenkaspars“ (= fliegender Kaspar, d. i. ein Bildhauer namens Kaspar Hamm-Jostgans, der Mitte des 19. Jh. in Schmallenberg lebte und einen spektakulären Flugversuch aus dem Dachboden seines Hauses machte).

9. Antiquitätengeschäft Klute, Oststr. 55.

Stadtführungen:

Histor. Stadtkern Schmallenberg,
T 02972/97-4 00;
Führungen durch Bad Fredeburg,
T 02972/70 37

Kampstraße
Bahnhofstraße
Holz- und
Touristikzentrum
Poststraße
P
1
Schützenplatz
Selbend
Sunthelle B 236
Paul-Falke-
Platz
Weststraße
Oststraße
2
Synagogen Straße
P
Am Lakleff
Oberer Hagen
3
Wimereux-
straße
Elisabeth-
straße
Oststraße
Unterer Hagen
Weststraße
9
Kirchplatz
Wasser-
pforte
Hackwiese
4
Auf der Mauer
5
Fleckenberger Straße
Unterm Huckelberg
P
Südstraße
Mühlen-
gasse
6
Zum Feuer-
kump
Auf'm Ohl
Zenthof-
weg
Ohlgasse
Unterm Werth
7
8

Zusätzliche Informationen:

Puppenmuseum: Oststr. 15, Ö: di-so 14.30-17.00 Uhr ⓘ T 02972/961264
Amtsgerichtsmuseum, OT Bad Fredeburg, Im Ohle, n. V. ⓘ T 02974/7037
Museum im Kloster Grafschaft, OT Grafschaft, Ö: di 14-16, so 10-11.30, 14-16 Uhr ⓘ T 02972/79-12200
Schieferbergbau- und Heimatmuseum, OT Holthausen, Ö: mi, fr, sa 15-17, so 10-12 Uhr ⓘ T 02974/6019 + 6932
Historische Besteckfabrik, OT Fleckenberg, Ö: sa 15-17 Uhr, April-Oktober mo 15-17 Uhr, mi 10-12 Uhr ⓘ T 02972/6396)
Erlebnismuseum/Naturschutzzentrum, OT Bödefeld, ⓘ T 02977/1524
Kunstschmiede Klute, OT Waldemai, Ö tägl. 11-16 Uhr ⓘ T 02975/206
Kunstschmiede Schneider, OT Heiminghausen, Ö: mo-fr 10-12.30 und 14-16.30, sa 10-12 Uhr ⓘ T 02974/6524 + 476

Insidertipps

Altstadt mit Pfarrkirche St. Alexander (neuer Turm) – Kapelle „Auf dem Werth" – Rathaus – Bürgerhaus, Südstr. 3

„Alte Posthalterei" Hotel Störmann, Gasthof „Krämer-Dünnebacke", Gasthof „Dornseifer", alle Schmallenberg; Traditionsgasthof Hotel Schulte von 1460, OT Oberkirchen: bekannte Wild- und Fischkarte; „Lennemühle" (Baudenkmal), OT Oberkirchen, kleine, gute Speisekarten auf dem Kornboden (Führungen in der Mühle).

Schinken, gleich ob geräuchert oder Luft getrocknet, vom „Schinkenkönig des Sauerlandes": Werner Henke, Kirchstraße 6, OT Oberkirchen, T 02975/201; Strümpfe und Strickwaren aus der „Strumpfstadt" im Werksverkauf Falke. Antiquitäten Klute, Oststraße

Empfehlungen in der Umgebung

■ **Bad Fredeburg:** Dietrich III. von Bilstein gewährte 1330 dem Ort die ersten städtischen Rechte. Erhalten ist die Ostturmwand der alten „Frede-Burg" (1325). 1367 erhält Fredeburg die endgültigen Stadtrechte.

■ **Berghausen:** Romanische Wehrkirche St. Cyriakus, von den Bewohnern um 1200 errichtet, mit einer Basilika ähnlichem Aufbau, zeigt erstmals die Eigentümlichkeit der westfälischen Hallenkirche. Fresken (frühes 13. Jh.) mit hohem kunstgeschichtlichen Rang: Themen des Alten und Neuen Testamentes, einzigartiges Kunstdenkmal in Europa.

■ **Bödefeld:** Kreuzberg mit Kapelle (1729), Pfarrkirche von 1722 mit der „schwarzen Hand von Bödefeld" im ersten rechten Pfeiler am Mittelgang

■ **Heimatstube:** trad. Handwerk, bäuerl. Leben (Ö: sa 15-17 Uhr, T 02977/355)

■ **Fleckenberg:** St. Agatha-Kapelle mit Freskenmalerei (1666) und Barockaltar aus der Grafschafter Schule

■ **Kloster Grafschaft:** 1072 von dem Kölner Erzbischof Anno II. gegründet; heutiges Aussehen stammt von dem Neubau des Michael Spanner (1727). In der sog. „Grafschafter Schule" bildeten früher die Benediktiner Mönche viele Talente aus, einem typischen Sauerländer Barock. Sehenswert: der Wilzenberg (658 m) mit der Sage der „wilden Gräfin Kuniza", Aussichtsturm (Eiffelturm des Sauerlandes), Kapelle (von 1622, 1755 erweitert) und einer frühgeschichtlichen Wallburg.

■ **Nordenau:** Burgruine auf dem Rappelstein, ehem. Burg Norderna, sicherte seit etwa 1120 die „Heidenstraße"; 1513 bereits verfallen.

■ **Oberkirchen:** 300jährige Barockkirche Pfarrkirche St. Gertrud wurde 1666 geweiht. Vorgängerin war eine romanische, später nach Westen erweiterte Kirche;

sehenswert: Hochaltar und Kanzel, Taufstein von 1632, Orgelgehäuse von 1705 (Johann Heinrich Kleine, Eckenhagen).

■ **„Schwarze Fabrik“** – Kunstschmiede Schütte Lennestr. 8, OT Oberkirchen (Denkmal d. M. 2002): Anlage von 1876, in der Holzkohle hergestellt und bearbeitet wurde. Zu dem Ensemble gehören das Kontor-, Wohn- und Fabrikgebäude sowie der auf einem quadratischen Sockel errichtete runde Kamin aus der Firmengründerzeit.

■ **Lennemühle Gilsbach,** Alte Poststr. 15, OT Oberkirchen, eine hervorragend erhaltene, voll funktionsfähige Kornmühle mit einem Wasserantrieb von 1807. Nach der Führung und Besichtigung der Mühleneinrichtung im unteren Stockwerk lädt die behagliche Gastronomie des „Mühlencafés“ auf den ehemaligen Kornboden ein.

■ **Wormbach:** In vor- wie christlichen Zeit sind Tote bis nach Wormbach über sog. Totenwege gebracht worden, die von Soest oder aus dem Südsauerland hierher führten und an der Kirche und dem Friedhof endeten. Kirche und Friedhof liegen auf einer heidnischen Kultstätte. Die Pfarrkirche St. Peter und Paul mit Grundmauern von 850 bzw. 1000 ist eine spätromanische Hallenkirche (1250), der Turm von 1730. Im Innern wieder die typische westfälische Hallenkirche mit Malereien der zwölf Tierkreiszeichen im Gewölbe, sowie Fresken hinter dem barocken Hochaltar von J.W. Zinn („Grafschafter Barock“), der erdfarben ausgemalten Kanzel (P. Sasse, Attendorn), einer Barockorgel mit 1338 Pfeifen (Varenholt, Bielefeld), darunter 3 Pfeifen, die schon 1450 geschaffen wurden.

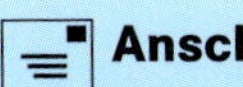

Anschriften:

Gästeinformation (im Holz- und Touristikzentrum),
Poststraße 7, 57392 Schmallenberg,
T 02972/97400, F 9740-26,
www.schmallenberger-sauerland.de
www.hist-stadt.nrw.de
info@schmallenberger-sauerland.de

Regelmäßige Veranstaltungen

Schmallenberger Wanderwoche (Juli) – Schmallenberger Woche – Holthauser Museumswoche (Sommerferien)

Wege in der Umgebung:

Wandern in der Wanderwelt Schmallenberger Sauerland bedeutet absolute Orientierungssicherheit und ein klares, großes Wegebeschilderungssystem. Leichte und anspruchsvolle Touren in der Heimat des Rothaarsteigs, denn hier wurde er erfunden und kreiert. Für Kunstliebhaber Waldskulpturenweg Wittgenstein-Sauerland zwischen Schmallenberg und Bad Berleburg von international rennomierten Künstlern. Zahlreiche Tourentipps durch gästeinformation und Internet: www.schmallenberg-sauerland.de

Neue familienfreundliche Radrundstrecken auf ehemaligen Bahntrassen durch das Schmallenberger Sauerland sowie Kinderland-Radroute (Info durch Gästeinformation, siehe oben)

Hochsauerland Höhenstraße, Panoramaroute quer durch das Schmallenberger Sauerland und Winterberg etc. Sondersprospekte von der Gästeinformation (siehe oben) oder unter www.hochsauerland-hoehenstraße.de

Siegen

Das Herz der Region

Siegen, im südlichen Zipfel von NW gelegen, grenzt an die Bundesländer Rheinland-Pfalz und Hessen. In einer reizvollen Mittelgebirgslandschaft mit ca. 50% Waldanteil zählt Siegen zu den grünsten Städten Deutschlands und ist Oberzentrum des südwestfälischen Raumes. Im Zuge des Strukturwandels seit Anfang der 70er Jahre hat sich Siegen von einer von Eisen und Stahl geprägten Stadt zu einem Dienstleistungs- und Kulturzentrum gewandelt. Seit 1980 hat die Gesamthochschule den Status einer Universität; dazu gibt

Nikolaikirche und Rathaus

Siegen – Kreis Siegen-Wittgenstein

- von 213 m bis 499 m ü. NN
- von Köln BAB 4, Anschlussstelle Nr. 21/22 von Dortmund/Frankfurt BAB 45, Anschlussstelle Nr. 21/22, (ca. 1 Std. Fahrzeit), dann B 54 und B 62
- DB Regionalbahn Köln-Siegen und Dortmund/Hagen-Siegen-Frankfurt
- Siegerland-Flughafen, weiter B 54/BAB 45
- **NW** Freudenberg 14 km, **NO** Bad Laasphe 41 km, Bad Berleburg und BB-Elsoff 45/54 km, **W** Hennef-Blankenberg ca. 100 km

es ein gut ausgeprägtes Schul- und Fachschulangebot mit 23 Weiterbildungseinrichtungen und ein Tagungs- und Kongresszentrum (Siegerlandhalle).
Die 1975 nach Siegen eingemeindeten Ortschaften haben ihren dörflichen Charakter teilweise bis heute bewahrt. Unweit des Stadtzentrums finden sich Wälder und Höhenzüge, deren gut ausgebaute Wanderwege zu ausgiebigen Spaziergängen einladen.

Geschichte

Erste Siedlungsspuren stammen aus der vorrömischen Eisenzeit (500 v.C.), die erste Namensnennung ist rund 1.500 Jahre später (1079/89), 1224 wurden die Stadtrechte verliehen. Graf Otto von Nassau war 1255 das Gebiet zwischen Sieg und Lahn zugefallen. Da 1813 dem Fürstenhaus Nassau-Oranien die erbliche Monarchie übertragen wurde, ist Siegen Stammsitz des Niederländischen Königshauses. Am 28. Juni 1577 wurde der berühmteste Sohn der Stadt, der flämische Maler Peter Paul Rubens, in Siegen während des Exils seiner Eltern geboren. Fürst Johann Moritz stiftete 1658 der um 1250 erbauten Nikolaikirche eine symbolische Fürstenkrone als Turmschmuck (Wahrzeichen der Stadt). Das Obere Schloss wurde vor 1224 als mittelalterliche Höhenburg erbaut: Stammsitz und bis 1743 Residenz des Grafen- und Fürstenhauses Nassau – ab 1623 der katholischen Linie Nassau-Siegen (1905 zog hier das Siegerlandmuseum ein). Von 1698–1720 entstand das Untere Schloss. Siegen ist Geburtsstadt (1790) des Pädagogen Friedrich Adolf Wilhelm Diesterweg. Ein alliierter Luftangriff zerstörte Siegen am 16. Dezember 1944 zu 82%. Die heutige Großstadt Siegen entstand 1975 durch Zusammenschluss der Städte Siegen, Hüttental, Eiserfeld. Die historische Altstadt wurde mit Sorgfalt und Liebe zum Detail restauriert.

Sehenswertes beim Stadtrundgang

P Parkmöglichkeiten ausgewiesen P 1 bis P 9

Der Teil der historischen Altstadt, der den Zweiten Weltkrieg unzerstört überstanden hat, umfasst eine Fläche von 4 ha mit rund 670 Einwohnern. Alte Bausubstanz wird erhalten, verkehrsberuhigte Straßen und Plätze laden den Besucher ein, die Baukultur der Region kennenzulernen.

Im Altstadtquartier ist z.T. das über 750 Jahre alte System der öffentlichen Flächen mit Straßennetz (kleine Gassen und Plätze) erlebbar, mit z.T. mittelalterlich geprägter Struktur, Untere Metzgerstraße, Mauerstraße, entlang restaurierter Stadtmauer mit Turmanlage des „Olbersturmes“, Hermannstraße, Donzenbachstraße, Löhrtor. Besonders: Altstadt-Schmiede, Untere Metzgerstraße: ältester bekannter Fachwerkbau im Siegerland, Stuckdecke des 17. Jh. im kleinbürgerlichen Haus für Westfalen fast einzigartig.

Alte Poststraße

1. „Henner und Frieder“ – zwei überlebensgroße Standbilder (Prof. Reusch, 1902) an der Siegbrücke, sie erinnern an die Tradition des Siegerlandes.

2. Martinikirche, Grabenstraße 27 *(Denkmal d. M. 2002):* älteste Siegener Kirche; Bodenfunde, die vor einigen Jahren entdeckt wurden, beweisen, dass der Ursprung dieser Kirche in der Burgkapelle einer fränkischen Grenz- und Straßenfeste zu sehen ist. Ein freigelegtes Fußbodenmosaik unter dem heutigen nördlichen Seitenschiff dürfte schon in Ottonischer Zeit (10. Jh.) entstanden sein, teilweise erhalten. In dieser Kirche befindet sich auch ein romanischer Taufstein (13. Jh.).

3. Unteres Schloss, Unteres Schloss 2: Unter Einbeziehung eines 1669 von Johann Moritz Fürst zu Nassau-Siegen begonnenen Erbbegräbnisses für sich und seine Familie (Fürstengruft) wurde zwischen 1695 und 1720 die noch heute bestehende dreiflügelige Schlossanlage mit „Dickem Turm“ und früherem Ballhaus und Marstall errichtet. Von 1781 bis 1812 noch nassau-oranische Teil-Residenz, blieb das Untere Schloss bis heute in Staatsbesitz für Behörden (z.Z. Sitz der Justiz-Behörden), hatte zahlreiche Nutzungen wie Franziskanerkloster, Hohe Schule, war im Krieg stark zerstört.

4. Altes Telegraphenamt (Museum für Gegenwartskunst Denkmal d. M. 2001), Unteres Schloss 1: 1892 als Neubau in neurenaissancehafter Schlossarchitektur, ein typisches Dienstgebäude der Wilhelminischen Epoche errichtet; diente ab 1895 als Reichspost- und Telegraphengebäude. 1926 wurde der Postdienst in die Unterstadt verlagert, Telegraphen- und Fernmeldeamt verblieb hier.

5. Marienkirche, Löhrstraße: einziger barocker Sakralbau in S., barocke Grablege der katholischen Grafen und Fürsten im überdecken Chorfußboden.

6. Nikolaikirche, Krämergasse: Die um 1250 erbaute Kirche mit eigenartigem sechseckigen Grundriss, ehemals Stadtkirche, zugleich Gruftkapelle der Grafen zu Nassau, goldenes „Krönchen“ auf der Turmspitze ist das Wahrzeichen der Stadt, kostbare Tauf- und Abendmahlsilber (16. Jh.), ein Geschenk der Grafen und Fürsten zu Nassau-Siegen.

7. Rubens Geburtshaus, Burgstraße 10, zerstört, Gedenktafel erinnert an den großen Künstler P. P. Rubens.

8. Oberes Schloss, Burgstraße 3-8: mittelalterliche Höhenburganlage, 1259 erstmals als Burg erwähnt und bereits vor 1224 erbaut. Stammsitz, bis 1743 Residenz des Grafen- und Fürstenhauses Nassau-Oranien, Schlossgar-

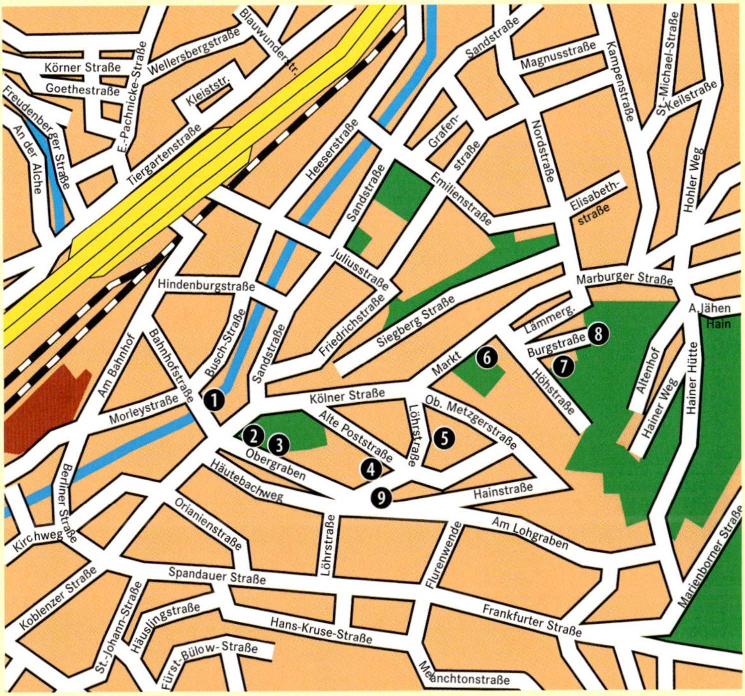

Altes Telegraphenamt

ten mit Freilichtbühne; heute Siegerlandmuseum mit acht Originalgemälden des Barockmalers Peter Paul Rubens (in Siegen geboren), umfangreiche Sammlung von Rubens Grafiken und Exponaten zur Kultur- und Wirtschaftsgeschichte der Region, ein Schaubergwerk im Fels der Burg, eine Eisenkunstguss-Sammlung, ein 2.500 Jahre alter Original-Eisenschmelzofen und die Oraniergalerie. Ö: di–so 10–17 Uhr.
Sehenswert die Parkanlage mit dem Rubensbrunnen.

9. „Laternchen“, Löhrstr. 37, ein Haus mit auffällig farbig gefasster Fachwerkfassade, z.T. mit Schiefer verkleidet, Schnitzereien im Balkenwerk und Kunstschmiedegitter (Restaurant).

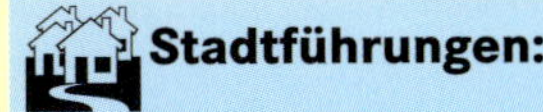

Stadtführungen:

Historische Stadtführung „Rund ums Krönchen“ auch Kombiführung Museum (Stadtrundgang und Museum), versch. Themenführungen ⓘ Gesellschaft für Stadtmarketing Siegen e.V. Rathaus, Markt 2, T 0271/4041316, F 22687
sowie geführte (Bus-)Rundfahrten durch das Siegerland, ⓘ TV Siegerland-Wittgenstein e.V., Koblenzer Str. 73, 57072 Siegen, T 0271/333-1020, Fax 333-1029

Zusätzliche Informationen:

Altes Telegraphenamt – Museum für Gegenwartskunst (Denkmal d. M. 2001): Auf 1.700 qm Ausstellungsfläche ist der „Dialog der Medien“, Medienkunst von internationalem Rang, zu sehen. Ö: di–so 11–18, do 11–20 Uhr (T 0271/405-77)
Aktives Museum Südwestfalen e.V.: Dokumentations- und Lernort für regionale Zeitgeschichte am Platz der Synagoge, Obergraben 10, Ö: so+di 15–18 Uhr (T 0271/20100)
Städt. Galerie Haus Seel, Kornmarkt 20, Ö: di–so 14–18, sa/so/fei 10–13 Uhr (0271/404-1285, 1447)
Siegerlandmuseum (Kunst- und Kulturgeschichte der Region), Oberes Schloss, Ö: di–so, 10–17 Uhr (T 0271/52228, 230410)
Siegerlandmuseum (Ausstellungsforum und Adolf-Saenger-Stiftung), Oranienstr. 9, Ö: di-so 10–17 Uhr (T0271/21823)
Mineraliensammlung Burgstr. 10, Ö: 1. Sonntag im Monat 14.15–16 Uhr

Insidertipps

Nikolaikirche mit Krönchen – Rathaus im Mittelpunkt von Alt-Siegen – Martinikirche – Marienkirche mit barocker Grablege kath. Grafen und Fürsten – Oberes Schloss mit Siegerlandmuseum und Parkanlage – Unteres Schloss und Fürstengruft (frühere Residenz der evangelischen Fürsten) – Museum für Gegenwartskunst (altes Telegraphenamt)

„Laternchen“, Löhrstr. 37, T 0271/2318000; „Café am Kölner Tor“, T 0271/2319349; „Piazza am Museum“ für Gegenwartskunst, T 0271/303-0856; „Schwarzbrenner“ Untere Metzgerstraße/Altstadt T 0271/51221 oder „Schlossschenke“, Burgstr. 6, T 0271/22656; „Schloss-Stuben“, Oberes Schloß 1, T 0271/56566.

Figuren „Henner und Frieder“ (s.o. Siegerl. Originale), Siegerländer „Mäckes“ (Kaffeekännchen), Heimattasse oder Eierkäsform: Daub, Porzellan, Siegerlandzentrum Weidenau; Bergmänner, Armbanduhren mit Motiven von Siegen, kleine oder große Grubenlampen, Juwelier Jaeger, Oberstadt Siegen.

Empfehlungen in der Umgebung

■ **Reinhold-Forster-Erbstollen,** Reinhold-Forster-Weg: Von dem im Jahre 1879 errichteten prachtvollen Stollenportal mit reichem ornamentalen Schmuck des heutigen Besucherbergwerkes für Erzbergbau aus ist der Stollen auf einer Länge von 470 m zu begehen (auch behindertengerecht). Hier lässt sich die harte Arbeit der Bergleute unter Tage hautnah erleben (T 0271/385222).
■ **Glockenmuseum** OT Eiserfeld: Glockensammlung, Privatmuseum
■ **Kapellenschule** OT Eisern: Denkmal, Heimatstube
■ **Adolf-Sänger-Stiftung,** Oranienstraße

Altes Telegraphenamt, Museum für Gegenwartskunst

Altstadt Siegen

9: Gemälde, Zeichnungen des Siegerländer Künstlers, Gedenkstätte an die weltweit als Musiker bekannten Brüder Busch; Ausstellungsforum des Siegerlandmuseums (Wechselausstellungen)

Anschriften:

Gesellschaft für Stadtmarketing Siegen e.V., Rathaus, Markt 2, 57072 Siegen, T 02 71/404-1316, F 22687
www.siegen.de
www.hist-stadt.nrw.de
a-junge@siegen.de
Touristikverband Siegerland-Wittgenstein e.V., Koblenzer Str. 73, 57072 Siegen, T 0271/333-1020, Fax 1029
www.siegen-wittgenstein.de
tvsw@siegen-wittgenstein.de

■ **Histor. Hauberg** OT Fellinghausen: alte Form des Wald-Feldbaues.
■ **Kreuztal und das Hüttental:** künstlicher Zusammenschluss 1969 durch die kommunale Neugliederung von ca. 30.000 Menschen mit Ferndorf, Kreuztal.
ⓘ Touristikverband Siegerland-Wittgenstein, T 0271/333-1020

Regelmäßige Veranstaltungen

Mai – September: Sonntagnachmittag um Vier im Schlossgarten – Siegener Sommerfestival (Juni – August) – Rubens-Fest (alle zwei Jahre im Juni) – Siegener Stadtfest (alle zwei Jahre im September) – „Denk mal“ an die Altstadt (Tag des offenen Denkmals, September) – Altstadtfest (September)

Wege in der Umgebung:

 rund um die Breitenbach-(Hilchenbach) und Obernautalsperren (Netphen), auf dem „Siegerlandhöhenring“ und dem „Rothaarsteig“, Panoramaweg

 Radweg entlang der Lahn

 auf der Lahn, ca. 160 km von Weimar-Roth bis an den Rhein, ⓘ Lahn-Dill-Kooperation c/o Freizeitregion Karl-Kellner-Ring 51, 35576 Wetzlar, T 06441/407-1900

 Sieg-Freizeitstrecke rund 140 km von der Siegquelle bis zur Mündung in den Rhein, ⓘ Touristikverband Siegerland-Wittgenstein, T 0271/333-1020

Soest

Sinfonie in Grünsandstein

„Feine und ehrenreiche Stadt" genannt, hat sich Soest mit starkem Bürgerselbstbewusstsein schon früh vom Ausbau des Territorialstaates freigemacht – in der so genannten „Soester Fehde". Kleine, kopfsteingepflasterte Gässchen, von grüngrauen Mauern gesäumt, bestimmen das Bild der Stadt. Weit über die Soester Börde grüßen die Türme von Soest. Die Jahrhunderte werden lebendig in den engen Gassen und Winkeln, die das Bild der Stadt geprägt haben. Soest atmet Geschichte, schöpft aus einer reichen Vergangenheit. Noch heute finden sich zahlreiche steinerne Zeugen dieser Blütezeit in Soest, dessen Bürger das Erbe der Ahnen behutsam zu wahren wussten und mit neuem Leben erfüllten: Attraktives Mittelzentrum, Wohn- und Studienort, ehem. Garnisonsstadt. Und ringsum wogende Kornfelder, Landwirtschaft – eine gesunde Bördelandschaft.

Brunsteinkapelle

Geschichte

Soest, wahrscheinlich eine merowingische Gründung um 600, wurde 836 erstmals urkundlich erwähnt. Bereits in der 2. Hälfte des 12. Jahrhundert entwickelte Soest ein Stadtrecht, das vielen anderen Städten als Vorbild diente. Es entstand auf 102 Hektar eine Befestigungsanlage mit zehn Toren und 27 Wehrtürmen. Zu dieser Zeit hatte die Hansestadt ausgedehnte

Soest

- von 73 m bis 219 m ü. NN
- über die BAB 44, Abfahrt Nr. 56: Soest/Möhnesee oder Soest Ost oder über die Bundesstraßen 1 (Hellweg), B 229, B 475
- DB Strecke Dortmund – Paderborn oder Hamm – Paderborn
- Lippstadt/Paderborn (ca. 40 km) oder Dortmund (ca. 45 km)
- **W** Werl 15 km, **NO** Lippstadt 26 km, Rietberg 45 km und Rheda-Wiedenbrück 60 km

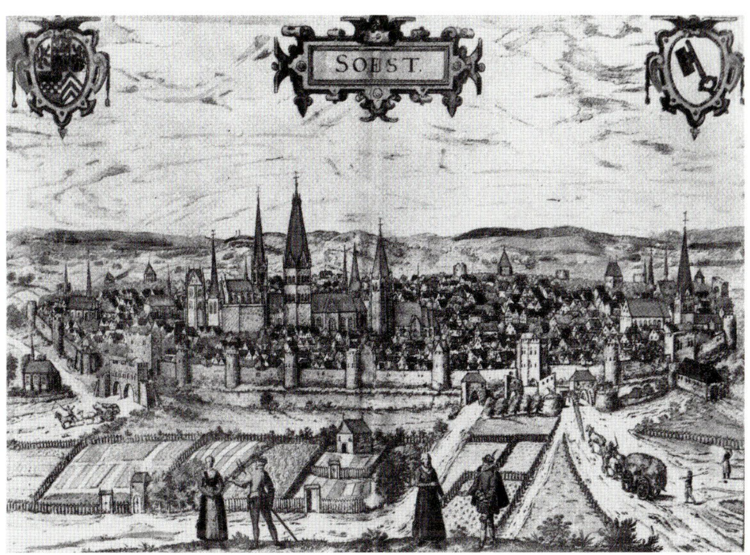

Handelsverbindungen: bis nach Visby auf Gotland, zu den Ostseehäfen oder bis nach Nowgorod, nach Italien, bis Brügge und London. Der „Hellweg", älteste Handelsstraße Europas, führte mitten durch die Stadt. Soest stieg zur mächtigsten Stadt in Westfalen mit über 10.000 Einwohnern auf. Nach der Soester Fehde (1444–1449) folgte eine allmähliche politische Isolierung der Stadt; sie wurde 1531 verstärkt durch die Übernahme des evangelisch-lutherischen Glaubens in einem nahezu vollständig katholischen Umfeld. Während des Dreißigjährigen und des Siebenjährigen Krieges war die Stadt großer Zerstörung und Not ausgesetzt. Nach dem Zweiten Weltkrieg mussten zwei Drittel der Stadt wieder aufgebaut werden.

Die einstige Bedeutung Soests ist in der gut erhaltenen Altstadt abzulesen. Das Erscheinungsbild wird geprägt durch die Befestigungsanlagen, die sieben historischen Kirchen, die ca. 570 Baudenkmäler und die 318 als „erhaltenswerte Bausubstanz" eingestuften Gebäude sowie durch eine vielfältige Raumfolge enger Gassen, Straßen, Plätze und hoher Grünsandsteinmauern mit dahinter liegenden Gärten.

Fachwerk-Idylle

Sehenswertes beim Stadtrundgang

P Parkplart Rathaus/Domplatz und Petrikirche, City-Parkhaus, Parkhaus Isenacker und Leckgadum

1. St. Patrokli, Domplatz: Bereits 962 wurden die Reliquien des hl. Patroklus (Patron von Kirche und Stadt) von Troyes nach Soest überführt. Die Apsismalereien des sog. „Marienchores“ von 1165 sind erhalten. Scheiben der früheren romanischen Verglasung finden sich im Dom-Museum, der ehem. Rüstkammer (Ö: nördl. Seitenportal, dauernd geöffnet).

St. Pastrokli, der Dom von Soest

2. Nikolai-Kapelle, Thomästraße: Kapelle der Pröpste von St. Patrokli als Zentralbau errichtet; innen eine kostbare Altartafel von Conrad von Soest (Ö: di, mi, so 11–12 Uhr).

3. St.-Petri-Kirche „Alde Kerke“: Sie ist die älteste Kirchengründung Westfalens und Gemeindekirche von Soest (1150–1220) mit einem romanischen Westwerk, einer „Kaiser-Empore“ und einem gotischen Chor. Die Fresken werden Conrad von Soest (um 1400) zugeschrieben Ö: di–fr 9.30–12 und 14–17.30, sa 9.30–12 und 14.30–16.30, so 14–17.30 Uhr, mo geschlossen).

4. St. Maria zur Wiese „Wiesenkirche“, Wiesenstraße: schönste spätgotische Hallenkirche (14. Jh.) mit schlanken Türmen im Land, mittelalterliche Glasmalerei „Westfälisches Abendmahl“ im Nordfenster mit Soester Pumpernickel, westf. Schinken und Bier, im südl. Seitenschiff der „Aldegrever“-Altar (16. Jh.) (Ö: mo–sa 11–16, so 12–16 Uhr)

5. St. Maria zur Höhe „Hohnekirche“, Am Hohnekirchhof: Das „Schatzkästchen“ von 1200 zeigt innen ein auf dem europäischen Festland einzigartiges Scheibenkreuz (größtes bewegliches Kunstwerk seiner Zeit) sowie prächtige Decken- und Wandmalereien (Ö: 1.4.–30.9. mo–fr 10–17.30, sa 10–17, so 12–17 Uhr; 1.10.–31.3. mo–sa 10–16, so 12–16 Uhr)

6. Alt St. Thomä-Kirche „Schiefer Turm“, Thomästraße: um 1270 erbaut. Der schiefe Turm stammt aus dem Jahr 1653.

7. Brunsteinkapelle, Schonekindstraße *(Denkmal d. M. 2001):* Kleine, aber ungewöhnlich hohe gotische Kapelle – 1225 erstmals urkundlich erwähnt – in zwei Bauperioden 1320 und um 1400 einschiffig, mit fast quadratischem Chor, errichtet, früher gemauertes, aber eingestürztes Gewölbe durch eine gerade Holzbalkendecke ersetzt. Sehenswert: barocker Altartisch (1620), barocker Dachreiter mit der von 1727 umgegossenen Glocke. Wahrscheinlich wurde die Kapelle von der Patrizierfamilie Brunstein, gen. Schonekind, gestiftet, geweiht dem Schutzpatron der Kaufleute und Seeleute, dem hl. Nikolaus; heute genutzt von dem Soester Künstler Fritz Risken als Mal- und Ausstellungsatelier.

8. Rathaus, einziger repräsentativer Barockbau der Stadt von 1713–1716 mit Statuette des Jägerken von Soest (Simplizius Simplizissimus).

9. Romanisches Haus am Burghofmuseum: im Garten des Burghofs gelegen, um 1200 erbaut, das älteste steinerne Wohnhaus zwischen Rhein und Weser. Decke der Eingangshalle, getragen von einer Mittelsäule, erinnert an einen Sternenhimmel; in diesem Bereich herrscht eine besondere Akustik.

10. Wallanlage: Fertigstellung um 1180, im Osthofentor – einzig erhaltenes Stadttor (1523–1526) – weltweit einmalige Sammlung von 25.000 mittelalterlichen Armbrustbolzen (Ö: 1.4.–30.9.: di–sa 14–16, so 11–13 und 15–17 Uhr / 1.10.–31.3.: mi 14–16, so 11–13 Uhr); ein Wehrturm (12. Jh.) ist der Kattenturm und das in einem Rest erhaltene Jakobitor (13. Jh.), ein frühes Tor der Pilger.

11. St.-Pauli-Kirche: Dieser Kirchenbau stammt aus dem 14./15. Jh. (Ö:1.4.–30.9. fr 14–18, sa 14–17, so 14–18 Uhr; 1.10.–31.3. sa 14–17 Uhr)

12. Pilgrim-Haus, Jakobistraße 75 (Denkmal d.M. 2005): Restaurant und Hotel im historischen Gebäude, regionaltypische Küche; ältester Gasthof Westfalens (1304), am alten Pilgerweg der Jakobspilger nach Santiago de Compostela.

13. Teichsmühle, Teichsmühlengasse 3: Unzählige Quellen speisen den Großen Teich, der selbst in strengen Wintern nicht gefriert. Er treibt das gewaltige Wasserrad der Teichsmühle (1231) an. Von der Teichsmühle blickt man auf die Wippgasse, die ihren Namen von dem mittelalterlichen Strafinstrument für leichte Vergehen, der Wippe hat, die als farbige Miniatur im sog. Soester Nequambuch (= „Nichtsnutz"-Buch) von 1315 abgebildet ist und die am Großen Teich aufgestellt war. Mit ihr wurden die Verurteilten zum Gespött der Zuschauern in den Teich geschleudert, bzw. untergetaucht. Seit 1924 steht am Teich eine Nachbildung.

14. Haus Kükelhaus (Denkmal d.M. 2002), Teil des ehem. von Dolffs'schen Hofes, Adelshof des 17. und 18. Jh., bestehend aus Wohnhaus, Scheune, Stallungen und Teehäuschen im „Bergenthal-Park". Die Fachwerkscheune bewohnte seit 1954 der Bergmann, Schreiner, Graphiker, Architekt, Pädagoge und Schriftsteller Hugo Kükelhaus; Nöttenstr. 29 a.

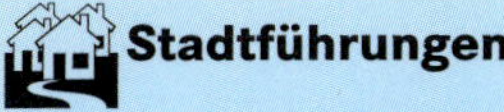

Stadtführungen:

Histor. Altstadtführung; Histor. Gaststättentour; Mondschein-Promenade; Zeitreise ins Mittelalter (Kinderstadtführung in mittelalterlichen Kostümen); RadStadt-Tour; Französ. Kapelle ⓘ Tourist Information Soest: T 02921/66350050

Zusätzliche Informationen:

Im September 2006 öffnet in Soest ein Grünsandsteinmuseum

Dom-Museum: Ö so 15–17 Uhr

Burghof-Museum (Sammlungen zur Stadtgeschichte: Ur- und Frühgeschichte, Alltagsleben im Mittelalter, Heinrich Aldegrever, Religionsgeschichte u.a., Burghofstr. 22, Ö: di–sa 10–12 und 15–17, so 11–13 Uhr, montags geschlossen (T 02921/1031020)

Osthofentor-Museum (Restbestände der städt. Rüstkammer), Osthofenstr. 2 (T 02921/16015 oder 02921/66350050)

Museum der Belgischen Streitkräfte in Deutschland, Grandweg 33, Ö: 1. So im Monat 11–13 Uhr, (T 02921/13171)

Wilhelm-Morgner-Haus: zeigt in einer ständigen Ausstellung die bedeutendsten Arbeiten von Wilhelm Morgner sowie Ausstellungen mit wechselnden Künstlern, Ö: di–sa 10–12 und 15–17 Uhr, so 10.30–12.30 Uhr (T 02921/13524)

Haus Kükelhaus *(Denkmal d. M. 2002):* heute „Kükelhaus-Museum" (ehem. Arbeitsräume und Werkstatt), Ö: n.V. (T 02921/33302 oder 02921/66350050)

Technik-Museum (Haus der nützlichen Künste), Lübecker Ring 2, Ö: do 15–18 Uhr und n. V., (T 02921/378339)

Stadtarchiv/wiss. Stadtbibliothek (größtes mittelalterliches Stadtarchiv Westfalens), Jakobistraße 13, Ö: mo–fr 8.30–12.30 Uhr, do 14–17 Uhr, T 02921/103-1202

Stadtarchäologie, Jakobistraße 13, Ö: mo–do 8–16, fr 8–12 Uhr, T 02921/103-312

Insidertipps

St. Maria zur Wiese (Wiesenkirche mit Westf. Abendmahl) – St. Patrokli („Turm von Westfalen") – St. Petri (Alde Kerke) – Hohnekirche - Stadtmauer und Wall mit Osthofentor

„Pilgrim Haus" (ältester Gasthof Westfalen seit 1304), Jakobistr. 75, T 02921/1828, F 12131; „Im Wilden Mann" (westfäl. Spezialitäten, Sonderkarten für Reisegruppen), Markt 11, T 02921/15071, F 14078; „Brauhaus Zwiebel" (deftige, preiswerte Küche, Hausbrauerei), Ulricherstr. 24, T 02921/4424, F 16874

Soester Blaudruck, Soester Pumpernickel aus der Haverland Pumpernickel-Bäckerei, Marktstraße 6 (T 02921/16019), „Bullenauge" (Getränk)

Empfehlungen in der Umgebung

■ **Soester Börde:** „Wegmarken", ein Skulpturenprojekt mit 11 Kunstwerken von sieben Künstlern.

■ **Naturpark Arnsberger Wald:** geschlossenes Waldgebiet mit Naturwaldzellen bis Brilon, zahlreiche Wanderwege, Jagdschloss „Conradsruh" (Wanderkarte NP Arnsb. Wald)

Osthofentor-Museum

Hotel/Restaurant „Im Wilden Mann“

■ **„Westfälisches Meer“** – Möhnetalsperre: 12 km entfernt mit 16 km Länge der Möhnesee, 47 km Radtour um die Möhne, sehenswert Drüggelter Kapelle, Körbecker Pfarrkirche, Silberlädchen Schloss Völlinghausen, Torhaus.

Anschriften:

Tourist Information Soest,
Teichmühlengasse 3, 59494 Soest,
T 02921/66350050, F 02921/66350099
www.soest.de
touristinfo@soest.de

■ **Bad Sassendorf:** Bewegungszentrum, Kurpark, Gradierwerk, schöne Fußgängerzone mit dörflicher Fachwerkarchitektur und hübschen Geschäften.

Regelmäßige Veranstaltungen

Soester Kneipenfestival (März) – Bördetag (Mai) – Soester Winzermarkt (1. Juli-WE) Sommerliche Musiktage in Alt St. Thomä, auch öffentliche Orchester- und Ensembleproben – So isst Soest (1. Okt.-WE) – Allerheiligenkirmes, größte Altstadtkirmes Europas: fünf Tage ab mittwochs nach Allerheiligen – Soester Weihnachtsmark – „Westfälische Krippe“ Ausstellung 2. Advent bis Maria Lichtmess 2.2. (St. Patrokli)– trad. „Gloriasingen“ (Turm der Petrikirche, 24.12.) – Größter Silvesterlauf Europas: Werl – Soest

Wege in der Umgebung:

Der Stadtpark mit Tennisanlagen, Minigolfanlage, Gartencafé und Spazierweg bietet einen idealen Startpunkt für einen ausgiebigen Spaziergang in den 5 km entfernten Kurort Bad Sassendorf mit Bewegungszentrum, Kurpark und Gradierwerk sowie modernem Moor- und Soleheilbad. Bauerngarten Camenhof, nördlicher Stadtrand von Soest

Radstation am Bahnhof Soest, Bahnhofstraße, T 02921/14441, Ö mo–fr 5–19.30, sa 9.30–14 Uhr, so n.V., Service: Verleih, Reparatur, Bewachung. Ziele u.a.: Freilichtmuseum Loh-Hof Welver-Recklingsen; Kloster Paradiese (hier trieb das „Jägerken von Soest“ im Schelmenroman Simplizissimus sein Unwesen); „Wegmarken“ mit Skulpturenprojekt (elf Kunstwerke) in der gesamten Soester Börde, ⓘ T 02921/31101

12 km entfernt auf der Möhnetalsperre (Segeln, Surfen usw.)

um den Möhnesee: Von der Staumauer bis zur Drüggelter Kapelle („Heidentempel“) durch den Naturpark Arnsberger Wald oder um den Möhnesee, ⓘ T 02924/497

Stadtansicht von Werl mit den Türmen der Basilika (links) und der Propsteikirche (rechts)

Werl

Die historische Salzsieder- und Wallfahrtsstadt

Die Stadt am Schnittpunkt von Sauerland, Münsterland und Ruhrgebiet zeigt eine farbige Tradition. Die Lage am einst wichtigen Handelsweg zwischen West und Ost, dem Hellweg, begründete die enge Verbundenheit zum mittelalterlichen Städtebund der Hanse und ließ Werl vor Jahrhunderten zu einem bedeutenden Umschlagplatz für Waren und Werte aller Art werden.

Leistungsfähige Verkehrsanbindungen und die zentrale Lage stellen noch heute ein gewichtiges Kapital für die Stadt dar. Werl hat, mancherlei Kriegen, Feuersbrünsten und Besetzungen zum Trotz, ihren Reiz als alte westfälische Stadt bewahren können.

Geschichte

Erste Siedlungsspuren lassen sich von etwa 3000 v. Chr. bis in die karolingische Zeit nachweisen. Der Hellweg, die alte Königsstraße von Aachen bis ins Königreich Polen, große Eichenwälder,

Werl – Kreis Soest

- von 74 m bis 228 m ü. NN
- BAB 44, Autobahnkreuz Werl, Abfahrt Nr. 54, BAB 445 bis Anschlussstelle Nr. 59 oder 58 Werl-Zentrum, B 1 bis Werl
- DB Bahnhof Werl – Regionalbahn nach Werl
- Dortmund oder Lippstadt/Paderborn
- **NW** Herten-Westerholt 68 km, **O** Soest 15 km, **S** Arnsberg 22 km

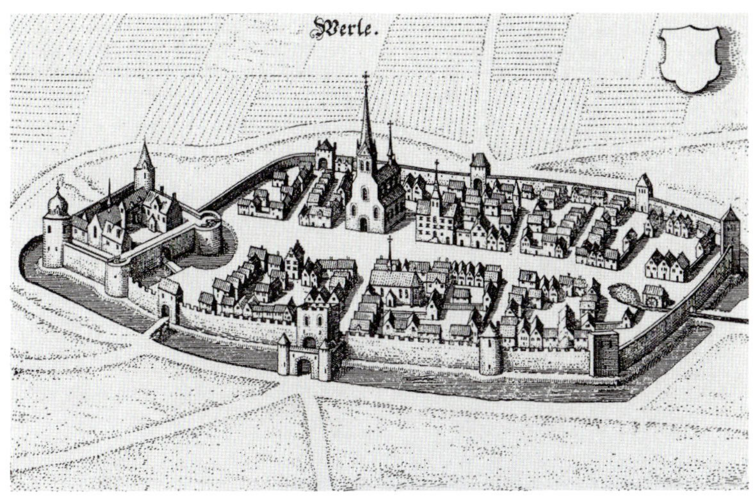

reichliches Wasservorkommen und vor allem salzhaltige Quellen begünstigten die Entwicklung des Siedlungsplatzes. Ein Adelsgeschlecht aus Meschede verlegte um das Jahr 900 seinen Sitz nach Werl. Die „Grafen von Werl“ erbauten eine Burg und wurden zu einflussreichen Repräsentanten des deutschen Adels in Norddeutschland. Gegen Ende des 11. Jh. zogen sie ins nahe Arnsberg und nannten sich fortan „Grafen von Arnsberg“. Werl wurde um 1220 zur Stadt erhoben und erhielt 1272 über Rüthen das Soester Recht.. Nach der Soester Fehde (1444–1449) wurde die Stadt zum Eckpfeiler des kurkölnischen Herzogtums Westfalen. Zwischen 1478 und 1483 wurde das Westfälische Offizialat nach Werl verlegt; der Gerichtsstuhl des Offizialats steht noch heute in der Propsteikirche. Die bis um 1919 sprudelnden Solequellen verliehen den „Erbsälzern“, denen die Ausnutzungsrechte verbrieft waren, wirtschaftlichen Einfluss und besondere politische Rechte. Im 19. Jahrhundert begann für Werl ein industrieller Aufschwung: Erste Industriebetriebe und der Anschluss an das Bahnnetz (1855) brachten Leben in das Acker- und Bauernstädtchen. Werl ist auch seit 1661 Wallfahrtsstadt. Verehrt wird als „Muttergottes von Werl“ eine etwa 800 Jahre alte Marienstatue in der Basilika.

Wallfahrtsbasilika

Sehenswertes beim Stadtrundgang

1. Gänsevöhde mit Stadthalle (1981) und achteckigem Kapellenbau (1680) mit Wappen eines Paderborner Domherren; Festplatz für Wallfahrer und Schützen, Treffpunkt für Kulturveranstaltungen.

2. Patrizierhaus (18. Jh.) mit Skulptur „Tänzerinnen" von Bernhard Kleinhans aus Sendenhorst. Das Gebäude liegt am Schnittpunkt zweier Werler Grabenstraßen, die den Verlauf der alten Stadtmauer erkennen lassen.

3. Wallfahrtsbasilika „Mariä Heimsuchung", Neuromanische Kirche von 1906, 1953 von Papst Pius XII. in den Rang einer „Basilika minor" erhoben. Im Mittelpunkt die Madonna mit Jesuskind (12. Jh.). Zur Sühne für einen Jagdfrevel Soester Bürger kam die Muttergottes-Statue von Soest, wo sie früher in der Kirche „Maria zur Wiese" verehrt, dann aber 130 Jahre lang auf dem Dachboden aufbewahrt wurde, nach Werl. Am 1.11.1661 nahm Kurfürst Maximilian-Heinrich auf seinem Werler Schloss das Gnadenbild, wahrscheinlich eine Statue von der Insel Gotland, feierlich in Empfang und bald pilgerten Gläubige von nah und fern nach Werl. Bis 1835 standen Gnadenbild und Wallfahrt in der Obhut der Kapuziner, dann der Stadtgeistlichen. Seit 1848 betreuen die Franziskaner die heute noch etwa 200.000 Pilger pro Jahr.

Innenansicht der Propsteikirche St. Walburga

4. Alte Wallfahrtskirche (1786–1789): eine barocke Saalkirche, die von den Kapuzinern errichtet und 1859/1860 erweitert wurde und sich heute im Besitz der Franziskaner befindet. Im Innern bemerkenswerte barocke Altäre, Kommunionbank, Chorgestühl und Beichtstühle. Da sie zu klein für die vielen Pilger wurde, baute man die „Neue Wallfahrtskirche".

5. Altes Rathaus (14./15. Jh.) am Markt. Bis 1970 diente das Gebäude als Sitz der Bürgervertreter. Eine Bronzetafel erinnert an den berühmten Werler Bürgermeister und Historiker Hermann Brandis. Das Glockenspiel zur Marktseite symbolisiert die heutige Nutzung des Gebäudes als Musikschule.

6. Patrizierhaus der Familie von Papen, heute Stadtbücherei, Denkmal des Monats 2000. Das barocke und repräsentative Gebäude liegt im Herzen des mittelalterlichen Werl. Die Vorgängerbauten des heutigen Hauses sind vermutlich den zahlreichen Feuersbrünsten zum Opfer gefallen. Besonders eindrucksvoll sind die Stuckdecken. Die Decke im östlichen Saalzimmer wurde vom Landeskonservator in die Zeit um 1720/30 datiert.

7. Krämergasse: Denkmalgeschütztes Gebäudeensemble, eine der schönsten Ansichten im

Stadtführungen:

Historischer Stadtrundgang durch die Altstadt; Kirchenführung durch die Werler Kirchen; Duftführung durch den Kurpark; Werler Weintour; Werler Märchenführung, weitere Themenführungen: Stadtinformation Werl: T 02922/8703500

Hammer Straße
Bahnhof Straße
Grafenstraße
P
Schützenstraße
Melstergraben
Walburgisstraße
Erbsälzer Straße
Siederstraße
Melsterstraße
Klosterstraße
Steinergraben
Hedwig-Dransfeld-Straße
Bäckerstraße
Markt
Engelhardstraße
Liebfrauenstraße
Krämergasse
Steinerstraße
Sponnierstraße
Neuestraße
Kämperstraße
Neuergraben
Soester Straße
1
2
3
4
5
6
7
8
9
10
11
12
13
14
15
16

Blick vom Kirchplatz in die Krämergasse

historischen Stadtkern, mit Blick auf die neuromanische Westfassade der Propsteikirche.

8. Historische Werler Ratsschule, datiert aus dem Jahr 1558, mit einem Stufenportal und einer lateinischen Inschrift, die auf die alte Schule hinweist (heute Teil des Gemeindezentrums „Walburgahaus".

9. Propsteikirche St. Walburga, Kirchplatz, Denkmal des Monats 2001, bedeutendstes Bauwerk Werls; errichtet an der Stelle, wo sich um 1000 die ottonische Kapelle neben der Burg der Grafen von Werl befand. Von dem um 1150 an gleicher Stelle errichteten romanischen Bau ist noch der Kirchturm erhalten. Die katholische Pfarrkirche wurde 1179 erstmals erwähnt. Der jetzige gotische Hallenbau wurde um 1400 vollendet. Die den Turm bekrönende Barockhaube wurde 1733–1736 mit ihrer das Stadtbild prägenden schlanken Spitze aufgesetzt. Die Westfassade wurde dann 1893–1897 in neuromanischen Formen instand gesetzt. Innen findet man Kunstwerke aus verschiedenen Jahrhunderten: Kreuzaltar (13./15. Jh.) mit Kruzifix, das im Mittelalter als Heiligtum verehrt wurde; Flügelaltar von Johann tom Ring (um 1600); Erbsälzeraltar (1594); Rosenkranzaltar (1631); überlebensgroße Kalvarienberg-Gruppe im Seitenschiff (um 1520). Einzigartig ist der Gerichtsstuhl (Anf. 18. Jh.). Nach Verlegung des obersten geistlichen Gerichts Westfalens (Offizialat) nach Werl um 1480 fanden bis 1821 Gerichtsverhandlungen in der Kirche statt. Vor dem Gerichtsstuhl befindet sich ein Bild der Heiligen Walburga.

10. Propstei (1689), barockes Pfarrhaus der katholischen Kirchengemeinde, lebensgroße Statuen der Heiligen Norbert, Walburga und Laurentius.

11. Haus Rykenberg, heute Städt. Museum, Denkmal des Monats 1999; Das urspr. Burgmannenhaus der Familie von dem Rykenberg ist ein stattlicher, mittelalterlicher Steinbau mit Fachwerkteil aus dem 18.Jh. Die ältesten Teile stammen vermutlich aus dem 14.Jh.

12. Bürgerhaus Krumme Str. 1/Güldenpoth (16. u. 18. Jh.), Denkmal des Monats 2003, sehenswerte, im Zickzackmuster aufgedoppelte Haustür.

13. Ursulinenkloster, Neuerstraße; Das Hauptgebäude wurde 1889 mit einem Internat für Mädchen errichtet. Ein Jahr vorher hatten die Ursulinen die am Ort schon bestehende private „Höhere-Töchter-Schule" übernommen. Über die Hauptpforte ein Relief der Heiligen Familie, der das Kloster geweiht ist. Heute gehören zum St.-Ursula-Stift der Konvent, das Internat, ein Gymnasium und eine Realschule für Jungen und Mädchen. Gegenüber ein ehemaliges Erbsälzerhaus, heute „Walburgisheim".

14. Schlossruine: Ehemalige Landesburg der Erzbischöfe von Köln, erbaut 1519–1521. ursprünglich ein mächtiges Bauwerk mit vier Türmen. Im siebenjährigen Krieg (1756–1753) zerstört und während der folgenden Jahre bis ca. 1820 als „Steinbruch" benutzt. Heute Eigentum des St.-Ursula-Stiftes. Besichtigung auf Anfrage.

15. Kapelle „Muttergottes in der Not", Liebfrauenstraße: neuromanische Kapelle (1900) mit Pieta (17.Jh.).

16. Kurpark erinnert an die Zeit der einstigen Salzgewinnung und an das Solbad Werl, das 1889 eröffnet wurde. Dort Nachbau eines Gradierwerks (1999) und Rekonstruktion eines Sudhauses (2003).

Zusätzliche Informationen:

Städt. Museum Haus Rykenberg: Ausgestellt sind Gegenstände zum Wohnen, Arbeiten und Leben, Exponate zur Stadtgeschichte von Werl, Ö: di–sa 13.30–17.30, so 14–17 Uhr, T 02922/ 861631
„Forum der Völker“, Melsterstraße 15: größtes Völkerkunde-Museum Westfalens, erbaut 1962 von dem Franziskanerorden, 8.000 Exponate aus fünf Kontinenten wie Nah-Ost, China, Japan, Neu-Guinea, Brasilien. Wechselnde Sonderausstellungen, Ö: di–so 11–13, 14–17 Uhr; T 02922/2635

Insidertipps

Museum „Forum der Völker“ – Wallfahrtsbasilika – Propsteikirche St. Walburga – Krämergasse – Haus Rykenberg – Haus von Papen

Restaurants am Markt: „Café Hemmer“, „Diers“, „Im Winkel“, „Roma“

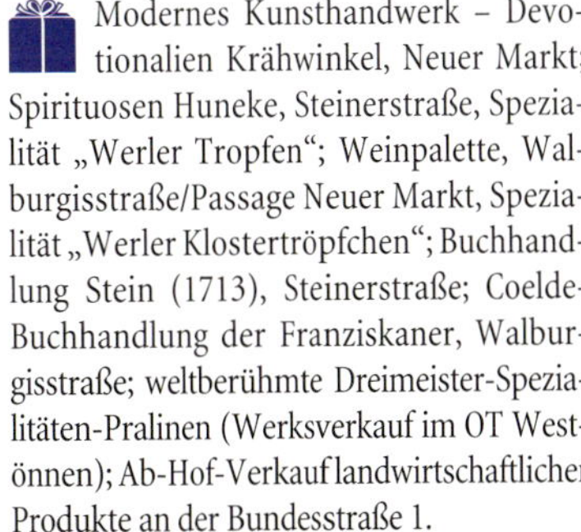

Modernes Kunsthandwerk – Devotionalien Krähwinkel, Neuer Markt; Spirituosen Huneke, Steinerstraße, Spezialität „Werler Tropfen“; Weinpalette, Walburgisstraße/Passage Neuer Markt, Spezialität „Werler Klostertröpfchen“; Buchhandlung Stein (1713), Steinerstraße; Coelde-Buchhandlung der Franziskaner, Walburgisstraße; weltberühmte Dreimeister-Spezialitäten-Pralinen (Werksverkauf im OT Westönnen); Ab-Hof-Verkauf landwirtschaftlicher Produkte an der Bundesstraße 1.

Empfehlungen in der Umgebung

- **Spielplätze** für Kinder im Kurpark
- **Freizeitbad** im Sportpark, Höppe
- **Schloss Lohe,** OT Westönnen, Denkmal des Monats 2002, 1281 erste urkdl. Erwähnung, lange Fideikommiss der Werler Erbsälzerfamilie von Papen-Lohe. 1854–1857 wurde das Bauwerk von Vinzenz Statz umgestaltet, nur Außenbesichtigung möglich! Im Haus befindet sich das Atelier der Künstlerin Gisela Siegel (Mal- und Zeichenkurse, Art und Design-Studio, T 02922/2907)
- **Haus Koeningen**, OT Niederbergstraße, Herrensitz der Familie von Papen-Koeningen mit bemerkenswerter historischer Kapelle (15.Jh.)

Regelmäßige Veranstaltungen

Großwallfahrten von Mai bis Oktober – Werler Frühling (1. WE April) – Siederfest: Stadtfest mit lukullischer Oase auf dem Marktplatz (2. Juni WE) – Michaeliswoche: Kulturwoche (Ende September) mit Kirmes, Schnadegang – Bauernmarkt (Erntedanksonntag) – Werler Münztag (2. So November) – Adventsmarkt – Silvesterlauf von Werl nach Soest

Anschriften:

Stadtformation Werl
Steinergraben 56, 59457 Werl
www.werl.de, www.smg-werl.de
info@smg-werl.de
stadtinfo-werl@web.de

Wege in der Umgebung:

Kurpark mit modernen Skulpturen, Werler Stadtwald, „Westfalenwanderweg“, Börderadweg (Radwanderkarte), Kaiserroute, Radtouren Werler Kleeblatt; Saline im Kurpark, Werler Stadtwald „Westfalenwanderung“

Börderadweg (Radwanderkarte), Kaiserroute, Radtouren Werler Kleeblatt

Rheinland – Ruhrgebiet

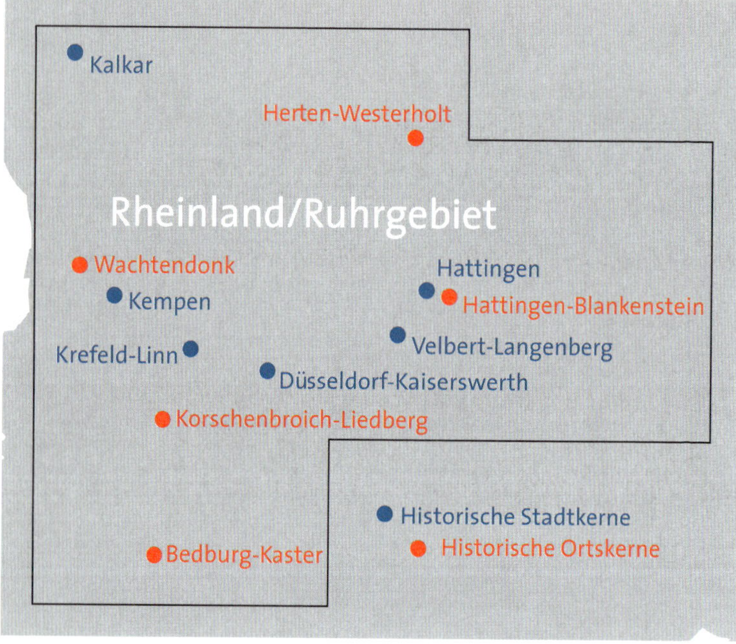
Kalkar
Herten-Westerholt
Rheinland/Ruhrgebiet
Wachtendonk
Kempen
Krefeld-Linn
Hattingen
Hattingen-Blankenstein
Velbert-Langenberg
Düsseldorf-Kaiserswerth
Korschenbroich-Liedberg
Bedburg-Kaster
Historische Stadtkerne
Historische Ortskerne

Ruhr aus dem Sauerland – Rhein aus der Schweiz

Am Anfang ringt sie jede Sekunde mit sich, die Sauerländer Erde zu verlassen; am Ende wälzt sie unendliche Wassermassen durch das Industriegebiet: die Ruhr, Lebensader einer Ferienregion und eines Industriegebietes im Strukturwandel. Unterhalb der alten Sachsenfeste Hohensyburg vereinigt sich die Lenne mit den beachtlich gewachsenen Ruhrwellen! Hengsteysee und Harkortsee überragen die bewaldeten Sandsteinhöhen des Ardeygebirges, bieten herrlichste Freizeit- und Wassersportmöglichkeiten. Kulturdenkmäler und Industrieanlagen säumen rechts und links das Ufer: die Adelshäuser Werdringen, Volmarstein, Kemnade und Blanken-stein sowie die Schornsteine und Fabrikhallen von Herdecke und Witten. Nun ächzt und windet sich die Ruhr unter der schweren Arbeit im Westfälischen Industriegebiet in zahlreichen Krümmungen durch den Kemnader Stausee, dann durch Hattingen, Steele und Werden. Von der Abtei Werden gingen einmal die Missionare den Fluss hinauf, um bis in die grünen Berge des Flussursprunges vom Namen Gottes zu künden.

Durch die Kettwiger Schweiz, der friedlichen Gartenstadt, fließt der nun schiffbare Fluss auf Mülheim zu. Nach Blankenstein kündet auch Schloss Hugenpoet von der historisch alten Burgengegend. Während auf der rechten Seite der Ruhr das Schwergewicht der Industrie liegt, gibt es gegenüber sogar große Wälder, die sich südlich von Speldorf hinziehen. Links der Ruhr verknoten sich aber auch die Bundesautobahnen, bis schließlich die vielfach gestaffelten Hafenbecken von Duisburg-Ruhrort auftauchen. Am Moerser Grinden ist die Rheinmündung erreicht.

„De Rhing herob, de Rhing herav“ liegen traumhafte historische Orts- und Stadtkerne.

Die Faszination der Landschaft wird durch die Weite hervorgerufen. Zwischen Pappelreihen und Kopfweiden nisten Watt- und Wasservögel, kreisen 100.000 Wildgänse, finden Naturliebhaber weite Gebiete mit unberührter Vegetation.

Geschichte und Moderne prallen in dieser Kulturlandschaft aufeinander: Wasserburgen, Herrensitze, älteste Wallanlagen oder nur „Motten“, d.s. künstlich aufgeworfene Erdhügel mit einer Burg, aber auch wunderschöne Schlösser, die oft ein wenig abseits von den großen Verkehrsadern liegen und entdeckt werden wollen, z.B. die „Herrensitz-Route“, die bei den niederländischen Nachbarn beginnt und zu den herrlichsten Adelshäusern an Maas und Niers führt.

Bedburg-Kaster

Wo das Mittelalter lebt

Alt-Kaster, die zweitkleinste Stadt Deutschlands, wurde schon 1339 urkundlich als Stadt erwähnt. Von der Erft umflossen liegen stille Winkel und romantische Gässchen im historischen Ortskern – eine Landidylle für jeden. Betritt man durch eines der beiden alten Stadttore den Orte, so liegen die

Hauptstraße

Bedburg-Kaster – Bergheim

- von 80 m bis 120 m ü. NN.
- BAB 46 bis Autobahnkreuz Holz, BAB 44 bis Autobahnkreuz Jackerath, BAB 61 bis Anschlussstelle Nr. 17 Bedburg
- Linie 975 nach Kaster
- DB: ICE nach Düsseldorf Hbf, Regionalexpress nach Neuss Hbf, Regionalbahn nach Bedburg/Erft
- Flughafen Düsseldorf
- **N** Korschenbroich-Liedberg 34 km, **NO** Solingen-Gräfrath 63 km, **O** Remscheid-Lennep 79 km, **S** Stolberg und Stolberg-Breinig 50 km
  Nähe zur Eifel: Kommern, Bad-Münstereifel, Monschau, etc.

vergangenen Jahrhunderte aufgeschlagen wie in einem Bilderbuch vor dem Besucher. Diese historische Dorfstruktur wird von einer zauberhaften Parklandschaft umgeben, darin Häuser und Gehöfte mit jahrhundertealter Geschichte.

Neuere Geschichte schreibt der Braunkohle-Tageabbau, der unmittelbar vor den Toren Bedburgs lag. Aber Bürger und Politiker haben dafür gesorgt, dass die Riesenbagger einen Bogen um Alt-Kaster machen. Die Natur ist heute längst in die ehemaligen Braunkohle-Gebiete zurückgekehrt.

Geschichte

Der an einem Erftübergang gelegene Ort wurde 1148 mit Heinrich „de Kastere“ zuerst genannt. Das ursprünglich reichsunmittelbare, später aber jülichsche Lehen ist seit 1297 ein jülichsches Amt. Die Burg wurde nach der Zerstörung durch den Kölner Erzbischof 1279 wieder aufgebaut, der befestigte Burgort 1339 erstmals als Stadt erwähnt. Nach 1356 sollte die Burg als Witwensitz dienen: Zum Hofstaat der Herzogin Sybille gehörten neben adeligen Jungfrauen, der Küchenmeister, Jäger, Brauer, Bäcker, Fischer, ein Harfenschläger und sogar ein Hofnarr! 1624 wütete in Kaster ein verheerender Stadtbrand, der größte Teil des Städtchens wurde eingeäschert (Maueranker an verschiedenen Häusern nach dieser Zeit!). Am Ende des Dreißigjährigen Krieges erlitt Kaster 1642 schwere Schäden und wurde durch die Kaiserlichen 1648 erobert. Im 19. Jh. führte Kaster ein stilles Dasein und wurde zur zweitkleinsten Stadt des Bundesgebietes. Die Braunkohleindustrie gab in jüngster Zeit neue Impulse, aber auch Probleme hinsichtlich der Umsiedlung ganzer Dörfer im Gebiet von Bedburg; damit wächst das „neue Kaster“ zu einem für zunächst 10.000 Ew. geplanten Siedlungsgebilde zusammen.

Sehenswertes beim Stadtrundgang

P1 Parkplatz „St. Agatha-Tor“
P2 Parkplatz Epprath

1. St. Agatha-Tor (auch Busch- oder Feldtor), Hauptstraße, vierkantiges Turmtor mit einer spitzbogigen Durchfahrt, im Kern 14. Jh., Kriegsschäden 1950 behoben; stadtseitig die Nische mit der hl. Agatha, außen der hl. Georg.

2. Fünfeckige Stadtmauer mit Rundtürmen, im Kern aus dem 14. Jh. mit dem Erfttor (auch Ober-, Köln- oder Mühlentor), Hauptstraße, vierkantiger Turmbau, 14. Jh., Mitte des 16. Jh. erneuert, auch 1950 wieder hergestellt, stadtauswärts das Wappen von Kaster mit dem Jülicher Löwen.

3. Burgruine, Ende der Kirchstraße, ehem. Schloss der Grafen von Jülich, 1278 Wiederaufbau, 1648 nach hessischer Besetzung zerstört, 1993 umfangreiche Restaurierungsarbeiten

4. Kellnerei, Kirchstr. 37, früher Vorburg

5. Alte Vikarie, Vikariestr. 14, im 17. Jh. erbaut

6. Alte Wassermühle, Hauptstr. 25, 1384 als herzogliche Kameralmühle genannt, 1626 wieder errichtet, im 19. Jh. ausgebaut.

7. Hauptstr. 7: zweistöckiger geschlemmter Ziegelbau, Maueranker zeigen 1668

8. Hauptstr. 45: ehem. Schule, Gebäude von 1874

9. Histor. Wasserpumpe vor der alten Schule

10. Kirchstraße 28: zweistöckiger geschlemmter Backsteinbau, Maueranker zeigen 1696

11. Kreuzigungsgruppe aus der 2. Hälfte des 18. Jh

12. Ehem. Amtshaus, Kirchstr. 38, sog. „Vogtshaus“, Maueranker zeigen 1686

13. Eulenturm, Eulengasse und Eulentor: runder Backsteinturm mit mittelalterlichem Kern, im 17. Jh. erneuert

14. Hist. Wasserpumpe gegenüber dem „Danielshof“

Stadtführungen:

auf Anfrage beim AK „Altstadt-Kaster“, Vors. Josef Vogt, Kirchstr. 38, 50181 Bedburg

Eulengasse mit Eulenturm

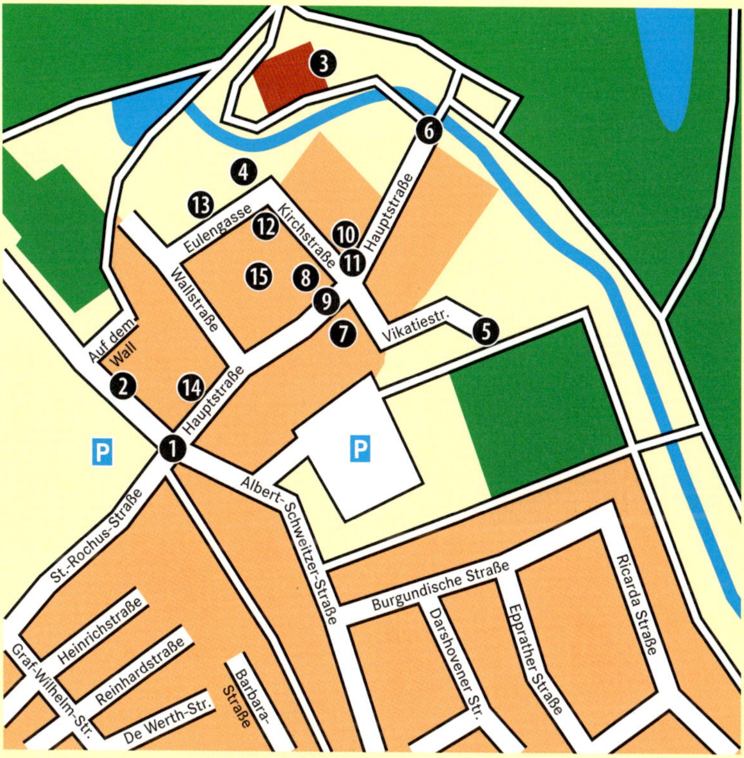

15. Kath. Pfarrkirche St. Georg, Kirchstraße, Neubau von 1785, Turm von 1551, Ausstattung 18. Jh.: Hochaltar und zwei Nebenaltäre, Kommunionbank.

Gasthaus „Zum Rathaus“

Insidertipps

„Landhaus Danielshof“, Hauptstr. 3d, T 02272/9800 (Hotel, Restaurant); „Zum alten Rathaus“, Hauptstraße 46, T 02272/902890 (Gasthaus); „Daniels Hof“, Hauptstraße 3a, T 02272/82118 (Bistro, Café)

Aus der Kirchstraße 42 viele Gegenstände aus Holz (Tiere, Zwerge, Figuren usw.)

Empfehlungen in der Umgebung

- **Kasterer See:** Naherholungsgebiet, 7 ha groß mit Schwänen und viel Wald.
- **Kasterer Höhe:** Hügel mit Aufstieg über Holztreppe, Ausblick!
- **Schloss Bedburg:** einer der ältesten Backsteinbauten des Rheinlandes mit Ursprung im 13. Jh. als Wasserburg (Vorburg) zur Bewachung des Erftüberganges. Nachfolgend oft hart umkämpft, zerstört und wieder aufgebaut. Arkaden im „Arka-

Eulenturm aus dem 17. Jh.

Erfttor

denhof" (heute mit Glasdach) stammen aus der Zeit um 1550. 1839 sollte hier von der Rheinischen Ritterschaft die Rheinische Ritterakademie gegründet werden, um den Nachwuchs des Rheinischen Adels zu schulen. Heute zum Teil Wohnungen, zum Teil für kulturelle Veranstaltungen (Theater, Konzerte, Ausstellungen) genutzt.

- **Windmühle Grottenherten:** 1 km östlich Kirch-Grottenherten, 1831 erbaut, noch heute mit zwei Mahlgängen funktionsfähig (bis 1964 wurde gemahlen). ⓘ 02463/3314
- **Kinder-Abenteuerspielplatz** nahe der Stadtmauer
- **Lucien-Rosengart-Museum:** Automobilmuseum in Bedburg-Rath, Biergarten, T 02183/7315

Regelmäßige Veranstaltungen

Alt-Kasterer Adventsfensteröffnen (1.–24.12., täglich 18 Uhr) – Nikolausmarkt (1. So im Dezember 10–19 Uhr) – Kunstmarkt im Schloss Bedburg (2. Advents WE) – Kunstausstellung auf Schloß Bedburg (1. Advents WE) – Ricardamarkt (Kunsthandwerkermarkt in Alt-Kaster (1. WE n. den Sommerferien)

Zusätzliche Informationen:

lükunst: rita lü, atelier, Hauptstr. 76, Kaster, T 02272/901893, F 901895

Anschriften:

Stadt Bedburg, Tourismus-Information
Am Rathaus 1,
50181 Bedburg, T 02272/402-0, oder -122
www.bedburg.de,
stadtverwaltung@bedburg.de

Wege in der Umgebung:

Wanderweg durch den Schlosspark in Bedburg und zur Grottenhertener Mühle durch die Felder

ebenfalls zur Grottenhertener Mühle durch die Felder

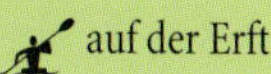

auf der Erft

Düsseldorf-Kaiserswerth

Die Pfalz am Rhein und auf den Spuren Barbarossas

Kaiserswerth hat sich über Jahrhunderte hinweg sein malerisches Bild bewahrt, seit 1929 ein Stadtteil im Norden von Düsseldorf und direkt am Rhein gelegen. An kaum einer anderen Stelle in Nordrheinwestfalen sind Historie und Gegenwart, sind Episoden der Geschichte der Alten Welt und die Gegenwart der internationalen Metropole so dicht beieinander wie in Kaiserswerth. Wandelt man nur auf den Spuren Barbarossas, verliert man vielleicht die Gegenwart aus dem Auge. Aber es schärft sich der Blick für das, was in Kaiserswerth liebevoll erhalten und bewahrt worden ist.

Suitbertus-Stiftsplatz 14
aus dem Jahr 1702

Geschichte

Die Historie von Kaiserswerth geht bis ins 7. Jh. zurück, als ein fränkischer Fronhof zu einer befestigten Anlage ausgebaut wurde, zu Beginn des 8. Jh. kam das erste rechtsrheinisches Benediktinerkloster hinzu. Kaiser Friedrich Barbarossa verlegte den Rheinzoll hierher – Kaiserswerth wurde dem Kaiser viel wert, ein wirtschaftliches Zentrum. Fast genau 100 Jahre später

Düsseldorf-Kaiserswerth – kreisfreie Stadt

- von 38 m ü. NN
- BAB 52 bis Anschlussstelle Stockum, BAB 44 Richtung Flughafen bis Anschlussstelle Nr. 30 D-Stockum, bzw. aus Richtung Duisburg über die B 8 und aus Richtung Düsseldorf die B 8n, dann B 8
- S 6 bis Ratingen-Ost, von Ratingen Bus 749 und von Ratingen-Lintorf Bus 751 bis Kaiserswerth, aus Düsseldorf/Duisburg U-Bahn 79, von Düsseldorf Hbf mit U 79 weiter
- Düsseldorf
- **W** Krefeld-Linn 20 km, **O** Velbert-Langenberg 44 km, **SW** Korschenbroich-Liedberg 34 km, **SO** Solingen-Gräfrath 42 km

wurde die Festung an den Kölner Erzbischof verpfändet. Dann belagerten während der Kämpfe um die Vorherrschaft in Europa Spanier, Franzosen, Burgunder Pfalz und Stadt. Die romantische Stadt am Rhein inspirierte Richard Strauss, Gerhard Hauptmann und Thomas Mann.

St.Suitbertus, Suitbertus-Stiftsplatz

Sehenswertes beim Stadtrundgang

1. Start an der Information über Kaiserswerth, der Altstadt mit historischen Straßenzügen auf dem Stadtgrundriss aus dem Mittelalter

2. Tafel zur Diakonie

3. Bezirksverwaltungsstelle, Kaiserswerther Markt 23, T 0211/89-93017, F 89-29175

4. Info Kaiserswerther Markt

5. **Gebäudegruppe Kaiserswerther Markt 9/11/13:** Hausensemble aus der Barockzeit und ältere Kaufmannshäuser mit hübschen weißen und roten Fronten.

6. **Kaiserswerther Markt 8,** Wohnhaus mit mittelalterlichem Hinterhaus

7. **Altes Zollhaus,** prächtigstes Gebäude aus der Zeit vor der Zerstörung 1702, mit einem großen und einem kleineren Barockgiebel sowie einem Treppenturm, eingemauerte Kanonenkugeln, eiserne Maueranker (1635).

8. **Am Mühlenturm,** Haus Nr. 8: eines der wenigen Gebäude, die die großen Zerstörungen von 1702 überstanden haben; Frontnische mit kleiner Madonna. Der Mühlenturm auf der Bastion Maximilian war der nordwestliche Eckpfeiler der früheren Verteidigungsanlagen; die Windmühle wurde 1702 zerstört, aber wieder aufgebaut. Später wurde der Mühlenturm zum Wasserwerk, dann Jugendherberge und ist heute eine Privatwohnung.

9. **Ev. Kirche** von 1811 mit der Gedenktafel, dass Fliedner hier 1822–1849 predigte; im grünen Hintergrund versteckt – der Fliedner-pavillon.

10. **Fliednerhof,** ergänzt das „kleine Reich" Theodor Fliedners und zeigt eine geschlämmte, schlichte Lochfassade gegenüber dem Stammhaus der Diakonie am Markt. Hier wohnte auch Florence Nightingale, der „Engel der Barmherzigkeit" aus dem Krimkrieg, als junge Schülerin.

11. **Fliednerstr. 32:** ehem. Schule der Diakonie Kaiserswerth mit Heimatmuseum, erinnert an das Diakonische Werk von Th. Fliedner und seiner Frau Friederike.

12. Tafel zum Stiftsplatz: Historische Bauten präsentieren sich am „Suitbertus-Stiftsplatz„ u.a. die Kanonikerhäuser rund um den Stiftsplatz, u.a. **Geburtshaus** (Haus Nr. 11) **Friedrich Spees von Langenfeld,** Jesuitenpater („*cautio criminalis*" – Schrift wider die Hexenverfolgung); bei Ausgrabungen wurden Fundamente des Vorgängerbaus der heutigen Basilika entdeckt.

13. Durchgang neben Nr. 14 führt zu dem aus dem 13. Jh. stammenden **Haus St. Josef,** gehört zu den besterhaltenen romanischen Häusern in Deutschland; an der Südseite das alte Beinhaus (Gebäude b. Friedhof zur Aufnahme ausgegrabener Totengebeine).

14. **Suitbertus Stiftsplatz 1,** ehem. Schule, jetzt Kunstarchiv Kaiserswerth

15. **St. Suitbertus Basilika,** ehem. Stiftskirche (11.–13. Jh.), weitgehend erhalten, heute die Pfarrkirche, zeigt als größten Schatz den St. Suitbert-Schrein.

16. **Kaiserpfalz:** Ruinen der alten Kaiserpfalz von Kaiser Barbarossa. Früher bildete der Rhein hier viele Nebenarme mit Inseln, sog. „Werther". Schon Heinrich II. ließ hier eine starke Pfalz errichten, die von Kaiser Friedrich Barbarossa 1184 wesentlich ausgebaut wurde und sein Wohnsitz bei der „mobilen" Regierungsweise der deutschen Kaiser wurde. 1702 wurde die Burg im Spanischen Erbfolgekrieg zerstört und ist seither Ruine. In der Grünanlage gegenüber der Kaiserpfalz Büsten berühmter Bürger Kaiserswerths: Florence Nightingale, Friedrich von Spee, Theodor Fliedner, Caspar Ulenberg, Her-

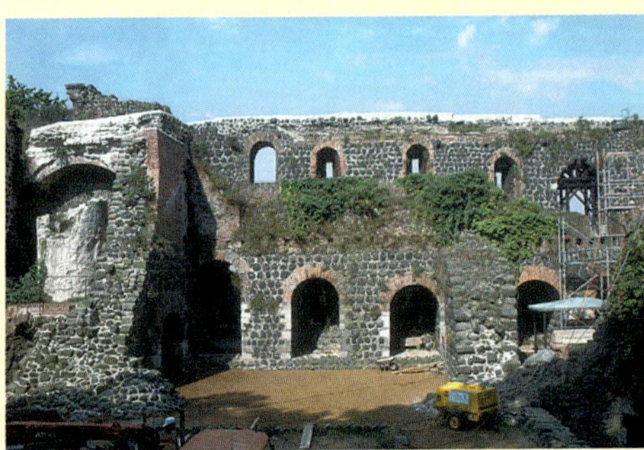

Ruine der Kaiserpfalz

bert Eulenberg.

17. Haus Freiheit, ehem. Haus des Dichters und Dramaturgen H. Eulenberg, in dessen Garten sich sein Urnengrab befindet.

18. Kuhtor, Durchlass des Hochwasserschutzdeiches

19. Ehem. Benediktinerkloster, um 700 errichtetet, im 11. Jh. umgewandelt in das Kapuziner-Kloster (1670–1973) Kaiserswerth; die Kirche weist einen prunkvollen Barockaltar auf.

20. Wallanlagen mit ehem. Bastionen: Nur einen Steinwurf entfernt liegt der Barbarossawall und verbindet mit anderen Wällen die fünf ehemaligen Bastionen.

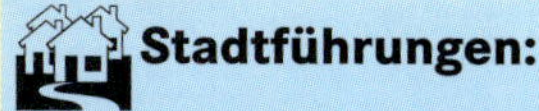

Stadtführungen:

W. Mayer, Heimat- und Bürgerverein Kaiserswerth, Alte Landstr. 42, 40489 Düsseldorf, T 0211/404420

Zusätzliche Informationen:

Heimatmuseum Kaiserswerth, Fliednerstr. 32, Ö: sa 14–17 Uhr, so 11–13 und 14–17 Uhr.
Kunstarchiv Kaiserswerth, Suibertus-Stiftsplatz 1, Ö: fr, sa, so 11–17 Uhr
Galerie Nicols, Suitbertus-Stiftsplatz 11 und im romanischen Haus Suitbertus-Stiftsplatz 14 b.
Düsseldorf Marketing und Tourismus GmbH, Der neue Stahlhof, Breite Str. 69, 40213 Düsseldorf T 0211/172020 www.duesseldorf-tourismus.de
Bezirksverwaltungsstelle, Kaiserswerther Markt 23, T 0211/89-93015, F 89-29175

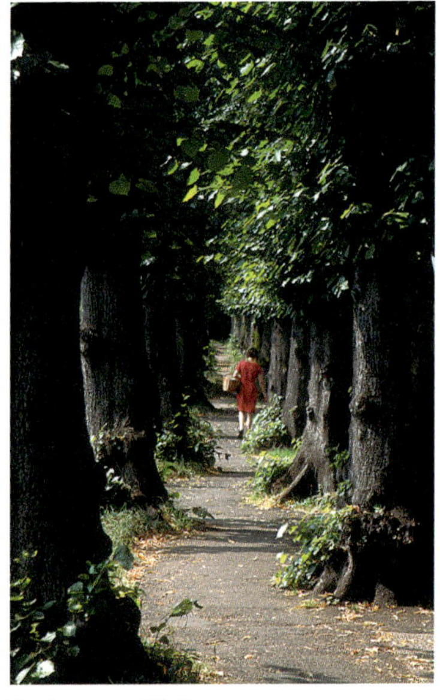

Barbarossa-Wall

Insidertipps

St. Suitbertus – Fliednerhof

„Im Schiffchen“ (histor. Ambiente), Kaiserswerther Markt 9, T 0211/401050; „Burghof“, Burgallee 1, T 0211/401423; „Marktplatz“, Kaiserswerther Markt 19, T 0211/4790780; „Zum Einhorn“, Kaiserswerther Markt 26, T 0211/4080280; „Zur alten Rheinfähre“ (Anleger Autofähre, Fährenweg)

Empfehlungen in der Umgebung

- **Freibad Flossen weg,** Kreuzbergstraße, T 0211/4089668
- **Freibad an der Messe Düsseldorf**

Suitbertus-Stiftsplatz

„Im Schiffchen“

Anschriften:

Düsseldorf Marketing und Tourismus GmbH, Der neue Stahlhof, Breite Str. 69, 40213 Düsseldorf T 0211/172020 www.duesseldorf-tourismus.de
Bezirksverwaltungsstelle, Kaiserswerther Markt 23, T 0211/89-93015, F 89-29175

- **Freizeitanlage in Ratingen „Blauer See“,** T 02102/86130, F 861329
- **Industriezentrum Cromford,** Rhein. Industriemuseum, T 02102/870309
- **Mettmann:** Neanderthalmuseum, Talstr. 300, T 02104/979797, F 979796
- **Mettmann:** Goldberger Mühle, Mahlwerk, Backofen, frisches Brot; T 02104/25568
- **Löbbecke-Museum** und **Aquazoo**, Kaiserswerther Str. 380, Theodor Löbbecke war Apotheker und Privatgelehrter im 19. Jh. Seine Sammlung bildet den Grundstock des Museums, T 0211/89-96150, www.duesseldorf.de/aquazoo/
- **Bootsfahrt zum Düsseldorfer Hafen** und zurück mit der KD, Burgplatz 29, Düsseldorf, T 0211/3239263

Regelmäßige Veranstaltungen

Kaiserswerther Bürgermarkt – Kaiserswerther Kulturtage – Weinblütenfest (Termine nicht festgeschrieben)

Rheinufer in Kaiserswerth

Wege in der Umgebung:

Geh- und Radweg auf der Deichkrone; Rheinfähre D-Kaiserswerth – linksrheinisch entlang des Rheinufers durch das Landschaftsschutzgebiet „Die Spei“, westlich nach Nierst, durch das Dorf, über Feldwege nach Langst-Kierst, zurück mit der Fähre, ca. 7,5 km, gezeichnet A 3.

entlang des Rheins oder auf der Deichkrone

auf dem Rhein

Fachwerk am Kirchplatz

Hattingen

Die Drei-Burgen-Stadt über der Ruhr

Hattingen, gelegen im südlichen Ruhrgebiet, nahe einer großen Schleife der Ruhr, präsentiert im Stadtbereich drei Burgen: Ruine Isenburg, Burg Blankenstein und Haus Kemnade. Südlich des idyllischen Ruhrtals beginnt die Elfringhauser Schweiz, schon Teil des Bergischen Landes. Vor allem aber der Reiz eines denkmalgeschützten Stadtkerns empfängt den Besucher: nicht Museumsduft, sondern eine bunte, quirlige Stadt voller Leben. Hattingens Altstadt gilt seit dem Sanierungsplan von 1962 als einzigartig in Nordwestdeutschland: 150 Fachwerkhäuser sind als Ensemble rund um die St. Georgs-Kirche erhalten. Zwischen diesen hervorragend renovierten Fassaden von Fachwerk schlängeln sich Gässchen

Hattingen – Ennepe-Ruhr-Kreis

- von 60 m bis 306 m ü. NN.
- BAB 40 (Ruhrschnellweg) Anschlussstelle Nr. 34 Wattenscheid-West, ⇛ Hattingen; A 43 Anschlussstelle Nr. 21 Witten-Herbede/Hattingen oder Nr. 22 Sprockhövel
- Straßenbahn von Bochum Hbf
- DB ab Essen Hbf S 3 nach Hattingen-Mitte, SB 37 von Bochum
- Düsseldorf, Dortmund
- **SO** Hattingen-Blankenstein ca. 3 km, **S** Velbert-Langenberg 7 km, **N** Herten-Westerholt 40 km, **SW** Düsseldorf-Kaiserswerth 50 km

mit immer neuen malerischen Blicken, hinter den schwarzweißen Giebeln mit viel Blumenschmuck liegen kleine Läden mit einer Fülle von allerschönsten Angeboten. Für die Einkehr öffnen Gaststätten, Restaurants und Cafés ihre Pforten und laden in die anheimelnd ausgestatteten Räume ein. Da wird der Einkaufsbummel zum Vergnügen!

Geschichte

Schon nach der Unterwerfung der Sachsen durch Karl den Großen entwickelt sich aus der Siedlung Hatneghen ein fränkischer Reichshof mit ca. 20 Unterhöfen im Umland von Hattingen. Erste urkundliche Erwähnung findet Hattingen mit der Bestätigung der Schenkung dieses Reichshofes an die Benediktinerabtei Deutz im Jahr 1019/20.

Zu Beginn des 13. Jh. waren die Grafen von Altena-Isenberg die Landesherren, aber schon wenige Jahre später wird die Isenburg am Ruhrübergang des „Kleinen Hellwegs" zerstört. Hattingen liegt nun im Grenzbereich der Grafen von der Mark und der Grafschaft Berg. Der Landesherr stärkt diese Grenzsiedlung durch zahlreiche Vorrechte, aber eine Verleihung der Stadtrechte geschieht nicht. Die eigentliche Stadtwerdung entwickelt sich über 100 Jahre: 1396 gibt es einen Befestigungsvertrag und ab 1486 dürfen Bürgermeister und Rat eigene Gesetze erlassen. Bis zu mehrfachen Zerstörungen kann sich Hattingen zu einem wichtigen Handelszentrum entwickeln; 1554 gehört Hattingen nachweislich dem Bund der Hanse an. Aus dieser wirtschaftlichen Blütezeit sind viele Fachwerkhäuser in der Altstadt erhalten, die mit Pest, Feldzügen und dem Dreißigjährigen Krieg beendet ist.

Im 18. Jh. entwickelt sich Hattingen zu einer bedeutenden Textilstadt; auch der Bergbau erhält durch die schiffbare Ruhr größere Bedeutung. Die mittelalterlichen Strukturen verschwinden zu Beginn des 19. Jh., 1810 werden die Stadtmauern abgetragen und mit den Steinen die Wege gepflastert. Die Entdeckung des Spateisensteins führt 1854 zur Gründung der Henrichshütte; mit dem Anschluss an die Eisenbahn wird die Ruhrschifffahrt als Massentransportmittel abgelöst. Im II. Weltkrieg wird die Altstadt erheblich beschädigt; in den 1960er Jahren gibt es erste Pläne zur Sanierung und mit der kommunalen Neugliederung werden diese ab 1970 realisiert. Die Schließung wichtiger Industriebetriebe in den 1980er Jahren läutet den Kampf um die Arbeitsplätze ein, die heute vornehmlich im Dienstleistungsbereich liegen.

Sehenswertes beim Stadtrundgang

P Altstadt-Parkaus

Hattingen weist die Besonderheit auf, dass an sechs wichtigen Eingangsstellen Informationstafeln zum Rundgang aufgestellt sind und auf die nächsten Objekte verweisen.

1. Altes Rathaus (1576 von den Bürgern erneuert), ehem. Fleischhalle. Ende des 18. Jh. modernisiert, Halle auf einen schmalen Durchgang reduziert, rechts und links Gefängniszellen. Anfang des 20. Jh. als Heimatmuseum genutzt; seit 1993 Städtische Galerie und Kleinkunstbühne. **Kirchplatz,** bis 1813 Begräbnisstätte (alte Grabplatten); ein geschlossener Ring von Fachwerkhäusern („Wachszinshäuser").

2. St. Georgskirche, gotische Hallenkirche mit Kirchturm aus dem 13. Jahrhundert und einem schiefen Turmhelm; um 1800 wurde die Kirche klassizistisch renoviert, Säulen und Gewölbe wichen einem Tonnengewölbe, die Ausstattung der Vorzeit wurde entfernt.

3. Häuser Kirchplatz 6-8 bis 1982 die „Löwenapotheke"; Nr. 15 anstelle der Hattinger Münze; Nr. 17: Gebäude von 1721, ehem. ev.-luther. Stadtschule; Nr. 19: Schulgebäude ab 1824; „Hattingia" trägt eine fünftorige Mauerkrone und das Wappenschild der Stadt, Kriegserinnerung an 1870/71.

4. Kirchstraße, ehem. **„Kuhgasse";** niedrige Türen führen in das Kellergeschoss, Kühe wurden durch diese Gasse getrieben.

5. Haus Steinhagen 6-8, ein typisches Ackerbürgergehöft, einzig erhaltener Bauernhof in der Stadt von 1729; später Kupferschmiede, Weißbrotbäckerei und Ledergroßhandlung; 1968–1970 grundlegend saniert.

6. Emscheplatz: mit drei interessanten Häusern – Hs. 12 (1553) versetzt vom Flachsmarkt; Hs. 14 ein moderner Anpassungsbau; Hs. 16 zeigt eine für Hattingen untypische Bauform, ein umgesetztes Bauernhaus vom Möhnesee.

7. Der **Brunnenhof** zeigt die typische Wasserversorgung der Stadt mit einem dieser zahlreichen Hausbrunnen.

8. Reste der ehem. Stadtmauer von 1586/90 sind in der Grabenstraße zu finden; zuvor war

Bügeleisenhaus

die Stadt seit 1396 mit einem „tun-stacket, (Flechtzaun zwischen Eichenpfosten, Stadtgraben und Wall) gesichert.

9. Steinhagen – hier stand auf einer flachen, steinigen Erhebung das ehem. Stadttor „Steynhagen poerte", es verband Stadt und Bauernschaften.

10. Der **Bruchtorturm** ist ein Rest von ehem. sieben Stadttürmen, besterhaltener Bestandteil der Hattinger Stadtbefestigung, teilweise 1820 abgebrochen, mit der Stadtsanierung sichtbar gemacht und dauerhaft instandgesetzt.

11. Bügeleisenhaus, ein eigenwillig schmales, in Fachwerk errichtetes Wohnhaus von 1611 bzw. 1620/30; Name stammt von dem grundstücksbedingten Grundriss und dem prägnanten Giebel; früher Tuchweberei, dann Schlachtraum, Wurstküche und Verkaufsraum einer jüdischen Familie, 1941 als jüdischer Besitz enteignet, 1955 vom Heimatverein Hattingen erworben.

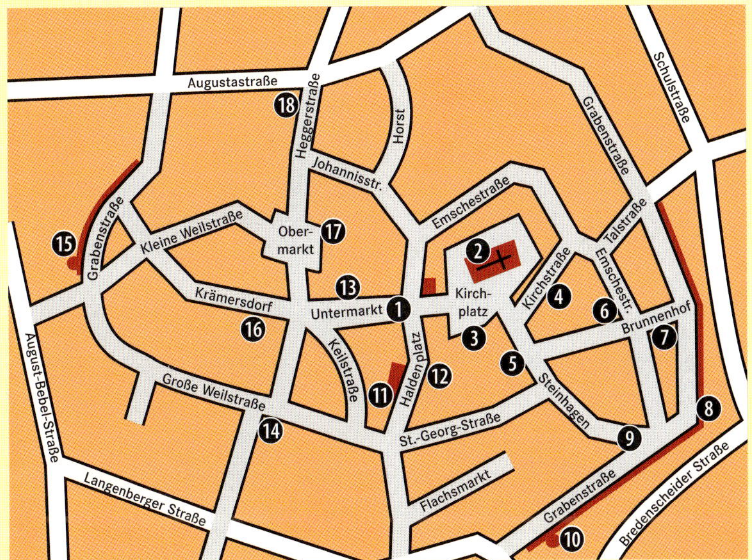

12. Haldenplatz, urspr. „Hallenplatz" (Platz an der Fleischhalle), das leichtfallende Gelände gab den heutigen Namen. Nr. 8 erste Sparkasse, damit eines der ersten Kreditinstitute in Westfalen. Aus dem Tresor, eine schwere Holztruhe im Schlafraum des Rendanten, wurden 1843 in der Nacht 57 Taler gestohlen.

13. Untermarkt und **Obermarkt** bildeten den Mittelpunkt des Wirtschaftslebens. 1435 wurde hier Stadt und Kirchspiel „ein freier Wochenmarkt" verliehen.

14. Gelinde, früher die Gerichtsstätte des Hofes von Hattingen, als Straßenkreuzung Jahrhunderte lang die Drehscheibe des städt. Straßenverkehrs, bis 1969 fuhr hier die Linie 8 der Straßenbahn.

15. Zollhaus, Kaufleute mussten am nahen Weiltor ihre Zollgebühren entreichten; im kleinsten Hattinger Fachwerkhaus wurde nie Zoll erhoben, es steht auf den Resten eines ehem. Wehrturms, 1820 als Werkstatt eines Schmiedes gebaut. Unterhalb des Pflasters liegt ein Gewölbekeller: Aufenthaltsraum für die dienstfreie Wachmannschaft des Wehrturmes und Zugang zum Turm.

16. Krämersdorf, ein weiterer von fünf schönen Plätzen der Stadt, mit dem Glockenturm als Rest der Johanniskirche, März 1945 zerstört (Glockenspiel).

17. Auf dem **Obermarkt** ein „Treidelbrunnen" mit Ruhraake von Bonifatius Stirnberg, Aachen: erinnert an die Ruhr als Transportweg für Ruhrkohle.

18. Heggertor: Stadttor nach Norden, führte zu den Bauernschaften im heutigen Stadtteil Welper und zur Burg Blankenstein. Hier durchbrachen Truppen im Dreißigjährigen Krieg die Befestigung und beendeten eine blutige Belagerung. Die Heggerstraße ist die Einkaufsmeile Hattingens. Die Skulptur „Der Wächter" (Jan Koblasa) markiert das ehem. Stadttor.

Stadtführungen:

Individuelle Führungen bei VV, Langenberger Str. 2, 45525 Hattingen, T 02324/951396; info@verkehrsverein-hattingen.de www.verkehrsverein-hattingen.de

Zusätzliche Informationen:

Stadtmuseum Hattingen (Geschichte ... Kunst ... Kultur ... alles unter einem Dach) und Konzerte, Lesungen, Vorträge, Führungen, Marktplatz 1–3, T 02324/681610, www.stadtmuseum.hattingen.de

Hattinger Heimatmuseum im Bügeleisenhaus, T 0177/5674384

Kulturstätte Altes Rathaus/Städt. Galerie, Untermarkt 9: zeitgenössische Kunst, Ö: di, mi, do 15–18, sa/so 13–18 Uhr, T 02324/204-3531

Westfälisches Industriemuseum Henrichshütte, Werkstr. 25, T 02324/9247-0 („Weg des Eisens", „Hütten-Safari" für Kinder, ökolog. Führungen, u.v.a.)

Burgmuseum Isenburg, Am Isenberg 2, Ö: 1.4.–31.10; 15–17, 1.11.–31.3. 14–16 Uhr; T 02324/204-5361, www.burg-isenberg.de

Haus Kemnade, eine Wasserburg von 1602–1704 an der Stelle einer Burganlage des 12. Jh. stellt eine gotische Kapelle, einen Rittersaal mit kunstvoller Stuckdecke und die Instrumentensammlung Hans und Hede Grumbt vor. Hinter der Wasserburg liegt das Bauernhausmuseum, ein Vierständerfachwerkhaus von 1800, in dem bäuerliches Gerät und ländliche Möbel des 16.–18. Jh. ausgestellt werden sowie Königreich Stiepel und Dokumentation über den Bochumer Schriftsteller C.A. Kortum (1745–1824), T 02324/30268

Insidertipps

Altes Rathaus – Kirchplatz mit St. Georgs-Kirche – Bügeleisenhaus – Zollhaus

Restaurant-Hotel „Zur alten Krone", Steinhagen 8, T 02324/21824 und 92030; „Altstadt Treppchen", Steinhagen 4 (ital. speisen in einem histor. Denkmal), T 02324/52823, „Basilea", Untermarkt 10, T 02324/51321, „Zur Glocke", Johannisstr. 4, T 02324/21522; „Pfannkuchenhaus" (originelles Haus mit einem originellen Angebot), Johannisstr. 8, T 02324/28150; Cafe Adele, Steinhagen 1, T 02324/25479; Café „Am", Haldenplatz 9 (mit „Omas Einrichtung"), T 02324/52288

Johannisstraße

kleine Spezialgeschäfte laden zum Bummeln und Einkaufen ein; „Affairs" – geschmackvolle, edle Mitbringsel, Haldenplatz 7, T 02324/501610

Empfehlungen in der Umgebung

Henrichshütte: 1854 vom Graf Henrich zu Stolberg-Wernigerode gegründet, der ehemalige Hochofen III ist seit 1989 mit der Gebläsehalle einer der acht Standorte des Westfälischen Industriemuseums; zwischen 1854 und 1987 wurden hier Koks, Eisen und Stahl erzeugt; besondere Kinderprogramme! Auf dem Gelände befindet sich auch Feuerwehrk – Das Feuerwehrmuseum (T 0234/2984685, www.feuerimrevier.de).

In der „Drei-Burgen-Stadt": Isenburg, Ruine einer ehem. Höhenburg: Trotz ihrer beherrschenden Lage für die Grafschaft Isenberg war sie nur etwa 25 Jahre bis 1225 bewohnt: 1193–1199 von Erzbischof Adolf von Köln mit seinem Bruder Graf Arnold von Altena errichtet. Kölner Reiter zerstörten sie im Winter 1225/26. Ein Rachefeldzug, denn der Besitzer, Graf Friedrich von Isenberg, hatte den Erzbischof Graf Engelbert von Köln und Herzog von Westfalen in einem Hohlweg bei Gevelsberg überfallen und getötet. Mauerreste verraten die ehemalige gewaltige Größe: Unterburg und Oberburg waren 120 Meter lang. Unten lagen die Wirtschaftsgebäude, oben der Palas, das Wohnhaus der gräflichen Familie, die Burgkapelle und das Frauenhaus, die Kemenate sowie der Bergfried, der mächtige Hauptturm mit neun Metern dicken Mauern. Breite Steinmauern schützten die Anlage. Nach ihrem Verfall wurde seit 1970 die Anlage wieder ausgegraben; 1858 wurde das Haus Custodis errichtet, in dem heute das kleine Museum Isenburg zu sehen ist. Anfahrt: ca. 5 km südlich, Straße Richtung Essen, nach der Eisenbahnunterführung 2. Ampel in Richtung der braunen Hinweisschilder und H-Niederwenigern abbiegen, Parkplatz zur Isenburg

Altes Rathaus

Anschriften:

Verkehrsverein Hattingen e.V., Langenberger Str. 2, 45525 Hattingen, T 02324/951396, F 951394 info@verkehrsverein-hattingen.de www.verkehrsverein-hattingen.de

- **Burg Blankenstein,** s. S. 210
- **„Route der Industriekultur“:** Zeche Zollverein, Essen-Katernberg (ca. 15 km entfernt!); Bochum Bergbaumuseum, VV Hattingen, Langenberger Str. 2, T 02324/951396, F 951394 außerdem nahe zu den **Messen Essen** (Gruga, Villa Hügel), **Düsseldorf**

Regelmäßige Veranstaltungen

Kulinarischer Altstadtmarkt (Juni) – Altstadtfest (Juli) – Hattinger Volkswandertag (Sept.) – Herbstmarkt (Anfang Oktober) – „Öko-Markt“ (Juni/Juli)

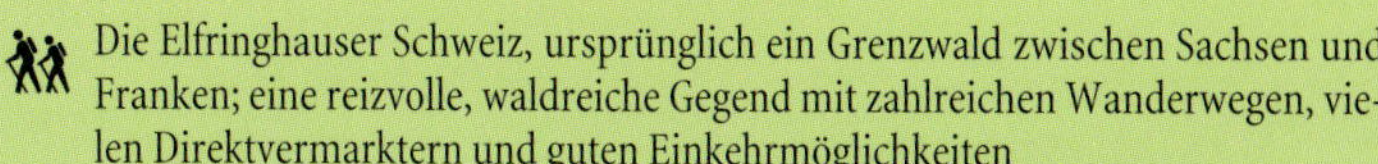

Wege in der Umgebung:

Die Elfringhauser Schweiz, ursprünglich ein Grenzwald zwischen Sachsen und Franken; eine reizvolle, waldreiche Gegend mit zahlreichen Wanderwegen, vielen Direktvermarktern und guten Einkehrmöglichkeiten

empfohlen wird der „Leinpfad“ entlang der Ruhr und der Ruhrtalradweg

verschiedene Ruhrabschnitte, Kemnader Stausee

besonders die Elfringhauser Schweiz auf verschiedenen Routen

Hattingen-Blankenstein

Mittelalterliches Kleinod, hoch über der Ruhr

Man fühlt sich zurückversetzt, zumindest in die frühere Geschichte, hat man erst einmal diese 60 Meter hoch über dem Ruhrtal erklommen, ist gleich eine großartige Überraschung perfekt: die Stadt Hattingen hat ihrem historischen Ortskern Blankenstein mit einer Neugestaltung des Platzes einen Mittelpunkt gegeben. Autofrei, ein italienisches Ambiente, mit zwei Stufen abgehoben von den umgebenden Gassen ist hier ein Raum für Begegnung und Austausch gegeben.

Von dort geht es in die kleinen Straßen und Gassen, vorbei an zwei sich gegenüberliegenden Kirchen, hin zur Burg Blankenstein mit diesem grandiosen Blick über das Ruhrtal.

Mit der Verleihung von Marktrechten 1594 wird der Marktplatz besonders hervorgehoben, als Hattingen bereits 1990 mit dem Ortsteil Blankenstein Mitglied in der AG „Historische Ortskerne“ wird, war die Voraussetzung für die Aufnahme die Bereitschaft der Stadt, den Ortskern langfristig denkmalgerecht zu erneuern. Dazu gehörte auch die Umgestaltung des öffentlichen Raumes mit der Neugestaltung des Marktplatzes. Die Stadt beauftragte Prof. Einsele aus Karlsruhe mit der Planung, er hat den Planungsprozess der Stadt Hattingen begleitet. Nachdem der Durchgangsverkehr völlig verlegt werden konnte, wurde es seit 1995 erheblich ruhiger auf dem Blankensteiner Marktplatz. Nun konnten die Überlegungen im öffentlichen Raum unterhalb der Burg, zum Stadtmuseum in den ehemaligen Amtshäusern und schließlich zum Marktplatz in die Planungen einbezogen werden, Das gute Ergebnis der Neugestaltung hat das Land NRW ausdrücklich gewürdigt!

Geschichte

Rund um die Burgen, im Schutz ihrer Mauern, siedelten sich in früherer Zeit gern Handwerker und Bauern an. So geschieht es auch bei der Freiheit Blankenstein, auf deren „blanken steyne, bei Hattingen im dichten Bergwald über dem Ruhrtal zwischen Hattingen und Herbede Graf Adolf I. von der Mark 1227 eine Burg bauen lässt. Die Siedlung

Hattingen-Blankenstein – Ennepe-Ruhr-Kreis

- von 120 m bis 150 m ü. NN.
- BAB 43 Anschlussstelle Nr. 21 Witten-Herbede / Hattingen
- CE 31 nach Hattingen-Blankenstein
- DB: von Essen Hbf mit S 3 nach Hattingen-Mitte
- Dortmund, Düsseldorf
- **NW** Hattingen ca. 5 km, **S** Velbert-Langenberg 10 km, **N** Herten-Westerholt 37 km

erblüht, erhält zahlreiche Privilegien und auch die Burg wird im 14. und 15. Jahrhundert ausgebaut. Sie gilt als uneinnehmbar und erhielt den Grafen die Macht bis ins 17. Jh. Jedoch auch sie ereilt das Schicksal: nach 1662 lässt sie der Große Kurfürst, der neue Herr aus Preußen, weitgehend abbrechen. Der viereckige Torturm und Teile der Ringmauer künden von der einstigen Wehrhaftigkeit dieser Burg; leider sind keine Ansichten der alten Burganlage in voller Pracht und Größe überliefert.

Mit der Burg entstand auch die Siedlung, deren Ausdehnungsmöglichkeiten auf dem Bergrücken sehr begrenzt waren. Um den Marktplatz gruppierten sich die Wohnhäuser, Kramläden und Werkstätten – führende Gewerbe waren früher das Schmiede- und Bäckerhandwerk. Auf dem Marktplatz, an der Stelle etwa des kath. Gotteshauses St. Johann Baptist, war die Gerichtslinde Zeichen früher städtische Eigenständigkeit, unter ihr tagten die Bürger nachweislich noch im 16. Jh. 1335 besaß der Ort eine eigene niedere Gerichtsbarkeit; 1355 bestätigte Graf Engelbert III. von der Mark die Siedlung als Freiheit. 1665 vernichtete ein Feuer Blankenstein so vollständig, so dass nur Häuser aus dem späten 17. Jh. erhalten sind. Neben traditionellen Gewerben zählte eine Vielzahl kleiner Kohlebergwerke zu den Erwerbsquellen der Bewohner. An fünf Webstühlen arbeiteten 1788 immerhin 27 Tagelöhner; die große Stahl- und Hanfseil-Fabrik Puth lag vor den Toren der Freiheit, das Unternehmen Gethmann, aber auch die Halbachschen Raffinierhämmer (Straße „Zu den sieben Hämmern“) gaben Lohn und Brot. 1966 erfüllt sich ein Herzenswunsch vieler Pohlbürger: Blankenstein werden die Stadtrechte verliehen – jedoch im Zuge der kommunalen Neuordnung wird sie schon vier Jahre später nach Hattingen eingemeindet.

Sehenswertes beim Stadtrundgang

P längs der Umgehungsstraße, ein paar Schritte zum Marktplatz.

Vor dem Marktplatz rollte der gesamte Verkehr zwischen Hattingen und Autobahn vorbei, hier war sogar der Endhaltepunkt der Straßenbahnlinie 8, bis sie 1968 durch Linienbusse ersetzt wurde. Heute ist der Marktplatz autofrei und der Ortskern verkehrsberuhigt.

1. Der Marktplatz: Die Verleihung von Marktrechten 1594 bestätigt seinen Nutzungszweck, denn schon vierzig Jahre früher wird die Zugehörigkeit des „Flecken Blankenstein" zum Hansebund urkundlich bestätigt. 1794 wird die Kath. Kirche St. Johann Baptist geweiht; hier stand vorher das alte Rathaus. Im Zuge der Bauarbeiten verschwindet auch die alte Gerichtslinde vor dem ehemaligen Rathaus.

2. Die platzprägende **Bruchsteinfassade** gehörte ursprünglich zum Hotel-Restaurant „Zillerthal" mit dem ersten Blankensteiner Festsaal; Jahrzehnte später wurden die Gebäude zur Amtsverwaltung Blankenstein umgenutzt. An der vorderen Ecke des Platzes betont der „Blanke Stein" (von Egon Stratmann) die Anlage, den Eingang zum Museum markiert das Kunstwerk „Stele M 5" (von Bernhard Matthes).

3. Stadtmuseum: auf dem wie eine Bühne angehobenem Marktplatz ist die sorgfältig restaurierte Schaufassade des Stadtmuseum das Prunkstück des Platzes. Das Gebäude spiegelt das Spannungsfeld zwischen moderner Architektur und Denkmalpflege wider. Im Innern wirkt das Gebäude sehr modern, dennoch sind historische Grundrisse und Hauptstrukturen ablesbar geblieben.

4. Ev. Kirche, etwas unterhalb der katholischen Kirche, am Zugang zur Burg.

5. Burg Blankenstein: Hoch über dem Ruhrtal, in Sichtweite der Stadt Bochum, liegt die Ruine der Burg Blankenstein (13. Jh.), von der außer der Burgmauer und dem Torturm (30 m) nur noch Grundmauern erhalten sind. Der Torturm ist schon von weitem zu sehen. 1227 begann Graf Adolf I. von der Mark mit dem Bau der Burg auf dem „blanken Steyne". Er sicherte damit den von seinem Vetter Friedrich von Isenberg übernommenen Besitz. Von dem tagsüber besteigbaren Torturm der Burg hat man einen wunderbaren Ausblick auf die Ruhr, die Dorfkirche Stiepel, den Kemnader See. Teile der Burg wurden im 19. Jh. durch Gustav vom Stein wieder aufgebaut (heutiges Restaurantgebäude, Burgkapelle).

Burg Blankenstein

6. Unweit der Burg liegt der 1808 eingerichtete **„Gethmannsche Garten“,** von Geheim- und Kommerzienrat Carl Friedrich Gethmann als öffentlich zugänglicher Landschaftsgarten konzipiert.

7. Hauptstraße 26/28: die stattlichen klassizistischen „Gethmannschen Häuser“ mit bemerkenswertem Terrassengarten. (Privatbesitz, nicht öffentlich zugänglich!)

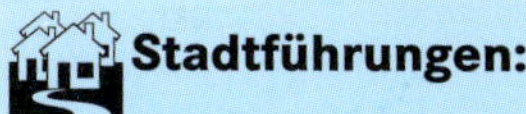

Stadtführungen:

Nur nach besonderer Vereinbarung
ⓘ Verkehrsverein Hattingen e.V., Langenberger Str. 2, 45525 Hattingen, T 02324/951396, F 951394, info@verkehrsverein-hattingen.de

Freiheit Blankenstein

Zusätzliche Informationen:

Stadtmuseum (Stadtgeschichte, Wechsel-Ausstellungen Design), Marktplatz 1–3, T 02324/68161-0, wwwstadtmuseum.hattingen.de
Haus Kemnade mit Bauernhaus-Museum, Sammlung alter Musikinstrumente, Sonderausstellungen, T 02324/30268
Bauernhaus-Museum T 02324/30268
Bandweberei-Museum Elfringhausen, Felderbachstr. 59, (Webstühle, Bandautomaten und Zubehör der Bandweberei), T 02052/961543
wwww.hattingen-elfringhausen.de

Insidertipps

Marktplatz – Stadtmuseum – Burg Blankenstein

Restaurant „Burg Blankenstein", T 02324/33231; „Cafe am Stadtmuseum", Marktplatz 1–3, T 02324/681170; Burgstuben Haus Kemnade, An der Kemnade 10, T 02324/9331-0; Eisdiele Filippin, Marktplatz 7 (Tipp: mit das beste Eis im Ruhrgebiet!) T 02324/33210

Burgstraße

Empfehlungen in der Umgebung

■ Im **Ruhrtal** beginnt ein besonders pittoresker Abschnitt der Ruhr: Weit reichen Buhnen in den Fluss hinein, der in weiten Schleifen von Blankenstein um Hattingen herum unter der Isenburg fließt.

■ **Die Isenburg** auf einer Höhe des linken Ruhrufers, geschützt durch steile Felswände, wurde Ende des 12. Jh. erbaut. Die für uneinnehmbar gehaltene Burg wurde 1225/26 zerstört (⇛ Hattingen, S. 204 ff.).

■ **Burg Hardenstein** (Stadt Witten) mit gut restaurierten Resten ist im Hardensteiner Tal im dichten Wald zu entdecken mit den Ruinen des Hauptgebäudes, den zwei Rundtürmen und der Burgmauer.

■ **Burg Volmarstein** (Stadt Wetter) liegt auf steilen Bergrücken südlich der Ruhr; sie wird zum Ziel großer Belagerungen vor und nach 1300. Dennoch ereilt auch sie der Verfall, nachdem das Geschlecht der Herren von Volmarstein ausgestorben war.

■ **Burg Wetter** (Stadt Wetter) liegt gleich gegenüber, auf der anderen Seite der Ruhr, mit einer höchst interessanten Vergangenheit: Seit 1274 ist sie Eigentum der Grafen von der Mark, später Wohnsitz des Freiherr vom und zum Stein, dann in den Mauern eine Maschinenfabrik mit einem Hüttenwerk. Ein runder Turm, der Bergfried, Reste des Wohnhauses der Burg, des Palas, und der Mauern sind heute umgeben von einer Reihe gut erhaltener Fachwerkhäuser.

■ **Eisenbahnmuseum Dahlhausen** mit Museumszug von Dahlhausen über Hattingen bis Wengern (T 0234/492516 oder 01801/5557771132 oder www.eisenbahnmuseum-bochum.de

oder Verkehrsverein Hattingen)

■ **Kemnader Stausee** mit Bootshallen, Hafen, Motorschiff Schwalbe und Kemnade, Freizeitbad Heveney (Bade-, Sauna- und Freizeitanlage), T 02302/2012-0 oder Freizeitbad T 02302/56263

■ **Witten Muttental** u. **Zeche Nachtigall**

■ **Stiepeler Dorfkirche** – im Mittelalter eine Marienwallfahrtskirche – ist noch ein Zeuge alter Tage: Die Hallenkirche des 13. Jh. hat ältere Teile eines Vorgängerbauwerks aus dem 11. Jh. und weist Wand- und Deckenmalereien des 12.–16. Jh. sowie ein Sakramentshäuschen mit Kreuzigungsgruppe von 1460 auf. Bei der Kirche ist noch der Friedhof mit Grabmälern, z.T. um 1600, sehenswert.

■ **Westfälisches Freilichtmuseum Hagen** – Landesmuseum für Handwerk und Technik, Mäckingerbach, 58091 Hagen-Selbecke, T 02331/7807-0, F 7807-120; Ö: März–Okt. Di–So 9–18 Uhr, www.freilichtmuseum-hagen.de

1 Regelmäßige Veranstaltungen

Museumsfest (Mai) jährlich im Wechsel mit Weinfest (September) – Pfingstkirmes (am Pfingst-WE) – Blankensteiner Weihnachtsmarkt (1. Adventswochenende)

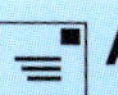

Anschriften:

Verkehrsverein Hattingen e.V.,
Langenberger Str. 2, 45525 Hattingen,
T 02324/951396, F 951394,
info@verkehrsverein-hattingen.de

Blick auf die Freiheit

Wege in der Umgebung:

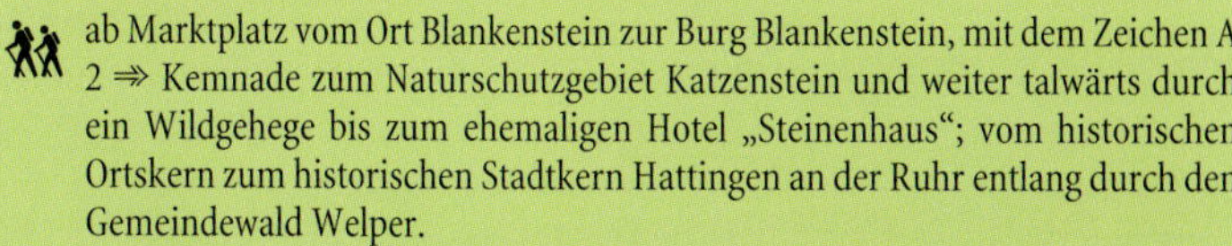

ab Marktplatz vom Ort Blankenstein zur Burg Blankenstein, mit dem Zeichen A 2 ⇛ Kemnade zum Naturschutzgebiet Katzenstein und weiter talwärts durch ein Wildgehege bis zum ehemaligen Hotel „Steinenhaus"; vom historischen Ortskern zum historischen Stadtkern Hattingen an der Ruhr entlang durch den Gemeindewald Welper.

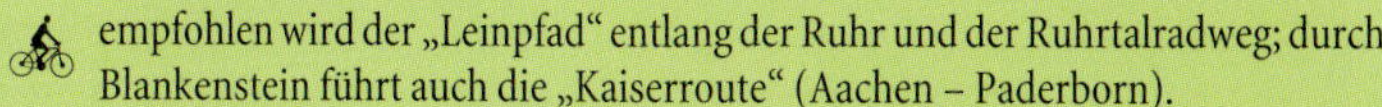

empfohlen wird der „Leinpfad" entlang der Ruhr und der Ruhrtalradweg; durch Blankenstein führt auch die „Kaiserroute" (Aachen – Paderborn).

verschiedene Ruhrabschnitte, Kemnader Stausee

besonders die Elfringhauser Schweiz auf verschiedenen Routen

Herten-Westerholt

Von der Reichsfreiheit zur Industriegemeinde

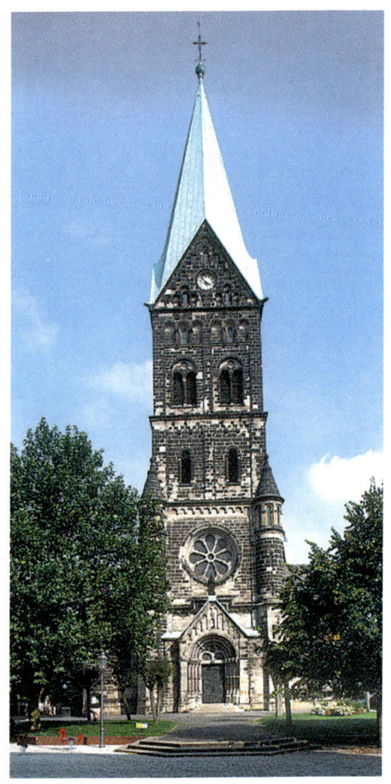
St. Martinuskirche

Westerholt liegt am nördlichen Rand des Ruhrgebietes, im Übergangsbereich zum Münsterland. Aber noch vor mehr als 100 Jahren erlebte der Bewohner des Reviers diese Landschaft anders, es war die Zeit der Industriellen Revolution, der Ausdehnung des Bergbaues. Westerholt mit Schloss und Wallringzone war eine ehemalige „Reichsfreiheit“. Seinen Namen hat es nach „Holz im Westen“; danach benannte sich auch das Geschlecht der Grafen von Westerholt. 1975 wurden Westerholt und der Ortsteil Bertlich mit Herten in der kommunalen Gebietsreform vereinigt.

Die Freiheit Westerholt ist ein herausragendes Beispiel für eine als Gesamtanlage erhaltene Dorf- und Burgfreiheit. Die Gesamtanlage ist als Denkmalbereich unter Schutz gestellt worden, 58 gut erhaltene Fachwerkhäuser sind als Einzelobjekte in die Denkmalliste eingetragen.

Herten-Westerholt – Kreis Recklinghausen

~ 75 m ü. NN.

 BAB 43 Anschlussstelle Nr. 11, Richtung Recklinghausen/Herten, weiter Herten-Nord, Gelsenkirchen-Buer, geradeaus bis Kirche Westerholt (Parkplatz)

 SB 23; S 9 nach Gelsenkirchen-Hassel, Bus 243

 Regionalbahn nach Recklinghausen Hbf

Düsseldorf, Dortmund, Münster/Osnabrück

 **S** Hattingen 30 km und H-Blankenstein 36 km, **NW:** Kalkar 82 km, **O** Werl 68 km

Geschichte

Westerholt ist seit einer Totengedächtnisstiftung für Abt Gerold (1047) bis in das 15. Jh. als Besitz des Kloster Werden nachweisbar. 1193 treten zwei Träger des Namens von Westerholt auf, als deren Sitz die ehem. Burg vermutet werden kann. Auf dem Grund und Boden der Freiheit entstand um eine Kapelle (1310 erstmals erw.) eine Siedlung, umgeben von Wall und Graben, durch Pforten zugänglich. Im 17. und 18. Jh. entstanden 85 ein- oder mehrgeschossige Fachwerkhäuser. Nach Pest und Kriegen restaurierten die Bewohner des Dorfes die Freiheitspforte und errichteten ein Armenhaus und die Schule. Eine schlimme Zeit durchstand die Freiheit noch Ende des 18. Jhs., als das Dorf zum Schauplatz einer Hexenverbrennung wurde: Anna Spiekermann wurde als Hexe zum Tode verurteilt.

Bis zur Säkularisation (Anfang 19. Jh.) gehörte Westerholt ebenso wie Herten und das umgrenzende „Vest Recklinghausen" zum Kurfürstentum Köln.

Die Dorffreiheit brachte die persönliche Freiheit des einzelnen, Vererbbarkeit des Besitzes, den Markt, die Befestigung, teilweise die eigene Verwaltung, Befreiung von allen Steuern, von der Landfolge und der Akzise, dafür Mahlzwang, Wachdienst und Wegebaupflicht der Bewohner. Die Bewohner waren zunächst nur Burgleute, dann aber Handwerker und Ackerbürger; Westerholter Tuch und Leinen verkaufte sich bis in die Niederlande.

Mit dem Steinkohlebergbau 1870 begann eine sprunghafte industrielle Entwicklung. 1929 war mit knapper Mehrheit die Selbständigkeit Westerholts gerettet worden; am 30. Januar 1939 erhielt Westerholt das Recht, die Bezeichnung „Stadt" zu führen. 1975 verlor Westerholt seine Eigenständigkeit und schloss sich mit der Nachbarstadt Herten zusammen. Die Bergbaukrisen der 80er Jahre trafen auch Westerholt sehr stark.

Sehenswertes beim Stadtrundgang

P unmittelbar vor der Kirche St. Martinus.

Das Alte Dorf Westerholt, auch „Vestisches Rothenburg“ benannt, zeigt eine starke Ursprünglichkeit auf 4 ha in mehreren Straßen- und Gassenläufen mit seinen 80 Gebäuden, von denen 58 geschützt sind.

1. St. Martinus-Kirche, 1901–1903 im neuromanischen Stil auf der ehem. Wall und Grabenzone erbaut, dreischiffige Basilika; Innenausmalung von Professor Gauer (1928–1930).

2. Der Gang führt zunächst in westlicher Richtung entlang des **Ostwalls** auf den **Nordwall** in Richtung Ehrenmal; an der Übergangsstelle Ost-/Nordwall stand bis 1873 die Freiheitspforte. Am westlichen Ortsrand fällt das Gebäude Nordwall 17 auf: über der Eingangstür ein überkragendes Obergeschoss mit der Jahreszahl 1612.

3. „Brandstraße“: schönste Blicke auf Fachwerkhäuser mit vielen Hausinschriftbalken.

4. „Schloßstraße“: frühere Hauptverbindungsstraße nach Buer; im Durchgang zum Schloss befand sich der zweite historische Zugang zur Freiheit, die Burgpforte.

5. Schloss – jetzt Kapelle (1310 erwähnt), ehem. Pfarrkirche und Gruftkapelle für die gräfliche Familie (Schlüssel in der Schloss-Rentei). In der Kapelle werden auch heute noch Trauungen durchgeführt. Die Maueranker bekunden das Umbaudatum 1615; daneben das Steinwerk des Turmes als Ruine. Der Turm war ursprünglich in das Kirchenschiff eingebaut.

6. Freiheit 15: sog. „Ohm’sches Haus“, hier wohnten Verwandte des bekannten Physikers Ohm.

7. Freiheit 13: Gebäude mit nach innen kippenden Mauern.

8. Martinistraße: An der Einmündung liegt das Gebäude Freiheit 1, das sog. „Heimatkabinett“ (heimatkundl. Sammlung).

9. Martinistraße mit vielen gut restaurierten Gebäuden und schöner Blick in Richtung Martinuskirche.

10. Über die Schloßstraße führt der Weg durch die Apostelstraße auf den **Ostwall**: ursprüngliche Ortsrandbebauung, Wall- und Grabenzone heute gärtnerisch genutzt.

11. Mühlpforte am Ende des Ostwall, einzig erhaltener historischer Zugang zur Freiheit. Neubau wurde den Abmessungen des ursprünglichen Gebäudes angepasst (Wohnung und Vereinsräume des Knappenvereins „St. Barbara“).

12. Schloss Westerholt ist von uralten Kastanien umstanden, eine Gräfte umfließt die Anlage, deren Vorburg mit einem Giebel auf das Umbaujahr von 1904 hinweist. An gleicher Stelle stand schon im 12. Jh. eine Wehrburg, die aber zu Beginn des 18. Jh. marode und verfallen war. Seit einem Brand und Einsturz (1708) dient die Vorburg des 17. Jh. der gräflichen Familie als Wohnung. Das eigentliche **Schloss Westerholt** ist erst in der Zeit von 1830 bis 1833 entstanden, ein bedeutendes Werk der Zeit

Innenhof von Schloss Westerholt

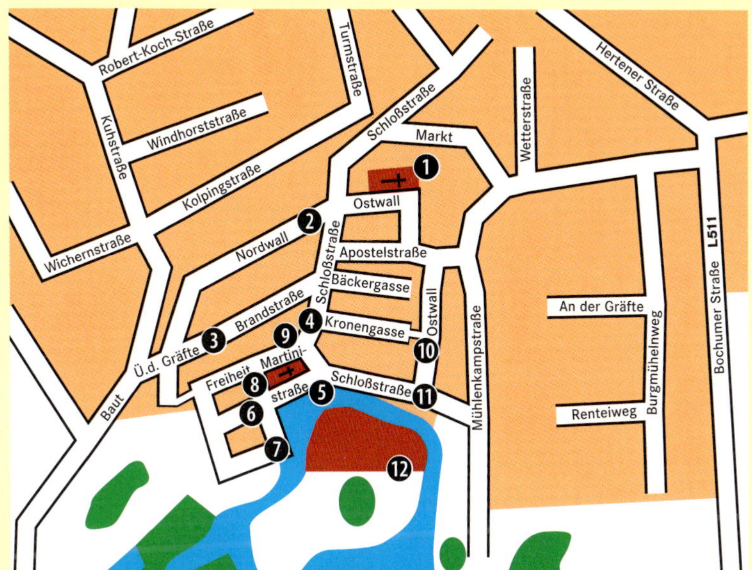

des Klassizismus; der Mittelgiebel sogar aus neuerer Zeit. Ein Vogelhaus, ein zweigeschossiges Nebengebäude der Schlossanlage mit Turm von 1904 und unterschiedlichen Fassaden enthielt eine ornithologische Sammlung des Grafen von Westerholt; Graf Westerholt wohnte in diesem sog. **„Vogelhaus“.** Im letzten Jahrhundert hatte das Schloss eine unterschiedliche Nutzung: 1920 franz. Besatzungstruppen, englische nach dem Zweiten Weltkrieg, dann Bergmannsheim, jetzt Hotel und Restaurant. Auf dem Gelände liegt auch der erste öffentliche Golfplatz des Landes mit 18 Löchern.

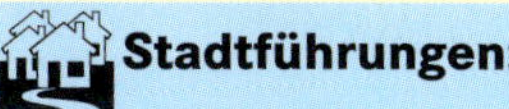

Stadtführungen:

Vermittlung Stadt Herten, VHS,
M. Nousch, T 02366/303-515 oder
Heimatverein Westerholt, T 0209/35 8744

Gartenlokal „Alt-Westerholt“

Inschriftbalken des Hauses Brandstraße 1

Insidertipps

Die „Freiheit“ Westerholt zeigt den Kontrast zwischen Schloss und Dorf, Fachwerk, so gebaut, wie es das Grundstück vorgab. Der Rundgang von etwa einer Stunde gibt darüber einen unbestechlichen Gesamteindruck.

„Schloss Westerholt“ (Hotel, Restaurant, Bistro, Gartenlokal, Rittersaal), Schloßstr. 1, T 0209/961970; „Alt Westerholt“ (Hotel, Gaststätte, Gartenlokal), Schloßstr. 3, T 0209/35249; „Zur Börse“, Schloßstr. 9, T 0209/35210; „Altes Dorf“ (rustikales Restaurant und Bierlokal), Schloßstr. 15, T 0209/613643; „Café Oelmann“ (ausgesprochenes Gelsenkirchener Barock-Interieur!), Schloßstr. 34, T 0209/35297

„Arquebuse“, Schnaps im nahen Recklinghausen gebrannt (Gaststätte Alt-Westerholt)

Empfehlungen in der Umgebung

Wasserschloss Herten, 1520 begonnen, spätere Ergänzungsbauten, zeigt eine kastellartige, vierflügelige Anlage mit Arkadengängen, flankiert von Wohnrundtürmen; nach einem Brand 1687 mit größeren Fenstern und Portalen barocke Elemente. Beeindruckend im Ostflügel: der große Barocksaal mit Deckenmalereien des

Schlosskapelle

Zusätzliche Informationen:

Heimatkabinett Westerholt: Ö: So 11–12 Uhr und n. V., Herr Wener, Heimatverein Herten-Westerholt, T 0209/ 358744
Knappenverein St. Barbara: bergbaugeschichtliche Sammlung, Ö: n.V. Helmut Stricker, T 0209/143859, st.barbarawohlt@gmx.de
Glashaus, Hermannstr. 16: Stadtbibliothek und Veranstaltungen, Ö: di–fr 10–18, do 10–20.30, sa 10–13 Uhr, T 02366/303-666
Stadt Herten, Rathaus, 45697 Herten T 02366/303-0, F 02366/303-255, www.herten.de; info@herten.de

17. Jahrhunderts sowie eine Stuckdecke und ein Kamin in der Saalkammer aus dem Anfang des 18. Jahrhunderts. Park mit Orangerie (heute Ruine) und Tabakhäuschen (restauriert). Heute wird die Anlage von einem Zentrum für Psychiatrie mit genutzt.

Martinstr. 3

■ **Schlosspark des Düsseldorfer Hofgärtners Weyhe:** 1814 ein englischer Landschaftsgarten mit 200 verschiedenen Baumarten im Alter von 200 bis 300 Jahren, im April 500.000 Narzissen – eine botanische Attraktion.

■ **Das Schloss Herten** hat sich zu einem Kulturzentrum entwickelt: Hertener Schlosskonzerte, Klavier-Festival Ruhr u.a.

■ **Landschaftspark Emscherbruch:** Halde Hoppenbruch mit einem System von Wanderwegen erschlossen. Auf der Halde steht heute eine Windkraftanlage, dazu ein Skulpturenpark mit Objekten zum Thema Wind.

■ **Katzenbusch mit Spielplatz:** Naturerlebnisgarten und Kinderspielplatz mit Burgenlandschaft und Spielgeräten.

■ **Freizeit- und Erholungsanlage Backumer Tal:** CopaCaBackum, Erlebnisbad im Backumer Tal mit Außen- und Innenschwimmbereich, Solebecken, Sauna und Solarium sowie Sport-Schwimmbecken. ⓘ 02366/307-311 oder -310

■ **Arena AufSchalke** Gelsenkirchen im Herzen des Ruhrpotts für 62.000 Zuschauer und 358 Millionen DM errichtet. Neben dem herausfahrbaren Rasen mit verschließbarem Dach kann sich das Fußballstadion unter freiem Himmel in nur wenigen Stunden in eine riesige Halle für „Open-Air-Konzerte" verwandeln: eine Veranstaltungsstätte für 365 Tage im Jahr! ⓘ Geschäftsstelle Schalke 04, Gelsenkirchen, T 0209/70087-0

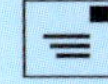

Regelmäßige Veranstaltungen

Spargelfest im Spargeldorf OT Scherlebeck (Spargelsaison April–Juni) – Kunstmarkt Schlosspark Herten (Pfingstsonntag, -Montag) – Margenboomfest Zeche Scherlebeck, Scherlebecker Str. 260 (Ende August)

Anschriften:

Stadtinformation: Stadt Herten,
Rathaus, 45697 Herten
T 02366/303-0, F 02366/303-255,
www.herten.de,
info@herten.de

Wege in der Umgebung:

Der Schlosswald in Herten lädt zu Spaziergängen ein (Einkehr im Schlosscafé). Weitere Wandervorschläge: Ried – Telgenbusch – Mühlenbusch.

Katzenbusch – Ried – Telgenbusch – Mühlenbusch – Westerholter Wald – Altes Dorf

Kalkar

Hier lebt der Niederrhein

Kalkar am Niederrhein, zwischen Xanten und Kleve an wichtigen alten Handelswegen gelegen, präsentiert mit seinen gotischen Treppengiebelhäusern und Back-

Blick über den Teich im Stadtpark

Kalkar - Kreis Kleve

- von 12 m bis 70 m ü. NN
- BAB 3 Anschlusssstelle Nr.4 Rees/Kalkar, weiter B 67 und 57 bis Kalkar, BAB 57 Anschlußsstelle Nr. 3 Goch/Kalkar, B 67 bis Kalkar
  Wohnmobilplatz an der Wayschen Strasse mit Versorgungssäulen, vom Stadtkern 400 Meter entfernt
- Bus 44 von Xanten nach Kalkar-Markt
- DB Regionalexpress bis Xanten
- Düsseldorf
- **S** Wachtendonk 45 km, Kempen (z.B. NiederRheinRoute) 50 km, **SO** Herten-Westerholt 75 km

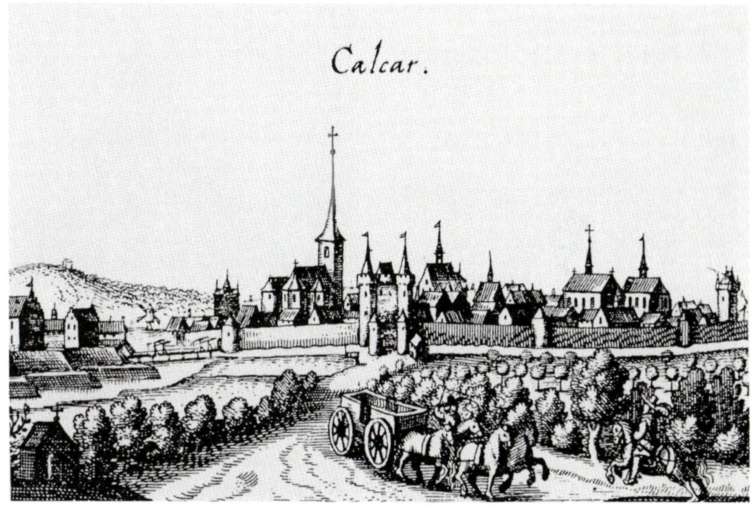

steinfassaden eine mittelalterliche Atmosphäre, aufgelockert durch farbig gefasste Häuser des Barock und Klassizismus. Die großzügige Stadtanlage ist als geplant angelegte Stadt noch heute gut erhalten und ein weit beachtetes Kulturdenkmal mit historischem Ortskern und 200 Denkmalobjekten. Mit einer beachtlichen Gastronomie rund um den Marktplatz lädt die Bürgerstadt ein zum Genießen.

Geschichte

Inmitten eines versandeten Rheinarmes wurde Kalkar 1230 durch Graf Derik von Kleve gegründet und erhielt 1242 die Stadtrechte. Die Stadt hat ihren alten Grundriss behalten, vergleicht man sie mit einem Stich von Braun-Hogenberg (1575).

Die mächtige Stadtwindmühle am westlichen Stadtwall

Sehenswertes beim Stadtrundgang

P Parkplatz am Markt

1. **Marktplatz** mit **Rathaus** (1445) und Gerichtslinde (1545)

2. weitere spätmittelalterliche **Treppengiebelhäuser** an der Marktwestseite mit der für Kalkar typischen dreifachen Achsenführung in der Fassade

3. **Ulft'sches Haus / De Gildenkamer,** Kirchplatz 2, um 1350 erbaut, 1388 erstmals urkundlich erwähnt, dokumentiert den Stil der Backsteingotik; bei Restaurierung 1982 bis 1985 bedeutende Wand- und Deckenmalereien entdeckt, mit Brüstung und Opkamer im gotischen Hallenhaus, darunter das Gewölbe mit Weinkeller.

4. **Marienstift,** Grabenstr. 8, ein neugotisches Gebäude (1895) im Bereich der ehem. Zitadelle

5. **Spätgotisches Giebelhaus** (um 1500)

6. **Städtisches Museum** (1500), Grabenstr. 66, und Archiv, Hanselaerstr. 5, von 1430 (verbindender Neubau für Ausstellungen zeitgenössischer Kunst)

7. **Stadtwindmühle** am Hanselaertor, 1770 aus dem Baumaterial eines Stadttores entstanden – Mühlenstege 8

8. **Die Brunnen** im Stadtkern erinnern an die Pumpenrotten, die im Mittelalter die Wasserversorgung sicher stellten.

9. **Haus Sieben Linden,** Grabenstr. 78, aus dem 18. Jh.

10. **Jüdischer Friedhof,** mit über 50 Gräbern der erloschenen Kultusgemeinde, Eingang hinter der Mühle, durch einen Torbogen; ständig geöffnet.

11. **Barockhaus** am Gerd-Janssen-Platz mit der Besonderheit einer Jugendstilfassade – Gerh.-Janssen-Platz 5

Stadtführungen:

Kulturhistorischer Rundgang, Kirchenführung, komb. Stadt- und Kirchenführung, Kinderführung, Kunst & Kulinarisches – Tagesarrangement für Genießer, ⓘ Touristinformation, Markt 20, T 02824/13-120 und 13-197, F 13-234

Das Städtische Museum

12. **Ehem. Stadtgefängnis** im Taubenturm, Rest der alten Stadtmauer

13. **Beginenhof,** Kesselstr. 20, ein Renaissancebau von 1550 mit der interessanten Fassade eines hälftigen Stufen- und hälftigen Schweifgiebels, innen bemalte Holzdecken; Nutzung heute: Kolpings-Sozialwerk und FBS

14. **Ev. Kirche,** Kesselstr. 9, von 1697 mit Turm von 1899, der die Barockfassade teilweise verdeckt

15. **Kath. Pfarrkirche St. Nicolai** mit neun Schnitzaltären, u.a. dem Hochaltar, begonnen von Meister Arnt van Zwolle und Kalkar und von Meister Loedewich (Ludwig Jupan) fortgeführt, ein kunsthistorisches Prunkstück. Der Mittelteil des Altars zeigt die Leidensgeschichte Christi. Die Gemälde auf den Flügeln sind von Jan Joest von Kalkar. Im Hintergrund eines Bildes präsentieren sich Marktplatz und Rathaus, dargestellt wie heute auch noch. Weitere sakrale Kostbarkeiten sind u.a. der Sieben-Schmerzensaltar, der Georgs-Altar und der Marienleuchter (1508–1509).
Ö: sa 14-16.30, so-fr 14-17 Uhr (Nov.–März), mo-sa 10-12, 14-18 (sa nur bis 16.30) Uhr, so 14-17.30 Uhr, T 02824/2380

Bovenholt
Op de Wacht
12
Op de Wacht
11
Gerd-
Janßen-Platz
Im Schwanenhorst
Wallstraße
Kesselstraße
Serviten-
stege
Dominikaner
Bongert
10
Grabenstraße
13
Klosterstege
9
7
Mühlen-
stege
14
8
Kesselstraße
1
6
Hanselaerstraße
2
Wallstraße
Hohe straße
Altkalker Straße
15
Spiegel-
str.
Douvermann-
stege
Kirch-
platz
3
Monrestraße
5
Burggarten
Jan-Joest-Straße
Bleichen-
stege
Kück-
stege
Boll werkstege
Am Stadtpark
4
Am Boll werk
Am Bollwerk
Am Stadtpark
Bahnhofstraße
Trebbelin
Am Weiher
Am Rietegatt
Xantener Straße

Zusätzliche Informationen:

Städt. Museum Kalkar, Grabenstr. 66, Ö di–so 10–13, 14–17 Uhr, T 02824/13-118
Kalkarer Mühle am Hanselaerer Tor, Mühlenstege, Ö April–Okt. mi–fr 15–17.30, sa/so 12–17.30 Uhr, Nov.–März nur angemeld. Führungen, ⓘ T 02824/4709 www.kalkarer-muehle.de
Atelier & Galerie Christel Verhalen, Hanselaerstr. 25, T 02824/4406
Heimatmuseum Grieth, Markt 47, Sammlungen zur Schifffahrt, Fischfang oder Sonderausstellungen aus dem niederrhein. Kulturleben, Ö so 14–17, T 02824/6902, www.heimatmuseum-grieth.de
Stiftsmuseum Wissel, Köstersdick 22, Ö sa/so 16–18 Uhr, T 02824/6108; Pfarrkirche n. V. T 02824/2380 www.stiftsmuseum-wissel.de
Museum Schloss Moyland, Bedburg-Hau, T 02824/9510-0, Ö 1.4.–31.10. di–fr 10–18 Uhr, sa/so 10–19 Uhr, 1.11.–31.3. di–so 10–17 Uhr

Insidertipps

St. Nicolai – Markt mit Rathaus – Stadtwindmühle – Beginenhof – Städt. Museum oder Spaziergang auf Wallanlagen (1 Stunde) entlang der Stadtmauer und des Stadtgrabens.

„De Gildenkamer" (architektonisches Kleinod und sehenswertes Interieur), Kirchplatz 2, T 02824/4221; „Meier's Restaurant", Markt 14, Tel. 02824/3277; Brauhaus „Kalkarer Mühle", Mühlenstege 8, T 02824/93230; Ratskeller, Markt 20 (histor. Gewölbekeller), T 02824/2460; Cafe-Restaurant „De Deichgräf", Durchlass 6, T 02824/6357; Gasthaus „Alt-Grieth", Legestr. 1, T 02824/6277; „Haus Kleipas" (direkt am Rheindeich), Griether Str. 162, Tel. 5769

Kalkarer Beginchen, milder Kräuterlikör – Kräuterprodukte aus der Kräuterey (K-Kehrum, Spierheide) – Brot der Mühlenbäckerei (Holzkohleofen!)

Die evangelische Kirche

Empfehlungen in der Umgebung

- **Wohnmobilplatz Kalkar,** Waysche Straße mit Service-Station, T 02824/13-197
- **Wunderland Kalkar:** Aus dem gebauten, aber nie in Betrieb gegangenen „Schnellen Brüter" ist ein Freizeitpark mit Hotel- und Tagungszentrum entstanden, Griether Str. 110-120, Tel. 02824/910-0. www.wunderland-kalkar.de
- **Monreberg,** Platz der alten Burg, ideales Waldgelände für Familien
- **Kalkar-Grieth:** Ein Abstecher führt in das Fischerdorf Grieth, das mit Rheinpromenade, Deich und Stadtwall (früher Ringmauer, die abends verriegelt werden konnte – Voraussetzung für die Stadtrechtsverleihung) ein besonderes Ensemble ist. Sehenswert vor allem aber ist die dreischiffige gotische Pfarrkirche St. Peter und Paul mit einem Schnitzaltar, der Magistratsbank, einer Wandkonsole mit Narrenmaske und vielen Statuen.
- **Wissel mit Haus Kemnade und Mühle** sowie einem der ältesten Ringdeiche, und den „Wisseler Dünen" (Naturschutzgebiet), Freizeitpark Wisseler See und Naturschwimm-

bad, Naturlehrpfad ⓘ 02824/96310

■ **Romanische Doppelturmbasilika** St. Clemens in Wissel, T 02824/7503

■ **Burg Boetzelaer** in Kalkar-Appeldorn, Reeser Str. 247, restaurierte Burg aus dem 13. Jh. mit Kreuzrippengewölbe im Rittersaal, Festsaal, Trauzimmer, Mitglied bei „Culture und Castles", 10 Zimmer u. Suiten, Veranstaltungen, Konzerte; T 02824/977990, www.burg-boetzelaer.com

■ **Hanselaer:** St. Antoniuskirche (14./15. Jh., Teile 12. Jh.), gotische Ausstattung

Straßencafés am Markt

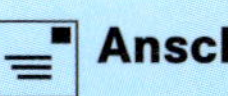

Anschriften:

Touristik-Information Kalkar,
Markt 20, 47546 Kalkar,
T 02824/13120, F 13234,
www.kalkar.de
info@kalkar.de

■ **Louisendorf** (zu Bedburg-Hau) mit Elisabethkirche, von pfälzische Siedlern im 19. Jh. erbaut, außergewöhnliche Anlage

■ **Museum Kurhaus** Kleve – Preußen Museum Wesel – Xanten

Regelmäßige Veranstaltungen

Zweirad- und Freizeitmarkt (3. Märzsonntag) – „Kalkar in Blüte" Blumenmarkt (1. Mai) – „Geburtstag der Stadt am 20. Oktober (1230)" – jeden Freitagvormittag Wochenmarkt vor dem Rathaus – Niederrheinischer Radwandertag (1. Julisonntag)

Wege in der Umgebung:

Personen- und Fahrradfähren: Grieth und Reeserschanz, T 02824/6171
„Promenadenweg" über die alten Wallanlagen, einmal rund um Kalkar; Spazierwege am Rhein, auf den Monreberg; Wanderwege bis Schloss Moyland und im Reichswald, ⓘ 02824/13-120 oder 13-197; Reichswald und Naturschutzgebiete am Rhein: Die Düffelt (bei Rees) und Gelderse Poort (zwischen Kleve und Nijmegen), T 02824/923592.

NiederRhein-Route: das Routennetzwerk am Niederrhein mit zahlreichen thematischen Routen, u.a. Zwei-Länder-Route, Kulturroute, Herrensitzrout; Via Romana – grenzüberschreitende Route, ⓘ Kalkarer Str. 19, 47551 Bedburg-Hau, T 02821/66063, F 66052), Tagesrundtouren nach Xanten, Rees, Kleve oder Kevelaer; Fahrradverleih Kalkarer Mühle.

ab Weeze/Goch auf der Niers, Canadiertouren auf dem Rhein (T 02824/923592).

Die „Via Romana" – 2.000 Jahre alte „Straße der Römer", Geschichte zwischen Nijmegen und Xanten einer Militär- *und* Handelsstraße, spätere Fernhandelsstraße zwischen Köln und den Niederlanden (T 02824/923592).
Am Rhein: über Hönnepel, Grieth zur Emmericher Rheinbrücke, auf der alten Römerstraße von Kehrum nach Louisendorf.

Kempen

Blick auf die Propsteikirche

Auf gute Nachbarschaft

Kempen liegt auf einer von alten Rheinarmen umgebenen Mittelterrasse, der sog. „Kempener Platte", eingebettet in das niederrheinische Tiefland. Die mit ebenso schönen Straßen und reichhaltigen Einkaufmöglichkeiten ausgestattete historische Altstadt ist die nördlichste Gemeinde im Kreis Viersen; zu ihr gehören die Stadtteile St. Hubert, Tönisberg und Schmalbroich. Kempen gehört zu den „Fahrradfreundlichen Städten in NRW". In vielen Sportanlagen und -hallen bietet die Stadt die Möglichkeiten zu sportlichen Aktivitäten jeglicher Art. Die Stadt ist ein Wirtschaftsstandort mit Zukunft für einen gesunden Branchenmix und bietet daneben alle Schulformen an. Aber auch die Kultur wird in Kempen großgeschrieben; so bietet die Kulturszene Kempen ein reichhaltiges Angebot für Jung und Alt.

Geschichte

Als „Campunni" um 890 n. Chr. erstmals urkundliche erwähnt, erhielt die alte kölnische Marktsiedlung 1294 vom Kölner Erzbischof Stadtrechte, weil der Ort nach der für das Erzstift unglücklich verlaufenen Schlacht von Worringen (1288) als Bollwerk gegenüber Jülich und Brabant wichtig war. Baumeister Johannes Hundt errichtete im 14. Jhdt. für den Erzbischof Friedrich von Saarwerden die Kurkölnische

Kempen – Kreis Viersen

- von 30 m bis 68 m ü. NN
- BAB 40 Anschlussstellen Nr. 4, 5 oder 6 Wachtendonk, Kempen, Kerken, B 9 oder 509 bis Kempen
- Regionalexpress 10 über Düsseldorf und Krefeld nach Kempen/Niederrhein, Bf. ca. fünf Gehminuten von der Altstadt entfernt
- Düsseldorf, Mönchengladbach, Weeze
- **N** Wachtendonk 08 km, **SO** Kr-Linn 18 km, **O** Hattingen 45 km, H-Blankenstein 55 km, **SO** Düsseldorf 40 km, **N** Kalkar 55 km

Landesburg in Kempen. Die Burg war Mittelpunkt einer 12 Meter hohen Stadtmauer mit 16 Wehrtürmen, vier mächtigen Stadttoren und einer Turmmühle, die den Stadtkern ummantelten. Noch heute ist die historische Altstadt umgeben von einer Stadtmauer mit einem vorgelagerten Grüngürtel. Von den ehemaligen vier Stadttoren sind das Kuhtor und der südliche Peterturm sowie die Turmmühle von 1481 erhalten. Zentraler Mittelpunkt der historischen Altstadt ist die um 1180 begonnene und 1482 vollendete Propsteikirche St. Mariä Geburt, die noch heute wertvolle Kirchenschätze beinhaltet. In ihrem Schatten wurde der wohl bekannteste Sohn Kempens geboren. Thomas Hemerken (1380 - 1471), besser bekannt unter dem Namen „Thomas a Kempis“, schrieb das nach der Bibel meistgedruckteste Religionsbuch der Erde, die „Nachfolge Christi“ und verlieh seiner Vaterstadt überdies den Prestigenamen „Thomasstadt“.

Nach dem Wiener Kongress wird Kempen 1815 preußisch und zur Kreisstadt erhoben, was neue Impulse bringt. Die Eröffnung der Bahnlinie Krefeld-Kleve (1863) zieht zahlreiche Industriebetriebe nach. 1966 beginnt eine bis heute andauernde Sanierung der Altstadt, die Kempen zu einer Perle am Niederrhein macht. Mit der kommunalen Neugliederung verliert Kempen 1975 den Kreissitz an Viersen.

Kurkölnische Landesburg

Sehenswertes beim Stadtrundgang

P Parkplatz 9 an der Burg

1. Vom **Kuhtor** (um 1350), dem Haupttor in der Stadtmauer geht´s in die außerordentlich romatische Kuhstraße mit seinen restaurierten Ziegelsteinhäusern.

2. Auf der Kuhstraße findet man Kempens größtes Bürgerhaus **Haus Horten** aus dem 18. Jh. Es wurde 1773 von den Begründern des Kaufhaus-Konzerns Heinrich Horten errichtet und 1784 um einen Anbau erweitert.

3. Über die Orsaystraße gelangt man zur **Alten Schulstraße** mit Fachwerkhäusern aus dem Jahre 1609. Diese Handwerkerhäuser zeigen in den Türstürzen verschiedenen Inschriften.

4. Über die älteste Straße der Stadt, der „Alten Schulstraße“ erreichen wir die **Tiefstraße**, in der wir ebenfalls zahlreiche alte Häuser entdecken.

5. Durch die Tiefstraße spaziert erreichen wir das **Frauenkloster St. Anna**, von dem leider nur noch das Torhaus aus dem 18. Jh. existiert.

6. Im Grüngürtel treffen wir auf das **Gartenhaus** aus dem 18. Jh. Wohlhabende Bürger Kempens bauten sich dort in ihren Gärten diese sogenannten „Lusthäuser“.

7. Das Gartenhaus liegt an der alten **Stadtbefestigung**, einer Stadtmauer aus dem Jahre 1290, die heute rekonstruiert den Schutzwall zeigt und nahezu kreisförmig in Gänze die Stadt umschloss.

8. Zur Stadtbefestigung gehört auch die **Turmmühle**, 1481 auf einem runden Befestigungsturm errichtet.

9. Der Wallanlage folgend stoßen wir an der Ölstraße auf das **Haus Nievenheim** von 1524 mit spätgotischem Stufengiebel errichtet.

10. Angekommen an der Peterstraße/Ecke Ring finden wir den **Peterturm**, Rest eines ehem. Vortores von 1522.

11. Auf der Peterstraße sehen wir das **Haus Ludowigs**, ehemaliger Sitz einer wohlhabenden Kaufmannsfamilie.

12. Der Peterstraße weiter folgend erreichen wir das **Haus Weinforth** von 1500 mit Stufengiebel, an der Langseite Fachwerk und niederdeutscher Blendenarchitektur und

Peterstraße mit Blick auf Haus Schmitz

13. das wohl schönste Fachwerkhaus der Stadt, **Haus Schmitz** aus dem 17 Jh.

14. Über den Kirchplatz gelangen wir zum **Vatikänchen**, erbaut 1668. Hier sehen wir auch die **Propsteikirche Mariä Geburt**, das **Denkmal von Thomas a Kempis** und das **Rathaus** der Stadt.

15. Am Rathaus vorbei sehen wir die wohl erste Apotheke Kempens aus dem 18. Jh., die **Löwen-Apotheke**.

16. An der **Moosgasse 7** treffen wir auf ein schlichtes Patrizierhaus aus den Anfängen des 18. Jahrhunderts und in unmittelbarer Nachbarschaft finden wir

17. das **Haus Acker 1**, ein Stadthaus, das wahrscheinlich der Familie Virmound zu Schloss Neersen gehörte.

18. Angelangt in der Neustraße sieht man das **Kemp´sche Huus**, das im Rahmen der Altstadtsanierung 1979 von der Kuhstraße an die Neustraße verlegt wurde.

19. Direkt nebenan findet man das **Haus Basels**. Hinter seiner Stuckfassade von 1885 verbirgt sich ein Fachwerkhaus und beherbergt heute das Standesamt.

20. Unmittelbar am Buttermarkt liegt das zweigeschossige bürgerliche **Haus Witthoff/ Peerbooms** aus dem Jahre 1741.

21. Der Judenstraße folgend sehen wir das von 1764 erbaute **Haus Hall**. Haustür und Oberlicht sind im Rokoko-Stil gehalten.

22. In der Nachbarschaft befindet sich **Haus Ercklentz**, heute der In-Treff für Jung und Alt mit seiner gemütlichen Kneipenatmosphäre, dem Bärlins.

23. Durch die Haupteinkaufsstraße Kempens, der Engerstraße, gelangt man zur **alten Sparkasse**. Das Haus wurde im Rahmen der Altstadtsanierung 1984 in seinen ursprünglichen Zustand wieder hergestellt.

24. Bei einem Spaziergang durch den Grüngürtel gelangt man zur **Kurkölnische Landesburg**, die in nur vier Jahren von 1396 bis 1400 errichtet wurde und heute das Stadt- und Kreisarchiv beherbergt.

25. Im Umfeld der Burg befindet sich das ehemalige **Franziskanerkloster**, welches 1627 bis 1631 errichtet wurde. Heute sind dort das Museum für Niederrheinische Sakralkunst und das Kramermuseum untergebracht. In der dazugehörigen **Paterskirche**, der größten Saalkirche am Niederrhein, finden zahlreiche Konzerte statt.

26. Im hinteren Bereich des Klosters befindet sich das **Haus Franziskus** von 1698.

Stadtführungen:

beschilderter Altstadtrundgang, Führungen durch die historische Altstadt, Burgturmbesteigung, Museumsführung,
ⓘ T 02152/917-271

Haus Nievenheim

Insidertipps

Alte Schulstraße – Kurkölnische Landesburg – Kulturforum Franziskanerkloster mit Museen – Gut Heimendahl

„Traberklause“, Peterstr. 41, T 02152/3622; „Et kemp'sche huus“, Neustr. 31, T 02152/54465; „Campunni“, Studentenacker, T 02152/896959; Cafe am Ring, Vorster Str. 2, T 02152/2301; Burgcafe, Thomasstr. 27, T 02152/2822

Thomas-Bitter (ein Magenbitter aus Kempen) aus der Destillerie Goertsches, Vorster Str. 22

Zusätzliche Informationen:

Städt. Kramer-Museum, Burgstr. 19, seit 1912 im Kulturforum des ehem. Franziskanerklosters (barocke Klosteranlage des 18. Jh.): bürgerl. Wohnkultur vom 16.–20. Jh., Truhensammlung, Klosterküche in Delfter Kacheln, T 02152/917-264

Museum für Niederrheinische Sakralkunst in der Paterskirche im Kulturforum Franziskanerkloster, größte spätgot. Hallenkirche am NR mit barocker Ausstattung: Liturg. Gerät und Holzskulpturen 13.–19. Jh., T 02152/917-264

Zahlreiche Galerien im historischen Stadtkern

Empfehlungen in der Umgebung

- **Tönisberg:** Bockwindmühle, 1802 erbaut; Stadtteil mit „Spaziergang durch Tönisberg“ ⓘ 02845/806-459
- **St. Hubert:** bäuerlicher Wehrturm „Berfes“ auf dem Raveshof, im 16. Jh. erbaut, auch Spiker oder Donjon genannt; ein weiterer bewohnter „Berfes“ liegt in Tönisvorst
- **Schmalbroich:** Haus Velde, ältester Rittersitz des ehem. kurkölnischen Amtes Kempen, erbaut im 13. Jh.
- **Erlebnisbad „aqua-sol“** mit Innen- und Außenbecken, Springertürmen, Riesenrutsche, Schwimmkanal, Berliner Allee 53, T 02152/4431
- **Gut Heimendahl/Haus Bockdorf** mit samstäglichen Suppenessen, auf der Hofanlage eine Antikscheune, ein Weber, eine Puppenstube, Bauernhoftiere, T 02152/8989-0
- **Königshüttesee:** Surfen, Segeln, Segel- und Surfclub Kempen e.V., T 02152/2404 oder 516158

Kemp'sche Huus

Turmmühle am Hessenring

■ **Grefrath, Freilichtmuseum Dorenburg:** 1973 eröffnet, zahlreiche Fachwerkhäuser und Objekte der bäuerlichen und handwerklichen Zunft und Kultur des Niederrheins mit Hofanlage Hagen, Schnapsbrennerei, Gerberei, Schmiede, Spielzeugmuseum und die Dorenburg. Beim Museum das „Pannekookehuus".

Regelmäßige Veranstaltungen

Halbfastenmarkt (zur Hälfte der Fastenzeit) – Altstadtfest (1. Mai WE) – Kempen Musik Festival (Pfingst-WE in ungeraden Jahren, 2003) – Kirmes in Kempen (4. WE im Juni) – Klingende Altstadt (letztes WE im Juni in geraden Jahren, 2004) – Kirmes (2. WE September) – Historischer Handwerkermarkt (2. WE im Oktober) – Hubertusmarkt (3. November) – St. Martin mit riesiger Lichterkaravane von 4.000 Fackeln (10. November)

Anschriften:

Touristinformation Kempen,
Buttermarkt 1
47906 Kempen,
T 02152/917-237, F 917-242,
www.kempen.de
rathaus@kempen.de

Wege in der Umgebung:

 Wanderweg „Kempener Landtour"

 In und um Kempen zahlreiche ausgeschilderte Radwanderwege. Die „Kempener Landtour" bietet ebenfalls zahlreiche ausgeschilderte Radwanderwege; in Kempen Anschluss an die „Niederrhein-Route" und „Erlebnisse auf der EUROGA-Radroute".

 Paddeln auf der Niers ist ein Naturerlebnis besonderer Art.

Schloss Liedberg heute und auf einer Gesamtansicht (rechts) aus früherer Zeit.

Korschenbroich-Liedberg

Die kleine Stadt im Niederungsgebiet von Rhein und Maas

Im fruchtbaren Niederungsgebiet von Rhein und Maas liegt das kleine, aber alte Örtchen Liedberg. Mit seinem inselartigen Bergrücken ragt es aus der lösshaltigen Niederrheinischen Tiefebene heraus. Nach dem Zweiten Weltkrieg begann man in Liedberg sehr früh, den historisch gewachsenen Ortskern zu sichern. Damit kann dem Besucher bis heute eine Vorstellung von territorialer Politik am Niederrhein des Mittelalters vermittelt werden.

Seit Jahrzehnten wird an der Erhaltung des denkmalwerten Ortsbildes gearbeitet. Der Lohn – eine Goldmedaille im Bundes-Wettbewerb „Unser Dorf soll schöner werden".

Korschenbroich-Liedberg – Kreis Neuss

- Höhe: von 37 m bis 74 m ü. NN.
- Auto: BAB 44 Anschlussstelle Nr. 21 Mönchengladbach-Ost - Korschenbroich, BAB 46 Anschlussstelle Nr. 14 Grevenbroich-Kapellen, BAB 52, Anschlussstelle Nr. 11 Willich-Schiefbahn; BAB 57 bis Anschlussstelle Nr. 19 Neuss/Büttgen, B 230 bis Anschlussstelle Liedberg
- DB: S 8 Mönchengladbach - Düsseldorf bzw. Hagen
- Flughafen: Düsseldorf
- Museum: **N** Krefeld-Linn 29 km, **NO** Düsseldorf-Kaiserswerth 31 km, **S** Bedburg-Kaster 33 km

Geschichte

Liedberg liegt am Fuß eines Waldhügels, des Haags, der wie eine Insel den Süden der Niederrheinischen Tiefebene überragt. Hier bauten schon die Römer Sandstein für ihre Befestigungsanlagen ab. Der Abbau wurde im Tagebau vorgenommen. In Liedberg stand auch eine alte Signalstation (Mühlenberg, früher eine Bockwindmühle), von der aus bestimmte Signale (Rauch, Spiegel usw.) abgegeben werden konnten. Als ältestes bauliches Zeugnis gilt der Mühlenturm aus dem 9. Jh am südlichen Ortsausgang, Teil einer frühen Burganlage, die durch Wall und Graben geschützt war. Als selbständige Grafschaft kam Liedberg 1367 zum Kurfürstentum Köln. Nun wurde eine neue Burganlage errichtet, von der heute noch Torturm und Ringmauern erhalten sind. Sie soll zeitweise in den unsicheren Kriegszeiten teilweise für Tausende von Menschen eine Zuflucht geboten haben. Der Ort selber blieb klein, hatte um 1600 eine große Brandkatastrophe zu überstehen und um 1700 zählte er gerade 40 Häuser. In diesem Zeitraum trafen sich der Kölner Kurfürst und Erzbischof Josef Clemens und der Sonnenkönig Ludwig XIV. zur Abstimmung ihrer Politik. Nach vorübergehender französischer Herrschaft wurde Liedberg 1815 dann preußisch. Die Männer von Liedberg haben sich in früheren Zeiten als Mäher verdingt, später hatte jedes Haus einen Webstuhl, auf dem Leinen, später Samt und Seide von den Hauswebern hergestellt wurde.

Sehenswertes beim Stadtrundgang

P nahe der B 230 auf dem großen Parkplatz

1. nach rechts zum Bildstock der „Fußfälle", das Treppchen hoch und dem Zeichen = folgen. Im Verlauf des Rundganges durch den **„Haag"** sind einige **Bodendenkmäler** interessant, so ein Sandsteinbruch, der Mühlenberg (auch ehem. Signalstation der Römer), der „Hoppejades", die Hopfengärten für die eigene Bierbrauerei in Liedberg, an dem rechten, besonders starken Geländeabfall soll ein römischer Steinbruch betrieben worden sein und die mittelalterliche Wallanlage. Der Weg (markiert mit =) führt im letzten Teil auch vorbei an einer Unglücksstelle „Felsenkeller" von 1930: Wie alle anderen Jungen krochen einige Pfadfinder aus Düsseldorf in die Sandpützen, die Löcher zum Sandabbau. Oft lag nur eine leichte Felsabdeckung darüber. An diesem Tag brach hier am Felsenkeller über den Pfadfindern die Decke zusammen und begrub die Jungen unter sich. An der Stelle des Unglücks steht ein Erinnerungsstein an die vier Verunglückten (der vierte Tote wurde in Düsseldorf begraben).

2. Schloss Liedberg muss man nicht suchen, denn das „Bergdorf" Liedberg wird überragt von einer der wenigen Höhenburgen am Niederrhein, erstmals 1166 genannt. Hat man den Rundgang durch den „Haag" hinter sich, dann tauchen aus dem Walddunkel die Mauern der Anlage auf. Sie zeugt als ehemalige Landesburg sehr eindrucksvoll von der dynastischen und territorialen Politik, etwa bei dem geheimen Zusammentreffen zwischen Ludwig XIV. von Frankreich und Kurfürst und Erzbischof Joseph Clemens von Köln, um ein Bündnis für den spanischen Erbfolgekrieg zu besprechen. Stattdessen entwickelten sich zwischen eingerückten französischen und kaiserlichen Truppen heftige Gefechte. Bei der Plünderung von Liedberg ließ sich Kaplan Beckers mit Seil an der Schlossmauer herunter und rettete 233 Reichstaler. Beeindruckend ist der massige quadratische Turm aus dem 14. Jh. Daran schließt sich ein Wohnbau an; beide stammen aus dem 17. Jh. Der Stammsitz der Grafen von Liedberg ist aus der einzigen Höhenburg

Typisches Fachwerkhaus im historischen Ortskern

(neben der Schwanenburg in Kleve) des NR hervorgegangen und zeigt einen ovalen Grundriss. Weitere Gebäude sind dem Schlosshof vorgelagert; teilweise sind Ringmauern des 14. Jh. erhalten. Auffällig der viergeschossige Mittelturm mit seinen 1,60 Metern dicken Wänden, der im Obergeschoss über einem Spitzbogenfries eine Auskragung zeigt und mit einer barocken Schweifhaube abschließt. Ein Gebäudeteil auf der rechten Seite, u.a. mit dem Rittersaal, wurde nach dem Zweiten Weltkrieg abgerissen. Die Wetterfahne zeigt die Initialen A.v.F., d. i. Adolph von Fürstenberg.

3. Die **Schlosskapelle,** wenige Schritte weiter, ist dem hl. Georg geweiht; sie hatte einen Vorgängerbau aus Fachwerk (der einmal auf Rollen „an die Seite" gerollt worden war) und zeigt heute einen kreuzgratgewölbten Backsteinsaal (1707 errichtet) mit zwei Jochen und einer 3/8-Apsis. Die Kapellentür zeigt einen barocken Schmuck. Nach sorgfältiger Restaurierung erstrahlt die Schlosskapelle in altem Glanz.

4. Das älteste Baudenkmal steht am südlichen Ortseingang: ein über tausend Jahre alter **Mühlenturm,** wahrscheinlich eine Turmfes-

tung aus der Zeit der Normannenüberfälle (9. Jh.) und letzter Teil einer frühen Burganlage, einst umgeben von Wall und Graben. Vermutungen versetzen seinen Ursprungsbau sogar in die Römerzeit, aber Grundmauern römischen Ursprungs sind nicht erwiesen. Mit seinen sieben Etagen aus Sandstein und Ziegeln überragt er den Ortskern. Bis 1572 diente er als Wohnturm, dann wurde dieser Turm zur Mühle umgebaut, die – obwohl immer wieder beschädigt und renoviert – bis 1836 in Betrieb war. Besonders idyllisch: die Gebäude in der Mühlengasse.

5. **Am Markt,** wo in früherer Zeit die Burgmannen, später die Handwerker oder Landwirte wohnten, steht das **Bürgermeisteramt** (Nr. 8) oder Haus Vennen (1653), das **„Haus Blankenstein"** (Bürgerhaus), weitere in der Schlossstraße, am westlichen Markteingang und am **Dorfplatz mit Pumpe.**

6. Ein besonderes Schmuckstück ist der **Sandbauernhof**, ein ehem. Bauernhof, der zum Bürgerhaus umfunktioniert wurde und als kulturelle Begegnungsstätte dient. Auf dem Gelände des Hofes ist noch heute ein Schacht zu sehen aus der Zeit um 1800, als in Liedberg zwei Sandminen in Betrieb waren; in Erinnerung dieser Sandgewinnung aus dem „Sandpütz" trägt der Sandbauernhof seinen Namen. Die Sandgewinnung, eimerweise aus dem Schacht, bezog sich auf Quarzwand für die Glasherstellung oder als Stubensand zur Säuberung der Fußböden. Schon die Römer bauten hier in sog. „Pingen" (Stollenlöcher für den horizontalen Abbau) Quarzsand ab und stellen damit Glas her.

Stadtführungen:

Führungen nur n. V. durch Schloss Liedberg (Verein Schloss Liedberg, Schlossstraße, 41352 Korschenbroich, T 02131/277119, www.schloss-liedberg.de

Zusätzliche Informationen:

Sandbauernhof Liedberg, Am Markt 10 (Konzerte, Ausstellungen, ⓘ Kulturamt, Hannenplatz 4, 41352 Korschenbroich, T 02161/613-121)

Insidertipps

 Liedberger Haag

Gaststätte „Im alten Brauhaus", Vennen, Am Markt 5, K-Liedberg, T 02166/85118, F 83619; Liedberger Landgasthaus, Landstr. 19, 41352 K-Liedberg, T 02166/87294, F 8218367; Gasthaus Stappen (renom. Speiselokal, Anmeldung!), Steinhausen 39, T 02966/88226

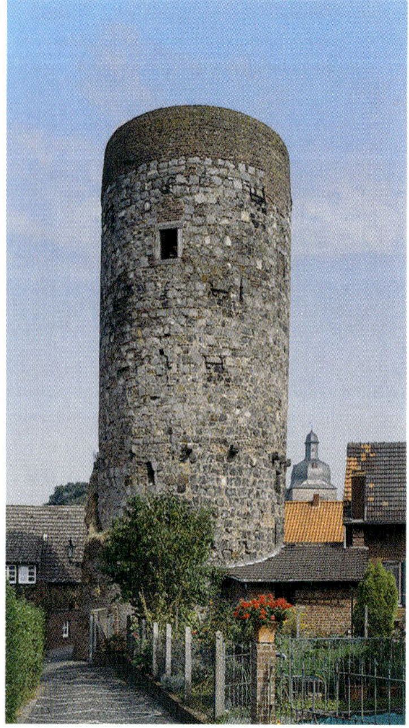

Der Mühlenturm – das älteste Baudenkmal in Liedberg

Empfehlungen in der Umgebung

■ **Für Kinder:** den Liedberger Haag entdecken und der Waldsielplatz in Raderbroich (Verlängerung Nöhlenweg), ca. 5 km entfernt mit Karussell, Rutschen, Klettern, Seilbahn, Fußballplatz, Grillplatz.

■ **Schloss Myllendonk:** Aus Backstein wurde im 14. und 15. Jh. das mächtige und wuchtige, sehr malerische Schloss gebaut und bereits im 16. Jh. verändert. Der wirkungsvolle Torbau mit der Brücke über den Schlossgraben steht isoliert von der Gesamtanlage. Die Burg hat ihren spätgotischen Charakter gewahrt, obwohl zur Barockzeit mehrfach um- und neugebaut wurde. Das Hochschloss liegt auf der Hauptinsel, ein mächtiger Backsteinbau von wuchtigen Formen. Wenn nicht Golf ringsum gespielt wird, erschließen sich von jeder Seite aufs Neue malerische Silhouetten. 1856 wurde eine Kapelle eingerichtet. Der Golfclub hat hier sein Domizil.

■ **Haus Glehn,** OT Glehn: Die ehemalige zweiteilige Wasseranlage betritt man durch den kleinen zweigeschossigen Torbau einer dreiflügeligen Vorburg. Das Herrenhaus wurde laut Inschrift an der Fassade 1560 von Dietrich van der Balen genannt Fleck in niederländische Renaissance errichtet: ein dreigeschossiger roter Backsteinbau mit Sandsteindekorationen, flankiert an der Tordurchfahrt von einem Rundturm mit barocker Zwiebelhaube und in der Nähe ein quadratischer Treppenturm, beide geschmückt u.a. mit Medaillonfriesen. Heute entspricht das Haus einer qualitätsvollen Wohnanlage (privat).

■ **Kommerhof und Haus Fürth** im Tal des Kommerbaches. Haus Fürth ist eine malerische Fachwerkburg, wasserumwehrt und hier und da noch im Fischgrätenmuster ausgemauert. Haus Fürth ist wie einige andere Adelshäuser am Niederrhein aus einer Hoffesfeste entstanden. Das anmutige Fachwerkschlösschen auf kreuzförmigem

Grundriss zeigt zwischen den dunklen Balken Gefache mit rotem Backstein ausgemauert.

■ **Haus Kutscher, Haus Raedt,** nordöstlich bzw. an der Verbindungsstraße zwischen der B 230 (Liedberger Landstraße) und der K 35 (Drösholz).

■ **Haus Schlickum,** jenseits der B 230, in Schlich gelegen;

■ **Rittergut Birkhof** ganz im Osten von Korschenbroich liegt das Anwesen mit einem Goldplatz.

■ **Schloss Dyck:** Raubritter, Altgrafen und ein Fürst besaßen das Schloss (17./18. Jh.), bei dem nur eine Außenbesichtigung möglich ist; geöffnet sind Schlosspark, Schloss-Café, histor. Weinhaus, Baumschulen.

Anschriften:

Stadt Korschenbroich, Büro für Presse- und Öffentlichkeitsarbeit,
Sebastianusstr. 1, 41352 Korschenbroich,
T 02161/613-161, F 613-228,
www.korschenbroich.de
pressestelle@korschenbroich.de
kultur@korschenbroich.de

Regelmäßige Veranstaltungen

Platzkonzert (1. Mai) – Kulturveranstaltungen im Sandbauernhof (Kulturamt, T 02161/613121, kultur@korschenbroich.de) – Adventsmarkt (Dezember)

Fachwerkhaus-Kulisse am Liedberger Markt

Wege in der Umgebung:

Einstieg in die Routen 16-Kreis Neuss (31 km); 3-Kleinenbroich-Jüchen (20 km). An den Wanderstrecken X 3 (Zons – Krickenbeck), A1, A6, A7, A8 gelegen (Verein linker Niederrhein) oder K1 (11 km), K 2 (14/8 km), K 5 (13 km) mit vielen Sehenswürdigkeiten!

Zu den Schlössern führen die Radwanderwege K2, K3, K5, K6, K7 (Stadtplan Korschenbroich). Myllendonk: R 13.

B 230 ⇛ Mönchengladbach über Abzweigung ⇛ Steinforth-Rubbelrath, Beschilderung ⇛ Schloss Dyck, Zwischenstopp mit Kurs auf Nikolaus-Kloster.

Krefeld-Linn

Historischer Stadtteil in der Samt- und Seidenstadt

Wer auf dem Weg zum Rheinhafen die Unterführung der Autobahn passiert hat, erblickt im grünen Wiesenland die ehemalige kurkölnische Landesburg Linn mit dem gleichnamigen Städtchen, dessen Giebel und Gassen sich eng an die Vorburg anlehnen. 1901 wurde der Ort von Krefeld vereinnahmt oder „eingemeindet“, hat sich aber den Zuschnitt einer alten deutschen Kleinstadt bewahrt. Die mittelalterliche Struktur Linns ist mit der Burg, den Lehnshöfen, dem Kirchplatz

Burg Linn

Krefeld-Linn

- ca. 32 m ü. NN.
- BAB 40 / BAB 2 bis Kreuz Moers, A 57 Anschlussstelle Nr. 13 oder 14
- Straßenbahn-Linie 044 ab Krefeld-Hbf
- DB: S 21 nach Krefeld-Linn, 5 Min. Fußweg ab DB-Bf.
- Düsseldorf, Köln/Bonn
- **O** Düsseldorf-Kaiserswerth 17 km, **NW** Kempen 34 km, **S** Korschenbroich-Liedberg 25 km.

(Margaretenplatz) und des sich daran anschließenden Marktplatzes (Andreasmarkt) sowie der alles umschließenden Stadtmauer und den vor der Mauer liegenden Wallanlagen bis zum heutigen Zeitpunkt sehr gut ablesbar.

Linn ist ein Denkmalbereich mit ca. 50 in die Denkmalliste der Stadt Krefeld eingetragenen Häuser n.

Geschichte

Der in der Nähe der Römischen Rheintalstraße entstandene Ort wird erstmals 1100 erwähnt. Auf der Sandbank eines ehemaligen Rheinbettes bauten sich die Edelherren im 12. Jh. ihre Burg, besser einen 7 × 13 m großen Wohnturm. Aus dem Burghügel entwickelte sich unter den Grafen von Kleve Anfang des 14. Jh. eine starke, landesherrliche Verteidigungsanlage. Auch die Erhebung der Burgsiedlung zur Stadt erfolgte um 1300. Nachdem der durch die Witwe Johanns von Kleve eingesetzte Raubritter Heinrich von Strünkede die Umgebung für mehrere Jahre unsicher gemacht hatte, fiel Linn 1392 endgültig an den Kurfürsten von Köln zurück. Seine größte Blüte erlebte der Ort zu Beginn des 17. Jahrhunderts. Ein Großteil des erhaltenen Baubestandes stammt noch aus jener Zeit.

Eingang Zehntscheune, Vorburg

Issumer Turm, Issumer Straße

Sehenswertes beim Stadtrundgang

P Hafenstraße

1. Burg Linn: Entstanden auf der Sandbank eines ehemaligen Rheinbettes, zunächst im 12. Jh. als 7 × 13 m großer Wohnturm; daraus entwickelte sich unter den Grafen von Kleve Anfang des 14. Jh. eine starke, landesherrliche Verteidigungsanlage, die später durch Erdwälle und Gräben zu einer einheitlichen Befestigungsanlage mit fünf Bastionen zusammengefasst wurde. Oben auf dem Bergfried der Landesburg überschaut man die gesamte Anlage und den Stadtkern von Linn. Die Renaissance steuerte den neu bastonierten Mauerring bei und das Barock eine Erdwallbefestigung, ehe man sie um 1740 aufgab. Der Kölner Kurfürst Clemens August ließ, nachdem die Burg 1702 im Spanischen Erbfolgekrieg ausgebrannt war, in der Vorburg ein kleines Jagdschloss errichten. 1806 wechselte sie in den Besitz von Isaak de Greiff. Der Bau selber aber enthält bemerkenswerte Innendekorationen aus der ersten Hälfte des 19. Jh. Das Carillon (Glockenspiel) spielt 11.30, 14 und 16 Uhr.

2. Schlosspark: Den um die Burg herum sich anschließenden Park ließ Philipp de Greiff (Sohn des o. gen. Isaak de Greiff) nach einem Entwurf des bedeutendsten rheinischen Gartenkünstlers, Maximilian Friedrich Weyhe (1775–1846), in einen Landschaftsgarten umgestalten, der in seinen typischen Elementen heute noch vorhanden ist. Burg und Park befinden sich seit 1925 in städtischem Besitz.

3. Die **Albert-Steeger-Straße** schließt östlich an den Burgbereich an. Der historische Stadtkern wird von dem Burg- und Stadtgraben und einem Grüngürtel beinahe ganz umschlossen und vermittelt das Bild eines niederrheinischen Landstädtchens. An der Mauer-/Rheinbabenstraße befindet sich das **Torwächterhäuschen,** es bewachte den Eingang in östlicher Richtung; weitere **Eingangstore** waren das Bruchtor im Westen, das Rheintor im Osten – Lage im Pflaster markiert – und das Steintor im Süden, sie wurden sämtlich 1832 abgebrochen.

4. Kurfürstliche Ross- und Wassermühle, Am Mühlenhof 6, klassizistischer Umbau mit Torhaus und Hofgebäude; auf der Südseite des südlichen Traktes befindet sich ein Nachbau des historischen Wasserrades.

5. Der **Issumer Turm**, Ecke Issumer-, Mauerstraße, an der südöstlichen Ecke der Stadtmauer ist einer der beiden anlässlich der Stadtgründung angelegten Burgsmannshöfe.

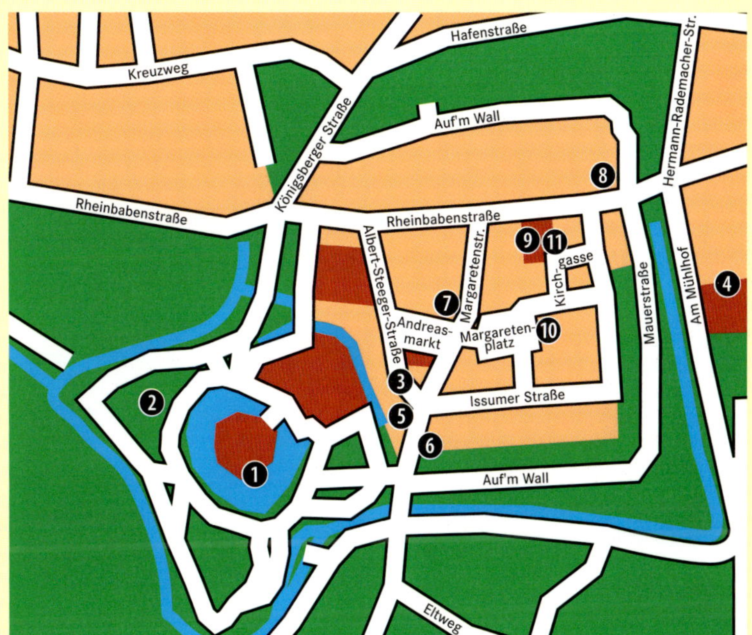

Die unteren Geschosse des Turms und des angrenzenden Wohnhauses stammen noch aus dem 15. Jahrhundert.

6. Zollhaus, Margaretenstraße, am Südausgang (Steintor), 17. Jahrhundert.

7. In der **Margaretenstraße** – eine Rarität: das Haus Margaretenstr. 19, mit ornamental gestaltetem Fachwerk (1665). In der Issumer Straße 6 ist eine **Hochwassermarke** von 1784 zu finden, die einiges über das manchmal von Hochwasser geplagte Leben in Linn erahnen lässt.

8. Bakenhof, Rheinbabenstraße 144–150, (ursprünglich 14. Jh., in den Mauerankern mit 1772 bezeichnet) mit Turm aus der ersten Hälfte des 19. Jahrhunderts an der nordöstlichen Ecke der Stadtmauer ist der zweite bei der Stadtgründung angelegte Burgmannshof.

9. Die **Linner Pfarrkirche St. Margaretha** hatte ein interessantes Schicksal: sie stand bis zu ihrem Einsturz 1814 auf dem Margaretenplatz (1997 Fundamente freigelegt) und wurde als schlichte Saalkirche 1819/20 zwischen Rheinbabenstraße und Kirchgasse neu errichtet, da man damals schon gewusst hat, dass der Untergrund unterhalb des Margaretenplatzes nicht fest ist (Verlauf eines alten Bachbettes).

10. „Weiße Schule“ (1852) und **„Rote Schule“** (1898) auf dem Margaretenplatz.

11. Scheiffgenskreuz, Kirchgasse, 1678 vom Linner Oberkellner (Verwalter) Heinrich Scheiffgens und seiner Frau gestiftet.

12. Die **Mittelalterliche Stadtmauer** umschließt zusammen mit den davor liegenden Wallanlagen den historischen Stadtkern (gut zu sehen an der Mauerstraße mit Resten des Wehrganges).

Stadtführungen:

ⓘ Stadtmarketing, Medien und Büro des Rates, Rathaus, Von-der-Leyen-Platz 1, 47798 Krefeld, T 02151/86-1501

Zusätzliche Informationen:

Museum Burg Linn: Landschaftsmuseum des Niederrheins Burg Linn und Jagdschloss, Rheinbabenstr. 85, wie Krefelder Bürger gelebt haben, zeigen Bürgerzimmer des 18. und 19. Jh sowie eine komplett eingerichtete niederrheinische Bauernküche. Für Musikfreunde: Jeden Sonntag 11.30 (und 12.15 Uhr bei Bedarf) erklingen mechanische Musikinstrumente, Ö: 1.4.–31.10. di–so 10–18, 1.11.–31.3. di–so 11–17 Uhr; T 02151/570036).
Im Backhäuschen (1788), in der Vorburg, sind alte bäuerliche Geräte zu sehen.
Deutsches Textilmuseum, Andreasmarkt 8 (Ö: April–Okt. di–so 10–18, Nov–März di–so 11–17 Uhr, T 02151/9469450
Kaiser-Wilhelm-Museum, T 02151/770044; Ö: di–so 11–17 Uhr (liegt in der Krefelder Innenstadt)

Insidertipps

Burg Linn – Lehnshöfe – ehem. Kirchplatz (Margaretenplatz) und Andreasmarkt

Flachsmarkt

Andreasmarkt

„Burgcafé“ und „Burghotel“ mit Restaurant, Rheinbabenstr. 101, T 02151/570282; „Winkmannshof“, Albert-Steeger-Str. 19, T 02151/571423

Nachbildungen römischer und fränkischer Funde und Bücher im Museums-Shop Burg Linn; Seiden- und Wolltücher u.a. im Museums-Shop Textilmuseum (s.o.)

Empfehlungen in der Umgebung

- **Rheinbabenstraße** rechts in die Straße Am Mühlenhof in südlicher Richtung, zur ehem. kurfürstlichen Wassermühle, 1816 erbaut von Isaak de Greiff.
- **Greiffenhorstpark,** entworfen und angelegt von dem Landschaftsarchitekten Maximilian Friedrich Weyhe im Auftrag von Cornelius de Greiff (1781–1863) mit alten Baumbeständen wie Platanen (180 J.), Blutbuchen (180 J.),

Deutschen Eichen (300 J.,) Holländ. Linden (100 J.).

■ **Zum Schlösschen Greiffenhorst** (1838–1843 erbaut von O. von Gloeden) führen Spazierwege beiderseits des Baches aus dem Stadtgraben. Durch seinen „Goldenen Schnitt" wirkt das dreistöckige Haus recht zierlich über einem achteckigen Grundriss; geplant als Jagdschlösschen und Sommersitz, heute kultureller Veranstaltungsort.

■ Etwas weiter liegt der **Hausenhof,** ursprünglich als Vorwerk gebaut, heute die Quarantänestation des Krefelder Zoos.

■ **Der Krefelder Zoo** besteht bereits über 60 Jahre und hat sich aus einem kleinen Tierpark zu einem Lebensraum für über 1.200 Tiere in ca. 240 verschiedenen Arten entwickelt, Ö: täglich Sommer 8–17.30, Winter 9–17 Uhr, T 9552-0

■ **Botanischer Garten,** Schönwasserpark Ö: di–so 11–17 Uhr, T 540519, Eintritt frei

■ **Hafendrehbrücke** im Krefelder Hafen (ca. 2 km östlich): einzig in dieser Art erhaltenes Bauwerk in Stahlkonstruktion, Basaltlavaköpfe, Schmuckelemente des Jugendstils.

Zollhaus

Regelmäßige Veranstaltungen

Flachsmarkt, größter Handwerkermarkt in Deutschland (jährlich zu Pfingsten) – monatliche Serenaden im Rittersaal Burg Linn ⓘ T 02151/86-1501

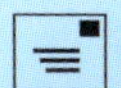

Anschriften:

Stadtmarketing,
Medien und Büro des Rates, Rathaus, Von-der-Leyen-Platz 1, 47798 Krefeld, T 02151/86-1501, F 86-1510, www.krefeld.de, elke.henke@krefeld.de

Wege in der Umgebung:

Rheinbabenstraße, südlich in die Straße Am Mühlenhof: ehem. Kurfürstl. Wassermühle, durch den Grüngürtel Greiffenhorstpark (mit Schlösschen), Schönwasserpark, Schönhausenpark bis Sollbrüggen-Park, ⓘ Stadtmarketing Krefeld, Rathaus, Von-der-Leyen-Platz 1, 47798 Krefeld, T 02151/86-1501

Unmittelbar am R 4 gelegen; nur 400 m bis R 5. Kombination R 4 auch mit den überregionalen R 15 und R 14 (Radwanderführer und Karte). Besonders: „Radachse Krefeld-Linn" und „Erlebnisweg Rheinschiene", auch „NiederRhein-route" und „Euroga-Route"

Bürgerhaus

Velbert-Langenberg

Kunst und Kultur

Langenberg, seit 1975 zur Stadt Velbert gehörend, liegt am Nordrand des Niederbergischen Landes. Das ist unweit der alten Kulturgrenze zwischen Franken und Sachsen am Zusammenfluss von Deilbach und Hardenberger Bach. Eingebettet in üppig-grüne bergige Natur, zwischen Feldern, Wald und Wiesen hat sich der Ort mit Fachwerk, Schieferfassaden, Sprossenfenster mit Klappläden im bergischen Grün, verwinkelten Gassen und Kopfsteinpflaster seine Eigenart behalten und besitzt mit eines der bedeutendsten und am besten erhaltenen kleinstädtischen Ortsbilder in NRW. Der Stadtgrundriss ist weitgehend erhalten, 136 Häuser unter Denkmalschutz gestellt und weitgehend erhalten, die meisten davon behutsam und fachgerecht restauriert.

Velbert-Langenberg – Kreis Mettmann

- von 77 m bis 303 m ü. NN.
- BAB 3 Anschlussstelle Nr. 17, BAB 46 Anschlussstelle Nr. 35, BAB 52 Anschlussstelle Nr. 30, von Essen über Landstraßen nach Velbert-Langenberg
- DB Regionalexpress über Essen Hbf nach L.
- Düsseldorf
- **N** Hattingen und H-Blankenstein 8 km, **SW** Düsseldorf-Kaiserswerth 40 km, **S** Solingen-Gräfrath 20 km, **O** Arnsberg 100 km

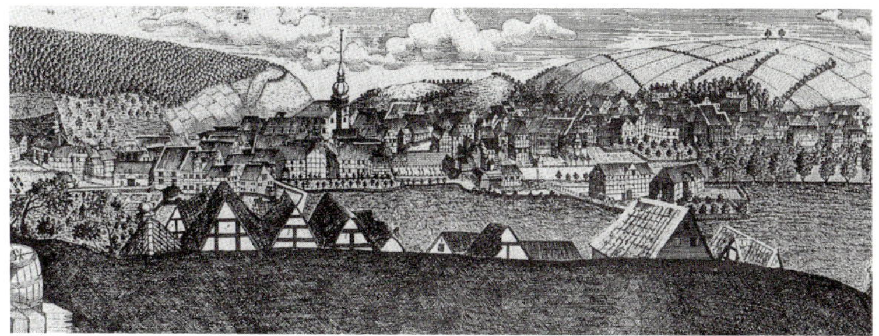

Geschichte

Langenberg wird erstmals in den um 1220 anzusetzenden Vogteirollen des Grafen Friedrich von Isenburg-Altena genannt, gehört später zur Herrschaft Hardenberg. 1280 wird die Ortschaft am Deilbach, der Stammesgrenze zwischen Franken und Sachen, genannt. Jahrhundertelang trennte dieser Bach das Bergische vom Märkischen (Sauer-)Land. Mit dieser gelange Langenberg 1354 in den Besitz der Grafen von Berg. Die karge Landwirtschaft zwang zu besonderem Gewerbefleiß und ließt nach dem gewährten Privileg des Leinengroßhandels einen unternehmesfreudigen Kaufmannsort entstehen. Über die Hausweber – fast jede Familie besaß einen oder mehrere Webstühle – entwickelte sich eine Textilindustrie, die sich später hauptsächlich der Seidenverarbeitung widmete. 1738 wurde Langenberg selbständig. Langenberger Kaufleute besonders standen dem Eisenbahnpionier Friedrich Harkort 1830 zur Seite beim Bau der Pferdeschleppbahn vom Himmelsfürsten Erbstollen bei Essen-Kupferdreh bis Nierenhof, die 1831 den Namen „Prinz-Wilhelm-Bahn" erhielt. Immerhin hatte Langenberg 12 Millionäre aus der Branche der Band- und Seidenweber. 1829 erfolgte der Anschluss an die Eisenbahn für den Güterverkehr, 1847 für den Personenverkehr. 1856 wurde Langenberg zur Stadt erhoben.

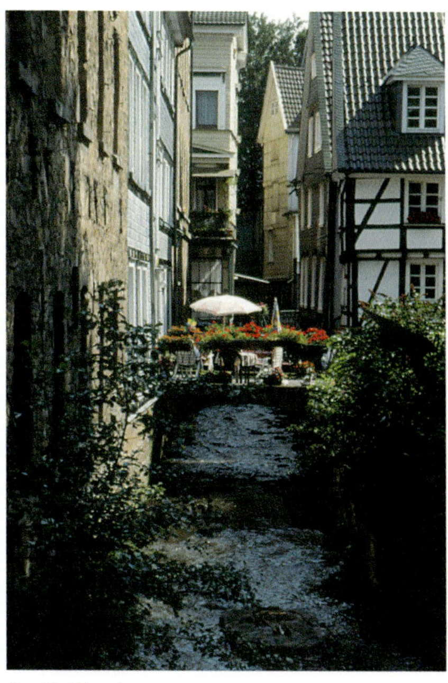

Am Deilbach

Sehenswertes beim Stadtrundgang

P Parkhaus Altstadt, Wiemerstraße

1. Vereinigte Gesellschaft: 1894 im Neurenaissancestil erbaut, Backsteingebäude mit Putzgliederung, innen sind prachtvolle Gesellschaftsräume. Bis heute Sitz des 1798 von 11 akademischen Herren „zur gesellschaftlichen Unterhaltung" gegründeten Clubs, widmete sich später wohltätigen und kulturellen Aufgaben: zahlreiche Stiftungen wie Armen-, Krankenhaus, Volksbücherei, Friedhofskapelle sowie ein Chor und Orchester.

2. „Haus Lipses" von 1780 mit Bergischem (geschweiftem) Giebel; zeigt die Formen des bergischen Spätbarock, Aufzugbalken im Speicher, 1804 reiste der Erbauer, ein wohlhabender Fabrikant, mit einer sechsspännigen Kutsche zur Kaiserkrönung Napoleons nach Paris.

3. Bürgerhaus: ein gewaltiges, burgartiges Gebäude aus behauenem Naturschein, seinerzeit ein „kleines" Geschenk der Seidenfabrikaten Adalbert und Sophie Colsman an die Bürgerschaft. Grundsteinlegung 17. Nov. 1913, Ende 1916 (mitten im Ersten Weltkrieg!) fertiggestellt. Innen: das „Bergische Zimmer", heute ein Trauzimmer und der Große Saal mit reicher Deckenmalerei, Orgel (seltene Jugendstil-Formen), 1,5 Tonnen schwerer Leuchter und bunten Glasfenstern (Jugendstil).

4. „Nathanplatz": hier war das ehem. jüdische Viertel Langenbergs, u.a. das Haus der Familie Nathan; eine Gedenktafel erinnert an das Schicksal der Juden.

5. „Oberstes Pastorat": Der Name erinnert an das vom Pastor selbst bewirtschaftete Widumsgut; nach Inschrift im Türsockel 1776 erbaut, bis Ende 19. Jh. Wohnung der Langenberger Pfarrer; bei der Restaurierung wurde die ursprüngliche Raum- und Fassadengliederung wieder hergestellt.

6. „Rosenhaus" (n. d. Besitzer Dr. Rosen) von 1780, im 15. Jh. erstmals erwähnt, mit zierlichen Elementen des Bergischen Rokoko wie geschwungenen Linien, muschelähnlichen Formen geschmückt; Geheimzimmer, in dem die Mädchen vor Soldaten versteckt wurden, seit 1949 ein Hotel-Restaurant.

Alte Kirche

7. Alte Ev. Kirche, barocke Emporenkirche von 1725/26 anstelle der alten, urspr. dem hl. Lambertus geweihten Kirche. Die dreischiffige Bruchstein-Halle und der Westturm, von einer „Welschen Haube" bekrönt, wurden 1751 vollendet. Innen ein hölzernes Kreuzrippengewölbe auf dünnen Säulen und einer dreiseitig umgeführten Empore. Dazu eine Kanzel (1731) mit freistehendem Kanzelkorb, mit dem Treppenaufgang durch eine Brücke verbunden, darunter der Abendmahltisch. Qualitätsvolles Schnitzwerk in den Füllungen des Kanzelkorbes und der Brüstungen. Messingschilder und eingeschnitzte Namen weisen die gekauften Bankplätze für die Bürger aus.

8. „Wateler Mühle", Heller Straße, erstmals erwähnt in dem Jahr, als Columbus Amerika entdeckte – 1492; die eigentliche Mühle wurde 1873 abgebrochen, der Mühlenteich zugeschüttet. Das heutige Gebäude stammt aus dem 17./18. Jh., eine Besonderheit in Langenberg ist der mit Holzschindeln verkleidete Südgiebel.

9. Haus „Kopes" von 1602, früher ein Kaufhaus (Besitzer Meyberg), ein massives Steinhaus, über dessen Grabstein-Treppe man in den Keller des Hauses steigt. Gebr. Meyberg waren die Initiatoren der Deilbachtal-Eisenbahn (1829).

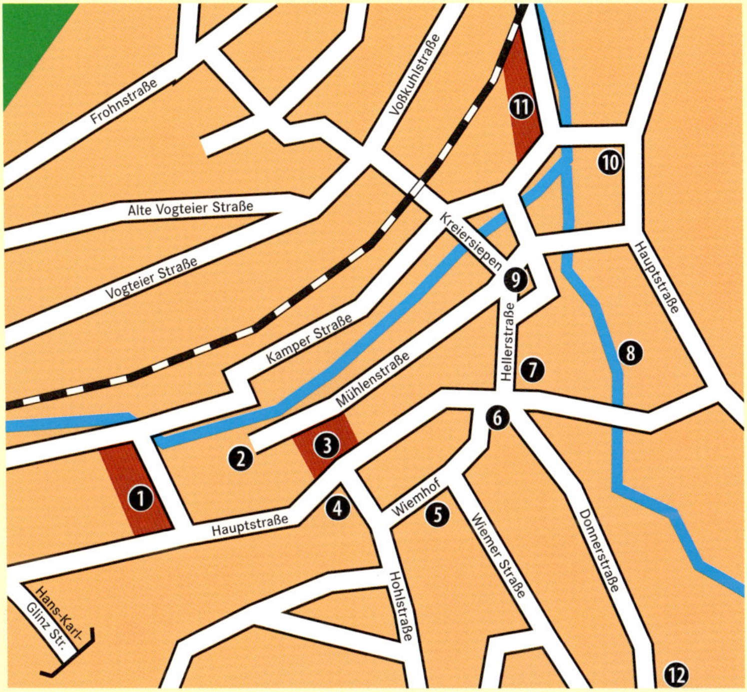

10. „Haus vor dem Stiege“: Name verweist auf einen Übergang über den Deilbach, heute befindet sich hier eine Straßenbrücke. Früher in dem Gebäude eine Gaststätte, die den Kohlentreibern aus dem Ruhrtal als Rast diente, bevor sie ihren Weg fortsetzten.

Hauptstraße

11. Kath. Kirche St. Michael 1899 in neugotischen Stilformen von dem Essener Architekten Prill erbaut.

12. Event-Kirche Langenberg, Donnerstraße, mit außergewöhnlichem Ambiente für Veranstaltungen aller Art

Stadtführungen:

durch den histor. Stadtkern Langenberg sa 15, so 10.30 Uhr, die Termine bitte erfragen, ⓘ Velbert Marketing GmbH, T 02051/6055-0, F 6055-18

ⓘ Zusätzliche Informationen:

Stände Ausstellung zur Langenberger Geschichte (mit altem Webstuhl und weiteren Exponaten) im Bürgerhaus, Hauptstr. 64; Ö: nur so 14.30–17 Uhr

Deutsches Schloss- und Beschlägemuseum (Einblicke in die Welt der Technik), Oststraße 20, Velbert, Ö: di–fr 10–17, sa 10–13, so 10–13, 14–16 Uhr ⓘ T 02051/ 26-2285

Museum Schloss Hardenberg (Exponate von Künstlern mit intern. Bedeutung), Zum Hardenberger Schloss 4, Velbert, Ö: di–so 10–12, 14–18 Uhr, ⓘ T 02051/26-2367

Bücherstadt Langenberg (künftig mit blauer Markierung auf den Pflastersteinen für den Weg von Antiquariat zu Antiquariat): Konzerte, Vernisagen, Buch- und Kunstauktionen, Bücherbörsen, Verlagspräsentationen, ⓘ Verein Bücherstadt Langenberg, ⓘ T+F 02052/927765

Antiquariat Muster, Hauptstr. 67; **A. Drews,** Hauptstr. 87; **A. „Das Buch“,** Kreiersiepen 18; **A. „unter den muren“,** Hauptstr. 36; **A. „Buch Atelier“,** Kreiersiepen 1.

Kunsthaus Langenberg e.V. ⓘ 02052/ 80931

Wallfahrt nach Neviges zum Wallfahrtsdom „Maria, Königin des Friedens“

Hellerstraße

Hotel-Restaurant „Rosenhaus“, Hauptstr. 43, T 02052/3045 oder 91360; „Im Rökels”, Donnerstr. 1 (Altes Bergisches Gasthaus), T 02052/813620; „Restaurant Bürgerhaus“, Hauptstr. 64, T 02052/83159

verschiedene Antiquariate (Bücherstadt!)

Hotel Rosenhaus

Empfehlungen in der Umgebung

- **Bismarckturm** (Aussichtsturm), Hordtstr. 18: Blick auf das Ruhrgebiet und Bergisches Land; Kontakt Restaurant Am Bismarckturm, T 02052/5143, Ö: sa–mi 11–18 Uhr, do bis 15 Uhr, frei Ruhetag
- **Waldlehrpfad** zum Bismarckturm, 38 Tafeln informieren über heimische Flora und Fauna

■ **Sender Langenberg:** WDR-Sendeanlage, 301 m hoch, auf dem Hordtberg; ging 1927 erstmals auf Sendung; rundum Wanderwege.

■ **Wallfahrtsort Neviges** mit Mariendom (1968) mit Rosenfenster, histor. Altstadt rund um den Kirchplatz

■ **Schloss Hardenberg** mit Vorburg: ehem. Wasserschloss (13. Jh.), Museum mit Dauerausstellung der Wallfahrtsgeschichte

■ **Windrather Tal:** Schwerpunkt des ökologischen Landbaues der Region mit sechs alten Fachwerkhöfen öffnen als Hofläden ihre Pforten für den Einkauf: frisches Gemüse, Äpfel, Kartoffeln, Getreide, Fleisch, Wurst, Schinken, Frischmilch und Milchprodukte. ⓘ T 02051/9589

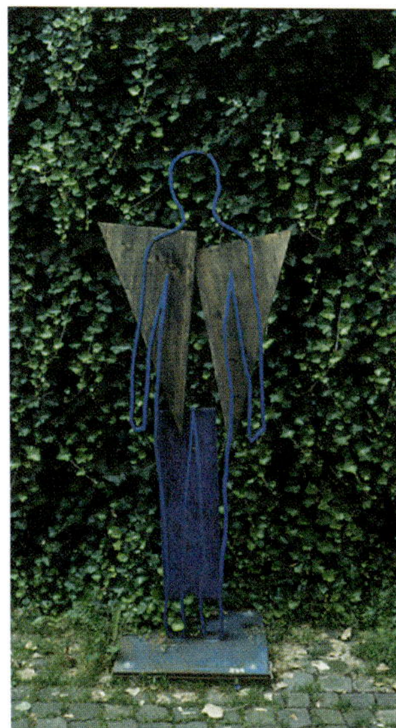

Kunstaktion „Tuchfühlung 2“

■ **Velbert mit Christuskirche** (Jugendstil), Alte Kirche Velbert, Der Offers und Siedlung Langenhorst

■ **Baden im „Nizzabad“:** modernes Hallenbad und Wellenbad in Langenberg oder „Panoramabad in Neviges“

■ **Stadt Essen** mit Baldeneysee und Villa Hügel

■ **Stadt Mettmann** mit Neandertal-Museum

Anschriften:

Velbert Marketing GmbH
Friedrichstr. 177, 42551 Velbert,
T 02051/6055-0, F 6055-18,
info@go2velbert.com
www.go2velbert.com
Tourist-Info im Gemeinschaftsantiquariat „Bücherhaus“, Hauptstraße 18, 42555 Velbert, T 02052/927765

Regelmäßige Veranstaltungen

KULTURinarisch – Kunst und Kultur in Gaststätten (Juni/August) – Sommerfest mit Kunsthandwerkermarkt und verkaufsoffenem Sonntag (letztes WE August) – SATT Schul- & Amateur-Theater-Treffen (Ende des Schuljahres) – Martinsmarkt mit verkaufsoffenem Sonntag (WE vor Martinstag)

Wege in der Umgebung:

 Zahlreiche Wanderwege in reizvoller Umgebung des niederbergischen Hügellandes rund um Langenberg (Felderbachtal, Deilbachtal, Windrather Tal)

 „Kaiserroute“ s. Karte BLV

 nur auf der Ruhr bei Hattingen, Baldeneysee

 ⇛ Hattingen, „Elfringhauser Schweiz“

Kirchplatz und Bürgerhaus „Altes Kloster“

Wachtendonk

Wir treffen uns in Wachtendonk

Ein fast museales, aber sehr liebenswertes Bild einer Kleinstadt des vergangenen Jahrhunderts lassen die alten Giebelhäuser aus dem 16. und 17. Jh., historische Straßenzüge, die Burgruine, der wuchtige Pulverturm und die gotische Kirche entstehen. Obwohl Wachtendonk einer der militärisch wichtigsten und meist umstrittenen Orte im sog. „Oberquartier Geldern“ war, 1588 fast ganz zerstört und die erneuerten Befestigungswerke zu Anfang des 17. Jh. geschleift wurden,

Wachtendonk – Kreis Kleve

- von 27,1 m bis 60 m ü. NN
- BAB 40 Anschlussstelle Nr. 4 Wachtendonk
- Linie 063 nach W.
- DB Regionalexpress nach Duisburg Hbf / Krefeld Hbf
- Düsseldorf
- **N** Kalkar 43 km, **SO**: Kempen 8 km, **O** Hattingen und H-Blankenstein 87 km

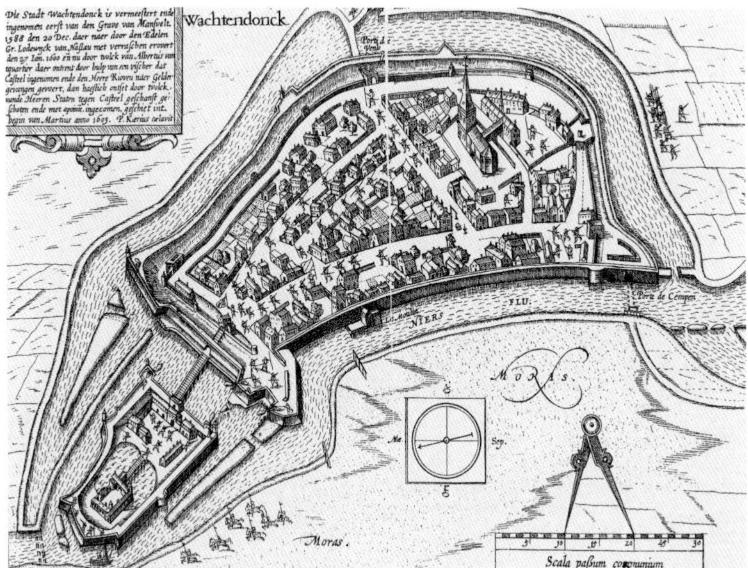

zählt diese schmucke Gemeinde zu den beliebtesten Wohnplätzen mitten in der grünen Natur, weitab von der Hektik der großen Städte. Dennoch – nur einen Katzensprung sind die Ballungsräume von Rhein und Ruhr entfernt. Und noch näher liegen die Nachbarn im Westen – die Niederlande.

Eingebettet ist diese südlichste Gemeinde im Kreis Kleve in das niederrheinische Tiefland. Der Gemeinde ist es gelungen, die mittelalterlichen Gebäude zu erhalten und neuen Nutzungen zuzuführen; allein 112 Einzelgebäude – 50% der gesamten Bausubstanz – ist in die Denkmalliste eingetragen, 20 davon wurden in den letzten Jahren gefördert und entsprechend restauriert werden.

Geschichte

In einem Sumpfgebiet zwischen Nette und Niers erhob sich zu Beginn des 13. Jh. eine Wasserburg der Herren von Wachtendonk. Die einstige Festung lag in einer typisch niederrheinischen Landschaft. Um 1354 erhielt Wachtendonk die Stadtrechte, verloren unter napoleonischer Herrschaft. Die Befestigung der Stadt (1422 erwähnt, 1578 ausgebaut) ist seit Anfang des 17. Jh. verschwunden. Dagegen sind die alten Giebelhäuser aus dem 16. und 17. Jh., historische Straßen wie Mühlen-, Neu- und Klosterstraße, das Gebäude Weinstraße 20 sowie der Wall, die Burgruine, der Pulverturm, der „Schwarze Adler“ und die gotische Kirche das seltene Beispiel einer Kleinstadt vergangener Jahrhunderte, allem voran das Rathaus mit einer schmucken Laterne bekrönt. Innerhalb des historischen Grundrisses, bis auf den heutigen Tag erhalten, liegen die Reste der Burg (1326 erwähnt). Eine Vorburg hielt die Verbindung zur Stadt. Seit 1987 wurden die Straßenzüge neu gestaltet.

Sehenswertes beim Stadtrundgang

P großer Parkplatz am Kreisverkehr Friedensplatz

1. Lohmühle: Ehm. Wassermühle aus dem 18. Jh., Herstellung der Gerberlohe, Mühlenbetrieb durch das Wasser des Stadtgrabens, 1896 zum Wohnhaus umgebaut.

2. Schwarzer Adler: erbaut nach 1610, Ziegelfassade mit interessantem Treppengiebel aus dem 19. Jh.; hier stand das Feldtor der Stadtbefestigung (Lage im Pflaster sichtbar), nach langer Nutzung als Brauerei und Hotel, heute privat genutzt als Wohnhaus.

3. Altes Kloster „Thal Josaphat“: 1430 als Tertiarierinnenkloster gegründet, früher durch einen Holzgang mit der Stadtkirche verbunden, 1516 durch Brand zerstört, in der Folgezeit wieder auf- und umgebaut (durch Maueranker 1707 angezeigt); nach Auflösung 1802 von der französischen Gendarmerie, als Friedensgericht, dann als preußische Landsturm-Kommandantur und ab 1821 als Volksschule genutzt. Heute (rechts) Pfarrheim und (links) Bürgerhaus „Altes Kloster“. Kirchplatz bis 1821 als Friedhof für die Stadt Wachtendonk genutzt.

4. Pfarrkirche St. Michael: Eine kleine Kapelle von 1381 war der Vorgängerbau der St. Michael Pfarrkirche, die im Laufe der Jahrhunderte immer wieder nach großen Zerstörungen ihr Aussehen veränderte; 1419 St. Michael als Patron erwähnt, bei Stadtbränden 1516 und 1708 schwer beschädigt, wurde anschließend die Kirche unter Mithilfe der Herrin von Wachtendonk, Dorothea Fürstin von Dietrichstein, geborene Prinzessin zu Salm-Salm, wieder aufgebaut. Innen interessante Grabsteine: Otto Schenk von Nydeggen, der Margarethe Huyn und der Herren von Wachtendonk. Brand, Bildersturm und Einsturz führten dazu, dass 1972–1977 die Kirche mit großen Restaurierungen instandgesetzt werden musste.

5. Pfarrhaus, Kirchplatz 2: 1709 nach Stadtbrand errichtet, durch Umbau 1893 heutiges Aussehen.

6. Ehem. St. Ferdinand-Hospital aus der 2. Hälfte des 19. Jh., heute Nutzung als privates Wohnhaus.

7. Wohnhaus mit Fachwerkkern aus dem 18. Jh., Bruchstraße 9

8. Haus Weinstraße 20, erbaut in der Wende des 16./17. Jh.; verschont beim großen Stadtbrand 1708, zum Dank auf der Spitze ein Stein mit der lateinischen Inschrift: *„Ihr kennt weder den Tag noch die Stunde.“* Früher die Schreinerei Cuylen, die 1783 Kirchenbänke herstellten (noch einige Exemplare in der Pfarrkirche).

9. Backsteinwohnhaus, Weinstraße 8, vermutlich um 1669 erbaut, 1708 nach Stadtbrand auf- und umgebaut, um 1800 u.a. Zigarrenherstellung Franck und Ramers, heute geschäftliche Nutzung.

10. Rathaus, Weinstraße/Alter Markt: nach Stadtbrand 1712 neu errichtet, 1841 Abbruch und Neubau unter Beibehaltung des Grundrisses sowie teilweise der alten Bausubstanz mit klassizistischer Putzfassade, bekrönende Laterne auf dem Pyramidendach. Seit 1998 ein Glockenspiel im Rathaustürmchen.

11. „Haus Püllen“, Feldstraße 35: eines der ältesten Baudenkmale in Wachtendonk, vor 1634 erbaut, beim Stadtbrand 1708 verschont geblieben. Mit barocken, geschwungenen Doppelgiebeln, Namensgebung nach der Familie Püllen; verschiedene Nutzung: Weinhandlung, Tonpfeifenfabrik, Schreinerei, Schenkwirtschaft, Diskothek. Heute Naturparkzentrum des NP Schwalm-Nette mit Tourist Information.

12. Haus Mühlenstraße 25: hinter dem Haus lag die ehem. Wassermühle, eingebaut in die Stadtmauer.

13. Ehem. Seidenweberei, Am Pulverturm 1: 1908 erbautes langgestrecktes Herrenhaus, als Seidenweberei der Fa. Deuß und Oetker genutzt, dann Vereinigte Seidenweberei Krefeld, 1967 aufgegeben (größter Arbeitgeber am Ort mit bis zu 300 Arbeitsplätzen); Fabrikationsgebäude 1988 abgerissen, jetzt Seminargebäude der Fa. Bofrost.

14. „Pulverturm“, Am Pulverturm 12: zweigeschossiges Backsteingebäude auf quadratischem Grundriss, durch abgestuften Renaissancegiebel wehrhaftes Aussehen verloren. Diente als Getreidespeicher, in den Kellergewölben das ehem. Städt. Gefängnis, im 19. Jh. Wohngebäude, heute Restaurant.

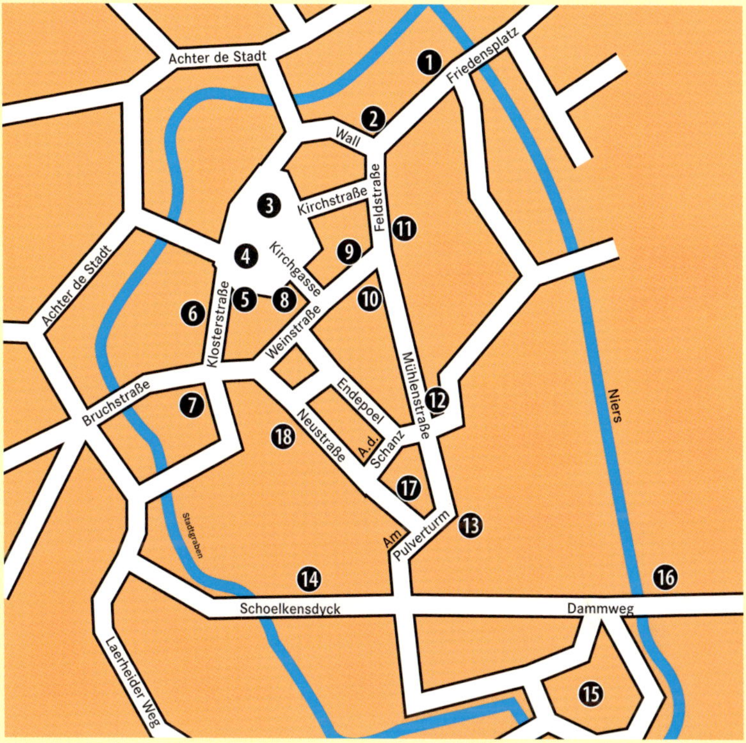

15. Ehem. Burganlage der **Festung Wachtendonk:** 1326 erstmals erwähnt, für 1379 ein Brauhaus, Bierkeller, eine Küche und ein Backhaus bezeugt, später ein Turm und ein „kleiner Turm“. 1605 beim Angriff der Spanier stark lädiert, 1608 geschleift. 1967 bis 1978 wurden die Grundmauern freigelegt und saniert. Viele Kriegswirren zwangen die Bürger, anstelle der mittelalterlichen Stadtmauer starke Bastionen zu errichten. Im Nordwesten sind noch die gezackten Gräben zu erkennen. An der Niersbrücke blickt man von vier Aussichtsbastionen auf den Fluss und historischen Ortskern.

16. **Früherer Kleinbahndamm** (Dammweg): 1901 für die Geldrische Kreisbahn errichtet, eine Schmalspurbahn zwischen Kempen, Straelen und Kevelaer; mit zwei Haltepunkten Wankumer Str. 5 und Kempener Str. 58,1934 stillgelegt.

17. **„Schanz“**, Neustraße 17: um 1680 errichtet, später durch einen Anbau erweitert, mit geschweiftem Giebel, in Kriegszeiten haben sich hier die Bewohner „verschanzt“.

18. **„Prinzenhof“ (Hoff),** Neustraße 10: ein Backsteinbau mit einer Durchfahrt, errichtet um 1620 durch den dam. Herrn von Wachtendonk, Arnold III. Huyn-Geleen, daher **„Haus Wachtendonk“.** Von hier ging eine 1489 erbaute, kanalisierte unterirdische Wasserzufuhr zum Kloster an der Pfarrkirche.

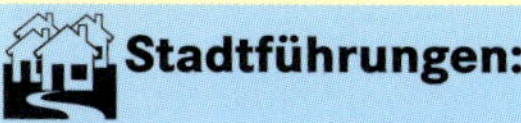

Stadtführungen:

durch den historischen Ortskern,
ⓘ Tourist Information „Haus Püllen“,
T 02836/9155-65

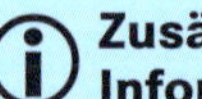

Zusätzliche Informationen:

Naturparkzentrum „Haus Püllen“: Informations-, Bildungs- und Ausstellungsangebot anhand von 12 Modellen, Ton-Dia-Schau, Bauerngarten; Feldstr. 35, T 02836/919900, F 919901; Ö: di–so 9–12.30 Uhr, 13–17 Uhr

Insidertipps

Kleine Auswahl für eine Stunde Aufenthalt.

„Flachshaus“ (wohlschmeckende Vollwertküche, Bio-Hotel), Weinstraße 5 und Feldstr. 29, T 02386/8494 oder 8464, F 85460; „Zum Pulverturm“, histor. Restaurant, Am Pulverturm 12, T 02836/971470, F 971762; Café und Weinstube „Im Hinterhof“, Weinstr. 12, gemütliche Einrichtung mit „Omas Sofas“ und dazu leckerer Kuchen, T 02836/7245, F 919289

Pumpe am Rathaus

Feldstraße

Wachtendonker Feinkostmetzgerei mit Thönes-Natur-Bio-Fleischwaren Neustr. 2, „Wachtendonker Wackelwater“, erhältlich im Touristikbüro

Empfehlungen in der Umgebung

- **Herrensitz Haus Langenfeld, OT Wankum** (im Kern 16. Jh., Um- und Anbau 17. Jh.), **Haus Holtheyde in Wachtendonk** (Mitte des 16. Jh.), **Haus Ingenraedt in Wankum** (erstmals 1402 genannt, 1627 Neubau des Hauses).
- **Das Wasserparadies „Blaue Lagune“** lockt mit Strand und Wassersport: Wasserski, Wakeboard, Tauchen, Beach-Volleyball. ⓘ 02839/277, F 293
- **astrid's höfchen,** Landcafé, Meerendonker Str. 5, T+F 02836/1471 bietet auch „Urlaub auf dem Bauernhof“.

■ **Heuhotel „Dümpenhof“** nahe der Niers, ein typisch, landwirtschaftlich genutzter niederrheinischer Bauernhof mit einer Tradition, die über fast 150 Jahre zu verfolgen ist. Familie Mackenschins, Genenger Weg 7, T 02836/972133.

■ Kinder können im **Naturschutzhof „De Wittsee“** spielend die Natur erfahren. Der denkmalgeschützte Hof liegt mitten im NP.

■ **NP Schwalm-Nette:** Der im Westen des Niederrheins gelegene NP hat seinen Namen von zwei Flüsschen, die das flache Land windungsreich durchziehen und erstreckt sich entlang der deutsch-niederländischen Grenze. Acker- und Weideflächen liegen dort, ein kleinräumiges Mosaik von Wäldern, Seen, Flussauen, Heiden und Mooren ist daneben entstanden, dazu ist ein vielfältiger Kulturraum mit Hügelgräbern, Motten, Burgen, Schlössern, Kirchen, Landgütern und Kirchen bis hin zu zahlreichen Mühlen an den Flüssen zu entdecken.

Anschriften:

Gemeinde Wachtendonk
– Touristik und Kultur – „Haus Püllen“,
Feldstr. 35, 47669 Wachtendonk,
T 02836/915565, F 9155765;
www.wachtendonk.de

„Pulverturm“

Regelmäßige Veranstaltungen

Frühlings- und Ostermarkt im Bürgerhaus „Altes Kloster“ und Innenhof (2. So vor Ostern) – Jazz an der Burgruine (So nach Pfingsten) – Niederrheinischer Radwandertag (1. So im Juli) – Burgfest an der Burgruine (1. WE im August) – Weinfest auf der Weinstraße (Sept.) – Weihnachtsmarkt auf der Weinstraße (1. Adventssonntag)

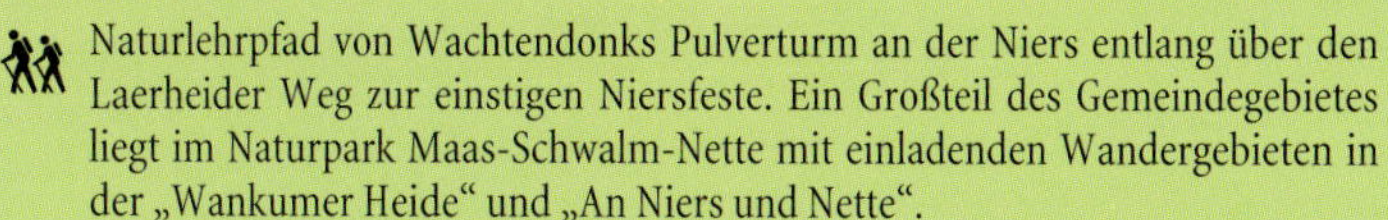

Wege in der Umgebung:

Naturlehrpfad von Wachtendonks Pulverturm an der Niers entlang über den Laerheider Weg zur einstigen Niersfeste. Ein Großteil des Gemeindegebietes liegt im Naturpark Maas-Schwalm-Nette mit einladenden Wandergebieten in der „Wankumer Heide“ und „An Niers und Nette“.

Radwanderwege der NiederRheinroute, Herrensitzroute an Maas und Niers, Radwege des Kreises Kleve, Radwanderkarten im Touristikbüro, s.o.

Die Niers lädt zu kleinen oder großen Touren im Kanu ein, Anlegestellen in W.

Bergisches Land/Eifel/Rhein-Sieg

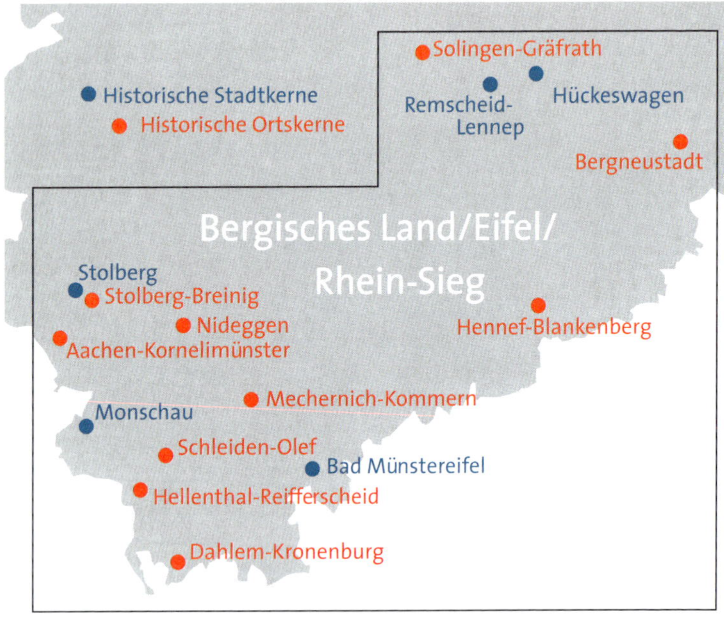

Bergische Kaffeetafel, Maare und Mönche in der Eifel

Die Region Bergisches Land und Eifel hat viele Gesichter. Das Bergische Land hat seinen Namen von den Herren von Berg. Diese Mittelgebirgslandschaft zwischen 200 und 450 m Höhe umfasst das Gebiet zwischen dem Märkischen Sauerland und dem Rheinland. Hier werden einige Superlative geboten: der schnellste eiserne „Tausendfüßler" (Wuppertaler Schwebebahn), die höchste Eisenbahnbrücke (Müngstener Brücke) oder die kürzeste Verbindung nach „Rom" (von Morsbach über Birken). Prunkstück – neben den hübschen Orten und Städten im typischen Kleid der bergischen Architektur mit Schiefer, grünen Läden und häufig wunderbaren Rokokotüren – ist vor allem aber diese barocke Dame „Dröppelminna", eine Kaffeekanne in herrlich runden Barockformen inmitten einer opulenten Kaffeetafel. Ein Land, das geprägt ist vom Bürgerfleiß und Erfindern, von mittelalterlichen Märkten und gemütlichen Gasthöfen – alles eine einzige Einladung zwischen Gräfrath und Lennep, Hückeswagen oder Blankenberg.

In der Eifel kochten und brodelten bis vor rund 10.000 Jahren zwischen Ardennen und Rhein die Vulkane. Nach ihrem Erkalten bildeten sich kleine Seen, Maare genannt – die „blauen Augen" der Eifel. Die einen von dichtem Wald gesäumt, von Wiesen und Heide eingefasst, andere mit einer Handvoll Häuser am Ufer. Bei Dahlem-Kronenburg oder Monschau ragen aus dem tiefen Tal oder Bergspitzen die kalkgrauen Ruinen der Burgen auf, davor die Fassaden der hübschesten Fachwerk- oder Patrizierhäuser. Von Mönchen bewohnt war das Jesuitenkloster in Bad Münstereifel, eine stattliche Abtei und Gotteshaus. Durch die hohen Hallen so vieler alter Kirchen schwellen die Akkorde brillanter Orgelkonzerte. Nicht zu vergessen die außergewöhnlichen Konzerte im Kraftwerk Heimbach am Rurstausee. Sonst ist es still in diesem grünen Land zwischen Belgien und dem Rheinland. Besonders auf Winzer- und Bauernhöfen wird Ruhe und Erholung geboten. Ein kluges Angebot ist die Aktion „gefüllter Kühlschrank". So bestens versorgt, macht das Wandern zu den Maaren, Kraterseen, Klöstern und Burgen Spaß, vielleicht gar durch dunkle Fichtenwälder, „auf heimlichen Schmugglerpfaden", über die in wirren Zeiten Grenzbewohner hin- und herschlichen, Kaffee und Zigaretten im Rucksack. Oder in den Adlerpark, zu den Ritterspielen auf Burg Satzway, in das Freilichtmuseum Kommern. Die hübschen kleinen Eifelstädte zeigen ein reiches kulturelles Erbe, wie etwa Kornelimünster. In ungeahnter Pracht bietet die ehemalige Abteikirche ihre Schätze dar, und die Reichsabtei, ein repräsentatives Barockschloss, ist der glänzende Mittelpunkt des Stadtkerns.

Propsteikirche mit Korneliuskapelle am Korneliusmarkt

Aachen-Kornelimünster

Kleinod an der Inde

Im engen Talkessel der munter plätschernden Inde liegt dieses außerordentlich reizvolle Örtchen nur etwa 10 km in südlicher Richtung vom Zentrum Aachens entfernt. 1972 wurde es als Stadtteil von Aachen in die Großstadt eingemeindet. Rund um die ehemalige Benediktinerabtei zieht sich eine Straße, gesäumt von hübschen Häusern und gemütlichen Einkehrmöglichkeiten – Mittelpunkt des Ortes, der am Nordrand der Eifel historisches Erbe von etwa 800 bis in die Barockzeit aufweist und fast lückenlos

Aachen-Kornelimünster – kreisfreie Stadt Aachen

- von 255 m bis 264 m ü. NN
- BAB 46 bis Autobahnkreuz Holz, BAB 44 bis Autobahnkreuz, Richtung Lüttich/Liège BAB 44, Aachen-Brand, Kreuzung nach rechts (B 258) ⇛ Kornelimünster (ca. 4 km)
- Linien 35, 55, 65, 68 und 166 nach Aachen-Kornelimünster
- DB Regionalexpress nach Aachen-Rote-Erde
- Düsseldorf, Köln-Bonn, Maastricht-Aachen, Brüssel
- **N** Stolberg und Stolberg-Breinig 4 km, **O** Nideggen 40 km, **S** Monschau 35 km

die Baugeschichte des Aachener Landes widerspiegelt. Über den Korneliusmarkt und den Benediktusplatz ziehen das gesamte Jahr über Wallfahrer und andere Gäste. Sie werden zwischen den stattlichen Bürgerhäusern herzlich willkommen geheißen; aber auch die idyllische Lage mit den umgebenden Hängen und besonders das Naturschutzgebiet Klauserwäldchen sind sehr reizvoll.

Geschichte

Der Ursprung des Ortes Kornelimünster ist die um Christi Geburt entstandene gallo-römische Kultstätte „Varnenum“ (⇛ S. 262). Die erste Besiedlung erfolgt in dieser Region während des Straßenbaus und wurde 260 n. C. aufgegeben. 814 gründete Abt Benedikt von Aniane mit dem Ursprungsbau das Benediktinerkloster „Monasterium ad Indam“. Das Kloster wurde nach dem Bach „Inde“ (im Ort) benannt; der Name bedeutet „anschwellendes Wasser“ (keltisch). Unter Ludwig dem Frommen wurden Kloster und Kirche geweiht, aber schon 881 von den anstürmenden Normannen wieder zerstört. Kaiser Ludwig hatte zur Weihe kostbare Reliquien aus dem Schatz der Pfalzkapelle zu Aachen übergeben: u.a. das Schürztuch, das Schweißtuch und das Grabtuch Christi. 875 wurde das Grabtuch geteilt, da Karl der Kahle eine Hälfte für die Klostergründung in Compiègne benötigte und gab im Tausch dafür die Schädelreliquie des hl. Papstes Cornelius (und weitere Reliquien des hl. Cypiranus). Aber mit der Schädelreliquie wurde das Kloster in „Monasterium Sancti Corneli ad Indam“ (Kloster des hl. Cornelius an der Inde) benannt, Grundlage des heutigen Namens Kornelimünster. 1310 vernichtete ein Brand Kirche und Kloster, eine neue große gotische Kirche wurde gebaut, die nachfolgend nach und nach erweitert wurde.

Das alte Benediktinerkloster wurde 1802 unter Napoleon aufgelöst; 1906 nahmen Benediktiner in einer Neugründung etwas außerhalb des Ortes die Klostertradition wieder auf.

Sehenswertes beim Stadtrundgang

P auf dem Korneliusmarkt (Busse an der ehem. Abtei)

Reichsabtei Kornelimünster (etwa 10 km südöstlich von Aachen) mit geschlossenen Häuserfronten aus dem 17. bis 19. Jahrhundert, erbaut aus Bruchstein, Fachwerk und Steinfachwerk, versehen mit unterschiedlichsten Mustern, Portalformen, Erkern und Giebeln.

1. Korneliusmarkt: Propsteikirche mit Sandsteinfigur von Papst Cornelius und dem hl. Cyprianus am Eingangtor.

2. Ehem. Bürgermeisteramt: Eckhaus links, 1830 gebaut, traufenständiges Haus des Klassizismus; an der Hausecke eine Tafel mit dem Wasserstand von 1906.

3. Übersicht über den Markt mit seinem altertümlichen Charakter und einer **Vielfalt alter Häuser** vom 17. und 18. Jh. Verschiefertem Fachwerk auf Blausteinsockeln, Bruchsteinhäusern mit „steinernen Vorgärten", Fachwerk mit Ziegelfüllung, Fassaden mit barocken Elementen und den strengen Formen des Klassizismus. Haus Nr. 12 in der Häuserzeile weist in der Fassade die Jahreszahl 1670 auf; inneres und rückwärtiges Mauerwerk stammt aus dem 12. Jh., unter dem Erker ein kleines Fenster (urspr. Stall); das Haus war ehem. das „Hospitium Sancti Nikolai" (das Hospiz des hl. Nikolaus).

4. Haus Nr. 26: besonders schöne Fassade (Schlussstein 1705) mit hoher Treppe und Erker darüber.

5. Propsteikirche: entstand in einer 1000-jährigen Bauzeit mit der angefügten Korneliuskapelle. Die Abteikirche der einst mächtigen Benediktinerabtei (814 gegründet) beherrscht den Korneliusplatz. Nach einer Zerstörung von 1310 entstand der heutige Bau, dessen Kirche zum wichtigen Wallfahrtsorts wurde. Kaiser Ludwig hatte zur Einweihung kostbare Reliquien übergeben: das Grabtuch, das Schürztuch und das Schweißtuch Christi. Das Grabtuch wurde geteilt und kam nach Frankreich. Innen: besondere Ausstattung sind die von dem Aachener Baumeister J. J. Couven Mitte des 18. Jh. geschaffenen Schnitzarbeiten am Hochaltar und an der Orgelempore, der Annaaltar (Schnitzwerk von Meister Tillmann, 1501). Besonders sehenswert ist das gotische Chorgestühl (1317) und die sieben Altarbilder der Aachener Malerin Janet Brooks-Gerloff. (Ö: di, mi 10–13, 15–17, sa/so 15–18 Uhr, Führungen: T 2106).

6. Einmündung der ehem. Steinstraße: sehenswert das Eckhaus mit zweistöckigem Blausteinsockel, verschiefertem Fachwerk (Formen der maasländischen Baukunst), im Volksmund „Stere Eck" bezeichnet. Links befindet sich ein Kreuz unter Linden mit der Christusfigur (16. Jh.).

7. An der hohen Begrenzungsmauer der Propsteikirche entlang führt der Weg zum **Eingangstor der ehem. Reichs-**

Nordeingang zur Reichsabtei (an der Promenade)

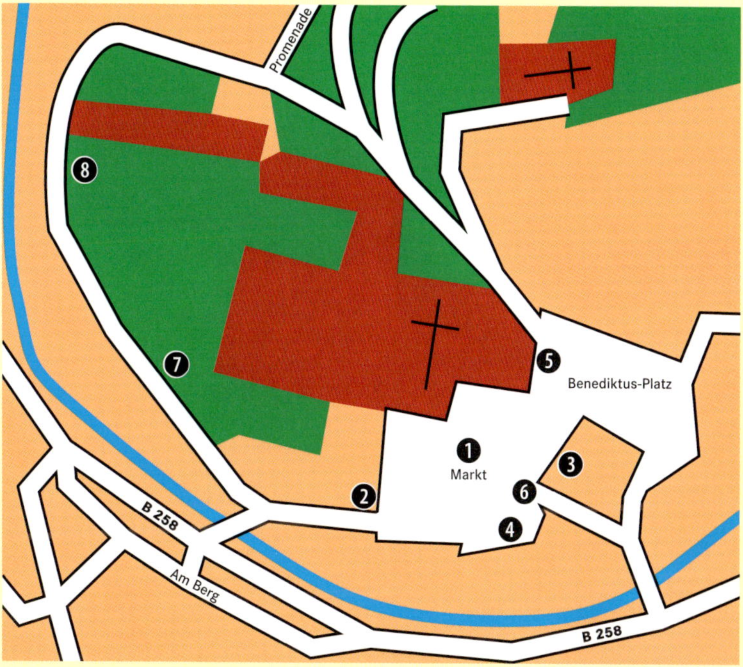

abtei. Der Torbogen datiert von 1682, der Torbau selber von 1498.

8. Reichsabtei am ehem. Ehrenhof des Klostergebäudes, umgebaut und 1728 fertiggestelltes dreiflügeliges Barockschloss mit repräsentativem Mitteltrakt. Heute Dauerausstellung „Kunst aus Nordrhein-Westfalen“ und „Zentralnachweisstelle des Bundesarchivs“. Innen: sehenswert der Kapitelsaal mit Deckengemälden.

Stadtführungen:

Hist. Stadtführung mit dem Heimat- und Eifelverein Kornelimünster, T/F 02408/3561;
VV Bad Aachen erweiterte Stadtrundfahrt oder 5-stündige Eifelfahrt mit Führung Kornelimünster, T 0241/18029-60, www.aachen-tourist.de

Am Benediktusplatz

Zusätzliche Informationen:

Benediktiner-Abtei Kornelimünster, Oberforstbacher Str. 71, T 02408/3055
Kunstausstellung NRW, ehem. Reichsabtei, Abteigarten; Ö sa/so 15–18, di/mi 10–13, 15–17 Uhr, Führungen n.V., T 02408/6492
Bundesarchiv – Zentralnachweisstelle, Abteigarten 6, Führungen n.V. möglich, T 02408/1470

Insidertipps

Propsteikirche – Reichsabtei – Bergkirche St. Stephanus

Restaurant „St. Benedikt", Fam. Kreus, Benediktusplatz 12, T 02408/2888; Hotel-Restaurant „Am Kapellchen", Breiniger Straße 1, T 02408/2018; Hotel-Restaurant „Zur Abtei", Napoleonsberg 132, T 02408/2148; Pizzeria „Capri", Steinkaulplatz 9, T 02408/6146

Hübsche, kleine Antiquitätengeschäfte am Benediktusplatz

Empfehlungen in der Umgebung

■ **Bergkirche St. Stephanus,** mit der steilen Treppe hinter der Propsteikirche auf dem „Schildchen" zu erreichen. Der heutige Turmstumpf der kath. Kirche war im Mittelalter ein Wachtturm und ist heute Glockenträger der Korneliuskirche.

■ **Tempelstätte Varnenum,** Führungen mit dem Heimat- und Eifelverein Kornelimünster, T 02408/3561

■ **Erholungsstätte „Klauser Wäldchen"** im Naturschutzgebiet mit ehem. Klause/Eremitage aus dem 17. Jh. Am Rand des Naturschutzgebietes liegt der älteste noch erhaltene Kalkofen der Aachener Gegend.

■ **Domstadt Aachen:** Vom Dom aus kann man einen Stadtrundgang (Unterlagen im Verkehrsverein, Elisenbrunnen) machen – Marktplatz mit Karlsbrunnen, Rathaus mit 50 Königen, Katschhof, Domhof, Münsterstraße, Krämerstraße mit Puppenbrunnen, Hühnermarkt und natürlich der Dom. Bei Regen ist das Courvenmuseum empfehlenswert, bei schönen Wetter der Aufstieg zum Lousberg.

■ **Wassersportzentrum Rursee:** Die größte Talsperre Deutschlands ist malerisch in ein großes Waldgebiet eingebettet: 1938 fertiggestellt, 1952 erweitert, 70 m das Dammbauwerk. Der See lädt zum Wandern und Wassersport ein (Segeln, Rudern, Kajakfahren, Surfen, Angeln, auch Minigolf,

Giebelhäuser aus dem 17./18. Jh. am Korneliusmarkt

Tennis, Grillhütten oder Ruhrsee-Schifffahrt). ⓘ 0180/5012-500; www.eifeltipp.de

■ **Belgische Ardennen** mit NSG „Hohes Venn“ – Centre Nature de Botrange, Route de Botrange 131, 4950 Robertville, T 0032/ 80440300

Regelmäßige Veranstaltungen

Historischer Jahrmarkt zehn Tage (Juni) – Korneli-Oktav zehn Tage (September) – Markt (1. WE Advent) mit kulinarischen und festlichen Angeboten

Anschriften:

Stadt Aachen, Bezirksamt Aachen-Kornelimünster/Walheim, Schulberg 20, 52076 Aachen, T 02408/9259222, F 1728, www.aachen.de

Verkehrsverein Bad Aachen, Postfach 102251, 52022 Aachen, T 0241/19433, www.aachen-tourist.de

Heimat- und Eifelverein Kornelimünster, T 02408/3561

„Steinerne Vorgärten“ am Korneliusmarkt

Wege in der Umgebung:

 reiches Wanderangebot ab Marktplatz historischer Ortskern Kornelimünster mit der Wandertafel und ausgeschilderten Wegestrecken, s. Tafel am Marktplatz

 quer durch Aachen auf der ehem. Vennbahntrasse

 empfehlenswert sind die Eifeler Höhenstraße oder die Straße durch die belgischen Ardennen

Bad Münstereifel

Kneipp-Heilbad mit Schwung

Hat man erst einmal die schnelle Umgehungsstraße überwunden, dann bieten die vier Stadttore ihre Hände zu einem freundlichen „Willkommen“ in das Badestädtchen an der Erft. Mittelalterliches und barockes Flair prägen das Bild zwischen Orchheimer, Heisterbacher, Werther und Johannis Tor. Zu diesem staatlich anerkanntem Kneippheilbad gehören 52 Ortsteile; der Bad Münstereifeler Wald im Höhengebiet rund um das Tal bietet ein hervorragendes Reizklima. Mit seinen 280 bis 588 Metern bildet das Bad den Nordrand der Eifel.

Trotz mehrerer Bombenangriffe im Zweiten Weltkrieg und schwerer Schäden ist heute noch der mittelalterliche Stadtgrundriss vollständig ablesbar. Mit der fast ganz erhaltenen Stadtmauer und seinen 360 in die Denkmalliste eingetragenen Häusern zeigt Bad Münstereifel ein herausragendes Beispiel mittelalterlicher und barocker Baukunst in NRW. Bad Münstereifel ist aber kein totes Museum, in der bunten Orchheimer Straße pulsiert das Leben, hier lässt sich ebenso gut einkaufen wie einkehren.

Blick über die Erft zum Markt

Geschichte

Folgt man dem Schild „Zentrum“, erhält man am Orchheimer Tor Einlass

Bad Münstereifel – Kreis Euskirchen

⇧ von 280 m bis 588 m ü. NN

🚗 von Norden über die BAB 1, Bliesheimer Kreuz Richtung Trier/Euskirchen, Anschlussstelle Nr. 112 Bad Münstereifel/Mechernich, 8 km bis Bad Münstereifel; BAB 59 bis Autobahnkreuz Leverkusen-West, BAB 1 bis Anschlussstelle Nr. 112 Bad Münstereifel/Mechernich; von Westen BAB 565, dann über die B 56, weiter bis Flamersheim, Iversheim, Bad Münstereifel; Süden BAB 61, Anschlussstelle Nr. 28 Rheinbach, 18 km bis Bad Münstereifel

DB ICE nach Köln Hbf oder Bonn, weiter mit Regionalexpress über Euskirchen nach Bad Münstereifel

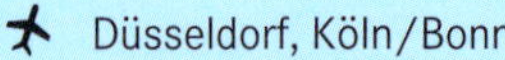

✈ Düsseldorf, Köln/Bonn

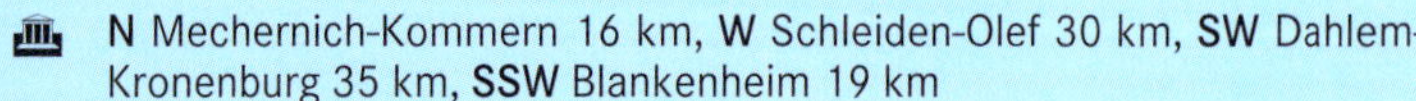

N Mechernich-Kommern 16 km, W Schleiden-Olef 30 km, **SW** Dahlem-Kronenburg 35 km, **SSW** Blankenheim 19 km

in ein mittelalterliches Städtchen, von der Erft durchflossen. Entstanden ist die Stadt durch eine Klostergründung (um 830), ein Monasterium, daraus wurde „Münster"-Eifel. Handwerker, Kaufleute und andere Bürger siedelten sich vor den Mauern des Klosters an, denn hierher führten Wallfahrten zu den Reliquien der Hll. Chrysanthus und Daria (Hl. Donatus ab 1652). Das brachte viele Leute in die Stadt und damit klingende Münzen! Die im 12. Jh. vollendete Stiftskirche mit ihrem stattlichen Westwerk verdeutlicht die damalige Bedeutung. 1265 fällt Münstereifel an die Grafen von Jülich, die es zu einem starken Stützpunkt ihrer Macht ausbauen. Sie errichten die Burganlage und die Stadtmauer mit vier Toren und 18 Wehrtürmen, insgesamt 1.600 Meter lang. An das Orchheimer Tor schließt die Stadtmauer an; sie ist die besterhaltene des Rheinlands. Auf 220 Metern ist sie mit ihren Treppen, Zinnen und Wehrtürmen begehbar. Im Schutz der trutzigen Stadtmauer wird das Mittelalter in den engen Gassen und auf den kleinen Plätzen lebendig. Sie erzählen manche Geschichte aus alten Tagen, lassen auch erkennen, dass die Bürger einmal vermögend gewesen sein müssen: Die Fassaden des Fachwerks über altem Pflaster sind farbig und reich verziert. In der Blütezeit von Münstereifel entstanden Bauwerke von beeindruckender Schönheit.

Seit 1967 ist Münstereifel „Bad", und so schließt sich der Kreis der Geschichte – vom romantischen Kleinod des Mittelalters zum modernen, staatlich anerkannten Kneipp-Heilbad von heute.

Sehenswertes beim Stadtrundgang

P vor den Stadttoren

1. Der Start des Rundganges beginnt an der **Stiftskirche** (Langenhecke 6), innerhalb der früheren ummauerten **Immunität des Benediktinerklosters,** gegründet 830, und Keimzelle der Stadt.

2. Nach links liegt das Westwerk der **Stiftskirche,** in der sich die Reliquien der Märtyrer Chrysanthus und Daria befinden. Über eine kleine Kapelle (Ort der Krypta) bauten die Benediktiner eine vermutlich bescheidene Klerikalkirche neben dem Kloster. 844 wurde eine Krypta zur Aufnahme der Reliquien errichtet; nach einem Brand hat die Stiftskirche seit ihrer Wiederherstellung seit 1110 annähernd ihr heutiges Erscheinungsbild.

3. Nach links in die „Langenhecke“ über die Treppe den Aufstieg zum Klosterberg nehmen: Blick vom Osthang auf die **Ruine der jülichschen Burg,** zerstört 1689 von französischen Soldaten.

4. Das **Romanische Haus** (1167) wurde für den Propst des Stiftes gebaut, heute das Heimatmuseum – eines der ältesten Steinhäuser des Rheinlandes.

5. Der **Klosterplatz** weist einige Gebäude der ehemaligen Priesterwohnungen auf: Häuser 18, 12, 10, 6 und nordöstlich die kleine Gasse „Pistorei“ (= pistor, Bäcker), früher das Back- und Brauhaus.

6. Der **Marktbrunnen** erinnert an den ehem. Marktbrunnen und mit der Statue an König Zwentibold, er verlieh 898 dem Kloster das Markt-, Münz- und Zollrecht.

7. **Rathaus,** Marktstraße, 1476 als Gewandhaus erwähnt, 1550 mit dem Teil über den Lauben erweitert (sehenswert: der historische Sitzungssaal).

8. Neben dem Rathaus das **Kloster des Karmelitessenordens** (1770), nach 1803 genutzt als Kaserne, Mairie, Hospital, Lehrerinnenbildungsanstalt, Gymnasium und heute Grundschule.

9. Von dort geradeaus zum Aufstieg zur **Stadtmauer mit Wehrgang** und für sehr rüstige Stadtwanderer über die Rote Brücke zum Kurgarten **Wallgraben.**

10. Am **Heisterbacher Tor** führen die Treppen wieder herab zur **Oberen Schosspforte** mit dem kleinen Wasserfall Rauschen (Flusssperre).

Stiftskirche

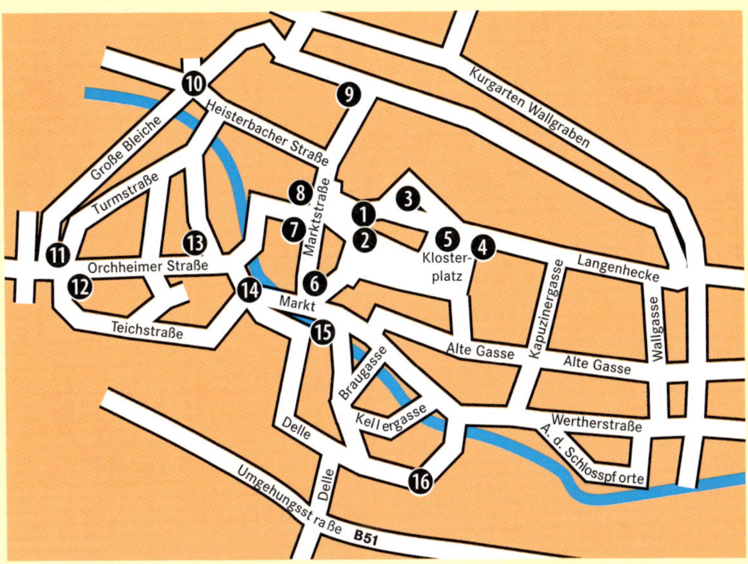

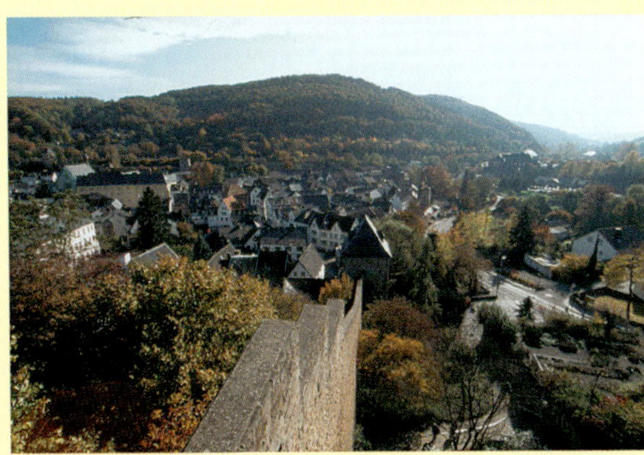
Blick vom Heisterbacher Tor

11. Über die Turmstraße geht der Weg zum **Orchheimer Tor.**

12. Von dort stadteinwärts über die **Orchheimer Straße** mit den schönsten Bürgerhäusern, wie das **Windeckhaus**, Bauherr ein Tuchhändler.

13. Mit wenigen Schritten in die **Unnaustraße** sieht man die **Kellnerei.**

14. Zurück findet man, dem Erftlauf folgend, das **weiße Türmchen,** früher Sammelstelle des Urins und öffentliches Pissoir. Urin wurde für die Wollwäsche benötigt.

15. Gleich gegenüber liegt die **Jesuitenkirche** (1659–1668) mit dem ehem. **Jesuitenkolleg** (1652–1683), im Anschluss das **Gymnasium** (1724–1727).

16. Nach wenigen Schritten in der Wertherstraße sieht man das Gebäude der historischen **Schwanen-Apotheke** (heute Apothekenmuseum).

17. Von der Erft aus führen Stufen zur **jülichschen Landesburg,** von der nur noch einige Mauerreste und Teile der Türme existieren, 1689 zerstört (Burgrestaurant).

Stadtführungen:

Historischer Stadtkern mit Baudenkmälern und Stadtbefestigung
ⓘ Städt. Kurverwaltung T 02253/542244

Zusätzliche Informationen:

Apotheken-Museum, Werther Str. 15 (Alte „Offizin", Labor, Materialraum, Kräutergarten, Vorführungen), Ö: di–fr 14–17, sa/so/fei 11–16 Uhr, T 02253/7631 oder 542244

Heimatmuseum im Romanischen Haus, Langenhecke 6 (Stadtgeschichte, Fossilien-Sammlung, Veranstaltungen), Ö: di–fr 9–12, mi 14–16, sa/so/fei 13–16 Uhr, T 02253/542244

Ausstellung Natur- und Umweltschutz im Werther Tor, Ö: so, fei 14–17 Uhr

Museum für Puppen und Spielzeug, Alte Gasse 28, T 0178/6848464, Ö: sa/so 11.30–17.30 Uhr

Römische Glashütte, Am Orchheimer Tor (am 1.250 °C heißen Ofen entstehen aus flüssigem Glasgemenge mit alten Werkzeugen Gefäße, mundgeblasen und handgeformt wie vor 2.000 Jahren), Ö: täglich 10–18 Uhr, T 02253/6200

Fossilien- und Mineralienmuseum, Im Heisterbacher Tor, T 02253/542244, Ö: Frei 14–17, sa/so 10–12 und 14–17 Uhr

Galerie Lethert, Werther Str. 6, T 02253/6266

Fossilien- u. Mineralienmuseum, im Heisterbacher Tor, T 02253/542244: Ö fr 14–17 Uhr, sa/so 10–12 und 14–17 Uhr

Werther Tor

Insidertipps

Stiftskirche – Wehrgang – Rathaus – Jesuitenkirche – Orchheimer Straße – Apotheken-Museum – Heimatmuseum – Jülicher Burg

Histor. Weinhaus „An der Rauschen", Heisterbacher Str. 1 (T 02253/8425); Münstereifeler Brauhaus, „Markt 8", hausgemachte Spezialitäten und Deftiges wie zu Omas Zeiten, dazu Münstereifeler Bier, für die gute Verdauung in Handarbeit hergestellte Spirituosen und Liköre. Oder in kalter Jahreszeit die „Heiße Pflaume", ein erhitzter Pflaumenwein mit einem wunderbaren Mandelaroma (T 02253/6203)

Magenbitter „Stephinsky" – Eifeler Spezialitäten aus dem kleinen Brauhaus (Schwarzbier, Senf, etc.) – Handwerkliches aus der Glashütte – Printen

Empfehlungen in der Umgebung

- **„Eifelbad",** B 51: Schwimm- und Sportbecken 28 °C, Spiel- und Spaßbecken 31 °C, weitere Becken 30-32 °C, Klettergrotte, Wasserrutsche, Whirlpool 36 °C, Suhle 36 °C, Riesenrutschbahn 66 m, ⓘ T 02253/542450
- **Kunsthistorische Sakralbauten:** romanische Kirche St. Thomas in Houverath, Kirche St. Helena in Mutscheid
- **Waldkapelle zum Hl. Antonius** im

Schleidtal (Decke Tönnes), Kapelle St. Michael auf Michaelsberg (588 m)

■ **Römische Spuren:** Röm. Kalkbrennerei Iversheim, ⓘ T 02253/8027); Röm. Tempelanlagen 1.–4. Jh. an der Landstraße zwischen Nöthen und Pesch (Wanderparkplatz).

■ **Handweberdorf Rupperath:** Werkstatt, Museum mit Webstühlen, Führungen, Verkaufsausstellung, ⓘ T 02253/542244

■ **Deutsch-Belgischer Naturpark:** zwischen Aachen und der luxemburgischen Grenze sowie zwischen Malmedy und Euskirchen. Wald, Wasser und weitgezogene Berghöhen, die höchsten Bergrücken von beinahe 700 m Höhe liegen entlang der deutsch-belgischen Grenze; der Hertogenwald, die Rureifel mit den teilweise steilwandigen Bachtälern der Rur, Kall, Olef und Urft, die Flussgebiete der Erft, Kyll und Prüm, insgesamt 14 Talsperren, Landwirtschaft mit Milch- und Ackerwirtschaft.

■ **Naturschutzstation „Grube Toni“** der Stadt Bad Münstereifel an der L 11 bei Kalkar, ⓘ T 0171/1130277 oder 02253/930-400

■ **Radioteleskop** in Effelsberg, ⓘ T 02257/301101, und in Eschweiler

Anschriften:

Städt. Kurverwaltung, Kölner Str. 13, 53902 Bad Münstereifel, T 02253/542244, F 542245, (mo–fr), touristinfo@bad-muenstereifel; www.bad-muenstereifel.de; sa/so Tourist-Info im Apotheken-Museum, T 02253 /7631

Windeckhaus (1644-1664)

Regelmäßige Veranstaltungen

Burg in Flammen, Höhenfeuerwerk (3. WE Juli) – Wallgrabenkonzerte im Kursaal (Saison Okt.–März) – Kirschenmarkt zum Fest des Hl. Donatus (2. So Juli) – Weihnachtsmarkt vor historischer Kulisse (gesamte Adventszeit)

Wege in der Umgebung:

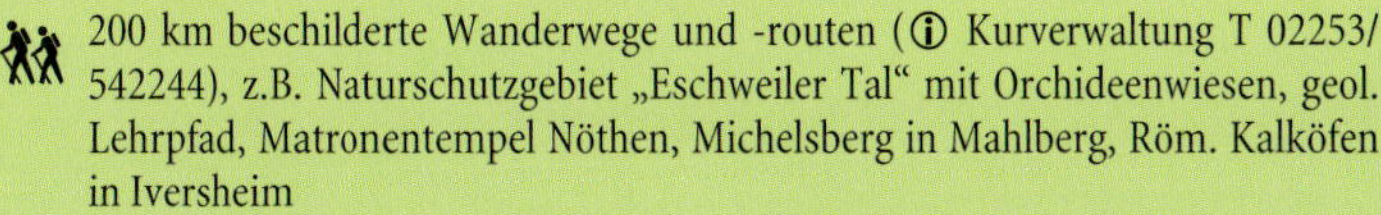

200 km beschilderte Wanderwege und -routen (ⓘ Kurverwaltung T 02253/542244), z.B. Naturschutzgebiet „Eschweiler Tal“ mit Orchideenwiesen, geol. Lehrpfad, Matronentempel Nöthen, Michelsberg in Mahlberg, Röm. Kalköfen in Iversheim

„Radweg Historische Stadtkerne“ mit Detailkarten und Beschreibung, **Mountainbike** – zehn Touren mit Strecken von 15 bis 70 km und unterschiedlichen Schwierigkeitsgraden ⓘ Städt. Kurverwaltung T 02253/542244

Michelsberg bei Mahlberg, Radioteleskope in Effelsberg oder Eschweiler, Ahrtal und Kalkarer Moor

Fachwerkhäuser in der Altstadt, Wallstraße

Bergneustadt

Die Stadt auf dem Berge

Abseits der großen Verkehrsadern weist das waldreiche Städtchen Bergneustadt eine reizvolle Lage südlich der Aggertalsperre bzw. an der Grenze (teilweise östliche Stadtgrenze) zum Sauerland auf. 22 zum Teil „Ein-Haus-Ortschaften" verstecken sich in drei langen Kerbtälern, benannt nach ihren Flüsschen Rengse, Dörspe und Othe. Die Altstadt von Bergneustadt liegt auf einem Bergsporn, der von Norden her steil nach Westen, Süden und Osten abfällt. Als „Feste Neustadt" 1301 mit Stadtrechten gegründet weist dieser mittelalterliche Stadtkern mit seinen idyllischen Fachwerkhäusern und Resten der Stadtmauer eine meist gut erhaltene Bausubstanz aus dem 18. und 19. Jh. aus und bietet heute ca. 380 Einwohnern Platz. Der wehrhafte Charakter der Stadt als Grenzfeste ist deutlich ablesbar: ein Grundriss mit drei in Nord-Süd-Richtung verlaufenden Straßen und engen Quergassen spiegelt die Stadtgründung von 1301 wider. Die gesamte Bergspornanlage mit 26 Denkmälern und 28 stadtbildprägenden Gebäuden wurde als Denk-

Bergneustadt – Oberbergischer Kreis

- von 206 m bis 500 m ü. NN
- BAB 4 Anschlussstelle Nr. 26 Reichshof/Bergneustadt, BAB 45 bis Anschlussstelle Nr. 17 Drolshagen/Wegeringhausen/Bergneustadt, B 54 / B 55 bis Bergneustadt
- Köln/Bonn, Düsseldorf
- **NW** Hückeswagen 45 km, Remscheid-Lennep 60 km, **SO** Freudenberg 50 km

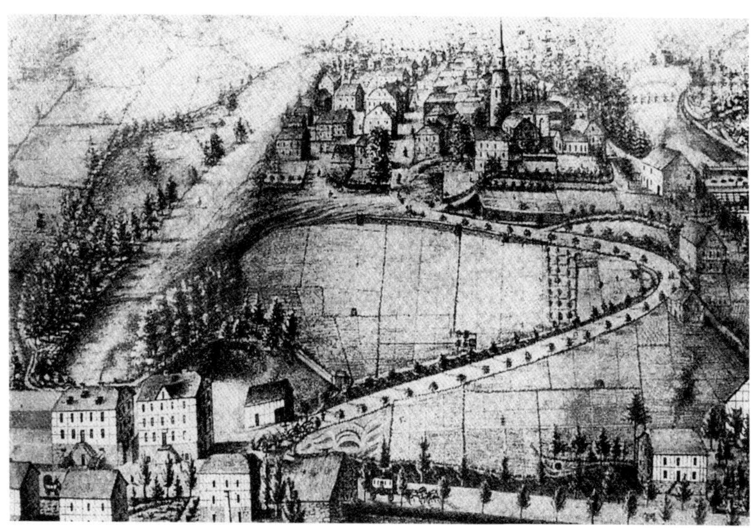

malbereich geschützt. Bergneustadt selber verkörpert den Typ einer Industriestadt, deren Betriebe sich in den Tälern der Flüsschen verstecken; die meisten allerdings entlang der Lebensader der Stadt, der Köln-Olper-Straße, was allerdings auch zu einer starken Belastung des unteren Stadtteils führt.

Geschichte

Bergneustadt gehört zu den landesherrlichen Stadtgründungen des 13. Jh. im bergisch-märkischen Raum. Im Auftrag Graf Eberhards II. von der Mark hatte der Drost Rutger von Altena im Jahr der Stadtgründung 1301 mit dem Bau einer Stadt begonnen, sie sollte als Grenzfeste der Grafschaft Mark (heute Märkischer Kreis) dienen. In diesem Raum stießen die Machtbereiche der Grafen von Mark, Berg und Sayn sowie das kurkölnische Sauerland zusammen. 1353 war die planmäßige Anlage von mindestens 52 Hofstätten samt Burg, Befestigung und zwei Stadttoren vollendet. Die kleine Stadt wurde mit landesherrlichen Privilegien und Stadtrechten ausgestattet wie Gerichtsbarkeit, Vogteigericht, „Freistuhl“ (Halsgerichtsbarkeit), Marktrecht, Bierbraurecht und Weinzapfen. So entstand ein blühendes Wirtschaftsleben mit weitverzweigten Handelsbeziehungen, u.a. durch die „Neustädter Hakenbüchsen“. Politische Machtverschiebungen, Pest, Großbrände, der Dreißigjährige Krieg und der Zusammenbruch des Eisengewerbes führten im 17. und 19. Jh. zum Niedergang und stürzten die Bewohner in grenzenlose Armut. Ganz allmählich begann ein Wiederaufstieg der Neustadt (Name „Bergneustadt“ seit 1884): die Köln-Olpener Straße wurde 1823/34 erbaut, 1896–1903 wurde die Eisenbahnlinie Köln-Olpe angelegt, die Besiedlung der Talaue verdichtete sich, die heimische Textilindustrie erwarb sich Rang und Namen.

Sehenswertes beim Stadtrundgang

P vor der Kirche

1. Ev. Stadtkirche, Kirchplatz: 1698 auf den Grundmauern einer „Johanniskapelle" errichtet, die vermutlich schon 14. Jh. bestand; der romanische Turm erhielt 1749 eine laternenbekrönte Barockhaube. Innen eine verputzte tonnengewölbte Saalkirche; die Ausstattung zeigt eine dreiseitig umgeführte Empore sowie das „Prinzipalstück" – den bergischen Kanzel-Orgel-Altar.

2. Kirchplatz: Hier ging die geschlossene, oft sehr enge Bebauung um die drei Hauptstraßen verloren, die Häuser und Schulen auf dem südlichen Teil des Platzes wurden nach und nach abgerissen. Der Platz blieb unbebaut.

3. Kirchstraße 4, heutige Stadtbücherei (2. Hälfte 18. Jh.); Pfarrhaus Nr. 12 a (1743), Nr. 14 **„Georg-Hollmann-Haus"** (19. Jh.) und Nr. 22/24 markieren mit ihren Standorten den Verlauf der alten Stadtmauern im östlichen und nördlichen Bereich der Stadt.

4. Hauptstraße: Die ehemals strohgedeckten, das Ortsbild prägenden Fachwerkhäuser sind meist zweigeschossig über einem Bruchsteinsockel aus Grauwacke errichtet und zeigen schlichtes Fachwerk mit enger Balkenstellung, kaum Schmuckformen an den weißgestrichenen Holzeinfassungen von Türen, Fenstern und Dachgesimsen, keine Schlagläden und verschieferte Giebel, allenfalls an der Wetterseite, an den Luken der Dachgiebel befindet sich meistens ein Zugbalken, um Heu, Früchte oder andere Vorräte auf den Speicher zu bringen. Auffällig schön dagegen das alte Apothekenhaus, Hauptstr. 6, (um 1870).
Exemplarisch für die Beschreibung stehen etwa die **Häuser Nr. 14** (Ende 19. Jh.), **Nr. 20** (im Kern 18. Jh.) mit Fenster direkt unter dem Dachfirst und dachstützenden Konsolen als nur hier zu findende architektonische Besonderheit, Nr. 31 (Ende 18. Jh./Anfang 19. Jh.), Nr. 47 (18. Jh.) und Nr. 49 (19. Jh.).

5. Aus dem Rahmen fällt das **Haus Hauptstr. 30** (Ende 18. Jh.) in Ganzverschieferung, mit grünen Schlagläden, Giebelfronten mit Mustern.

6. Hauptstr. 47: traditionsreiche Gaststätte „Jägerhof" mit geschiefertem Dach, Saalanbau

7. Hauptstr. 57: ein Haus mit zugehörigem Werkstattgebäude.

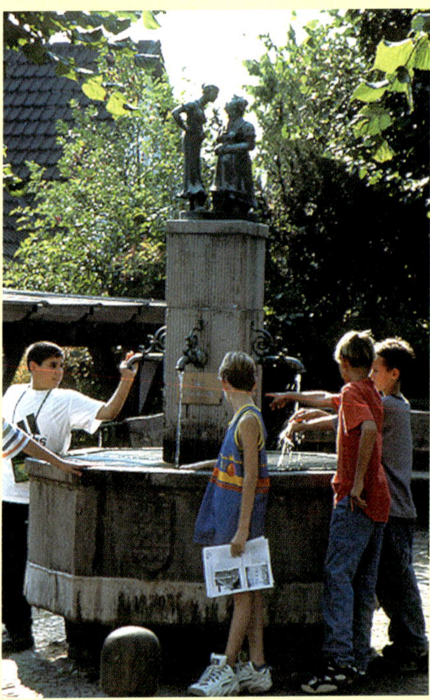

Losemundbrunnen an der Hauptstraße

8. In der Hauptstraße plätschert noch der **„Losemund"-Brunnen,** mit dem Relief des Bergneustädter Stadtwappen und zwei Frauenplastiken: „Minchen" und „Jettchen" in ein lebhaftes Gespräch (Klatsch) verwickelt. Der Brunnen ist ein Geschenk des Heimatvereins an die Stadt. An dieser Stelle wird jährlich der Stadtgeburtstag mit dem „Waschen schmutziger Wäsche" gefeiert.

9. Wallstraße 1: Heimatmuseum – zweigeschossiges, teilweise verschiefertes Fachwerkhaus aus der 2. Hälfte des 19. Jh. Bei Umbauarbeiten wurden Gewölbe und Reste der Stadtmauer entdeckt, hieß volkstümlich „zum

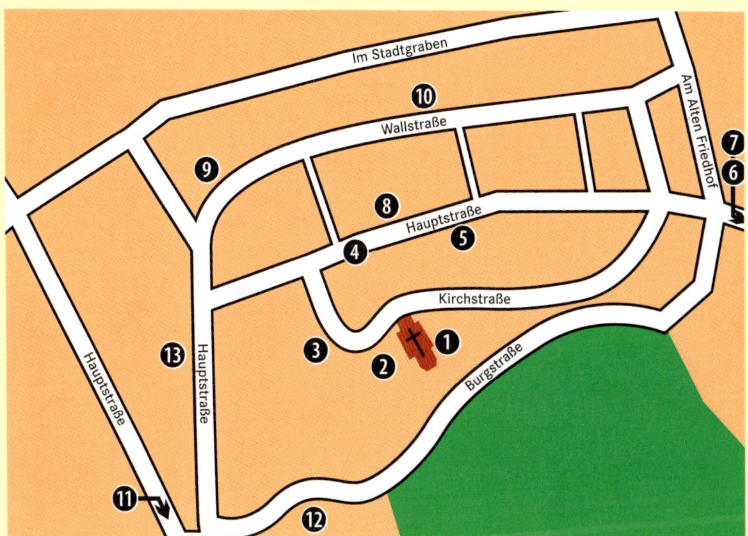

hingerschen Ochel“ (Name des Metzgers, der dort lange Zeit seine Ware anbot).

10. Wallstraße: Haus 15/17 Häuser traufenseitig am Hang stehende Häuser mit größeren Parzellen, genutzt als kleine Viehweide oder Obstgarten, heute meist Blumengarten.

11. Am Freien Stuhl 1: ein Haus mit zugehörigem Backhaus.

12. Burgstraße 4/6 zeigt ein älteres Haus (Anfang 19. Jh.) mit geringerer Wohnfläche, niedrigen Deckenhöhen und kleineren Fensteröffnungen.

13. Hauptstr. 9: vor der Rückkehr zum Parkplatz fällt noch die sog. **„Krawinkel-Villa“** von 1887 auf, ein klassizistisch geprägter Steinbau (mit Fachwerkinnenwänden!).

Messingplatte vor der ev. Kirche, mit einer Darstellung des Grundrisses der Altstadt

Zusätzliche Informationen:

Heimathaus (Museum mit der Stadtgeschichte), Wallstr. 1, Ö: di–sa 15–17, so 14–17 Uhr, ⓘ T 02261/43184
Museum „Achse, Rad und Wagen“, Wiehl, Oberhammer, Ö: sa 14.30–17.30, T 02262/1280
Rhein. Industriemuseum Engelskirchen, Engelslplatz 2, Ö: di–fr 10–17, sa/so 11–18 Uhr, T 02263/20114-15

Ev. Kirche, Altstadt

Insidertipps

Ev. Stadtkirche – Hauptstraße mit Apothekenhaus oder Haus Nr. 14/20.

Bergische Kaffeetafel mit der „Dröppelminna“, einer bauchigen Kaffeekanne, eben ausgeformt wie eine Frau mit angenehm runden Formen mit köstlichem Inhalt! Dazu werden Waffeln und Rosinenstuten, Schwarzbrot, Quark, Apfel- und Birnenkraut und dem berühmten Milchreis mit Zimt und Zucker serviert, z.B. „Rengser Mühle“, B-Niederrenge T 02763/91450; Hotel „Feste Neustadt“, Hauptstraße 19, T 02261/41795 oder 4699; Restaurant „Waldstübchen“ mit Eulennest, B-Niederrengse 21, T 02763/840849

Empfehlungen in der Umgebung

- **Kirchdorf Belmicke** erinnert mit dem „Schwedenkreuz“ an die sagenumwobene Ermordung des Peter Butz von Drolshagen durch die Schweden 1635.
- **Aussichtsturm auf dem „Knollen“:** auf dem 351 m hohen Berg Knollen ein herrlicher Rundblick über den Stadtkern Bergneustadt.
- **Freibad** mit Superwasserrutsche
- **Schloss Crottorf** bei Morsbach
- **Marienheide „Haus Dahl“**
- **Wiedenester Kirche,** ein 1000-jähriges Kleinod der Kirchenbaukunst mit Originalwandmalereien.
- **„Bonte Kerken“** in Wiedenest und Lieberhausen

- **Sieben Talsperren** im Umkreis von ca. 15 km Luftlinie mit allen Angeboten.
- **Schloss Homburg** mit Museum
- **Aggertalhöhle, Wiehler Tropfsteinhöhle**
- **Bergisches Freilichtmuseum** für Ökologie und bäuerliche handwerkliche Kultur, Lindlar
- **Vogelpark Reichshof Eckenhagen** mit Affental
- **Monte-Mare-Freizeitbad** in Eckenhagen (Reichshof)

Regelmäßige Veranstaltungen

Heimatfest (13. Mai) – Stadtgeburtstag (WE nach dem 13. Mai)

Anschriften:

Stadt Bergneustadt, Der Bürgermeister, Tourist Information Rathaus (nur vormittags), Kölner Str. 256, 51702 Bergneustadt, T 02261/404-219, F 404-175/-179 www.bergneustadt.de

Teilweise verschiefertes Fachwerkhaus, Hauptstraße 48/50

Wege in der Umgebung:

Von Morsbach über Birken führt eine 11,5 km lange Rundwanderung in den gleichnamigen Ort. 175 km gut gezeichnete Wanderwege: Rundwanderwege, Panorama-Höhenweg, Tippeltouren, Kulturwanderwege ⓘ ausführliches Heft bei der Tourist-Information Rathaus, Kölner Str. 256, T 02253/404-219 (nur vormittags)

Randwanderungen mit Rundstrecken 1–3, ⓘ ausführliches Heft bei der Tourist-Information Rathaus, Kölner Str. 256, T 02253/404-219 (nur vormittags)

auf der Aggertal- oder Bruchertalsperre

Dahlem-Kronenburg

Malerisches Burgdorf über dem idyllischen Kylltal

Eines der zweifellos malerischsten Burgdörfer der Eifel ist das auf einer Bergkuppe über der Talsohle der Kyll liegende Kronenburg, im Süden des Kreises Euskirchen in unmittelbarer Nähe zur belgischen Grenze. Der rüstige Besucher stellt das Auto unten vor dem steilen Aufstieg auf dem Parkplatz ab und genießt Stufe für Stufe die Eindrücke dieses schönes Ortes. Alternativ besteht die Möglichkeit, direkt bis zum Parkplatz vor dem Nordtor am Eingang des historischen Ortskerns zu fahren. Tritt man in den Ort ein, so befindet man sich plötzlich in einer mittelalterlichen Gasse, die an Romantik und Zauber nichts zu wünschen übrig lässt. Über den „Burgbering“ kann man einmal fast rundum Kronenburg erkunden, dann zur eigentlichen Burg hochsteigen und lässt den Blick vom Berg über das weite Land mit dem Kronenburger See gleiten. Nach dem Herumschlendern durch die kleinen Gässchen, kehrt man im Café Zehntscheune ein – ein genussvoller Ausflug! Durch die Ansiedlung ehem. Schüler der Meisterschule (s.u.) bekam Kronenburg den Ruf eines „Künstlerdorfes“.

Blick zum Nordtor

Dahlem-Kronenburg – Kreis Euskirchen

- von 457m bis 663 m ü. NN
- BAB 1 Anschlussstelle Nr. 114 Blankenheim, B 51 / B 421 bis Dahlem-Kronenburg oder BAB 61 Abfahrt Nr. 33 Wehr über Nürburgring
- Linie 834 nach D-Kronenburg
- ICE nach Duisburg, Interregio nach Köln, Regionalexpress nach Dahlem
- Köln/Bonn, Düsseldorf; Verkehrslandeplatz Dahlemer Binz
- **NW** Hellenthal-Reifferscheid 15 km, **N** Schleiden-Olef 20 km, **NO** Bad Münstereifel 30 km

Geschichte

Auf einem zungenartigen, an drei Seiten steil abfallenden Bergkegel liegt der Ort Kronenburg; die Burg wurde erstmals 1277 urkundlich erwähnt und gehörte später den Edelmännern von Dollendorf. Kronenburg bleibt trotz verschiedener Herrschaftszugehörigkeit letztlich luxemburgisch! 1555 bildet Kronenburg wegen der Übertragung der Niederlande durch Kaiser Karl V. an seinen Sohn Philipp von Spanien mitten in der Eifel eine spanische Enklave und wird im Volksmund „Spanisches Ländchen“ genannt. Viele Kriege und ständig wechselnde Besetzungen des Ortes zermürben Kronenburg. Mit der Besetzung durch die Franzosen 1794 erholt sich das linksrheinische Gebiet und auch Kronenburg. Nach einem kurzen wirtschaftlichen Aufschwung verliert die örtliche Eisenindustrie an Bedeutung, da das Gebiet nicht an neue Absatzmärkte angeschlossen wird. Kronenburg wird eine Enklave von Mecklenburg-Strelitz, kommt 1819 an Preußen, wird 1912 an die Eisenbahnlinie Jünkerath – Weywerts/Belgien angeschlossen. Ab 1922 werden vier Jahre lang die „Tellspiele“ im Burghof (bis 2.000 Plätze!) unter Regie von Oberpfarrer Windelschmidt aufgeführt. Die Einwohnerzahl sank in 100 Jahren von 600 (1800) bis auf 350 (1900) Personen.

Als Ortsteil der kleinsten Gemeinde in NRW, Dahlem, ist Kronenberg ein staatlich anerkannter Erholungsort mit hohem Freizeitwert.

Sehenswertes beim Stadtrundgang

1. Bevor man vom oberen Parkplatz aus den Ort betritt, fällt neben der Hinweistafel eine Stele mit Text über die Anbindung an den „**Jakobusweg**" auf.

2. **Spitzbogiges Nordtor,** ursprünglich einziger Zugang zur Stadt: Burgbering mit Häusern früherer Bauern und Handwerker, die Hausrückwände sind in die Ringmauer einbezogen und zeigen zur Straße viele hübsche Fronten mit interessanten Details.

3. **Burgbering Haus 24** Inschrift unter der Fensterbank: *„To was ist reigt gethan anno 1681"*. Da es sich bei dem Gebäude um kein eingetragenes Denkmal handelt, liegen weitere Daten nicht vor. Es handelt sich bei der Inschrift möglicherweise nur um den Vermerk der Erbauer *„Tue was ist recht getan im Jahre 1681"*.

4. **Nr. 16:** Langgestrecktes Fachwerkhaus von 1672, Inschrift: *„Henrig de Legall und sein Hausfraw Dorothea Catharina hiellssem me fieri fecervnt Anno 1672"*. In dieses Haus wurde 1625 ein zweites Tor gebrochen, um durch die Tellgasse einen kürzeren Weg ins Tal zur Kronenburgerhütte zu ermöglichen.

5. Hinter dem Mitteltor (noch erkennbar, dass es mit einem Fallgitter versehen war) liegt der ehemalige **kleine Friedhof** mit einem barocken Kreuz (17. Jh.); bemerkenswert ist die abgebildete „Jakobsmuschel", Hinweis auf die Anbindung an den „Jakobusweg".

6. Steile Mauertreppe zu der **Stube**, in der ehemals die Ratsversammlungen abgehalten wurden.

7. **Pfarrkirche St. Johann Baptist** (erbaut 1492–1508 von Gräfin Mathilde von Virneburg im Auftrag ihres 1489 verstorbenen Gatten Graf Cuno von Kronenburg, Manderscheid und Schleiden), eine spätgotische Einstützkirche nach dem Vorbild der Kirche in Bernkastel-Kues, d.h. ein einziger Pfeiler in der Mitte trägt das fein gestaltete Netzgewölbe mit prächtigen Schlusssteinen. Bis 1803 hatte der „Johanniterorden" das Patronat über die Kirche (Johanniterkreuze im Innenraum); rechts eine Pieta, den Hauptal-

Ländliche Idylle im Burgbering

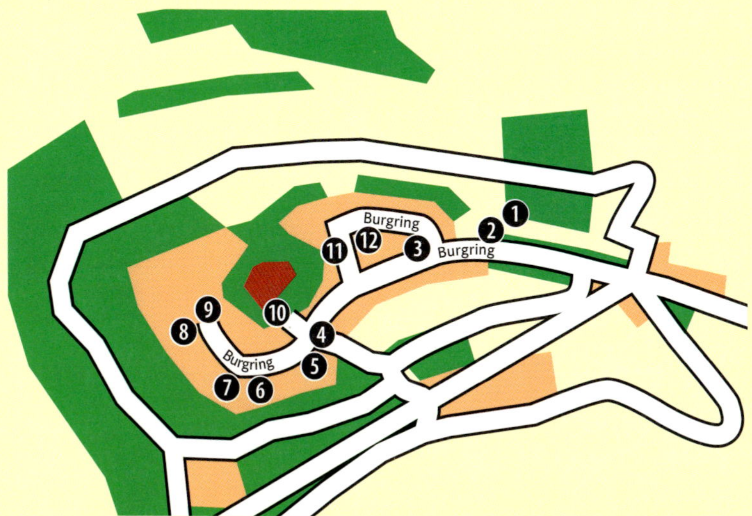

tar rechnet man der Entstehungszeit zu, im spätgotischen Rundbogen entdeckte man 1952 das Bild der klugen und törichten Jungfrauen. Auch das Georgsbild (16. Jahrhundert) wurde erst 1899 wieder entdeckt. Der aufragende Kirchturm war als Wehrturm in die Umfassungsmauer des Ortes einbezogen.

8. Nr. 6: **Pfarrhaus** aus dem 19. Jh. mit älterem Kern und Kellergewölben: ein zweigeschossiger Bruchsteinbau mit Blendarkadengliederung, an der Nordseite ältere Fenster.

9. Nr. 4: Vorburg mit Toreinfahrt, **ehem. Amtshaus (Schlosshotel),** errichtet 1766 von dem gräflichen Verwalter Lafontaine, früher der direkte Aufstieg zur Burg. Die Kosten überstiegen den Voranschlag und der Amtmann wurde fristlos entlassen. Danach oblag der Familie Faymonville dieses Amt. Sie erwarb das Haus 1809 von dem letzten Familienmitglied, der bekannten Nettchen F., verdankt Kronenburg einen ersten bescheidenen Tourismus: sie wandelte 1902 das große Amtshaus in eine Herberge für Wanderer und Landschaftsmaler um.

10. Zurück über den Burgbering und durch das Mitteltor erreicht man links den neueren Aufgang (1969) mit **100 Stufen zur Kronenburg,** heute nur noch eine Ruine, die über Stockwerke tief von den eigenen Trümmern verschüttet ist. Der Weg über die Treppen lohnt sich schon allein wegen des Ausblicks.

11. Der Burgbering geht nach links an der **Burgscheune** mit dem Lädchen weiter; einige sehenswerte Häuser (Nr. 46 mit der Nische über dem Türstock und der Nr. 44 mit einem Wappenstein und der 1603 im Türstock, rückseitig an die alte Ringmauer angebaut) und führt zum

12. **Café „Zehntscheune“,** sie erinnert an die Abgaben der Bauern und Bürger an den Grafen von Kronenburg.

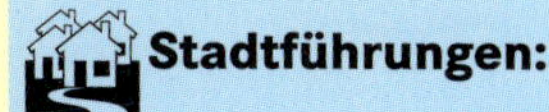

Stadtführungen:

Reinhold Rader, n. V. T 06557/644

Zusätzliche Informationen:

Gemalt, überhaupt künstlerisch gearbeitet wird in Kronenburg immer noch – dieses Idyll wartet darauf, auf Leinwand oder Karton Gestalt anzunehmen: unter künstlerischer Leitung werden Gäste, die einen Einsteig ins Zeichnen und Malen suchen oder bereits vorhandene Kenntnisse vertiefen wollen, angeleitet. ⓘ IG Kronenburg, T 06557/900-550, F 900-551

Berühmt ist Rolf Dettmann, Maler der Eifel, dessen Werke u.a. im Stadtmuseum Nürnberg und im Wilhelm-Lehmbruck-Museum, Duisburg, ausgestellt sind; viele Werke von Kronenburg wie Kläpperjungen, Kronenburgerhütte, Kronenburg unter Glucke, Huldigung an Kronenburg usw.

Burgbering Nr. 25: Zehntscheune mit Werken von Rolf Dettmann (gegenüber Haus Pallandt, Kunstwerkstätte für Mal- und Metallarbeiten von Frau Tauber, Besichtigungen n. V. T 06557/235)

Kunststall, Burgstr. 10, www.derkunststall.de

Nr. 16, Haus am Burgturm, Kunstgalerie, T 06557/432

Nr. 34, Casa d'arte: Galerie, Rahmungen, Geschenke, T 06557/900550

Insidertipps

Haus Pallandt – Einstützkirche St. Johann Baptist – ehem. Burghaus (Schlosshotel) – Zehntscheune

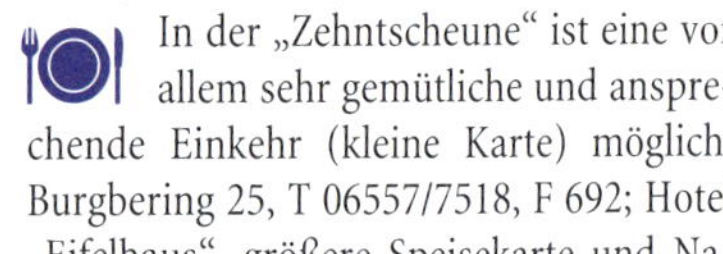

In der „Zehntscheune“ ist eine vor allem sehr gemütliche und ansprechende Einkehr (kleine Karte) möglich: Burgbering 25, T 06557/7518, F 692; Hotel „Eifelhaus“, größere Speisekarte und Naturküche, Burgbering 12, T 06557/295

Haus am Burgturm, Burgbering 16: Kunstgalerie, Keramik, Schmuck, T 06557/432; Kronenburger Destille, Burgbering 19: Edelbrände, Liköre, Weine, Essig, Öl, Senf aus der Region, T 06557/900830; Burglädchen, Burgbering 50: Reiseandenken, Weine, T 06557/7159

Regelmäßige Veranstaltungen

Sternsingen (Dreikönigstag 6. 1.) - Traditioneller Floh- und Trödelmarkt (2. Juli-WE) - KKK „Kronenburger Kunst- und Kulturtage“ mit Ausstellungen (2. Sept.-WE) – Weihnachten rund um die Zehntscheune (1. Advents-WE).

Die Burgruine

Empfehlungen in der Umgebung

■ **Kronenburgerhütte** (ehem. Eisenhütte mit Produktion von Stubenöfen, Takenplatten, Brandrosten u.a., in Betrieb mit Mitte des 19. Jh.) mit der Brigidakapelle (1736) und der malerischen Kyllbrücke sowie einige versteckte malerische Winkel.

■ **Kalkwerk Brandenburg:** ehem. Kalkwerk mit Steinbruch, Doppelofenanlage mit Kalkmühle, 1979 Betrieb eingestellt.

■ **Obere Mühle** in Dahlem, 1857 als Getreidemühle erbaut, 1929 kleine Sägemühle angebaut, bis heute funktionsfähig, Mühlenfeste.

■ **Kartbahn Dahlemer Binz:** 62.500 qm Gelände mit hervorragenden Rennkarts (140ccm / 5 PS) auf 1.122 m Rundkurs mit leichten Steigungen, Haarnadel-Kurve, Beschleunigungsstrecke und Wedelkurven; für ganz kleine „Schumis" gibt es Miniskooter und im Winter Schneemobile! T 02447/1866

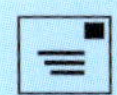

Anschriften:

Touristinformation Oberes Kylltal,
54589 Stadtkyll, T 06597/2878, F 4871,
www.eifeltour.de/oberes-kylltal.htm
touristinfo.obereskylltal@t-online.de

■ **Flugplatz Dahlemer Binz:** Segelfliegen, Sportflugzeuge, ja sogar Heißluftballone stehen bereit: Dahlemer Binz, Flugplatzgesellschaft, T 02447/955541 oder 42

■ **Vulkamar Stadtkyll,** Freizeit- und Erlebnisbad mit Riesenwasserrutsche (65 m), Solarien, Wasserfall, T 06597-150.

■ **Trappistinnen-Abtei** Maria Frieden, Dahlem: 1953 gegründet, Kloster nach 10 Jahren fertiggestellt; Haus- und Landwirtschaft, Gartenbau, Buchbinderei, Weberei, Kloster-Elixier.

■ **Vulkangarten Steffeln**, Lehr- und Versuchsvulkan, T 06597/2878

Wege in der Umgebung:

Kronenburger Stausee (2,5 km Ufer, 28 ha Wasserfläche), in den 70er Jahren als Regenrückhaltebecken für das Hochwasser der Kyll gebaut, Staumauer 18 m über dem Talgrund, Stauraum von 2,7 Millionen Kubikmeter, Zufluss von der Kyll (Quelle im Losheimer Wald an der deutsch-belgischen Grenze, 142 km Flusslauf bis zur Mündung bei Ehrang in die Mosel). Segeln, Surfen, Bootsverleih, Wohnmobilstation im Bade- und Freizeitgewässer Kronenburger See.
„Rund um Kronenburg" – drei Wanderwege rund um Kronenburg (2,5 bis 3,5 km); Teil des Jakobspilgerwegs ⓘ Touristinformation Oberes Kylltal, 54589 Stadtkyll, T 06597/2878, F 4871

Anschluss an den Kylltalradweg und landesweites Radverkehrsnetz, T 06597/2878

auf dem Kronenburger See

Kronenburger See – Jünkerath – Feusdorf – Wiesbaum – Ahrhütte – Nürburgring (Privatfahrten über die Nordschleife möglich) – Adenau – Dümpelfeld – Schuld – Schönau – Tondorf – Blankenheim Wald und durch die Gemeinde Dahlem zurück

Zehntweg

Hellenthal-Reifferscheid

Hellenthal – Das Tor zum Nationalpark Eifel

Anfang des Jahres 2004 hat der Nationalpark Eifel als erster Nationalpark Nordrhein – Westfalens und zugleich vierzehnter Nationalpark in Deutschland seine Tore für die Besucher geöffnet. Das Areal des Nationalparks erstreckt sich zwischen Nideggen im Nordosten und dem Königreich Belgien im Südwesten und umfasst die südlichen Teile der Kreise Aachen und Düren sowie den westlichen Teil des Kreises Euskirchen. Die Gemeinde Hellenthal liegt im nordwestlichen Teil des Gemeindegebietes mit rd. 56 ha Fläche im Nationalpark Eifel.

Hellenthal-Reifferscheid – Kreis Euskirchen

- von 410 m bis 470 m ü. NN
- BAB 1 Anschlussstelle Nr. 111 Wisskirchen, B 266 bis Gemünd, B 265 bis Hellenthal, B 258 über Monschau nach Hellenthal, B 51 bis Blankenheim, B 258 Richtung Schleiden nach Hellenthal
- 829 (Kall – Hellenthal); 838 (Hellenthal – Reifferscheid – Schnorrenberg); Bedienung überwiegend im TaxiBus-Verkehr: T 01804/151515
- DB Bf. Kall (Eifelstrecke Köln – Trier)
- Düsseldorf, Köln/Bonn
- **NW** Monschau 20 km, **NO** Schleiden-Olef 13 km, **O** Bad Münstereifel 38 km, **S** Dahlem-Kronenburg 16 km

Geschichte

Reifferscheid wird erstmals 1106 als Burg des Herzogs von Lothringen erwähnt und war von 1195 bis 1794 Zentrum einer Herrschaft im Besitz der Grafen von Salm-Reifferscheid. Bis in das 15. Jh. war Reifferscheid ständig Residenz, im 17. Jh. nur noch gelegentlicher Aufenthaltsort der gräflichen Familie, da sich die Interessen der Landesherren schon früh in den niederrheinischen Raum verlagert hatten: Alfter, Bedburg (⇛ S. 192) und Hackenbroich. Ende des 14. Jhs. wird Reifferscheid „stat" genannt, eine Stadtrechtsverleihung ist indessen nicht bezeugt. 1669 wurde Reifferscheid von einem Großfeuer heimgesucht. 20 Jahre später zerstörten französische Truppen die Mauern der Burg und Freiheit. Mit ihrem Einmarsch 1794 beschlagnahmten die Franzosen das Schloss und die gräflichen Güter. Nach der Ersteigerung wurde das Schloss als Steinbruch benutzt.

Gaukler beim Burgfest im September

Sehenswertes beim Stadtrundgang

P unmittelbar vor dem Stadttor

1. „Matthias-Tor“, ein kräftiger Bruchstein-Torbau des 14. Jh. auf rechteckigem Grundriss und von Flankentürmen verstärkt. Das Tor hatte früher als Obergeschoss den Wehrgang, 1900 durch ein Walmdach ersetzt.

2. Über den **Zehntweg** vorbei an den Denkmälern Haus Nr. 8–12 (Gebäude aus dem 17./18. Jh.) über den Hof der Vorburg mit der **Torburg und Zehntscheune** zur Schloss-Ruine:

3. Die Burg- oder **Schlossruine** zeigt die typische spätgotische Adelsburg mit **Bergfried,** Schildmauer und Palas. Der Bergfried bietet einen weiten Rundblick auf das Burgdorf zu Füßen des Turms und in den Talgrund des „Flecken Reifferscheid“.

Bergfried und Teile der Schildmauern stammen aus dem 14. Jh., im untersten Geschoss das „Angstloch“, ein Burgverlies. Am Fuße des Bergfrieds liegen Überreste der Kapelle und Nebengebäude, vom Palas blieb ein zweischiffiger **kreuzgewölbter Burgkeller** erhalten. Die Burg wurde 1669 durch einen Brand zerstört und danach als Barockschloss wieder aufgebaut, in Zeiten französischer Herrschaft (1794–1814) versteigert und verfallen, 1965 von der Gemeinde Hellenthal erworben und umfangreich saniert.

4. Pfarrkirche St. Matthias (früher zum Hl. Kreuz), in die Umwehrung der Burgsiedlung einbezogen, in der heutigen Form etwa von 1489/91: eine dreischiffige Hallenkirche, wahrscheinlich aus einer älteren zweischiffigen Kirche entstanden. Innen: ein Mittelschiff auf mächtigen Pfeilern mit durchgehenden Stern- und Kreuzgewölben, Netzgewölbe mit Schlussstein besetzten Knotenpunkten, die Wappen, Rosetten, Heilszeichen und Leidenswerkzeuge aufweisen; ein Sakramentshäuschen mit handgeschmiedetem Gitterflechtwerk, der rechte Seitenaltar (1480) mit Kopie des Bildes „Der Lanzenstich“ von P.P. Rubens, eine Kreuzigungsgruppe im linken Seitenschiff von 1500.

5. Torburg der Vorburg, vermutlich im 15. Jh. angelegt, ein kräftiger zweigeschossiger Bruchsteinbau aus zwei Türmen auf Hufeisengrundriss mit Zwischenbau, der wehrgangartige Oberbau trägt die Jahreszahl 1581, vermutlich zu dieser Zeit erneuert.

Blick auf die Pfarrkirche St. Matthias

Blumenthaler Straße
Burgstraße
In der Freiheit
Zehntweg
Markt-
gässchen
Markt-
platz

6. **Marktplatz** und Marktgässchen; In diesem Bereich mehrere Gebäude aus dem 17. bzw. 18. Jh., u.a. die Kirche mit dem Pfarrhaus.

7. **Burgmauern,** zur Verteidigung der Burg angelegt, verloren im 17. Jh. ihre Aufgabe; nach dem Brand (1669) wurden die Gebäude „In der Freiheit" auf diesen Mauern errichtet.

8. **In der Freiheit 14** sind bemerkenswert ein halbrunder Schalenturm und ein Fachwerkgiebelhaus, datiert 1730.

9. **„Liebfrauenhof"** im Talgrund mit weitläufigem Park; ein ehemals freier Hof, den die Herren von Reifferscheid 1700 aufkauften, um ihn zum Witwensitz auszubauen.

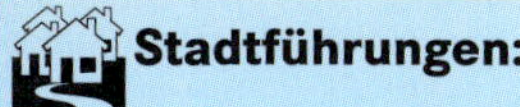

Stadtführungen:

durch den histor. Ortskern
(mit Kirche und Bergfried),
ⓘ Touristinformation Hellenthal,
T 02482/815-115
tourismus@hellenthal.de

Blick in die Vorburg

Insidertipps

 Bergfried – Burgkeller – Kirche

Landgasthof „Auf Wohlfahrt“, Aufbereitung (bei Rescheid), T 02448/712300; Hotel – Restaurant Haus „Zum Wappen“, Reifferscheid, T 02482/606646; „Café Eulenspiegel“, Burgbering Reifferscheid, T 02482/606040

Empfehlungen in der Umgebung

■ **Wildgehege und Greifvogelstation:** Seit 30 Jahren präsentiert sich die weit über die Grenzen Deutschland hinaus bekannte Greifvogelstation. 500 weitere Tiere, Sika- und Damwild, aber auch Schwarzwild, Muffel, Games, Steinbock, Bär, Auerochse, Wisent und Tarpan sind zu sehen (T 2482/2292, www.wildgehege-hellenthal.de).

■ **ArsKRIPPANA:** Intern. Krippenausstellung Januar bis Dezember in Losheim mit der Zauberwelt der Krippen nicht irgendwelcher, sondern künstlerische Meisterleistungen: afrikanische Lebensbäume, französische Santons, spanische Landschaftskrippen und sogar eine lebendige Außenkrippe. Auf über 2.500 Quadratmetern Fläche zeigt Krippana Krippen aus Kathedralen, Basiliken, Kloster- und Pfarrkirchen. Im „Christkindlmarkt“ kann man während des ganzen Jahres Krippen und Krippenzubehör erwerben. ArsKRIPPANA (gegenüber ArsTECNICA)), Prümer Str.55, 53940 OT Losheim, T: 06557/866, F 607, jährlich geöffnet, täglich 10-18 Uhr, Montag Ruhetag, www.arskrippana.net

Torburg der Vorburg

■ **ArsFIGURA:** Erleben Sie eine detailreiche Welt des 19. Jahrhunderts. In einem Viertel mit original getreuen Wohnstuben und Kaufmannsladen, historischen, künstlerischen und mechanischen Figurensammlungen. Tauchen Sie ein in die gute alte Zeit. 53940 OT Losheim, T 06557/866 F 607 www.arsfigura.net; ganzjährig geöffnet 10 – 18 Uhr, Montag Ruhetag

■ **ArsTECNICA:** digitale Modeleisenbahn in Losheim, Modelbahn-Center (Altes Zollamt), 53940 OT Losheim, T 06557/920640, F 920645, di- fr 12–18 Uhr, sa–so–fei 10–18 Uhr www.arstecnica.net

■ **Besucherbergwerk „Grube Wohlfahrt“:** Hier kann man ein altes Bleibergwerk besichtigen, in dem ehemalige Bergleute und andere Helfer einen Stollen auf 750 Metern Länge hergerichtet und gesichert haben, so dass man darin einiges entdecken kann, z.B. Kohle als Reste der ersten Landpflanzen oder Abdrücke aus dem Devonmeer

und vieles mehr (T 02448/911140, F 637)
Ö: tägl. 11,14,15.30 Uhr Führungen
www.GrubeWohlfahrt.de

■ **Oleftalsperre,** nicht zum Baden oder Schwimmen, aber inmitten herrlicher Wälder mit einem Rundweg von 13,5 Kilometern – eine unerschöpfliche Quelle der Erholung.

■ **Westwall:** Im Zweiten Weltkrieg verlief 1945 mehrere Wochen lang die Hauptkampflinie über Blumenthal – Reifferscheid – Wolferter Tal. Vom Westwall, der schon vor Ausbruch des Krieges angelegt wurde, stehen im Raum Reifferscheid noch sechs Bunker, deren Räume z.T. noch genutzt werden. Eine größere und zu besichtigende Anlage liegt oberhalb des Liebfrauenhofes und ist über den „Kreuzweg" (Wanderweg) zu erreichen.

Pfarrkirche St. Matthias

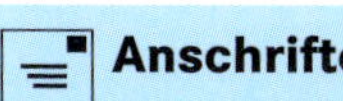

Anschriften:

Touristinformation Hellenthal,
Rathausstr. 2, 53940 Hellenthal,
T 02482/85-115, F 02482/85-114,
www.hellenthal.de
tourismus@hellenthal.de

■ **Hellenthal – Tor zum Nationalpark Eifel:** Anfang des Jahres 2004 hat der Nationalpark Eifel als erster Nationalpark in NRW und zugleich 14. Nationalpark in Deutschland seine Tore für die Besucher geöffnet. Das Areal des Nationalparks erstreckt sich zwischen Nideggen im Nordosten und dem Königreich Belgien im Südwesten und umfasst die südlichen Teile der Kreis Aachen und Düren sowie den westlichen Teil des Kreises Euskirchen. Die Gemeinde Hellenthal liegt im nordwestlichen Teil des Gemeindegebietes mit rd. 56 ha. Fläche im Nationalpark Eifel

Regelmäßige Veranstaltungen

Burgfest (jährlich 3. Sonntag im September) – Weihnachtsmarkt im Burgring (1. WE Dez.)

Wege in der Umgebung:

 Narzissenwiesen im Oleftal, geführte Wanderung im April/Mai; Geol.-montanhistorischer Lehr- und Wanderpfad; Bergbaupfad

 Eifel-Höhen-Route (über Udenbreth-Hellenthal-Oleftalsperre); Dreiländer-Route-Aachen-Trier (überHellenthal-Udenbreth-Kronenburg); Rundweg Oleftalsperre 13,5 km; Routen entlang der Bachtäler von Preth und Olef

 Route Hohes Venn-Eifel im Deutsch-Belgischen Naturpark; Hellenthal-Tuchmacherstadt Monschau-NP-Zentrum Botrange-Eupen-Kaiserstadt Aachen; Talsperrenroute: Oleftalsperre-Perbachtalsperre-Rurtalsperre

Blick auf die Burgruine

Hennef – Stadt Blankenberg

Die kleinste „Stadt" Deutschlands

Eingebettet in die malerische Landschaft des Siegtales liegt die Stadt Hennef, umgeben von 90 Ortschaften am Fuße von Siebengebirge, Westerwald und Bergischem Land. Die attraktive Lage unweit der Großstädte Köln und Bonn sowie der Kontrast zwischen moderner Architektur im Stadtzentrum und den vielen, landschaftlich reizvoll gelegenen Ortsteilen, macht die Stadt so attraktiv und lebendig.

Hennef – Stadt Blankenberg – Rhein-Sieg-Kreis

- 185 m ü. NN
- BAB 3 bis Autobahnkreuz Bonn-Siegburg, A 560 bis Anschlussstelle Nr. 7 Hennef (Sieg)-Ost, weiter über B 8 bis Hennef-Uckerath, L 268 / K 19 bis Stadt Blankenberg
- DB S 12 ab Hbf Köln, ⇛ Au, Haltepunkt Blankenberg
- Düsseldorf, Köln/Bonn
- **O** Freudenberg 86 km, Siegen 93 km; **N** Bergneustadt 65 km; **SW** Kommern oder Bad Münstereifel 80 km bzw. 50 km (ab H-Stadt Blankenberg ist nur eine Anbindung mit Fahrt über größere Strecken möglich).

Beliebtes Ausflugsziel der Region ist die mittelalterliche Stadt Blankenberg. Weithin sichtbar, hoch oben auf einem Felssporn über der Sieg, thront die kleine Stadt, in der Ruinen und Tortürme an den Glanz vergangener Zeiten erinnern. Hier präsentiert sich eines der interessantesten und besterhaltensten Beispiele einer Großburganlage im Rheinland.

Geschichte

1180 wurde von den Grafen von Sayn die Burg auf dem Felssporn hoch über der Sieg errichtet. Daneben siedelten sich in der sog. „Altstadt" die Bediensteten und Handwerker an. In der ersten Hälfte des 13. Jh. stellte man die Umwehrung der Neustadt fertig, die bis heute erhalten ist. Vom 12. bis Mitte des 13. Jh. dauerte die Blüte des „Castrum Blankenberg" als Residenz der Grafen und als Verwaltungssitz des Landes Blankenberg. 1245 erhält die Ansiedlung die Stadtrechte. Nach dem Tod von Graf Heinrich verliert die Stadt an Bedeutung, auch der Verfall der Burg ist nicht aufzuhalten; nach dem Dreißigjährigen Krieg ist sie nur noch eine Ruine wie auch die Altstadt. 1645 zählt die Siedlung auf dem „blanken Berg" nur noch 18 Einwohner. Die Bürger leben vom Acker- und Weinbau. 1806 verliert Blankenberg die Stadtrechte. Erst mit der Anbindung an den Verkehr (1859) bekommt der Ort neue Impulse und wird später als „Kleinod des Siegtales" mit seinen Ruinen und der malerischen Landschaft zum Anziehungspunkt für den aufkommenden Tourismus. 1954 wurde der Siedlung in Würdigung ihrer Geschichte der heutige Name „Stadt Blankenberg" verliehen.

1953 begannen die Sanierungsarbeiten an der Stadtbefestigung, 1985 an der Zwingmauer, seit 1992 wurden Straßen, Wege und Plätze denkmalgerecht umgestaltet. Der Ort umfasst 27 in die Denkmalliste eingetragene kulturhistorisch bedeutende Bauwerke.

Das sog. Runenhaus

Sehenswertes beim Stadtrundgang

P Platz am Katharinenturm

1. Katharinenturm – ehem. Tor- und Wehrturm (Porzenturm = porta = Pforte), Kern aus der 1. Hälfte des 13. Jh., um 1400 vermutlich letztmalig umgebaut

2. Marktplatz: rechteckige, kastanienbestandene Platzanlage mit Fachwerkensemble; interessant an der Nordseite ehem. Schule (1903) bis 1959, ein preußischer Schulbau, stark verändert und Nr. 4, das alte Schulgebäude (1826 erwähnt), ein Traufenhaus mit Zwerchgiebel

3. Pfarrkirche St. Katharina (von Alexandria), einschiffige Saalkirche, Ursprünge aus der Mitte des 13. Jh., Wandfresko mit der Legende der Hl. Katharina, Kirche nach Großbrand 1983 total saniert; Orgel rekonstruiert nach Plan

4. Auf dem Weg liegt der ehemals zum Marktplatz zugehörige **Brunnen** (jetzt Mechthildisstraße), erinnert an den alten Stadtbrunnen (1376 genannt), weiter zum Grabenturm, ein Wehrturm, vermutlich 1. Hälfte des 13. Jh., 2002 umfassend saniert.

5. Zuvor ein kleiner Schlenker nach links in die Straße **„Im Früngt"**, von der unbebauten, freien Fläche geht ein wunderbarer Blick in das Siegtal und auf Siegburg.

6. Vor dem Grabenturm liegt die sog. **„Altstadt"**, mit der Burggründung entstandener, erstmalig bebauter Burgflecken, seit der Mitte des 17. Jh. brachliegend, jetzt Grünland mit Gärten und Wiesen.

7. Ursprung der vierteiligen Stadt Blankenberg aus Vorburg, Burg, Alt- und Neustadt ist die vor 1180 von den Grafen von Sayn errichtete **Burg auf dem Felssporn.** Vor der Hauptburg liegt die Vorburg mit Bergfried und Schildmauer.

8. Kern der Höhenbefestigung ist die **Hauptburg,** 1181 erstmalig urkundlich erwähnt, mit Bergfried, ein 15 Meter hoher wuchtiger Rundturm, gilt als ältestes erhaltenes Beispiel seiner Art im Rheinland sowie ein **Bastionsturm** – begehbarer Geschützturm aus dem 15. Jh. Von hier führt der Weg zurück vorbei am

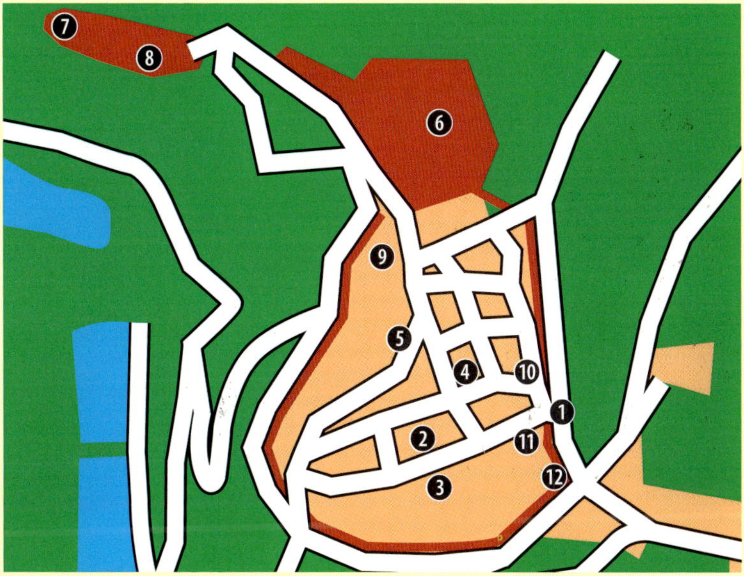

9. sog. **„Kölner Tor"**, der ehemaligen unteren Zugangspforte, dann links in die Graf-Heinrich-Straße mit sehr schönen und gut sanierten Fachwerkhäusern. Am Ende rechts oben

10. das sog. **„Runenhaus"**, ein Fachwerkgebäude von 1742 mit auffälligem Balkengefüge (Andreaskreuze, halber „Wilder Mann"), heute Kindergarten und Abtl. Weinbau des „Turmmuseums".

11. Zurück durch das Katharinentor liegt nach rechts die **Weinkelter** (18. Jh.) und die nach hierher versetzte und aufgebaute Ölmühle sowie mit dem „Weinberg" der Anfang des Weinwanderweges.

12. Vom Platz am Katharinentor führt eine Treppe zu dem Weg, der entlang der völlig erhaltenen **Stadtmauer mit Wehrgängen und Türmen** einmal rund um Blankenberg verläuft.

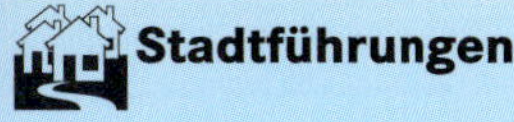

Stadtführungen:

„Geschichte erleben – Geschichte(n) hören"
Jeden 1. Sonntag von Apr.-Okt., Treffpunkt: 14 Uhr an der Wandertafel auf dem Parkplatz am Katharinentor; weitere Führungen: ⓘ T 02242/19433

Pfarrkirche St. Katharina

Blick vom Marktplatz

Insidertipps

Bastionsturm der Hauptburg mit beeindruckendem Blick in das Siegtal

„Zum Burghof", Markt 6, T 02248/2301; „Haus Sonnenschein", Mechthildisstr. 16, T 02248/2358 und 9200; „Zum alten Turm", Katharinastraße 6, T 02248/2102; Café „Krey", Mechthildisstr. 3 (auch eine ehem. Schule, von 1868/69 bis 1909 genutzt), T 02248/2309

Zusätzliche Informationen:

Turmmuseum im Katharinenturm, Ö: April–Oktober so 15–17 Uhr, mit Abt. Weinbau im Runenhaus

Weinwanderweg, Rundgang durch die alten Weinanlagen

Burganlage Burg Blankenberg (Hauptburg), Ö: April–September, di–so 10–18 Uhr (März, Okt. nur witterungsbedingt)

Empfehlungen in der Umgebung

■ **Hennef:** Wo Hanfbach und Bröl in die Sieg münden, fränkischer Ortskern etwa in Höhe der heutigen Kirchstraße mit ältestem Gebäudeteil, der Kirchturm der ehem. romanischen Kirche St. Simon und Judas (1744); die übrige (neugotische) Bebauung um die Kirche aus der Zeit der Jahrhundertwende, dazu noch vier spätbarocke Hofanlagen ehem. Amtsträger der Herzöge von Berg; ehem. Wasserburg (1766), zwei Hofanlagen: der Heymershof und der Proffenhof, Beethovenstraße.

■ **Schloss Allner:** ehem. Burg mit Vorwerk, nicht zugänglich da Eigentumswohnungen.

■ **Wallfahrtskirche Bödingen** (1408): entstanden aus Einsiedlerklause und dem Gnadenbild der „Schmerzhaften Mutter Gottes", Wallfahrten seit 1397, sehenswert die Kloster- und Wirtschaftsgebäude, Grabplatten, Fußfälle und der schmiedeeiserne Ziehbrunnen sowie das ehem. Pilgerheim und die alte Gaststätte in Fachwerk.

■ **Hennef:** Privatbrauerei Quadenhof, Hofladen mit kleinem Museum, T 02242/2245

■ **Heimatmuseum Altwindeck:** Im durch drei Fachwerkhäuser erweiterten Museum erhält man Einblicke in das Leben früherer Zeiten, Im Thal Windeck, 51570 W-Altwindeck, T 02292/3888 oder 19433

■ **Stadtmuseum Siegburg:** Geschichte im Geburtshaus des Märchenoperkomponisten Engelbert Humperdinck Malkurse, Bastelaktion, Kindergeburtstag im Museum, Museumscafé, in der Humperdinck-Straße die „Engelbert-Humperdinck-Musikschule". Markt 46, 53721 Siegburg, T 02241/55733

Anschriften:

Tourist Information Stadt Hennef,
Frankfurter Str. 97, 53773 Hennef,
T 02242/19433, F 888157,
www.hennef.de
info@hennef.de

Die sogenannte „Halle"

Regelmäßige Veranstaltungen

Maifest (1. Mai) – Flohmarkt
(2. Sonntag im September)

Wege in der Umgebung:

Rundwanderweg zur „Geschichte des Weinbaues" in Blankenberg um die Burg mit zehn Stationen, ⓘ Turmmuseum, Abtl. Weinbau im Runenhaus, Lit. „Weinbau in Stadt Blankenberg" (Helmut Fischer), Heft 1 Museumshefte; Wanderwege im Naturpark „Berg. Land", z.B. HWW X 29 von Essen ins Siebengebirge, ⓘ Wanderkarte Sieghöhenweg, ⓘ 02242/19433; Rundwanderwege ab Parkplatz am Katharinentor, s. Infotafel von Windeck bis Siegburg entlang der Sieg (Vier-Tages-Wanderung ohne Gepäck) ⓘ T 02242/19433, F 888-157

Siegtalradweg mit Radwanderkarte des Rhein-Sieg-Kreises (Fernradwanderweg 24 mit Abstecher zur Stadt Blankenberg) ⓘ 02242/19433, F 888-157

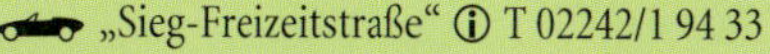

„Sieg-Freizeitstraße" ⓘ T 02242/1 94 33

Hückeswagen

Leiw Heukeshowwen

„O du mien leiw Heukeshowwen, wenn eck deck seih', mott eck deck lowwen!" – „O, du mein liebes Hückeswagen, wenn ich dich seh', muß ich dich loben!" Loben reimt sich auf „Heukeshowwen" – der Lieblingsname der Hückeswagener für ihren Ort, der im Norden des Oberbergischen Kreises liegt.

Es hat etwas Besonderes, wenn man die engen Bergsträßchen bis in die Oberstadt gefahren ist, denn dann liegt der ganze Liebreiz des 900-jährigen Ortes vor dem Besucher. Ein wenig Zeit muß man für den Rundgang durch das Städtchen über dem Wupperlauf mitbringen, denn hier liegt Kleinstadtromantik vor altbergischer Schiefergiebel-Kulisse. Die Lage und der historische Stadtkern ist von den Gegebenheiten des Bergrückens zum Schloss geprägt und wird von den meist giebelständigen, bzw. klassizistischen Fachwerkhäusern bestimmt. Das einheitliche Stadtbild weist 115 Baudenkmäler auf.

Geschichte

Die 900-jährige Stadtgeschichte nahm ihren Anfang mit einer fränkischen Hofanlage auf einem Höhenrücken über einer sumpfigen Wupperniederung, daher der erste Ortsname „Hukkengesuuage", etwa Sumpf der Hukinger. Die Hofanlage stand zum Schutz einer Furt der Wupper, wo sich zwei alte Handelsstraßen kreuzten. Daraus wurde das Hückeswagener Schloss, heute das Rathaus der Stadt. Um 1300 erhielt der Ort das „Freyheit" genannte Recht, einen eigenen Bürgermeister, Rat und Schöffen zu wählen. 1260 wurde der Besitz an die Grafen von Berg verkauft und blieb – mit Ausnahme der Jahre 1631–1653 – Teil der Grafschaft und des Herzogtums Berg, das 1815 preußisch wurde. Auch hier brachte der Dreißigjährige Krieg Verwüstung und Not über die Stadt; Kriegsabgaben und Plünderungen durchziehender Truppen ließen die Stadt verarmen. Einen weiteren Scha-

Hückeswagen – Oberbergischer Kreis

- von 260 m bis 383 m ü. NN
- BAB 1 bis Anschlussstelle Nr. 95 Remscheid, Solingen, Hückeswagen, dann B 51/B 237 bis H.; aus Richtung Solingen-Remscheid B 51 bis RS-Bergisch Born, links ab über B 237 ⇛ Hückeswagen; aus Richtung Bergneustadt / Wipperfürth über die B 237 ⇛ H. P vor der Gaststätte „Holzwurm".
- Linie 336 oder SB 36 bis Hückeswagen
- DB Regionalbahn nach Wuppertal, RB nach Remscheid-Lennep
- Düsseldorf, Köln/Bonn
- **NW** Solingen-Gräfrath 26 km, **W** R-Lennep 10 km, **SO** Bergneustadt 30 km

den nahm die Stadt in zwei Feuersbrünsten der Jahre 1753 und 1760. Erst im 18. Jahrhundert erstarkte Hückeswagen durch die Tuchindustrie.

Das Wasser der Wupper wurde seit dem 15. Jh. zum Antrieb von 26 Eisen- und 30 Reckhämmern, die das Roheisen veredelten, genutzt: Als dieser Industriezweig zum Erliegen kam, blühte die Textilindustrie auf: um 1800 existierten 23 Manufakturen. und Walkmühlen zur Textilherstellung. Aus dieser Zeit stammen die klassizistischen, oft verschieferten Fabrikantenwohnhäuser unterhalb des Schlossberges, Peter-, Bach- und Friedrichstrasse, vor allem die Häuser der „Tuch-Verleger“.

Mit Beginn des 20. Jh. nahmen die Metallverarbeitung und der Maschinenbau breiten Raum in der Wirtschaftsentwicklung der Stadt ein.

Blick vom Fürstenberg auf die alte „Freyheit“

Sehenswertes beim Stadtrundgang

P an der Goethestraße

1. Schloss mit Heimatmuseum (s.u.): erstmals 1189 als „Castrum“ bezeugt, ursprünglich Stammsitz des Hückeswagener Grafengeschlechtes. 1260 wurde Burg und Grafschaft an die Grafen von Berg verkauft, aus der Kampfburg wurde eine Wohnburg, später schlossartig ausgebaut. Bis 1806 war das Schloss Sitz der Amtmänner der bergischen Ämter Bornefeld und Hückeswagen.
Der Nordost-Flügel diente von 1683–1882 der katholischen Gemeinde als Pfarrkirche und hat von daher die heutige Gestalt erhalten. Jetzt sind hier das Heimatmuseum (s.u.) und im oberen Teil der Ratssaal untergebracht.
Der Nordwest-Flügel mit dem Bergfried dürfte in seinem Kern noch aus dem 12. Jh. stammen. Dieser Teil des früher verfallenen Gebäudes wurde anfangs des 19. Jh. von hiesigen Tuchfabrikanten erworben und die Räumlichkeiten für Geschäftszwecke genutzt. Damit wurde der weitere Verfall des Schlosses verhindert. Heute ist hier ein Teil der Stadtverwaltung tätig.

Pauluskirche

2. Pauluskirche: in unmittelbarer Nähe des Schlosses lag der 1490–1508 errichtete, spätgotische Bau, die „Nikolauskirche“, die beim Stadtbrand von 1760 stark beschädigt und später abgebrochen werden musste. 1782/83 wurde an dieser Stelle die Ev.-ref. Pauluskirche errichtet, ein stattlicher Bruchsteinbau mit einem tonnengewölbten Saal, hohem, gebrochenem Dach und einem vorgesetzten Westturm, bekrönt mit Schweifhaube und Laterne. Innen eine bemerkenswert einheitliche klassizistische Ausstattung aus der Zeit um 1830: eine dreiseitig umgeführte Empore und eine „Prinzipalwand“ – Abendmahlstisch mit Kanzel und Orgel.

3. Marktstraße als ältester Teil der Stadt mit, der im Schutz der Burg entstandenen Siedlung und einer weitgehend geschlossenen historischen Bebauung von alten Bauern- und Bürgerhäusern.
Nördlich vor allem zum Tal eng aneinander gebaute, giebelständige Fachwerkhäuser mit vorkragenden Obergeschossen. Die Häuser sind weitgehend verschiefert, eine genaue Datierung fällt schwer. Darunter einige bemerkenswerte klassizistische Häuser mit Zwerchgiebeln, wohl nach den Stadtbränden von 1753 und 1760 errichtet, sie weisen einen repräsentativen Charakter auf, bestehen oft aus zwei Haushälften, sind mit Aufzugbalken (Woll- und Tuchtransport) versehen, in den Giebeln auffällig große Bogentüren. Besonders schön anzusehen **Marktstraße Nr. 34** mit einem Türschild 1776, besonders schöner Tür mit Oberlicht, Keller und Balken beweisen, dass das Haus älter als die Ausweisung am Türschild ist. **Marktstraße 27** ist das Geburtshaus der Essayistin und Förderin der Kunst Maria Zanders, geb. Johanny, die sich besonders um den Erhalt des Altenberger Domes und auch um das Schloss Hückeswagen bemühte. Wahrscheinlich war sie die erste Unternehmerin in Deutschland. An der Einmündung in die Kreuzung Kölner-, Friedrich-, Island- und Marktstraße stehen alte Schieferhäuser mit schmiedeeisernen Geländertreppen: *„In Hückeswagen sind mehr Treppen draußen als drinnen!“*

4. Kölner Str. 10 ist wohl eines der ältesten Häuser von Hückeswagen und ist 1583 erbaut; der Garten soll der Turnierplatz des Schlosses gewesen sein.

5. Kölner Str. 14 ist ein Haus aus der Gründerzeit mit interessanten Details am Erker (heute ein Antiquitäten-Geschäft).

6. Kölner Str. 30 war die ehem. luther. Schule, später das Pfarrhaus; daneben steht jetzt das neue Pfarrhaus.

7. Johanniskirche, Kölner Str.: 1836/37 als Ersatz für einen einfachen hölzernen Kirchenbau für die ev.-lutherische Gemeinde errichtet, ein einfacher klassizistischer Saalbau. Der sechseckige Glockenturm wurde als hölzerner Dachreiter erst 1857 als Ersatz für einen bereits baufällig gewordene steinernen Turm an der Rückseite der Kirche errichtet. Die Orgel stammt von 1857 und wurde von der Orgelbauwerkstatt Ibach errichtet.

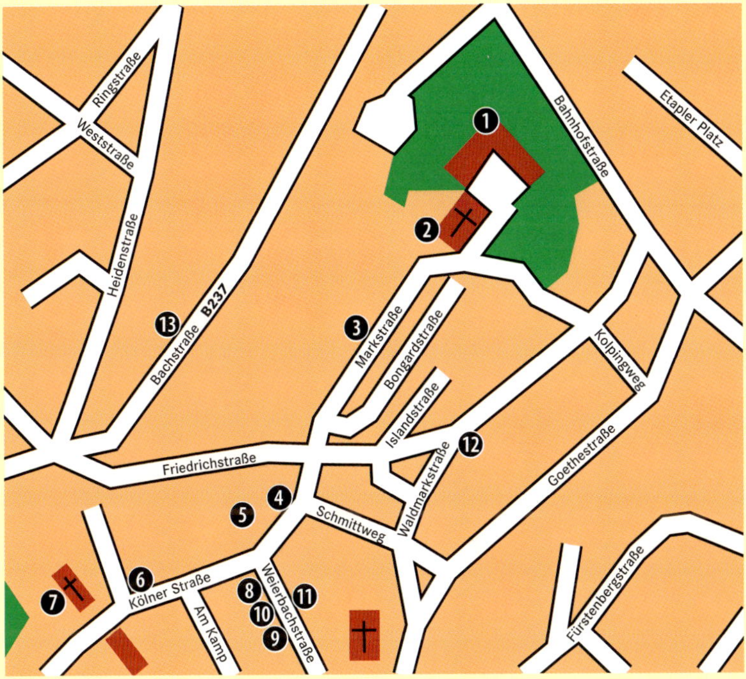

8. Die **Weierbachstraße** hat zwei anziehende Häuser, einmal das ehem. Pastorat (Nr. 15) und davor das „Blaufärberhaus" (Nr. 19), hier wurde die Waidpflanze zum Färben mit Blau genutzt; noch früher stand hier eine Walkmühle.

9. Ein besonders auffällig gut gepflegtes Haus zeigt die **Weierbachstr. 20;** hier ist eine alte Schaufensteranlage bemerkens- und erhaltenswert.

10. Das **Haus Nr. 4** weist eine klassizistische Haustür mit Oberlicht und Empire-Gehänge auf.

11. **Weierbachstr. 5,** eine alte Gaststätte „Zum Justhof" von 1800.

12. An der Oberen Islandstraße ist die **Figur des „Webers",** als Erinnerung an die vormalige Tuchindustrie in H., zu finden.

13. **Bachstraße:** ein Weg am Fuß des Schlossberges, der erst im 19. Jh. angelegt wurde, um den für Fuhrwerke beschwerlichen Weg über den Bergrücken und durch die enge Altstadt zu vermeiden. Die Gebäude in der Bachstraße sind zugleich Zeugnis für den wirtschaftlichen Aufschwung Hückeswagens im 19. Jh., der insbesondere durch eine bedeutende Tuchmanufaktur hervorgerufen wurde. Bemerkenswert sind hier insbesondere die in großzügigen Parks gelegenen Fabrikantenvillen aus der 2. Hälfte des 19. Jh.

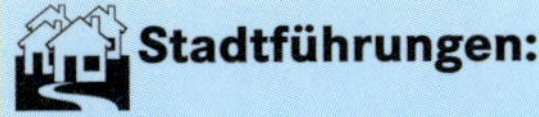

Stadtführungen:

Frau Rey, T 02192/82087
Frau Schützenmeister T 02192/935204
Herr Illgen, T 02192/7381

Zusätzliche Informationen:

In der **ehem. Schlosskapelle** das Heimatmuseum mit Wohnmöbeln bergischer Wohnkultur, Gemälden und sakraler Kunst, auch Konzerte; Ö: mi 15–17, so 10–12 Uhr und n.V., ⓘ T 02192/88801

Histor. Grabstätten auf dem Friedhof, Am Kamp: Einige Grabsäulen und -steine bekannter Familien aus Hückeswagen. Faltblatt mit Erklärung, ⓘ Stadt Hückeswagen, Auf'm Schloss 1, 42499 Hückeswagen, T 02192/88-801, F 88-888

Antiquitäten-Handel, Kölner Str. 14

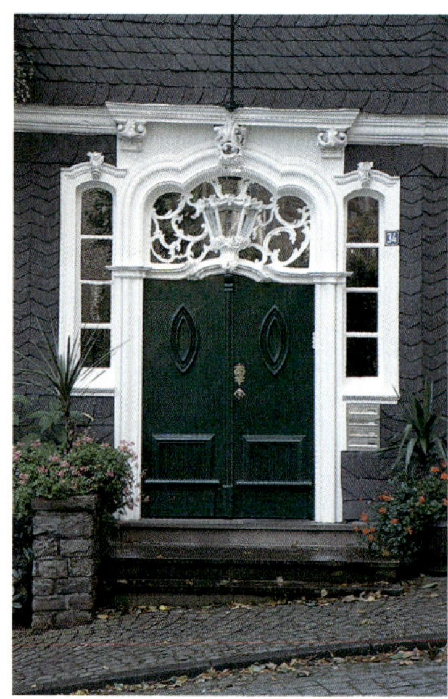

Marktstraße 34, barocke Haustüranlage

Schöner Ausleger

Insidertipps

Schloss Hückeswagen mit Heimatmuseum – Pauluskirche – Marktstraße

„Justhof" (Gaststätte mit gutbürgerlicher Küche), Weierbachstr. 5, T 02192/1555; Café „Koppelberg" (Meissner Porzellan!), Peterstr. 2, T 02192/1050

Pralinen aus eigener Herstellung des Cafés Koppelberg

Empfehlungen in der Umgebung

■ **Fabrikantenhaus OT Dürhagen:** 1830 erbaut, umgesetzt vom ersten Standort Kräwinklerbrücke, der beim Bau der Wupper-Talsperre überflutet wurde.

■ **Beverteich:** trieb bei knappem Wasserstand südlich von Hückeswagen die Wasser betriebenen Reckhämmer an.

■ **Freizeitbad Hückeswagen** (Solewasser), Zum Sportzentrum 9, T 02192/931387

■ **Minigolfanlage,** Zum Sportzentrum

■ **Bevertalsperre:** 1896–1898 erbaut; Möglichkeiten des Segelns, Ruderns, Paddelns, Surfens, Tauchens, Badens und Angelns sowie Campig- und Zeltplätze.

■ **Wuppertalsperre:** 1982–1987 erbaut; Segel-, Surf- und Ruderboote, Wanderwege durch eine geschützte Flora und Fauna mit Streuwiesen, Laubwaldaufforstungen.

Anschriften:

Stadt Hückeswagen, Auf'm Schloss 1,
42499 Hückeswagen,
T 02192/88801, F 88888,
www.hueckeswagen.de
dietlinde.mueller@
stadt-hueckeswagen.de

Regelmäßige Veranstaltungen

Altstadtfest (2. WE Sept.)

Blick in die Islandstraße

Wege in der Umgebung:

Drei Routen mit verschiedenen Sehenswürdigkeiten
ⓘ www.remscheid.de/Shopdokumente/61Radwanderkarte.pdf

Drei Routen mit verschiedenen Sehenswürdigkeiten
ⓘ www.remscheid.de/Shopdokumente/61Radwanderkarte.pdf

Bever-Talsperre (s.o.)

Mechernich-Kommern

Wo sich die Fachwerkbalken biegen

Kommern blieb in seiner Geschichte von Stadtbränden und Kriegszerstörungen verschont. Das Ortsbild und die Struktur behielten auf diese Weise ihre teilweise bis zu 400 Jahre alte charakteristische Form. Somit blieb Kommern eines der schönsten Fachwerkdörfer des Rheinlandes, ein Kleinod am Fuße der Eifel. Früher einmal lohnte es sich, in diesem Landstrich die reichen Bleierzlager und Eisenvorkommen abzubauen, sogar Kurköln und Jülich schauten neidisch auf die begehrten Bodenschätze der „Herrlichkeit Kommern“. Ein interessantes Merkmal Kommerns ist, dass städtetypische Merkmale wie Stadtmauern, Tore oder Gräben fehlen.
Aber heute garantiert Kommern auch als Urlaubsort mit seinen Sehenswürdigkeiten und Wanderwegen Ruhe und Erholung, der durch den urigen Charme ausgemacht wird.

Burg Kommern

Geschichte

Das erste schriftliche Zeugnis von Kommern stammt aus dem Jahr 1229, als Graf Heinrich von Arenberg das Jagdrecht in Cumbirne erwarb. Bis 1801 ver-

Mechernich-Kommern – Kreis Euskirchen

von 198 m bis 535 m ü. NN

BAB 1 bis Anschlussstelle Nr. 111 Wisskirchen, dann B 266 bis Mechernich-Kommern

Linie 808 oder Anruf-Sammeltaxi (T 02443/5005) von Mechernich nach Kommern

ab Köln mit dem Regionalexpress nach Mechernich

Köln/Bonn

N Nideggen 25 km, **SW** Schleiden-Olef 20 km, **S** Bad Münstereifel 13 km

waltete ein Landschultheiß – seit 1770 Amtmann genannt – das Dorf Kommern; seit 1660 hatte er die Aufgabe, die beträchtlichen Zehnterträge für die Herren von Arenberg einzuziehen. Er nahm auch die Rechte des Gerichtsherrn wahr. Die französische Besetzung während der Napoleonischen Kriege brachte eine neue Gebietseinteilung, die Mairie Commeren. 1815 wurde unter der preußischen Regierung die Mairie in „Bürgermeisterei Commeren" umbenannt. 1759/60 wurde das Schul- und Gemeindehaus nahe der Kirche gebaut; die älteste Notiz über eine Schule stammt von 1586. Der Judenfriedhof am Prinzenweg (18. Jh.) zeigt, dass Kommern für jüdische Bürger ein guter Wohnort war; in der Pützgasse stand seit 1848 eine Synagoge. Im 19. Jh. war Kommern wegen des Bleibergbaues ein Ort wirtschaftlicher Bedeutung; Blei wurde nach dem Fund eines Bleibarrens schon in römischen Zeiten abgebaut. Mit der Schließung der Bleigruben auf dem Grießberg setzte ein wirtschaftlicher Rückgang ein. 1975 wurden die Kreise Euskirchen und Schleiden sowie die Gemeinden Kommern und Mechernich zusammengelegt; Mechernich bekam die Stadtrechte verliehen.

Stadtführungen:

ⓘ 02443/912934

Sehenswertes beim Stadtrundgang

P An der Severinuskapelle B 266/B 477; „Arenbergplatz“ im histor. Ortskern

1. Burg Kommern (nie Adelssitz, heute Privatbesitz) mit spätgotischem, viergeschossigem Wohnturm (14./15. Jh.) mit Mansarddach aus der Barockzeit; Flügelbau (1753) mit Fassade im Stil eines Stadtpalais mit Wappen der Arenberger (drei Mispeln) über der Eingangstür; weitere Bauten aus dem 19. Jh. Innen: eine französische Bildtapete, Motiv: Cooks Weltumseglung.

2. Park mit botanisch interessanten Bäumen und Sträuchern, u.a. 600-jährige Eibe.

3. Kath. Pfarrkirche St. Severinus, neugotisch in Backstein 1857/59 auf der Grundlage einer romanischen Kirche gebaut; beeindruckendes hohes Mittelschiff, belgischer Marienaltar (franz. Kalksandstein), rundes Taufbecken (12. Jh.), Beichtstühle und Bänke in den Seitenschiffen aus der Barockzeit.

4. Altes Schulhaus mit Eckquadern und Krüppelwalmdach (18. Jh.)

5. Kirchberg mit Häuserzeile des 19. Jh., Steinbauten und Fachwerk

6. Pützgasse, ehem. Rathaus von 1851 (Bruchsteinbau mit Walmdach)

7. Kölner Str. 29: ältestes Fachwerkhaus Kommerns und der Region (1548).

8. Kölner Str. 18: durchgängiger Stockbau, Unikat für 1562

9. Kölner Str. 9 und 37: reichgegliederter Stockbau mit vorkragendem Obergeschoss.

10. Alte Apotheke, Mühlengasse 2: zweigeschossiger Fachwerkbau mit Freitreppe, Straßenfassade in klassizistischer Art. Am Abzweig in die Gielsgasse war früher der Mittelpunkt des Dorfes (Viehmarkt).

11. Mühlengasse 39: Bruchsteinbau von 1780 mit großer Toreinfahrt; am Ende der Mühlengasse die ehem. **„Reutersmüll“,** eine Arenbergsche Bannmühle (18. Jh.)

12. Gielsgasse: Altes Pastorat von 1806 mit hufeisenförmigem Innenhof, verputztes Wohnhaus

13. Gielsgasse 3: Ehem. Mühlengebäude (18. Jh. Lohmühle, 19. Jh. Öl-, dann Getreidemühle), Besichtigung nach Anmeldung, T 02443/5996

Katholische Kirche St. Severinus

Fachwerk-Ensemble in der Kölner Straße

Häuserzeile „Kirchberg“

Insidertipps

Burg Kommern – Kath. Pfarrkirche St. Severinus – Alte Apotheke – Reutersmüll – Altes Pastorat

„Ratskeller“ (gehobene deutsche Küche, Eifeler Spezialitäten), Kölner Str. 53, T 02443/912910; Gastwirtschaft „Zur Post“ im Rhein. Freilichtmuseum, Kommern – von „Ädäppelzupp bis zum Klatschkies met Erdbeere“ ein Kölsches Buffet, T 02443/314336, F 314337

Eifel-Kräuterhaus, Kölner Str. 20 – 400 Kräuter und Gewürze, Honig, Ö: 9.30–12.30, 15–18, sa 9–13 Uhr, mi nachmittags geschlossen, T 02443/5816; „Weinparadies“ im Ratskeller mit Weinverkostung, Sortiment von Deutschland bis Übersee, Kölner Straße/Kirchberg, T 02443/912958; Galerie „Altes Rathaus“ (Eifeler Köstlichkeiten und Gerichte, Weine, Keramik, Kunsthandwerk) ⓘ T 02443/912934

ⓘ Zusätzliche Informationen:

Ausstellung „100 Jahre Alaaf“ im Weinparadies, Kölner Str. 53 / Kirchberg, T 02443/912958

Zikkurat: Ort der Begegnung für Kunstkenner (ehem. Steinzeugfabrik von 1882), Ausstellungen, Konzerte, Präsentationen, Symbiose von Veranstaltungen, Kunst und Handwerk im OT Firmenich, ⓘ T 02256/958380

Galerie „Altes Rathaus“ (Eifeler Köstlichkeiten und Gerichte, Weine, Keramik, Kunsthandwerk) ⓘ T 02443/912934

Empfehlungen in der Umgebung

- **Rhein. Freilichtmuseum Kommern:** Höfe, Mühlen, Backhäuser – alles in einem Dorf, aus dem Westerwald, Bergischen Land und vom Niederrhein, original wieder aufgebaut; Schafschur, Holzkohlenmeiler, Brot aus alten Backöfen, Flachsverarbeitung, Ö: 1.4.–31.10. 9–18 Uhr, 1.11.–31.3. 10–16 Uhr, ⓘ T 02443/9980-0 oder 01805/743465263, F 02443/9980133, kommern@lvr.de, info@kulturinfo-rheinland.de
- **Erholungspark Mühlenthal:** Ort der Landesgartenschau 1972, Minigolf, Boulebahn, Mühlensee, Wandergebiet
- **Gestüt Rosenhof:** Reitanlage für Freizeitreiter und Kinder, OT Eicks, T 02443/48423
- **Sommerrodelbahn:** 680 m Rodelspaß, mi, fr, sa „Discorodeln“ ⓘ T 02443/981380

Historische Haustür

Ehemaliges Pfarrhaus aus dem 19. Jahrhundert

■ **Burg Satzvey:** Ritterspiele mit mittelalterlichem Burgmarkt und „mittelalterlichen Gastereyen“ – Ritteressen im Burgsaal, am 1. Mai Hexenmarkt und Hexentanz, Burgweihnacht mit lebenden Bildern; Burgführungen mit gespielten Szenen aus dem Ritterleben ⓘ T 02256/95830, F 958377,
info@burgsatzvey.de www.burgsatzvey.de
■ **Burg Zievel** mit Golfplatz ⓘ 02256/1651
■ **Bergbaumuseum Mechernich:** Grube Günnersdorf, 2000-jährige Geschichte des Erzabbaus bis zur Stilllegung am 31.12.1957; Schatzsuche für Kinder, Führungen ⓘ 02443/48697
■ **Hochwildschutzpark Kommern** in Kommern-Süd ⓘ T 02443/6532, Katzensteine und 1.000-jährige Eiche

Regelmäßige Veranstaltungen

„Äzebär“ – Vertreibung des Winters (Karnevalsdienstag) – Blumen- und Kleintiermarkt (2. WE Mai) – Herbstkirmes und Historischer Handwerkermarkt (3. WE Oktober)

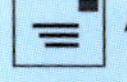

Anschriften:

Bürgerbüro der Stadt Mechernich,
Bergstraße, 53894 Mechernich,
T 02443/490,
www.mechernich.de
stadt-mechernich@t-online.de
Touristik-Agentur Mechernich e.V.,
Virnicher Straße (Zikkurat),
53894 Mechernich-Firmenich,
T 02256/958961, F 958965
mechernich-tourisik@t-online.de

Wege in der Umgebung:

Wanderweg durch den Eickser Busch ab Freilichtmuseum, Waldkapelle Eicks, Schloss Eicks, Eickser Mühle und über „Weingartener Höfe“ zurück (7–8 km); alternativ vom Erholungspark Mühlenthal zum Altusknipp, nach K. (ca. 4 km); Kommern – Schaven – Schavener Heide – Kommern-Süd, Kommern (ca. 5 km)

„Die Mechernicher Acht“, Themenroute erschließt Sehenswürdigkeiten und Freizeiteinrichtungen durch zwei Rundkurse, untereinander kombinierbar (z.Zt. noch in Planung); alternativ: Wasserburgenroute durch Mechernich ⓘ 02443/490

Mechernich – Bergheim – Lorbach – Kallmuth – Scheven – Voissel – Wielspütz – Bleibuir – Bergbuir – Berg – Floisdorf – Eicks – Kommern – Mechernich

Monschau

Zauberhafter Eifelschatz

Der Luftkurort Monschau liegt im felsigen Tal der oberen Rur am östlichen Fuß des Hohen Venns, die das Monschauer Heckenland mit ihren Zuflüssen durchzieht. Die Hänge sind bewaldet und die Hochfläche ist durch die ortstypischen Hecken (s. bes. in Höfen, Bundesgolddorf) gegliedert.Die historische Altstadt im schluchtartigen Tal der Rur versetzt jeden Besucher zurück in längst vergangene Zeiten: Urige Häuser mit Fachwerk oder der typischen Monschauer Verbretterung stehen direkt neben den herrschaftlichen Häusern der Tuchmacher, ein Ensemble, das wohl in Deutschland einzigartig ist.

Seit 1972 gehören zur Stadt Monschau auch die Gemeinden Kaltenherberg, Höfen, Rohren, Imgenbroich, Mützenich und Konzen. Die barocke Tuchmacherstadt ist in Grundriss und Bebauung weitgehend erhalten; 264 Häuser stehen unter Denkmalschutz.

Haus Troistorff

Monschau – Kreis Aachen

- von 400 bis 650 m ü. NN
- BAB 46 bis Autobahnkreuz Holz, BAB 44 bis Anschlussstelle Nr. 2 Aachen-Lichtenbusch, B 258 bis Monschau
- Linie 166 bis Parkhaus Monschau, Linie 85 bis Kaltenherberg Oberdorf, Monschau
- DB Regionalexpress nach Aachen-Rothe-Erde
- Düsseldorf oder Haan
- N Aachen-Kornelimünster ca. 25 km, O Mechernich-Kommern 40 km,

Geschichte

Erstmalig erwähnt wurde Monschau 1198, als der Kreuzfahrer Walramus de Monte Joci und einige Jahre später auch die Burg zum ersten mal erwähnt werden. Als die Burg Reichenstein in ein Doppelkloster der Prämonstratenser in der Mitte des 14. Jh. umgewandelt wurde, verkaufte man die Herrschaft Monschau nebst Falkenburg an das Haus Schönforst. Aber bereits 1433 wurde sie an Jülich übergeben. Bei der Gelderschen Fehde 1543 beschossen die Truppen Karls V. Burg und Stadt und nahmen sie ein; bis 1609 blieb Monschau im Besitz von Jülich und nur fünf Jahre später kam es an Pfalz-Neuburg und 1685 an die Kurpfalz. Am Fuß der Burg entsteht ein kleines Gemeinwesen, das weder von Kriegen noch von anderen Katastrophen verschont bleibt. 1795 zogen auch hier französische Truppen ein und machten Monschau zum Sitz eines Kantons. Jetzt wurde Monschau in „Montjoie" umbenannt und Kreisstadt des nach ihm benannten Kreises.

Die Tuchindustrie aus dem 16. Jh. brachte Montjoie zu einer großartigen Blütezeit, aus der noch heute „stolze Tuchmacherpaläste" und prächtige Bürgerhäuser sowie herrliche Kirchen zu bewundern sind wie etwa das „Rote Haus". 1918 wurde dann durch kaiserlichen Erlass der Name wieder in Monschau geändert. Inzwischen haben die Engländer mit billigen, maschinell hergestellten Stoffen den Markt mühelos erobert; in Monschau versuchte man die Umstellung, erreicht zwar noch einige Erfolge, kann aber nicht mehr an die vergangene Blütezeit anknüpfen.

Ende des 19. Jh. wird der Tourismus immer wichtiger: durch den Bahnanschluss kommen sog. „Sommerfrischler" aus den Großstädten zur Erholung in die Eifel.

Da der Zweite Weltkrieg in Monschau nur geringe Schäden hinterlässt, ist die einzigartige Schönheit der alten Stadt ursprünglich erhalten geblieben.

Sehenswertes beim Stadtrundgang

P Handwerkermarkt oder Aukloster

1. Ausgangspunkt für den Rundgang ist der **Marktplatz** mit der katholischen **Aukirche,** die 1751 errichtet und als Klosterkirche den Minoriten (Kloster von 1724) diente, aber auch als Lateinschule; 1802 unter napoleonischer Herrschaft säkularisiert und heute Ausstellungsraum für Bildende Kunst im alten Klosterbereich.

2. Der **„Untere Mühlenberg"** rechts am „Café Kaulard" (das frühest bekannte Gasthaus der Stadt) führt auf die Höhe, am Weg liegen Häuser mit vielfältig gestalteten alten Türen und Oberlichtern, Hausinschriften und Schmiedearbeiten. Sehenswert das **Haus Austr. 6:** Parterre und 1. Obergeschoss sind eigentlich noch Keller, die Haustür befindet sich im 2. OG an der hinter dem Haus vorbei führenden Straße „Unterer Mühlenberg".

3. Kapelle oberhalb des Friedhofs: nach der Auflage eines Erbes an die kath. Pfarrgemeinde 1890–1891 errichtet, 1944/45 während der Kämpfe um Monschau zerstört und von den Kolpingbrüdern in Monschau 1949/50 in Bruchstein neu erstellt.

4. Haus zum Turm von 1350, ältestes Haus in Monschau, Festungsturm eines Stadttores

5. Hotel „Rolshausen" von 1597, durch Christoph von Rolshausen erbaut; der Freiherr von Rolshausen war Amtmann des Herzogs von Jülich in Monschau. Später kam es in den Besitz der Familie Bewer, die Ursulinenschwestern in dem Haus Unterkunft gaben und eine Kapelle einrichten ließen. 1896 wurde es als Waisenhaus genutzt; 1969 kam das Haus Rolshausen in Privatbesitz und wurde zu einem modernen Hotel umgebaut (T 02472/20 38).

6. Alte Pfarrkirche von 1650, innen eine Barockausstattung mit Altären und der Kanzel aus dem 17./18. Jh, im Chor der Seitenaltar mit dem Schrein des hl. Liberatus (1760 in Köln gefertigt).

7. Burganlage mit Eselsturm, als „Castrum in Munioie" 1217 erstmals urkundlich erwähnt; ältester Teil ist das Hochschloss aus dem 13. Jh. mit romanischem Turm und der heute anschließenden Jugendherberge (1929).

8. Kirchstraße mit Häusern die Schwebegiebel, Aufzugbalken, Haustüren, Inschriften usw. aufweisen.

Hallerruine

9. Ehem. Rathaus mit Türmchen, erbaut 1654; hier saß bis 1794 der Magistrat.

10. „Bischof-Vogt-Haus" (BVH) genannt, da ein Monschauer vor dem Zweiten Weltkrieg Bischof von Aachen war.

11. Amtshaus, mächtiges Bruchsteinhaus mit Fachwerkgiebel.

12. Haus Troistorff: Patrizierhaus (1783) der Tuchmacherfamilie Troistorff, ganz in der Art der Stadthäuser des Adels zur Empire-Zeit, heute Standesamt und Seminarraum.

13. Das Rote Haus (1751): Hier war das Kontor eines reichen Tuchmachers, das Tuchlager und vor allem die Färberei. Innen besticht die elegante Rokoko-Treppe aus Holz und andere Schnitzereien; Blauer Salon, Herrenzimmer, Kabinett und Küche sind mit Ori-

Stadtführungen:

Histor. Führung Altstadt; „Auf den Spuren der Tuchmacher"; Der Weg des Wassers; Leben hinter Hecken; Mühlenwanderung ⓘ Monschau Touristik T 02472/80-480

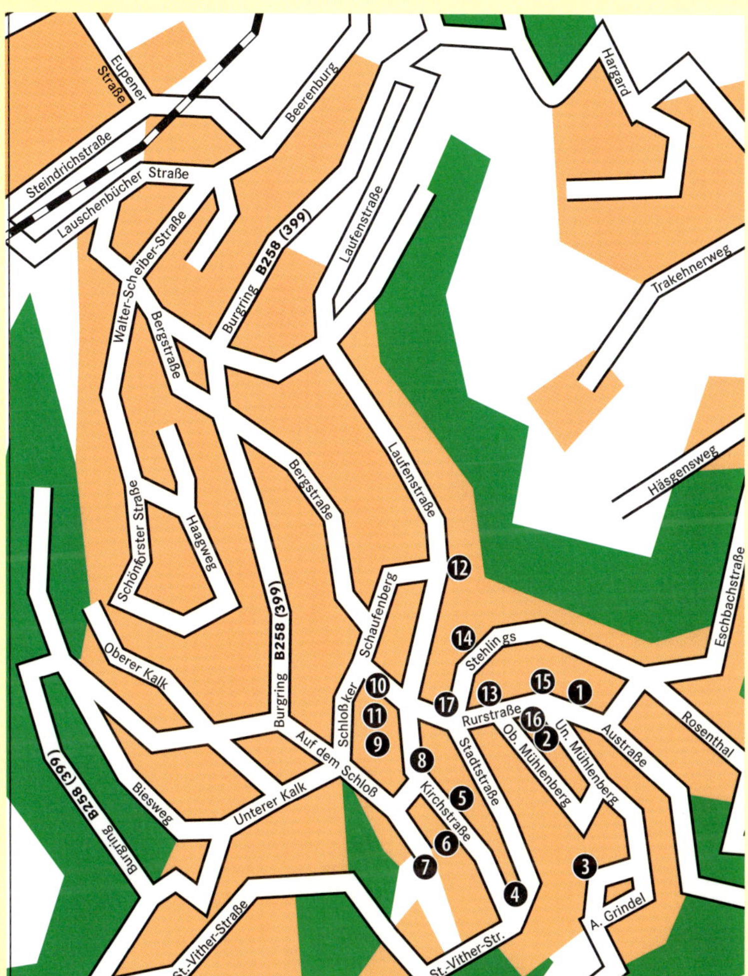

ginal-Möbeln eingerichtet; kostete damals die unglaubliche Summe von 90.000 Thalern.

14. Stehling, ehem. Weberei ein großes Bruchsteinhaus (Kolpinghaus) nach den ersten Häusern beeindruckende Bilder Rur auf- und abwärts.

15. Markt mit Rurcafé, gegenüber schöne Schwebegiebel.

16. Hotel Horschem, an der „evangelische Brücke", flussabwärts der schönste Blick, den Monschau bietet: links das Rote Haus mit anschließenden kleinen Fachwerkhäuschen, rechts eine ehem. Tuchfabrik, oben die Ruine eines alten Wachtturmes, des „Hallers".

17. Ev. Kirche jenseits der Rur (1787) mit barockem Turmhelm von einer Köln-Mülheimer Kirche, hierher versetzt, nachdem die Kölner Kirche beim Eisgang auf dem Rhein zusammenbrach. Innen eine sehenswerte Empire-Einrichtung.

Zusätzliche Informationen:

Das Rote Haus erzählt von dem traditionellen Beruf der Tuchmacher, die sich vor 400 Jahren hier niederließen und sich auf die Herstellung besonders feiner Textilien verstanden. Mit ihrem Reichtum bauten sie sich prachtvolle Häuser entlang der Rur u.a. das „Rote Haus", Kontor und Tuchlager eines reichen Tuchmachers. Innen besticht die elegante Rokoko-Treppe aus Holz und andere Schnitzereien; Blauer Salon, Herrenzimmer, Kabinett und Küche sind mit Original-Möbeln eingerichtet. Rotes Haus, Laufenstr. 10, Ö: Karfreitag bis 30.11. täglich außer mo, Einlass 10–11–14–15–16 Uhr, ⓘ T 02472/5071

Aukloster mit wechselnden Ausstellungen bildender Kunst, Ö: mo–so 10–17 Uhr

Eifeler Photographica & Film Museum, Altstadt-Post, Laufenstr. 40, ⓘ 02472/3590, F 940-668

Felsenkeller Brauerei-Museum, 150 Jahre Braukunst in alten Gewölbekellern, ⓘ 02472/3018, F 3017

Handwerkermarkt an der Burgau 15: man erlebt, wie Glas geschliffen und geformt; Glasmuseum mit altem Handwerkszeug und vielem gläsernen Erzeugnissen. Im Shop gibt es hübsche Kleinigkeiten und große Kostbarkeiten zu erwerben, Ö: tägl. 10–18 Uhr, ⓘ T 02472/990160

Dorfmuseum „Uralt Scholl", Mützenich, n.V. ⓘ 02472/33 23

Insidertipps

Burg – Marktplatz – Rotes Haus – Aukirche

Etwas außerhalb Hotel-Restaurant-Café „Perlenau" im Herzen der Natur, Geheimtipp für Feinschmecker, aber auch regionale Küche, hübsche Kaminhalle, elegante Zimmer mit gemütlichen Emporen, neuen Bädern, heißer Tipp für Cabrio- und Motorradfahrer, ⓘ 02472/22 28, F 992218, Hotel@perlenau.de, www. perlenau.de; Hotel-Restaurant „Graf Rolshausen", Kirchstr. 33, ⓘ 02472/2038, F 4503; Café „Kaulard" mit exquisiter Konditorenqualität, Markt 8, T 02472/2301, F 4869

Die „Historische Senfmühle" ist ein technisches Denkmal, 1882 erbaut und seitdem in Familienbesitz. Man kann diese Mühle besichtigen, man kann auch unter 13 verschiedenen Sorten wählen und den Moutarde de Montjoie kosten und man kann sich an leckeren Senfgerichten im „Schnabuleum" delektieren (T 02472/2245, F 5999, info@senfmuehle.de, www.senfmuehle.de).

Empfehlungen in der Umgebung

- **Sommerbobbahn** Ö: 1.4.–1.11. tägl. 10–18 Uhr, ⓘ 02472/4172

Häuserzeile an der Rur zwischen Eschbachstraße und Marktplatz

Häuserzeile am Marktplatz

■ **Vennbad in Monschau** (Wasserrutsche, Whirlpool, Sauna, Solarium) ⓘ 02472/3298

■ **Brauereimuseum in Monschau** ⓘ 02472/3018

Anschriften:

Monschau-Touristik,
Stadtstr. 16, 52156 Monschau,
T 02472-80480, F 02472-4534;
www.monschau.de
touristik@monschau.de

■ **„Eifeldom" in Kalterherberg:** 1901 eingeweiht, Portale von Egino Weinert; im Ort noch Häuser des 1361 erstmals erwähnten Dorfes mit uraltem Haustyp: Bruchstein mit beidseitig heruntergezogenem Dach und Eingang.

Regelmäßige Veranstaltungen

Kanurennen (April) – Monschauer Musikwoche (Juni/Juli) – Klassik auf der Burg (Juli/August) – Monschau Marathon (2. August-WE) – Erntedankumzug OT Mützenich (Oktober) – Happy Halloween (Ende Oktober) – Monschau Halali (November) – Weihnachtsmarkt (alle Advents-WE)

Wege in der Umgebung:

In die „Perlenau". Hier wurden früher unter strenger Aufsicht für den Herzog von Jülich Muscheln gefischt und auf Perlen untersucht. Mit Ausbruch des „Perlfieber" wurden Wächter eingestellt, jeder illegale Versuch wurde mit strenger Haft bestraft. 1811 ging die Perlenfischerei ein. 1830 wurde eine Farbholzmühle mit Wollwäscherei in der Perlenau erbaut, danach ein Sägewerk, das bis 1930 bestand. Aus dem Sägewerk entstand das „Hotel Perlenau" (s.o.), ein Geheimtipp im Grünen. Wanderungen durch das Hohe Venn, über die Narzissenwiesen im Frühjahr, ⓘ Monschau-Touristik, T 02472/80480, F 4534

Im Hohen Venn, im Roetgener Wald und rund um den Rursee – einige 100 km Strecken. Karten und Wegbeschreibungen ⓘ Monschau-Touristik, T 02472/80480

Kanufahren auf Rur (bei genügend Wasserstand), Kanurennen im April, sonst Rursee.

Talsperrenstraße rund um den Rursee: Richtung Gemünd und Monschau/Kalterherberg, evtl. weiter ins belgische Venn.

Nideggen

Das Tor zur Eifel

Burg Nideggen

Der Luftkurort Nideggen liegt am Eingang der Eifel oberhalb des Rurtales auf einem Buntsandsteinfelsen, nur 12 km von der Kreisstadt Düren entfernt. Im Gebiet des Naturparks Nordeifel und des Deutsch-Belgischen Naturparks umfasst die Stadt die Fremdenverkehrsorte Abenden, Brück, Rath und Schmidt, die einmalige Ausblicke in den Felsenkessel des Rurtales bieten. Besonders klimatisch günstig liegt Nideggen mit seinem mittelalterlichen Gepräge, womit sich dieser historische Stadtkern den Ruf eines beliebten Luftkurortes erworben hat. Nach einer katastrophalen Zerstörung beginnt ein bemerkenswerter Wiederaufbau, weil die gewachsenen mittelalterlichen Haus- und Straßengrundrisse weitgehend originalgetreu wieder entstanden: Marktplatz mit ursprünglicher Form und Größe, Stadtmauer und Tore, Fachwerkbauten, Ritter- und Patrizierhäuser. 25 Gebäude sind denkmalgeschützt und größtenteils hervorragend restauriert.

Nideggen – Kreis Düren

- von 190 m bis 490 m ü. NN.
- BAB 1 bis Autobahnkreuz Köln-West, BAB 4 bis Anschlussstelle Nr. 7 Düren, dann B 56/L 33 bis Nideggen; BAB 44 ⇛ BAB 61 bis Kreuz Kerpen, ⇛ BAB 4 s. o.
- DB DB Regionalexpress Köln – Aachen nach Düren, DNR nach Nideggen-Brück
- Düsseldorf / Haan
- NW Stolberg/Stolberg-Breinig 34 km, W Aachen-Kornelimünster 37 km, Mechernich-Kommern 20 km

Geschichte

Ein vorgelagerter Fels, ein Bergsporn, war verantwortlich für die „Geburt" Nideggens. Und welcher Platz hätte für eine wehrhafte Burg besser sein können, als der steil aus dem Rurtal aufragende Buntsandsteinfelsen? Schon zur Römerzeit bestätigen Funde eine Siedlung an dieser Stelle. 1190 wird erstmals die Burg erwähnt, Graf Wilhelm II. von Jülich vollendet Ende des 12. Jh. diesen Bau einer romanischen Burganlage mit Burgflecken, der ummauert gleichzeitig zwingerartige Vorburg war. Etwas später wurde die romanische Pfarrkirche und die Stadtmauer, die noch heute eine der größten erhaltenen Stadtbefestigungen darstellt, errichtet. 1313 erhielt Nideggen seine Stadtrechte. Das althochdeutsche „nid" bedeutet soviel wie Kampf, Zorn oder Hass – eine „Zornesecke" gegenüber der Reichsburg Kaiser Barbarossas (ca. 2 km in Bergstein). Unter Wilhelm V. (1328–1361) erreichte Nideggen seine größte Bedeutung: um 1336 wurde die Burg umgestaltet und mit dem Neubau des Palas begonnen, dessen Rittersaal nur mit dem Kaisersaal in Aachen und dem Saal des Gürzenich in Köln vergleichbar war. Anfang des 14. Jh. siedelten sich mehr und mehr Handwerker im Schutz der Burg an. Jetzt erlebt Nideggen seine Blütezeit, die rund 200 Jahre dauern soll. 1543 werden Burg und Stadt im gelderischen Erbfolgekrieg völlig zerstört, Nideggen verliert seinen Status als Residenzstadt, sinkt zu einem bedeutungslosen Landstädtchen herab. Diese Burg-Tal-Siedlungen wie Nideggen sind typisch für die Eifel und konnten sich trotz zahlreicher Zerstörungen durch Kriege – ob im Dreißigjährigen Krieg oder Spanischen Erbfolgekrieg –, Brände und Erdbeben immer wieder an ursprünglicher Stelle entfalten. Durch die topografisch bedingte Enge geschah der Wiederaufbau meist auf den ursprünglichen Fundamenten, so erstmals in der preußischen Zeit oder auch nach einer weitgehenden Zerstörung durch Artilleriebeschuss am Ende des Zweiten Weltkrieges.

Sehenswertes beim Stadtrundgang

P am Zülpicher Tor, Zülpicher Straße zur Fußgängerzone

1. **Rathaus,** erbaut nach 1945 auf älterer Grundlage mit neuer Treppenführung

2. Über die **„Kirchgasse"** zur Burg mit verschiedenen schönen Ausblicken.

3. **St. Johannes-Baptist,** kath. Pfarrkirche: Beginn des Baus wird noch Ende des 12. Jh. angenommen, um 1219 wird die gerade fertig gestellte Kirche dem Deutschritterorden geschenkt. Für die Kirche wird eine Bauzeit von ca. 30 Jahren angenommen: dreischiffige Basilika aus rotem Rursandstein, Seitenschiffe mit Kreuzgrat-, der Chor mit Kreuzrippengewölben versehen. Innen: Reste der ursprünglichen Ausmalung, hölzernes romanisches Triumphkreuz; Holzskulpturen Muttergottes, hl. Johann Baptist, hl. Katharina (alle um 1350), bäuerliches Vesperbild, Tafelgemälde der Gregorsmesse.

4. **Burganlage** in der noch heute ablesbaren Ausdehnung (nicht in der baulichen Gestalt) durch Wilhelm II. Ende des 12. Jh. bereits vollendet; Kern und ältester Teil sind Erdgeschoss und 1. Obergeschoss des Bergfrieds, 1234 wurde die Anlage „castrum" benannt. Verfall seit der Eroberung durch brabantische Truppen 1542. Eindrucksvolle Höhenburg des 12. bis 14. Jh, heute eine der eindrucksvollsten Burgruinen des Rheinlandes. Rechteckige Anlage mit großem Innenhof, tiefer gelegenem kleinen Vorhof, Kern der Anlage der mächtige in Front gestellt Bergfried mit kreuzgewölbter Burgkapelle, Oberbau des Bergfrieds um 1350 erneuert; ursprüngliche Wohnturmanlage erweitert durch den gewaltigen Palas an der Südseite (1340/50), gehörte zu den größten Saalbauten Deutschlands, erhalten nur noch Reste der Außenwand mit Küchenturm (heute Bergklause). Von der Burg führt der

5. Weg über den „Prof.-Lennartz-Weg", der in die „Bahnhofstraße" mündet, von dort südlich stehen interessante **Fachwerkhäuser,** dann rechts

6. ehem. Stiftsbereich des **„Christinenstiftes"** (nur noch Reste als bauliche Dokumente), Bodendenkmal; heute Schwesternerholungsheim und Kindergarten; Bildstock Kloster Cellitinnen

7. **Bewersgraben mit Bewershof** aus roten Bundsandstein, Turm mit barocker Haube, ehem. Adelssitz (nach Clemens ein Nideggensches Mannlehn, evtl. mit dem 1350 erwähnten Hof „an der muren" identisch)

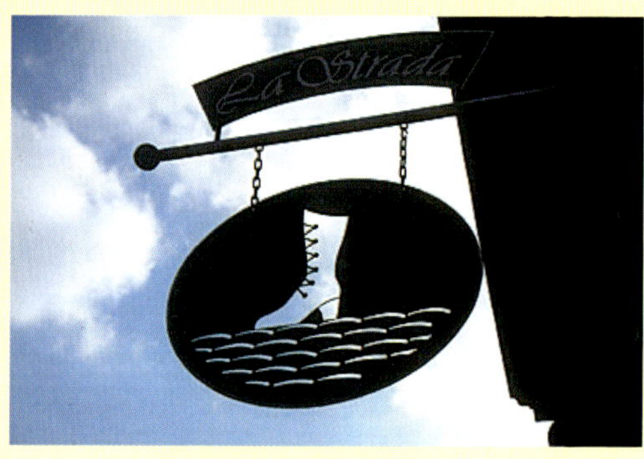

Werbeanlage – handgefertigt

8. Weg zum **„Dürener Tor"** durch die „Bewersgasse"; davor liegt der Siedlungsbereich, 1361 Alttwick(en) genannt, Ende 16. Jh. in Altwerk geändert (= alter Weg).

9. Der Weg vom Dürener Tor führt über die „Graf-Gerhard-Straße" zum **Marktplatz vorbei an schönen Fachwerkhäusern** mit ochsenblutroten Balken, bergisch-grünen Läden

10. **Ratskeller:** dreigeschossiges Bruchsteingebäude, laut Keilstein von 1764; beachtenswert das abgewalmte Mansarddach, stichbogige Fenster mit Keilstein, ursprünglich mit Schlagläden versehen, linke Ecke im 1. OG eine profilierte Muschelnische mit Madonnenfigur.

11. **Café Dohmen,** ein verputztes Bruchsteingebäude von 1763 in Ecklage zur Graf-Gerhard-Straße.

12. Das klassizistische Gebäude (1. Hälfte 19. Jh.) **„Zur ewigen Lampe"** hat eine seitliche

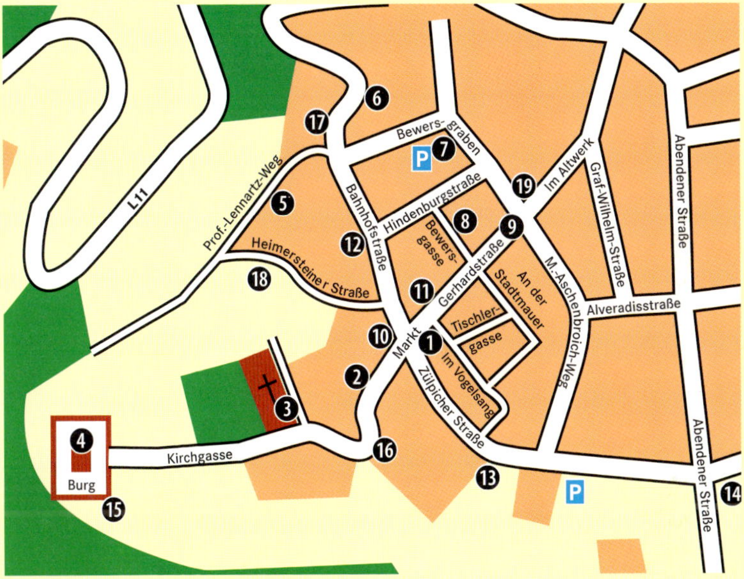

Erweiterung (1920), das Haus selbst ein zweigeschossiges Fachwerkhaus in Traufenstellung auf Sandsteinsockel mit kleiner Freitreppe, einziger Bau des Klassizismus in N.; weiter über die Zülpicher Straße zum

13. Zülpicher Tor, gehört zur Stadtbefestigung Nideggens, die im 14. Jh. errichtet wurde. Die Ringmauer mit Rund- und Halbtürmen ist mit der Burganlage eines der bedeutendsten Denkmäler des Mittelalters im Rheinland.

14. Kapelle vor dem Zülpicher Tor: Marienkapelle von 1818, ein kleinerer Saalbau aus Rotsandstein mit dreiseitigem Chorschluss, Westfront mit Volutengiebel, Dachreiter im Zweiten Weltkrieg zerstört, danach wieder aufgebaut.

15. Ummauerung des Burgfleckens: **Gertzener und Troffer Turm** könnten auf Burgmannssitze hinweisen.

16. Nixtor führte in die Bürgerstadt oder auch Neustadt, Name stammt vermutlich von Engelbert Nit von Birgel, der nach 1412 Amtmann und Vogt zu Nideggen war. Das einst außergewöhnlich mächtige Tor gehört zur ursprünglichen Ummauerung des Burgfleckens, existiert aber nur noch bis zu den Gurtbögen.

17. Brandenburger Tor: kleinerer Siedlungsbereich „Pagen", existiert nicht mehr.

18. Heimersteiner Pforte, kleiner Ausgang in nördlicher Richtung und Zugang zu den wichtigsten, „nie versiegenden" Brunnen außerhalb der Stadtmauern (Nideggen besaß keine öffentlichen Brunnen in der Stadt, nur in wenigen Privathäusern gab es Tiefbrunnen, sonst wurde Regenwasser in Zisternen gesammelt), die Quelle liefert heute noch immerzu Wasser.

19. Gasthaus vor dem Dürener Tor im Altwerk, 1340 zuerst urkundlich genannt, 1358 wieder begründet (Gasthaus im 17. Jh. zerstört, Kapelle bis Ende des Zweiten Weltkrieges erhalten). Das jetzt vorhandene Gebäude stammt aus dem 18. und späten 19. Jh.

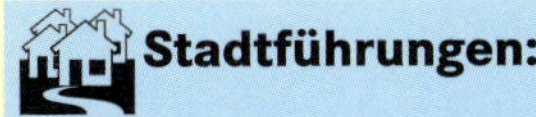

Stadtführungen:

Matthias Bergs, Bahnhofstr. 33,
52385 Nideggen, T 02427/1321 oder 8090

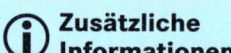

Zusätzliche Informationen:

Burgenmuseum im Bergfried (Stadt- und Burgengeschichte), Ö: 1.4.-31.10.: di–so 10–17 Uhr, 1.11.-31.03.: sa, so, fei nach Wetterlage, ⓣ 024276340

Kunst im Dürener Tor (50 m vom Marktplatz), Mai-Sept. wechselnde Ausstellungen, ⓣ T 02427/80-933

Galerie Fayt, Bahnhofstr. 7, ⓣ 02427/8141

Antik Deko Center, M. Hoven, Markt 1, ⓣ 02427/909174

Insidertipps

Burg mit Ausblick und Felsenrundgang, Wanderweg mit der Bezeichnung Nr. 5!

Burggaststätte „Burg Nideggen“, Kirchgasse, T 02427/1252, F 6979; Hotel „Ewige Lampe“, Bahnhofstr. 9, T 02427/94090, F 940919; Hotel „Ratskeller“, Markt 1, T 02427/94540; Restaurant „Zur Linde“, Markt 3, T 02427/1751; Restaurant-Café „Heiliger“, Kirchgasse 5, T 02427/1266

Im Burghof – Palas

Gute Literatur im Bücherladen über Nideggen, bes. die Ereignisse des Zweiten Weltkrieges

Empfehlungen in der Umgebung

■ **Gut Schüdderfeld:** ein ehem. landwirtschaftlich genutztes Anwesen mit einer vierseitig geschlossenen Hofanlage direkt unterhalb der Burg an der Rur. Ausblick auf

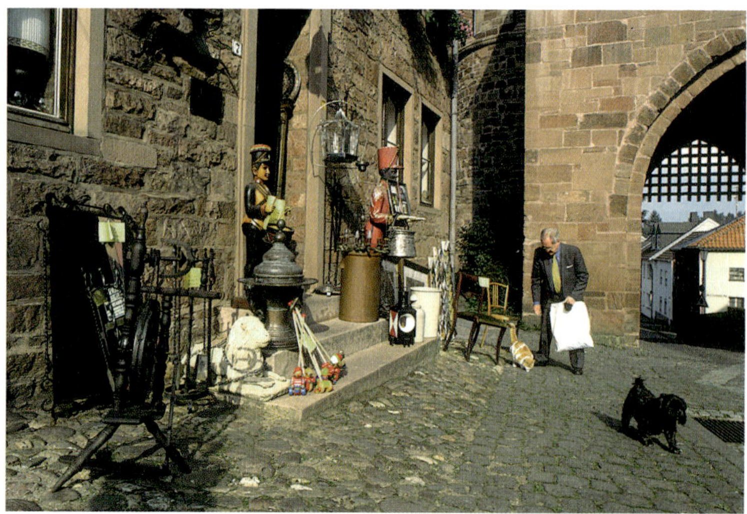

Kram- und Kuriositätenladen am Dürener Tor

Gut Schüdderfeld von der Burg (kein Restaurant).

■ **Wildpark in Schmidt:** mit Streichelzoo (Ziegen, Esel, Puten, Enten, Gänse, verschiedene Hühnerrassen, Freiwildgehege für Rot-, Schwarz- und Damwild, Mufflon, Biber.

■ **Schmidt:** Schmuggler gegen Zöllner: In Notzeiten waren die Eifeler in den Grenzregionen gezwungen, sich durch Schmuggel „über Wasser" zu halten: der Wert des Geldes war auf dem Null-Punkt, Lebensmittel und Tauschware fehlten. So schlichen trotz strenger Bewachung der Grenzen die Menschen Nacht für Nacht in die belgischen Dörfer, wo Helfer auf sie warteten. Weit weg von der Grenze, erhielt man für Kaffee und Zigaretten fast alles: Schuhe, Kleiderstoffe, Hausrat, Maschinen, Vieh und sogar Baustoffe. Die Kirche in dem kleinen Ort Schmidt bei Nideggen heißt noch heute „St. Mokka", weil sie nur mit Hilfe von geschmuggeltem Kaffee wiederaufgebaut wurde.

■ **Abenden, Brück:** Freizeitzentrum mit Spielplatz, Freibad mit Flachbadezone, Beachvolleyballplatz, Wandermöglichkeiten an der Rur.

■ **Mausauelwald,** OT Rath: Besonders gut erschlossenes Wandergebiet mit Aussichtspunkten, die einen fantastischen Blick über das Rurtal bis zum Stausee Obermaubach zulassen.

Anschriften:

Verkehrsamt Rathaus Stadt Nideggen,
Zülpicher Str. 1, 52385 Nideggen,
T 02427/809-0, F 809-47,
www.nideggen.de
www.stadt-nideggen.de

Regelmäßige Veranstaltungen

ADAC-Oldtimerrennen (August) – Burgfestspiele (August) – Erntedankfeste (September, Oktober)

Hütte des DAV – an der Burg Nideggen

Wege in der Umgebung:

Felsenwanderung (ca. 1½ – 2 Stunden), einer der schönsten Wege in der Eifel (Markierung Wanderweg Nr. 5); nach Burg Bergstein (Luftlinie 2 km) ca. 4 km Wanderung durch das Rurtal oder 10 km Fahrstrecke.

In den Wäldern rund um Nideggen ein 300 km langes Wanderwegenetz für optimale Radelbedingungen, auch für Mountainbiker mit Steilstrecken.

auf dem Rursee und jeder Wassersport (außer Motorboot)

schöne Serpentinenstrecken ⇛ Schmidt oder ⇛ Rursee

Remscheid-Lennep

Eine Schatzkiste bergischer Architektur vom 18. Jahrhundert bis heute

Dieser Ortsteil der Großstadt Remscheid ist neben Wipperfürth die älteste Stadt des Bergischen Landes. 2005 feierte er sein 775-jähriges Stadtjubiläum, dennoch könnte er älter sein, denn über die Stadtrechte sind keine genauen Angaben überliefert. Seine Entwicklung aus einem alten Fronhof in der geschützten Quellmulde des Lennepebaches verdankt der Ort seiner Lage als Rastplatz an der alten Fernhandels- und Heerstraße. Der Eigenwerbung von 1925 mit „typisch bergische Stadtlage, malerischen Straßen und Gassen, interessanten bergischen Giebelhäusern, Stadtwald und Talsperre, mitten im Bergland gelegen und als Standquartier für Ausflüge in das Bergische Land geeignet“ ist auch heute wenig nur hinzuzufügen.

Kraspütt

Der historische Stadtkern mit 116 Denkmälern erinnert an die Ausbauphasen mit Fabrikanten- und Kaufmannshäusern, mit klassizistischen Villen und repräsentativen Häusern des gehobenen Bürgertums im Bergischen Neobarock.

Remscheid-Lennep

- von 218 m bis 369 m ü. NN
- BAB 1 Anschlussstelle Nr. 95 Remscheid
- ICE nach Düsseldorf, S 7 nach Solingen-Ohligs, RB nach Remscheid
- Flughafen Düsseldorf
- **NW** Solingen-Gräfrath 17 km, **O** Hückeswagen 10 km

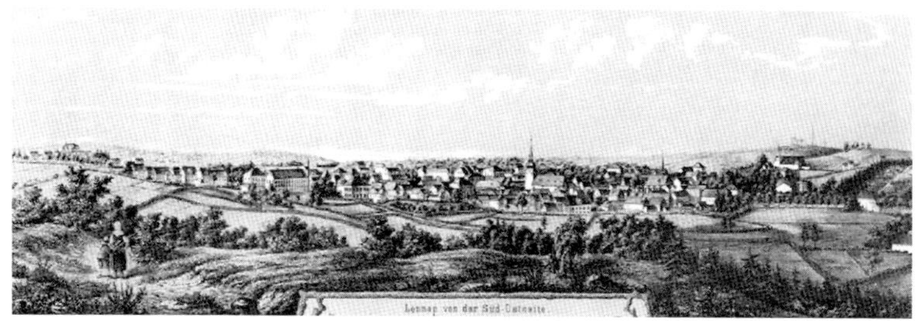

Geschichte

Lennep, seit 1929 ein Stadtteil von Remscheid, blickt auf eine lange, wechselvolle Geschichte zurück: Seit 1126 ist das Gut „Zur Kemmenaden“ (heute Kimmenau) dokumentiert, es lag strategisch günstig zwei Tagesreisen von Köln entfernt und wurde als Rast- und Übernachtungsplatz am Fernhandelsweg von Brügge (Nachbarstadt) nach Russland und in den Ostseeraum genutzt. Ebenfalls seit dem 12. Jh. erwähnt ist der „Fronhof Lennep“, von dem Kloster Werden an der Ruhr Güter und Einkünfte forderte. Mit der Kapelle zum Hl. Nikolaus bildete er die Urzelle der Stadt Lennep. Seit 1230 besaß Lennep die Stadtrechte, war seit 1250 durch Mauer, Wall und Graben befestigt und wird 1276 in einer Ratinger Urkunde als Stadt erwähnt. Der Ort, der im 15. Jh. zur Hanse gehörte, war damals neben Düsseldorf, Ratingen und Wipperfürth eine der vier „bergischen Hauptstädte“ und führend im Gerichtswesen, ja sogar Mitglied im Städtebund der Hanse. Grundlage der Wirtschaftskraft waren Herstellung und Vertrieb von Eisen und Tuchwaren an der alten Fernhandels- und Heeresstraße auf halbem Weg zwischen Köln und Dortmund, wo sich Handwerker und Kaufleute niederließen. Lennep entwickelte sich rasch zum wichtigen Etappenort mit Herbergen, Handwerksbetrieben, Warenlagern und Handelsplätzen, aber es blieb, wie so viele andere historische Städte, nicht von Stadtbränden (1325, 1563, 1746), Krankheiten und Epidemien verschont. Im 16. Jh. bewegten die Glaubenskämpfe der Reformation die Einwohner – zu Beginn des 17. Jh. war Lennep insgesamt zur lutherischen Konfession übergegangen; erst nach Gründung des Minoritenklosters entstand 1641 wieder eine katholische Gemeinde in Lennep. Obwohl es Mitte des 19. Jh. noch über 30 Tuchfabriken in der Stadt gab, begann mit dem Rückgang der Bedeutung der Hanse der wirtschaftliche Abstieg, Konkurrenzkampf, Kriegszeiten und Fremdherrschaft taten ein übriges. 1808 verlor Lennep unter den Franzosen seine Stadtprivilegien, 1816 ging der „Kanton“ Lennep in einem preußischen Landkreis auf. Jetzt erhielt die Stadt ein Krankenhaus, neue Schulen, die Kanalisation und eine Straßenbeleuchtung, Post- und Eisenbahnstation, die Talsperre brachte frisches Trinkwasser. Obwohl noch Kreisstadt stiegen Einwohnerzahl und Wirtschaftskraft des benachbarten Remscheid in den nächsten 100 Jahren erheblich schneller: 1929 erfolgte die Eingemeindung dorthin.

Das Deutsche Röntgenmuseum in der Schwelmer Straße

Sehenswertes beim Stadtrundgang

Trotz einiger verheerender Brände (1325, 1563, 1746) wurde der Ort immer wieder auf radialem Grundriss in Fachwerk aufgebaut: ein Labyrinth von Gässchen, altbergischen Häusern, Hinterhöfen und Gärten machen den Charme des Ortsteiles Lennep aus.

1. Röntgen-Museum, Schwelmer Str. 41, sog. „Oelbermann'sches Haus" ein auffällig schönes fünfachsiges Haus im bergischen Stil mit weißen Fensterstöcken und Sprossenfenstern, einer von Pilastern gerahmten Haustür und bekrönt von einem Giebel mit Rundfenster, eben ein typisch klassizistisches, traufenständiges, verschiefertes Haus, das in der Nähe des „Schwelmer Tores" (Stadttor) an der alten Handelsstraße (von Köln nach Dortmund) liegt. „Genius des Lichtes", eine Skulptur von Arno Breker in unmittelbarer Nähe des Museums, 1930 zu Ehren W. C. Röntgens eingeweiht.

2. Klosterkirche, ursprünglich die Minoritenkirche, 1696 innerhalb einer Minoriten-Klosteranlage erbaut, 1888 säkularisiert und zu einem mehrgeschossigen Woll-Lager (C. Mühlinghaus) umgebaut; jetzt ein Kulturzentrum (Säle, Bühne, unten die Klosterschenke), T 997090

3. Ev. Stadtkirche, wohl ursprünglich ein romanischer Bau, nach dem Stadtbrand 1746 im Geschmack der Zeit mit markanter, barocker Dachhaube und Dachlaterne aufgebaut. Innen: Bergischer Kanzelaltar mit großem Schalldeckel holländischen Typs, Taufbecken dessen Füße die Form von Pelikanen zeigen, Orgel von 1779 (Gebrüder Kleine, Eckenhagen) einstmals 1890 an die Gemeinde Hausen im Hunsrück verschenkt und 1967 zurück gekauft, Gedenktafel im Vorraum an den Reformator und bergischen Märtyrer Adolf Clarenbach (1529 als Ketzer in Köln auf dem Scheiterhaufen verbrannt)

4. Geburtshaus des Wilhelm Conrad Röntgen, der hier, Gänsemarkt 1, am 27. März 1845 geboren wurde, bereits 1848 mit den Eltern in die Niederlande auswanderte; er starb 1923: Entdecker der Röntgenstrahlen, ein berühmter Sohn Lenneps.

5. Die Mollsche Fabrik, Neugasse 4, die älteste und einzig erhaltene Tuchfabrik im Wupperviereck, entstanden 1805 durch die namensgebende Tuchmacherfamilie Moll. Nach Einstellung der Produktion 1965: Ingenieurschule, 1975–1985 Behinderten-Werkstatt, seit 2002 Umbau zur Nutzung mit Physiotherapie und Sportzentrum.

6. Haus der Tuchfabrikanten Walther, Mollplatz 2

7. Großer und kleiner **Hardtpark:** zwei Oasen zum Entspannen und Verweilen.

8. Kirchplatz 1: hier war die ehemalige Lateinschule untergebracht.

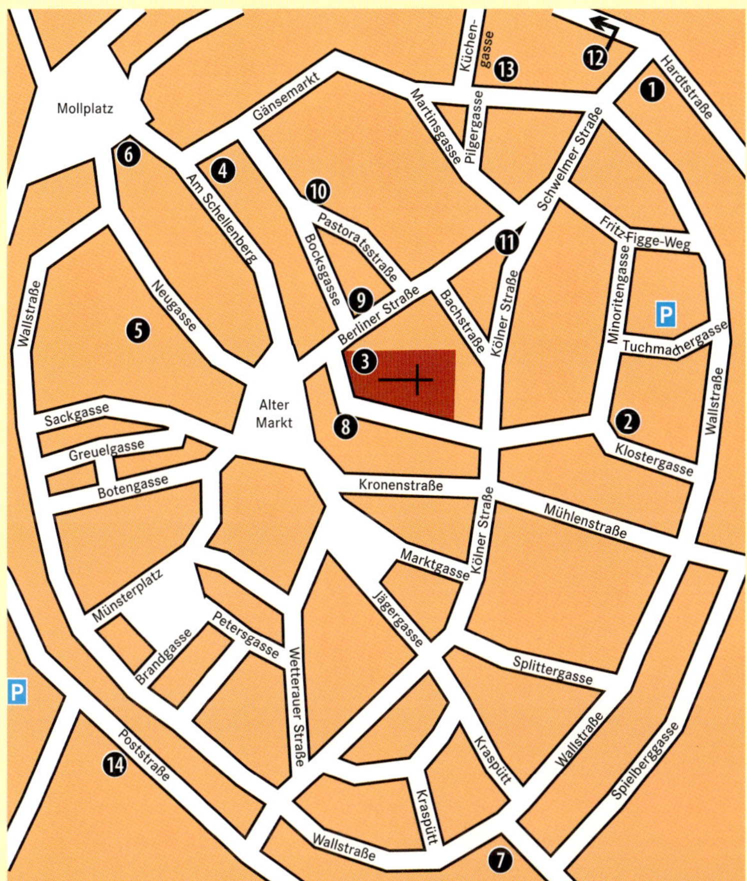

9. **Erste Lenneper Poststation** mit Ställen und Remise der Station; Berliner Str. 4

10. **ehem. Pastorat:** Pastoratsstr. 7: auch diese Bezeichnung sagt schon, dass hier ehemals die Wohnung des Pastors war.

11. **Bergfried:** Lenneper Salzmagazin (Salzsteuer); Schwelmer Str. 12

12. **Kath. Kirche St. Bonaventura,** Schwelmer Str. 43a, eine neugotische Hallenkirche aus Kohlensandstein, 1866–1868 mit hoch aufragendem Westturm errichtet.

13. **ehem. Bürgermeisterhaus,** Gänsemarkt 28, an dieser Stelle früher ein Viehmarkt.

14. **Haus Schröder, Poststr. 27,** Eigentum der Teilhaber „Tuchfabrik Schürmann & Schröder", Anfang des 19. Jh. mit klassizistischem Dekor errichtet, Anfang 20. Jh. erweitert (Anbau zur Kölner Straße).

Stadtführungen:

Büro der Oberbürgermeisterin,
T 02191/16-2219
Verkehrsverein Lennep e.V.,
Richthofenstr. 62, 42899 Remscheid,
T 02191/167-100 oder 55791

Zusätzliche Informationen:

Dt. Röntgenmuseum, Schwelmer Str. 41, Ö: di–fr 10–16, sa/so 11–17 Uhr, T 02191/ 163384
Tuchmuseum, Hardtstr. 2, Ö: di 12–16 Uhr und n.V., T 02191/464350
Steffenshammer (1746 errichtet) im OT Clemenshammer, angegliedert dem Deutschen Werkzeugmuseum, Ö: wie Werkzeugmuseum, T 02191/162519
Dt. Werkzeug-Museum, Cleffstr. 2–5, mit technik-, sozial- und kulturgeschichtliche Sammlung von Werkzeugen verschiedener Jahrhunderte mit Haus Cleff, Wohn- und Geschäftshaus der Werkzeugkaufleute, Ö: di–sa 9–13, 14–17 Uhr, so 10–13 Uhr, T 02191/464350
Altstadt Galerie, Kölner Str. 14, Ö: mo–fr 9–12.30, 14.30–18.30, sa 9–13 Uhr, T 68798
Kulturzentrum Klosterkirche, T 02191/ 997090
Rotations-Theater, Kölner Str. 2c, T 02191/ 661422

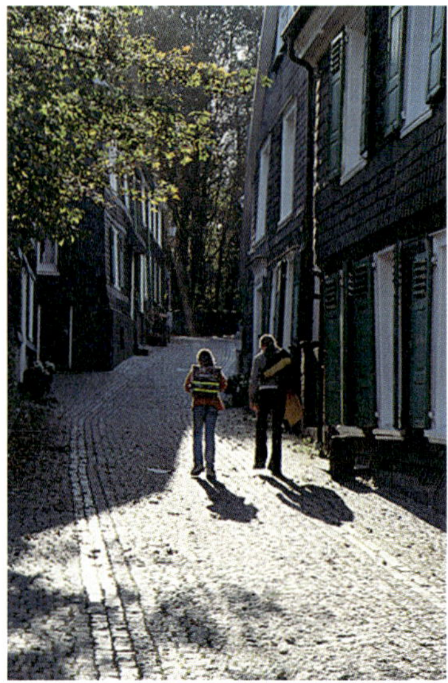

Typischer Blick in eine Altstadtgasse

Evangelische Stadtkirche

Insidertipps

Röntgen-Museum (Oelbermann'sches Haus) – Ev. Stadtkirche – Moll'sche Fabrik – Geburtshaus Röntgen

„Klosterschenke" im Kulturzentrum Klosterkirche mit Wintergarten (hübsche Einrichtung), Klostergasse 8, T 02191/997090; „König von Preußen" (Cafe und Restaurant), Alter Markt 2, T 02191/ 668267; „Café Meister's", Wetterauer Str. 5, T 02191/668422 (Lenneper „Pflastersteine")

Spezialitäten aus dem Tee- und Weinkontor, Kölner Str. 11, T 02191/660527; Lenneper Altstadttröpfchen (Kräuterlikör);

Gänsemarkt 25

„Röntgen-Strahlen" (klarer Schnaps), Nachbau von Geräten im Museums-Shop

Empfehlungen in der Umgebung

■ **H_2O,** Sauna- und Badeparadies, Remscheid, Hackenberger Str. 109, T 02191/ 16-4141

Anschriften:

Stadt Remscheid
Büro der Oberbürgermeisterin
Theodor-Heuss-Platz 1
42853 Remscheid
T 02191/162219, F 161221
www.remscheid.de
remscheid@str.de
Verkehrsverein Lennep e.V.
T 02191/16-7100
www.lennep.info

■ **Panzer-Talsperre,** der Name rührt von dem 1487 erstmals urkundlich erwähnten Siedlungsnamen „Panßer" her; 1891–1893 errichtet, 1905/06 Mauer erhöht, Staurinhalt: 300.000 cbm, nur Trinkwasserversorgung.

■ **Hammer-, Lohbach- und Eschbach-Tal** mit dem „Historischen Lehrpfad": Auf anschaulichen Tafeln wird die Geschichte des Metallgewerbes dieser Gegend lebendig (ausgeschilderter Weg).

■ **Eschbach Talsperre** (1889–1891 gebaut) erste Trinkwassertalsperre Deutschlands, Rundweg/Waldlehrpfad

■ **Schloss Burg,** ⇛ Solingen S. 334

■ **Müngstener Brücke,** ⇛ Solingen S. 334

Regelmäßige Veranstaltungen

Weinfest (1. WE August) – Altstadtfest (alle zwei Jahre: letztes WE August 2004)

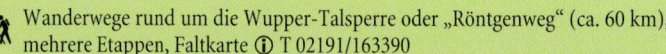

Wege in der Umgebung:

 Wanderwege rund um die Wupper-Talsperre oder „Röntgenweg" (ca. 60 km), mehrere Etappen, Faltkarte ⓘ T 02191/163390

 Radwanderweg Remscheid – Hückeswagen

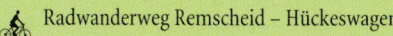

Schleiden-Olef

Inmitten des Deutsch-Belgischen Naturparks

Am nördlichen Ortsausgang der Stadt Schleiden im Kreis Euskirchen liegt Olef, inmitten der Berge und Hochwälder des Deutsch-Belgischen Naturparks der Eifel. Die Stadt in klimatisch gesunder Lage besteht aus den Stadtteilen Dreiborn, Gemünd, Schleiden und Olef. Hier gilt Olef als Naherholungsziel besonderer Art.

Bemerkenswert ist der Ortsgrundriss, so entstanden nach einem verheerenden Brand Ende des 17. Jh., der noch im Wesentlichen einer historischen Karte aus dem Jahr 1808 entspricht. Sichtbares Herzstück ist der Dreiecksplatz, der aus Mitteln der Dorferneuerung neu gestaltet wurde. Insgesamt gibt es 28 Objekte, die unter Denkmalschutz gestellt wurden.

Blick über den historischen Ortskern

Geschichte

Der Ursprung Olefs ist auf einen gewissen „Silmann von Olef“ zurück zu führen, der 1252 als Vasall des Friedrich von Schleiden erwähnt wird. Die Siedlung Olef besaß wohl

Schleiden-Olef – Kreis Euskirchen

- von 345 m bis 410 m ü. NN
- BAB 1 Anschlussstelle Nr. 111 Wisskirchen, B 266/B 265 bis Schleiden/Olef
- Linie 829 nach Schleiden
- ICE nach Köln, Regionalexpress nach Kall
- Düsseldorf, Köln/Bonn
- **N** Nideggen 30 km, **NW** Aachen-Kornelimünster 35 km, **S** Hellenthal-Reifferscheid 10 km, **O** Bad Münstereifel 25 km, **W** Monschau 20 km

schon damals ein Kloster und eine Burg. Bereits 1274 wird Olef als eine der ältesten Pfarreien im „liber valoris“ als Pfarrkirche erwähnt. 1345 ging das Patronatsrecht als Schenkung an das Stift Nideggen, später gehörte der Ort zur Jülicher Burg und ab 1550 sind die Herren von Dreiborn auch Herren von Olef. 1697 wird der in einem Bogen der „Olef“ gelegene Ort von einem verheerenden Feuer fast völlig zerstört, lediglich die auf einem ummauerten Kirchhof geschützt stehende Pfarrkirche bleibt von den Flammen verschont.

Der Wiederaufbau Olefs vollzieht sich um einen dreieckigen Platz, dessen Nord- und Westseite von Fachwerkgehörten gesäumt wird. In früheren Zeiten profitierte die Bevölkerung von der günstigen Lage im Schleidener Tal; in den letzten 200 Jahren konnten die Landwirte dem kargen Eifelboden nur spärliche Ernten abgewinnen. Die Eisenindustrie Schleidens (1531 wird eine Eisenhütte genannt) und um 1800 ein Tuchmachergewerbe gab in ihrer kurzen Blütezeit – Mitte des 19. Jh. – den Einwohnern einen Nebenerwerb. 1815 kam Olef unter preußische Herrschaft.

Sehenswertes beim Stadtrundgang

P an der Brücke Ortseingang

Der malerisch im Olefbogen gelegene Ort ist – wie gesagt – nach dem Brand von 1697 um einen dreieckigen Platz neu gebaut worden. Die West- und Nordseite des Platzes wurde mit Fachwerkgehöften bebaut, deren traufenständige Wohnhäuser zeilenmäßig zusammengeschlossen sind.

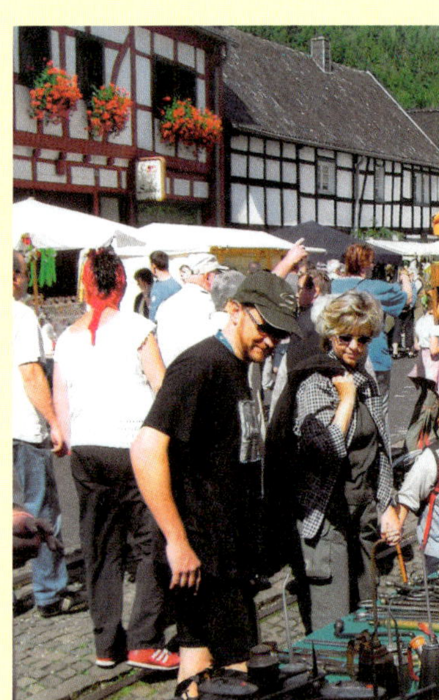

Kunst und Handwerkermarkt in Olef

1. Kath. St. Johann Baptist Pfarrkirche, ursprünglich durch die Häuserzeile an der Westseite vom Platz getrennt, erreichbar nur durch ein Gässchen zwischen dem heutigen Gehöft Oleftal 31 und einer ehem. Hofanlage: Ältester Teil der aus verschiedenen Bauzeiten stammenden Anlage ist der kräftige Westturm (14. Jh.), der nach dem Brand von 1697 mit schlanker Schieferpyramide gedeckt wurde; zweischiffiges Landhaus mit Kreuzrippengewölben und das nördliche Seitenschiff mit Treppentürmchen von 1497. Der sterngewölbte Chor ist etwas älter als das Schiff. Nach Kriegsbeschädigung 1953/54 instandgesetzt, dabei wurde die Fassung des stimmungsvollen Innenraums erneuert: Chor und Sakristei mit schweren Holztüren (15. Jh.), Hochaltar (1726) mit spätgotischen Maßwerkblenden als seltener Doppelaltar mit zwei Mensen in verschiedener Höhe erhalten, Seitenaltäre (17. Jh.), Kufe eines Taufbeckens (12. Jh.) aus Blaustein, Holzskulptur der trauernden Muttergottes um 1480, Gedenksteine für die Freiherren von Harff (Erbbegräbnisstätte).

2. Die **östliche Platzseite** hatte ursprünglich der Komplex „Dreiborn" eingenommen, ein grundherrschaftlicher Hof, der als doppelte Winkelanlage erscheint; hier wurde 1744 der **Pfarrhof** neu gebaut, die übrige Hofanlage wurde mehrfach unterteilt und völlig verbaut. Der zweigeschossige massive Pfarrhof von 1880 steht an der weniger geschlossenen Ostseite des Platzes.

3. Nördlich des Dreiecksplatzes sind nach dem Brand Gehöfte mit giebelständigen Fachwerk-Wohnhäusern entstanden.

4. Südlich des Ortskerns hat auf dem linken Flussufer eine kleine Ansiedlung bestanden; der alte Fahrtweg führte von Schleiden her über die Furt bzw. später Brücke der Olef über den Dreiecksplatz und jenseits der Kirche am rechten Ufer entlang nach Gemünd.

5. Oleftal Nr. 14: ehem. Schule, errichtet um 1840, gleichzeitig Amtssitz des Bürgermeisters mit Amtslokal und beleuchteter Wachstube, Wohnung für den Lehrer, im Obergeschoss der Schulsaal.

6. Fachwerkhaus Nr. 19/21: ein traufenständiges Doppelhaus mit überbauter Tordurchfahrt, Balken mit Datierung Anno 1799.

7. Fachwerkhaus Nr. 27/27a: zweigeschossiges Fachwerkhaus mit auskragendem Obergeschoss über profilierter Schwelle, Inschrift im Türsturz: *„ANO 1697 mh vnd ct … avs vnd eingang los dir o her befolen se(in)"*.

8. Fachwerkhaus Nr. 29: wahrscheinlich um 1700 errichtet, völlig modernisiert und in seiner Raumgliederung verändert.

9. Nr. 31 „Küsterhaus": ältester Teil von

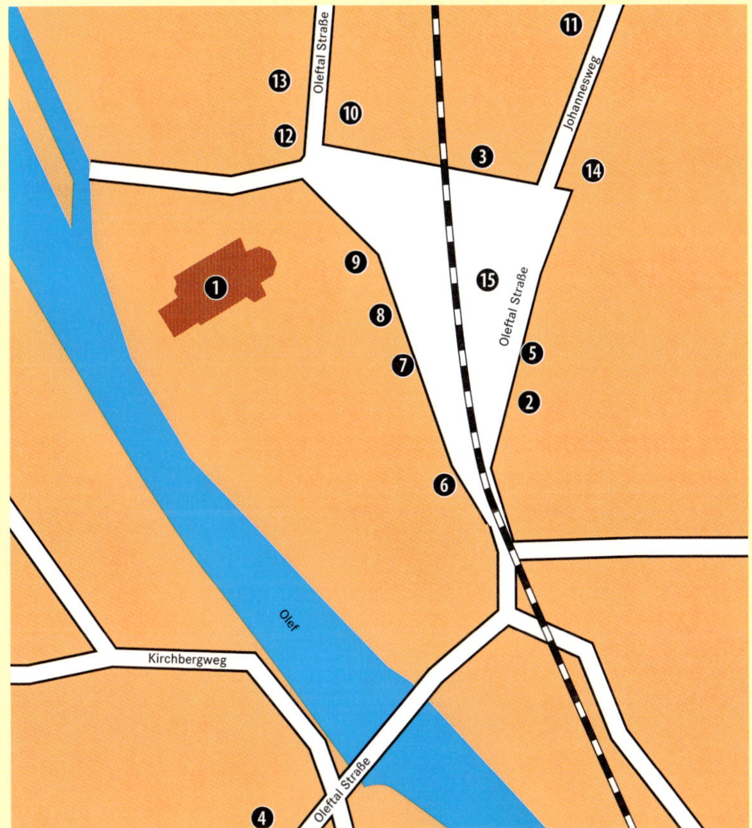

1697 (dreiräumiges Wohnhaus) mit Inschrift *ANNO 1697 TEN 12 AUGUSTE | THEISGEIS UNT GERTRUD SCHWEIT.EIS.* Im 18. Jh. wurde der Kernbau um Scheune und Stall und nach 1800 der zweigeschossige, nicht unterkellerte Fachwerktrakt zum Kirchhof rechtwinklig angebaut; Reste sehr starker Mauern.

10. Nr. 32: 1705 datiertes Fachwerkhaus mit Zugängen zu Scheune, Stall und Wohnhaus traufseitig; Inschrift: „*ANNO 1750 DEN 17. APRIL | IOHAN WILHELM PUNTEHRN VND IOHANNE ABRAHAMS EHELEVTH POSVERVNT*“.

11. Johannesweg Nr. 5: Fachwerkhaus zu Beginn des 18. Jh. als Wohnstallhaus errichtet; 1985 umfassend saniert.

12. Nr. 37/39: 18. Jahrhundert, Anbau aus dem 19. Jh. giebelständiges Fachwerkhaus zu zwei Achsen, linker Teil nachträglich vergrößert

13. Nr. 39: zweigeschossiges Fachwerkgebäude um 1700, von der reichen Fachwerkkonstruktion nur im Obergeschoss noch Andreaskreuze und Knaggen.

14. Nr. 2: Dreiflügelanlage des 18. Jh., neben dem Wohnhaus ein traufenständiger Torbau

15. Dorfplatz: Kreuz 2,96 m, ein Andachtskreuz aus Buntsandstein, vermutlich Ende 18. Jh., vermutlich aus Teilen eines Wege- und Grabkreuzes zusammengesetzt.

Dorfplatz mit Eisenbahnschienen

Insidertipps

 Dreieckiger Dorfplatz – Kirche

Restaurant Hermanns, Olef, Schneifelstr. 29, T 02445/5487; Restaurant Friedrichs, Gemünd, Alte Bahnhofstr. 16, T 02444/950950; Restaurant im Schloss Schleiden, Schleiden, Vorburg 9, T 02445/850085

Empfehlungen in der Umgebung

■ **Schleidener Schloss:** früher Burg der Herren von Schleiden, seit Anfang 12. Jh. nachzuweisen; im Laufe der Jahrhunderte mehrfach durch Kriegswirren beschädigt, wiederholte bauliche Veränderungen, 1952 nach Kriegszerstörungen wieder aufgebaut, heute Seniorenresidenz. Zur Burg gehören die Vorburg, eine Kapelle in der Nähe (1230), zwischen 1516 und 1525 an dieser Stelle eine dreischiffige spätgotische Hallenkirche, heute kath. Pfarrkirche mit kostbaren Glasgemälden (1535), einer kostbaren König-Orgel (1770) und eine Sarkophag aus schwarzem Marmor für Sybilla von Hohenzollern-Sigmaringen.

■ Außerdem noch die **Ev. Pfarrkirche Schleiden,** 1786 im Barockstil erbaut.

■ **Burg Dreiborn:** mit 540 ü. NN. ist die um 1300 erbaute Burg die höchstgelegene Wasserburg des Rheinlandes. Vor 250 Jahren noch umgeben von Prachtgärten des Rokokostils, heute Weide für Trakehner.

■ **Oleftalsperre:** nicht zum Baden, Schwimmen, aber inmitten herrlicher Wälder mit einem Rundweg von 13,5 Kilometer.

■ **Wildfreigehege Hellenthal:** Wildgehege, 53940 Hellenthal, T: 02482/2292, F 212, wildgehege-hellenthal@t-online.de, www.wildgehege-hellenthal.de

■ **Nationalpark Eifel – Wald, Wasser, Wildnis:** Erster Nationalpark in NRW mit einem reichhaltigen Angebot an Themenwanderungen und Rangerführungen für alle Alterstufen, auch barrierefreie Angebote. Infos im Nationalparktor Gemünd, T 02444/2011, F 1641

■ **Kneipp-Kurort Gemünd** mit Kurmittelanlagen, Kurhaus, Kurpark.

■ **Nationalparktor und Haus des Gastes:** „Knorrige Eichen, bunte Spechte und Waldgeschichte(n)“ erwarten den Besucher im Nationalparktor Gemünd. In Verbindung mit einer neu gestalteten Touristeninforma-

Anschriften:

Touristik Information im Nationalparktor Gemünd,
Kurhausstr. 6, 54937 Schleiden
T 02444/2011, F 1641
www.gemuend.de; info@gemuend.de

Stadtverwaltung Schleiden
Blankenheimer Str. 2–4, 53937 Schleiden
T 02445/89-0, F 89-9250
www.schleiden.de
rathaus@schleiden.de

tion werden u.a. die Lebensräume des Eichenwaldes dargestellt. Wissenswertes über die Tiere des Nationalparks, die Waldgeschichte und die ehemalige Waldnutzung wird an verschiedenen Modellen erläutert. Ein begehbarer Kohlenmeiler entführt in die heimliche Welt der Köhlerei. Ein Film zeigt die einzigartige Natur und Landschaft des Nationalparks Eifel und auch die Erlebnismöglichkeiten der angrenzenden Region. Das barrierefreie Nationalparktor Schleiden-Gemünd ist Startpunkt der Thementour Nr. 7 „Auf verschlungenen Pfaden" und geführter Rangertouren (jeden Samstag, 10 Uhr, kostenlos geführte Wanderung mit Nationalparkrangern, ca. 3 Std.). Gemünd, T 02444/2011, F 1641

■ **Besucherzentrum Vogelsang:** Im Herzen des Nationalparks Eifel liegt der Gebäudekomplex Vogelsang. Nach 60 Jahren militärischer Nutzung beginnt für die ehemalige NS-‚Ordensburg' eine neue Epoche: Der langjährige Truppenübungsplatz der belgischen Streitkräfte wird als Teil des Nationalparks Eifel der Natur übergeben, während der bebaute Bereich einer neuen Zukunft als kultur-, natur- und bildungsorientierte Destination entgegen geht. Seit dem 1. Januar 2006 ist das Gelände für Besucherinnen und Besucher geöffnet. Zwei gelb markierte Geländerundgänge führen durch das denkmalgeschützte Ensemble, das ursprünglich als Ausbildungszentrum für den nationalsozialistischen Parteinachwuchs diente.

1 Regelmäßige Veranstaltungen

Vor den vielfach originalgetreu wiederhergestellten Fassaden der Fachwerkhäuser vollzieht sich auf dem Platz im Sommer gelegentlich ein ungewöhnliches Schauspiel: Die mitten über den Platz führenden Schienen der alten Bahnstrecke Kall-Hellenthal werden von einem historischen Dampfzug auf seinem Weg durch das Schleidener Tal passiert. Erreicht der Zug den Olefer Dorfplatz, geht der Zugführer, eine rote Fahne schwenkend, voran (ⓘ Stadt Schleiden 02445/890) – Kunst- und Handwerkermarkt im histor. Ortskern Olef (4. WE August)

Wege in der Umgebung:

Quer durch den Nationalpark Eifel entlang des Urftsee; diverse Themen- und Rangertouren vom Nationalparktor Gemünd; im Frühling entlang der Narzissenwiesen im Olef- und Perlenbachtal

Durch den Nationalpark Eifel entlang des Urtfsees zur Urftstaumauer und nach Ruhrberg; Olef – Schleiden – Hellenth}al um die Oleftalsperre und zurück

auf Ober- und Rursee

Gemünd/Schleiden nach Rurberg (über Einruhr); Gemünd – Heimbach – Oberemaubach; Schleiden – Hellenthal – Kronenburg – Gerolstein; Schleiden – Monschau

Solingen-Gräfrath

Klingenstadt Solingen

Solingen ist international bekannt als „Klingenstadt“. Hier, im Bergischen Land, an der Stadtgrenze zu Wuppertal liegt auch der nördlichste Stadtteil von Solingen – Gräfrath. Zur eigentlichen „Altstadt“ hat sich Gräfrath mit seinen historischen Bauten, mit Cafés und Gaststätten, geschätzt von Bewohnern, gern besucht von Einheimischen und Gästen, entwickelt. Die längste Zeit seiner Geschichte war es eine selbständige Stadt, bis es schon 1929 per Gesetz mit Ohligs, Wald, Solingen und Höhscheid zur Großstadt Solingen zusammengeschlossen wird. Vom gründerzeitlichen Neubauboom, von Industriebauten, Bombenhagel und Verkehrsplanung der sechziger Jahre blieb die Altstadt weitgehend verschont.

Heute ist der Ort mit seinen 120 Baudenkmälern und dem weitgehend erhaltenen lebendigen Ortskern ein kultureller Anziehungspunkt und ein beliebtes Ausflugsziel.

Marktplatz, auch in den Abendstunden einen Besuch wert

Geschichte

Urkundlich wird Gräfrath erstmals 1135 erwähnt. Damals bezog das St.-Ursula-Stift in Köln aus der „villa Greverode“ eine Zehntabgabe. 50 Jahre später gründete die Äbtissin Elisabeth von Vilich auf ihrem Gutshof zu Gräfrath, in dessen Kapelle die Jung-

Solingen-Gräfrath

- von 53 m bis 276 m ü. NN
- BAB A 3 bis Kreuz Hilden, weiter BAB 46 Richtung Wuppertal, Anschlussstelle Nr. 30 Haan-Ost
- Linie 683 nach Solingen-Gräfrath (von W-Vohwinkel o. Solingen-Innenstadt)
- DB-ICE Bf Solingen-Ohligs), DB-Bf Wuppertal-Vohwinkel
- Düsseldorf (ca. 35 km) und Köln/Bonn (ca. 50 km)
- W Düsseldorf-Kaiserswerth 35 km, O Remscheid-Lennep 17 km

frau Maria Wunder wirkte, zu deren Ehren ein Nonnenkloster. In der Zeit um 1300 erreicht dieses Augustinerinnenkloster seine Blüte. Mit dem Erwerb einer wundertätigen Katharinenreliquie wird Gräfrath schlagartig ein Zentrum der Katharinenverehrung. Einige Jahre zuvor werden 36 dem Kloster zinspflichtige Häuser aus der Ansiedlung zu Füßen des Klosterberges erwähnt. 1402 erhält der Ort Freiheitsrechte und darf befestigt werden. Dann tritt eine starke Veränderung ein: Ackerbau und Wallfahrtsbetrieb gehen zurück, Gewerbe und Metallverarbeitung ziehen in Gräfrath ein: 1541 wird ein Schmied als Gräfrather Schöffe und Bürgermeister genannt.

Nach dem Dreißigjährigen Krieg bleibt das Nonnenkloster inmitten einer überwiegend protestantischen Gemeinde katholisch; die evangelischen Christen bauen sich 1688 eine eigene Kirche am Markt. Kloster und Kirche trifft 1686 dasselbe Schicksal – sie brennen ab. Mit der barocken Neuerrichtung schwinden die finanziellen Reserven; 1803 wird das Kloster durch die Säkularisation aufgehoben und nachfolgend als Kaserne, Altenheim und zuletzt als Stadtarchiv genutzt. 1737 wurde die Stadtbefestigung mit Wall- und Grabensystem eingeebnet, Handwerker und Messermacher sollten Grundstücke erhalten. Um 1850 werden in Gräfrath die ersten Hausfassaden verschiefert, der heutige historische Ortskern erhält damit das typisch bergische schwarz-weiß-grüne Erscheinungsbild. Nach mehr als 500 Jahren verliert Gräfrath im Jahr 1929 seine Eigenständigkeit und wird mit anderen Ortsteilen und Solingen Großstadt.

Sehenswertes beim Stadtrundgang

P am Brandteich (oder am Museum Baden, Ende des Rundganges)

1. Deutsches Klingenmuseum, Klosterhof 4: ehem. Klosterstift der Augustinerinnen. 1187 gebaut erhielt das Gebäude 1704 in etwa seine heutige Gestalt mit einem ursprünglich den ganzen Innenhof umgebenden Kreuzgang. Nutzung seit Anfang 19. Jh. als Kaserne, Erziehungs-, Altenheim, Stadtarchiv. 1986–1989 grundlegend zum Museum (Architekt Kleihues) umgebaut.

2. Klosterkirche, Klosterhof 6: Das älteste Gebäude, um 1200 dreischiffige romanische Emporenkirche, im 14./15. Jh. eine zweischiffige gotische Hallenkirche mit Mittelpfeilern, umgebaut zur Barockzeit. Innen: drei spätbarocke Altäre, 1956/59 in Originalfarbfassung wieder hergestellt. Der Dachreiter mit Zwiebelhaube ist das Wahrzeichen Gräfraths (T 591149)

3. Steinenhaus, Steines 2: Anstelle des 1936 errichteten Steinenhaus wurde 1993 ein Neubau fertig gestellt, mit seinen Proportionen, der Dachform und -neigung sowie den Materialien sicher ein Zeugnis moderner Architektur.

4. Kaffeehaus, Gräfrather Markt 7: Das Gebäude stammt aus der 1. Hälfte des 18. Jh., im 19. Jh. mehrfach verändert, z.B. klassizistischer Zwerchgiebel, neugotische Haustür. Sehenswert innen die Wandmalereien mit biblischen Motiven im 1. Obergeschoss.

5. Marktbrunnen: Die Brunnensäule (Abb. Schöffensiegel mit Joh. d. T. und Gotteslamm) von 1730 wurde 1952 durch ein Replikat ersetzt; hier fließen die Quellbäche der Itter zusammen. Neben diesem Brunnen gab es drei weitere öffentliche Wasserstellen in Gräfrath.

6. Eckgebäude, Küllersberg 1: Dreigeschossiges, dynamisches Eckgebäude aus der

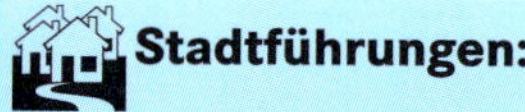

Stadtführungen:

über Stadtinfo T 0212/19433 oder Bürgerbüros 0212/290-2181, 2188, 2152; Touristtelefon 0212/19433

Deutsches Klingenmuseum im ehemaligen Klostergebäude

Jugendstilzeit mit Galerie und Atelier. Die gerundete Fassade resultiert aus der Führung der Straßenbahn, die einmal hier vorbeiführte.

7. Fachwerkdoppelhaus, Gräfrather Markt 4: Mit Abstand entdeckt man im hinteren Bereich ein etwas höheres Hinterhaus, das älteste erhaltene Steinhaus von Gräfrath (vor 1700), vermutlich z.T. Reste eines mittelalterlichen Fluchtturms, sog. „Gemür".

8. Bürgerhaus, Gräfrather Markt 3: urspr. zwei Häuser, 1829 durch gemeinsames Dach, giebelständig ausgerichtet, zusammengefasst, daher ein unregelmäßiger Fachwerkbau, im Oberlicht ein geflügelter Merkurstab, das Zeichen des kaufmännischen Standes (Merkur = Schutzgott der Kaufleute).

9. Hotel zur Post, Gräfrather Markt 1: Schon zu frühen Zeiten ein Gasthof, 1829 bis 1899 Haltestation der Postkutsche; Tor der Kutscheneinfahrt erhalten, eine Seltenheit sind die Schiebefenster mit kleinsprossiger Unterteilung.

10. Ev. Kirche, Gräfrather Markt 12: 1688 als schlichter Saalbau errichtet mit steilem Walmdach, darauf ein sechseckiger Turm mit zwiebelförmigem Unterbau; eine neuromanische Verkleidung wurde 1952 wieder entfernt.

11. Geschäfts- und Lagerhaus, In der Freiheit 45: 1912 entstanden, passt sich mit verschieferter Front und Fensteraufteilung an die Bauten des Ortskernes an. Mansarddach und Baumaterialien zeigen den sog. „Neubergischen Stil", als Antwort auf die stucküberladenen Gründerzeit- und Jugendstilgebäude.

12. Ehem. Kaufmannshaus, In der Freiheit 28: Kurz nach der Abtragung des Walles und der Einebnung des Grabens Anfang des 18. Jh. erbaut, der früher höhere Unterbau verschwand nach und nach durch den Straßenbau. Vordere Fassade verschiefert, hinten Sichtfachwerk mit Andreaskreuzen, im Erdgeschoss verbrettert (19. Jh.), im Erdgeschoss säulenartige Lisenen.

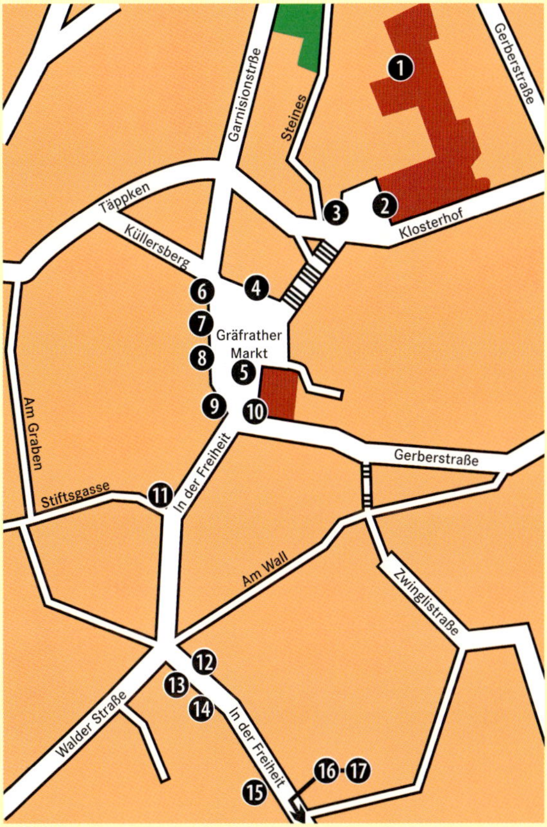

13. Ehem. Praxisgebäude, In der Freiheit 27: 1859 ließ Dr. de Leuw (Friedrich Hermann de Leuw 1814 als Militärarzt nach G. gekommen, spezialisierte sich auf Augenleiden, wurde bald über die Grenzen G. bekannt) angrenzend an sein Wohnhaus (s.u.) sein Ordinationsgebäude mit Operationszimmer anbauen, eingeschossig mit über vier Meter hohem Geschoss, Sehenswert: das ehem. Wartezimmer mit großen Fenstern, prunkvoller Zimmerdecke, die ehem. Tapete der Kopfwand ist heute Titelbild der Speisekarte der Brasserie, die in diesem Haus untergebracht ist.

14. Fachwerkhaus, In der Freiheit 25: 1824 als Wohnhaus des Augenarztes Dr. Friedrich Hermann de Leuw gebaut, 2. Hälfte des 19. Jh. verschiefert, fünfachsig mit breiter Freitreppe, kräftiges Türgesims und zweiflügelige Haustür.

15. Fachwerkhaus, In der Freiheit 17: beherbergte von 1881 bis 1908 die Stadtverwaltung; fünfachsige Straßenfassade, ursprünglich mittig eine Freitreppe.

16. Alter Bahnhof, Wuppertaler Str. 179: ehemals repräsentatives Empfangsgebäude für den Personenverkehr mit angebautem Gebäudeteil für den Güterbahnverkehr, 1887 erbaut, weist im Giebelbereich Elemente des sog. „Schweizer Landhausstil“ auf, Fachwerk mit Ziegelmauerwerk ausgefüllt. Sog. „Korkenzieherbahn“ wurde in den 1950er Jahren endgültig eingestellt.

17. Museum Baden, Wuppertaler Str. 160: Ehem. Gräfrather Rathaus, 1908 von dem Elberfelder Architekten A. E. Fritsche (in ganz Deutschland im Kirchenbau tätiger Architekt) erbaut. Malerisch komponiert, schlossartige Hauptfassade mit Rathaussaal und Uhrenturm, sog. „Bergischer Stil“; nach großen Kriegszerstörungen in den 50er Jahren zum Deutschen Klingenmuseum (s.u.) umgebaut. Nach dessen Umzug in das alte Kloster wurde es Anfang der 1990er Jahre vom Kölner Architekten S. Nasse zum Kunstmuseum (s.u.) umgebaut.

Zusätzliche Informationen:

Museum Baden, Wuppertaler Str. 160: Städt. Kunstsammlung (Meistermann) und Artothek, Ö: di–so 10–17 Uhr, T 0212/2581411; Artothek im Museum Baden, Ö: mi 17–18.30, so 10–11.30 Uhr

Deutsches Klingenmuseum, Klosterhof 4: Besteckssammlungen, Blankwaffen und Schneidgeräte aller Epochen und Kulturen, Ö: di–do 10–17, fr 14–17, sa/so 10–17 Uhr, T 0212/258360

Bergisches Museum Schloss Burg: Geschichte der Region, um 1900 restauriertes Grafenschloss, Ö: März–Okt. mo 13–18, di–so 10–18 Uhr, Nov.–Febr. di–fr 10–18, sa/so 10–17 Uhr, T 0212/242260

Gesenkschmiede Hendrichs (Rhein. Industriemuseum), Merscheider Str. 297: 100 Jahre alte Scherenschlägerei und Gesenkschmiede, Ö: di–so 10–17 Uhr, T 0212/232410

Loos'n Maschinn, Widdert, Börsenstr. 87: umgenutzte Dampfschleiferei mit separatem Ausstellungsraum, Ö: April–Okt. So 15–17 Uhr, T 0212/232410

Balkhauser Kotten, Balkhauser Weg, Schleiferwerkstatt, Ö: di–so 10–17 Uhr, T 0212/45236

Wipperkotten, Wipperaue, Schleiferei und Galerie in Doppelkotten, Ö: April–Okt 1.+3. so 14–16 Uhr, T 02124/811220

Laurel & Hardy Museum, Locherstr. 17, Solingen-Wald, Ö: sa 10–12, so 11–17 Uhr, o. n. Vereinbarung, T 0212/816109, laurel.hardy.museum@t-online.de

Insidertipps

Klosterkirche – Klingenmuseum (Kloster) – Dr.-Leuw-Haus – Museum Baden

„Bergische Kaffeetafel" in vielen Gasthöfen oder Cafés mit einem süßen und kräftigen Imbiss: Milchreis, süßer Stuten, Schwarzbrot, Quark, Käse, Wurst und vor allem der „Dröpelminna" z. B. im „Kaffeehaus", Gräfrather Markt 7, T 0212/593322; Gasthaus „Florian – Gräfrather Hof", In der Freiheit 48, T 0212/259-2278; Gasthof „Hotel zur Post", T 0212/59711

Vom Markt zum ehemaligen Klosterbezirk – die Klostertreppe

das berühmte Solinger Küchenmesser „Zöppken" (= von Suppe/Zoppe, Küchenmesser) interessante Replikate (u.a. „Dröppelminna") im Museumsshop Klingenmuseum und Baden

Empfehlungen in der Umgebung

■ **Lichtturm,** umgebauter alter Wasserturm, Melanchthonstraße, privat – keine Innenbesichtigung

■ **Tierpark Fauna:** 1932 gegründet, heute ein Tierpark mit etwa 700 Tieren in mehr als 200 Arten. Der Tierbestand geht von A wie Aras bis Z wie Ziegen (T 0212/591256).

■ **Schloss Burg:** Eine mächtige Hochburg, deren imposanter Palast unter der Herrschaft der Grafen von Berg entstanden ist. Von ihrem Stammsitz aus herrschten sie fast 250 Jahre lang über ihr Bergisches Land zwischen Ruhr und Sieg. Nach 1218 wurde die Burg unter der Herrschaft Graf Engelbert II. zu einer der größten Befestigungsanlagen Westdeutschlands ausgebaut. Das Schloss war aber gegen Ende des 30jährigen Krieges schon wieder weitgehend zerstört worden, zwar um 1700 teilweise wieder instandgesetzt, um 1850 aber ist die Hofburg nur noch eine Ruine. 1887 wurde ein Schlossbauverein gegründet und 1914 ragten die Wehrtürme schon wieder stolz aus den bewaldeten Hügeln, Ö: März–Okt mo 13–18, di–so 10–18 Uhr, Nov–Feb di–fr 10–18, sa/so 10–17 Uhr, ⓘ 0212/242260, F 2422640.

- **Solinger Vogelpark und Streichelzoo,** OT Ohligs, Hermann-Löns-Weg 71, Ö: mo–fr 9–18, so+fei 9–19 Uhr, T 0212/75936
- **Sternwarte von 1921/1924,** (eine der ältesten Volkssternwarten D.), Sternstraße 5, OT Solingen-Wald, Ö: fr+sa 20 Uhr und n.V., T 0212/232425
- **Müngstener Brücke:** über 100 Jahre

Regelmäßige Veranstaltungen

Marktfest (Mai) – Museumsfest Klingenmuseum (Sommer) – Brückenfest (immer WE Ende Sommerzeit, alle Stadtteile) – Zöppkesmarkt, großer Trödelmarkt und Volksfest (2. WE September) – Handwerkermärkte auf Schloss Burg (Ostern, Herbst, Adventszeit, Weihnachten)

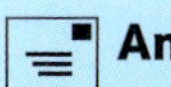

Anschriften:

Stadtinformation, Mummstr. 10, 42651 Solingen, T 0212/19433 und 290-2152, 290-2288, F 0212/3209; Touristtelefon 0212/19433; www.solingen.de stadtinfo@solingen.de

altes Monument aus Stahl, seit 1897 mit 107 Metern die höchste Eisenbahnbrücke Deutschlands (über die Wupper), verarbeitet 5.000 Tonnen Eisen und Stahl in drei Jahren für 5 Mio. Reichsmark

Marktplatz mit Klosterkirche

Wege in der Umgebung:

Drei Rundwanderwege Gräfrath (3, 7 und 6 km), Ausgangspunkt P Lützowstraße; Infoblatt ⓘ Stadtinformation T 0212/19433, F 0212/290-2288; der landschaftlich reizvolle „Klingenpfad" führt rund um Solingen auch zu ehemaligen Produktionsstätten der Schneidwarenindustrie; „S" Kennzeichnung des Wanderweges. „Rund um die Müngstener Brücke" drei Wanderungen von 5, 6 oder 8 km; Sengbachtalsperre: 1903 fertig gestellt, 3 Mio. qm Wasser, Mauer 43 m hoch, 178 m lang; Zuflüsse sind der Sengbach und der Brucher Bach; Histor. Dampfzüge an zwei Tagen ab Bf S-Ohligs ⇛ RS-Lennep ⇛ W-Oberbarmen ⇛ S-Ohligs

Ausgangspunkt Lützowstr. bis Tierpark Fauna (drei Alternativen: A1 3 km, A 2 7 km, A 3 6 km), Faltblatt über Touristinformation

Wupper-Kanu Touren, ⓘ Th. Becker, T 0212/2642705

Stolberg

Kupferstadt und gelebte Geschichte

Stolberg liegt im Dreiländereck von Deutschland, Belgien und den Niederlanden. Das Vichttal in der Nordeifel gehört wie die Stadt zum Kreis Aachen. Die Stadt ist heute mit ca. 60.000 Einwohnern die bevölkerungsreichste Stadt des Kreises Aachen.

Stolberg ist eine der wenigen erhaltenen alten Industrieansiedlungen, in deren dichte Wohnbebauung eine große Zahl historischer Manufakturgebäude (ehem. Kupferhöfe) eingestreut ist. Die überregionale Bedeutung der Altstadt gründet sich nicht nur auf die Dokumentation der frühen Industrieansiedlung, sondern auch in Bezug auf die Sozial und Baugeschichte. 150 Jahre nach der Verleihung der Stadtrechte wird Stolberg durch die Kommunale Neuordnung die größte Stadt des Kreises Aachen. Die waldreichen südlichen Stadtgebiete mit den Erholungsorten Schevenhütte, Gressenich, Mausbach, Vicht, Zweifall und Venwegen sowie die Talsperre Wehebach laden zur Erholung ein.

Geschichte

Die Geschichte von Stolberg ist aufgrund ihrer reichhaltigen Bodenschätze Galmei und Kalkstein von einer stetigen industriellen Entwicklung geprägt; schon Kelten und Römer verarbeiteten hier Eisen zu Waffen und Haushaltsgeräten.

Burg Stolberg

Stolberg – Kreis Aachen

von 160 m bis 483 m ü. NN

BAB 4 Anschlussstelle Nr.5 Eschweiler/Stolberg

DB Regionalexpress nach Stolberg, Regionalbahn Altstadt

Düsseldorf

S Aachen-Kornelimünster 8 km, **SO** Nideggen 35 km, **NO** Bedburg-Kaster 45 km

Bereits für das Jahr 1118 ist auf dem steilen Kalkfelsen im unteren Vichttal eine Burg bezeugt, denn ihren Namen verdankt die Stadt dem freien Reinardus von Stalburg. Die Burg wurde 1375 zerstört, 1448 wieder aufgebaut und im 16. Jh. zu ihrer heutigen Größe erweitert. Im Schutz dieser Burg bildete sich eine Siedlung, in der im späten Mittelalter die Eisenverhüttung das vorherrschende Gewerbe war. Mit der Neuzeit kam die Messingindustrie in den Ort. Vor allem der Aachener Schöffe Heinrich Dollart pachtete 1497 den nach ihm benannten Dollartshammer, um dort Eisen, Kupfer, Blei, Gold und Silber zu verhütten.

Der große Aufschwung der Stolberger Messingindustrie ist untrennbar mit der politischen Entwicklung in der Reformationszeit verbunden: als Aachen seine calvinistischen Kupfermeister vertrieb, bot Stolberg ihnen Schutz und Ansiedlungsmöglichkeiten. So breitete sich die Stolberger Industrie aus und konnte bereits Mitte des 17. Jh. die Aachener Konkurrenz überholen. Die Kupferhöfe – wie „Rosenthal“ (drei- oder vierflügelige Bruchsteinanlagen des 17./18. Jh.) oder „Grünenthal“ – , auf die Wasserkraft der Vicht angewiesen und entlang des Flusses angesiedelt, wurden von dem schnell wachsenden Ort umschlossen – Stolberg war zu einer mittleren Industriestadt angewachsen. 1719 siedelte sich noch die Tuchindustrie an, ab 1790 die Glasindustrie und schließlich auch ab 1880 die Zink- und Bleiindustrie. Dennoch wurden Stolberg erst 1856 die Stadtrechte verliehen. Die Ende des 19. Jh. verfallene Burg wurde von dem Fabrikanten Moritz Kraus in romantischer Rückbesinnung wieder aufgebaut und der Stadt Stolberg geschenkt. Zum Ende der Napoleonischen Herrschaft verlor die Monopolstellung Stolbergs als Industriestandort an Bedeutung; zwar ist die Stadt durch die neue Bahnstrecke Aachen – Ruhrgebiet seit 1852 an das industrielle Ruhrgebiet angebunden, doch 1859 gab es nur noch 20 Öfen mit einer relativ geringen Produktion. Dafür machte sich z. B. die Firma Mäurer und Wirtz mit ihren Seifenproduktionen einen Namen. Der produzierende Wirtschaftszeug war bis zum Ende des 20. Jh. prägend.

Sehenswertes beim Stadtrundgang

P Parkhaus Victor

Ob Spätgotik, Renaissance, Barock, Klassizismus oder Gründerzeit – Stolbergs Altstadt ist ein Eldorado für Freunde historischer Bauwerke, die Motive für zahlreiche Schnappschüsse für den Fotoliebhaber bieten.

1. Enkereiplatz mit Einblick in den Mühlteichgarben, einer ehem. Antriebsader für diverse Anlagen wie z.B. Mühle und Kupferhöfe.

2. Burg Stolberg (Eigentum der Stadt), urspr. eine Höhenburg und der Siedlungsursprung der Stadt. Um 1188 wird ein Ritter von Stalburg zuerst erwähnt, urspr. Sitz der Herren von Stolberg-Frenz-Setterich, seit dem 15. Jh. Besitz der Grafen von Jülich, die später andere Herrschaften belehnten. Die mehrfach zerstörte Anlage wurde immer unter Beibehaltung markanter Gebäudeteile wieder hergestellt (Pallas, Kemenate, Bergfried) und 1888 zu einem schlossartigen Wohnsitz umgestaltet. Beim Wiederaufbau 1951/53 wurden Um- und Einbauten des 19. Jh. teilweise entfernt und der mittelalterliche Kern herausgearbeitet. Seit den 1980er Jahren erfolgte der Umbau der Burg Stolberg zu einer öffentlichen Begegnungsstätte mit Wechselausstellungen. Von dem auf steilem Bergrücken über der Stadt gelegenen Burgkomplex gehören nur noch der zweigeschossige Palas mit seinem niedrigen westlichen Anbau (Kemenate), dem Torbau und dem daran anschließenden runden Nordwestturm sowie Teile der Umfassungsmauern der Anlage des 15.–16. Jh. an. Weitere erhaltene Teile: Erdgeschoss des Pallas mit Rittersaal, der Nordwestturm im Kern und das Sockelgeschoss des Bergfrieds. Das Obergeschoss des Palas und die Blaustein-Fenstergewände stammen von dem Ausbau 1542/52.
Die verschiedenen Burghöfe sind unterschiedlichen Themen zugeordnet wie Brot backen, historische Kräuter, Außenbühne; in der Vorburg befindet sich das Handwerkermuseum (alte Handwerkstechniken).

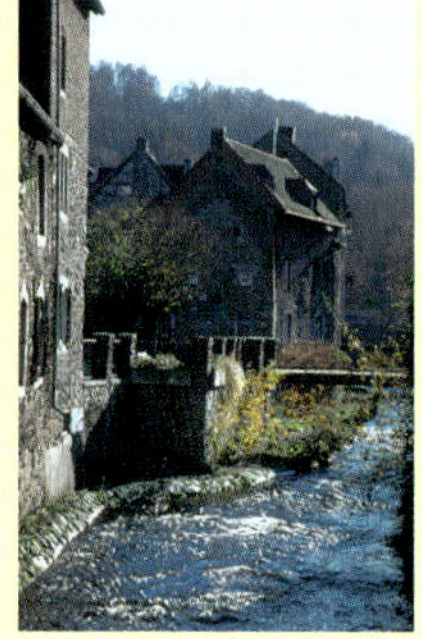

Vicht

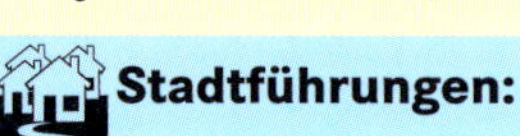

Stadtführungen:

Histor. Stadtführung jeden 1. Samstag im Monat am „Faches-Thumesnil-Platz“ (Parkplatz Katzhecke unterhalb der Burg); histor. Spaziergang zu den Kupferhöfen jeden 3. Samstag im Monat ab Ecke Salmstraße/Auf der Mühle um 15 Uhr ⓘ Amt für Wirtschaftsförderung und Kultur, Rathausstr. 44, T 02402/76683-14

3. Terrassenanlage Vogelsang: Ehem. Terrassen für die Trocknung der Stolberger Tuchindustrie, einer Nachfolgenutzung der Messingproduktion.

4. Ev. Kirche Vogelsang: Saalbau mit dreiseitigem Chorschluss von 1647/48 mit Tonnengewölbe, innen ein Altar-Kanzel-Orgelprospekt aus der Erbauungszeit. Grabsteine des 17. bis frühen 19. Jh.

5. Seifenhof: hier wurde ein Seitenflügel aus dem ehem. Dreiseitshof (1. Hälfte 18. Jh.) erhalten, eine ehem. Seifensiederei, die auch als Nachfolgenutzung aus der Messingproduktion hervorging.

6. Kupferhof Rose: Ende des 18. Jh. erbaut, um 1870 mit einer Putz- und Stuckfassade überformt. Heutige Nutzung: Kunsthandwerkerhof mit Ateliers und Wohneinheiten für die Künstler.

7. Kath. Pfarrkirche St. Lucia, am Fuß der Burg: dreischiffige Basilika aus Bruchstein erbaut im 19. Jh. mit Westturm (Untergeschosse aus dem 18. Jh.)

8. Ev. Kirche auf dem Finkenberg: Turm von 1660/88, Kirchenschiff 1726 von Tilman Roland erbaut, Saalkirche aus Bruchstein mit fünfseitigem Chorschluss und hölzernem Spiegelgewölbe, sehenswert das Orgelgehäuse (17. Jh.), die Kanzel um 1700.

9. Kupfermeister-Friedhof auf dem Finkenberg: 1695 angelegt, 1761 erweitert, zahlreiche Grabdenkmäler der Stolberger Kupfermeister-Familien, u.a. Grabplatten des 17. und 18. Jh.

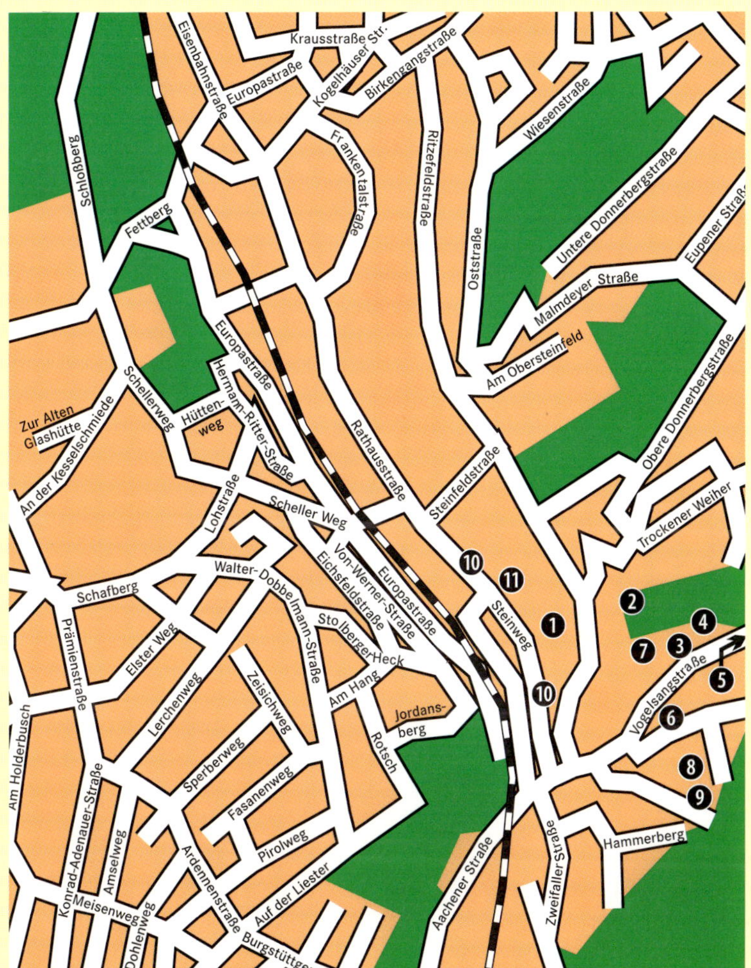

sowie einige klassizistische Monumente.

10. Steinweg: gründerzeitliche Verbindungsstraße zwischen Altstadt und dem zweiten innerstädtischen Pol, „Mühle“ mit den typischen Gründerzeitfassaden, in den 1980er Jahren als Fußgängerzone umgestaltet.

11. Kaiserplatz: Streng symmetrisch angelegter Platz der Gründerzeit (2. Hälfte 19. Jh.) mit ursprünglicher Platzrandbebauung, die allen zentralen öffentlichen Gebäuden Raum bot: Rathaus mit preußisch-klassizistischem Mitteltrakt von 1838, ehem. königlich-preußisches Postamt, ehem. Gymnasialbau, Amtsgericht, Grundschulgebäude mit streng preußischer Prägung und verschiedenen Villen. In den 50er Jahren des 20. Jh. als Parkplatz missbraucht; in den 1980er Jahren im Ursprungskonzept mit moderner Formensprache mit Kastanien, Linden, Blumenbeeten und Brunnenanlage neu gefasst.

Zusätzliche Informationen:

Museum in der Torburg (Bergbau, altes Handwerk, Kaffeerösterei) Ö: sa/so 14–18 Uhr, ⓘ 02402/81720 oder 82250
Museum Zinkhütter Hof für Industrie-, Wirtschafts- und Sozialgeschichte (Beispiel histor. Industriearchitektur mit Wasserkraft, Elektrizität, Zink, Aachener Nadel, Sozialgeschichte, histor. Persönlichkeiten), Ö: di–fr 14–18, sa/so 10–18 Uhr ⓘ 02402/90313-0

Insidertipps

Burg Stolberg – Kirche St. Lucia – Vogelsangkirche – Finkenbergkirche – Kupfermeisterfriedhof

Hotel+Restaurant „Burgkeller", Klatterstr. 12, T 02402/27272; „Due Ponti" im ehem. Kupferhof Schart, In der Schart 1, T 02402/25251; „Park-Hotel am Hammerberg", Hammerberg 11, T 02402/12340; Musik-Kneipe „The Savoy", Alter

Doppelhofanlage Schartschule

Burgkeller, ältestes Gebäude

Markt 2, T 02402/84278; Tradit. Kneipe „Museumsstübchen", Klatterstraße 25, T 02402/84482

Naturprodukte der „Kräuterhexen" (Heimat- und Handwerkermuseum); „Souvenirs aus Stolberg" (Burg und Rathaus)

Empfehlungen in der Umgebung

- **Breinig:** Straßenzug Alt-Breinig mit ca. 90 Bruchstein- und Fachwerkhäusern
- **Wehebachtalsperre** (Schevenhütte): erbaut 1977–1981, Höhe der Staumauer 49 m, Fassungsvermögen 15 Mio. cbm, Nutzung: Trinkwasser, kein Bade- oder Wassersport, aber Wandern, Radfahren; neue Lebensräume für Biber, Uhus, Mufflons. Führungen (Wasseraufbereitungsanlage) a. A. T 02471/17-116 oder -117
- **Prämonstratenserinnenkloster Wenau:** verwunschene Bruchsteinanlage seit 800 Jahren (Sakrale und Sonder-Ausstellungen, Konzerte); ⓘ 02403/4090
- **Langerwehe:** bekannter traditioneller Töpferort mit mehreren Keramikwerkstätten und Töpferei-Museum mit rund 1.000-jähriger Geschichte der einheimischen „Döppelbäcker"

Anschriften:

Stadt Stolberg, Amt für Wirtschaftsförderung und Kultur
Rathausstraße 44, 52222 Stolberg,
T 02402/76683-13, F 02402/76683-10,
www.stolberg.de
info@stolberg.de

Regelmäßige Veranstaltungen

Kunst rund um (August) – Stadtfest (letztes WE im September) – Kupferstädter Weihnachtstage mit Kunstwerk (Adventszeit)

Blick in die unteren Burghöfe

Wege in der Umgebung:

Naturkundliche Führung im Waldgebiet Solchbachtal, Waldlehrpfad 4,3 km mit Informationstafeln und Hinweisschilder, Start: Forsthaus in Zweifall, ⓘ 02402/71729

Kaiserroute von Aachen nach Paderborn; Wasserburgenroute, Abschnitt Aachen – Düren ⓘ Die schönsten Radtouren, Grenz-Echo-Verlag Eupen

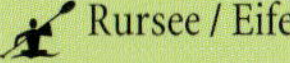
Rursee / Eifel

besondere Strecken zum „Cruisen" in der Eifel

Stolberg-Breinig

Perle des Münsterländchens

Breinig liegt südöstlich von Aachen im Zentrum der Nordeifel. Es ist umgeben von weitläufigen Wiesen und Heidefluren. Ehemals wurden in Breinig Erze abgebaut. Mit der kommunalen Reform wurde Breinig ein Ortsteil der Stadt Stolberg (ca. 7. km entfernt); in diesem Stadtteil steht der Straßenzug „Alt Breinig" und besonders zwei weitere Straßen (Winter- und Essiger Straße) mit Bruchstein- und Fachwerkhäusern – insgesamt 90 Bauten – unter Denkmalschutz.

Breinig besticht durch seine einzigar-

Typische Winkelhofanlage

Stolberg-Breinig – Kreis Aachen

- von 220 m bis 300 m ü. NN
- BAB 4 Anschlussstelle Nr.5 Eschweiler/Stolberg (ca. 14 km); BAB 44 Anschlussstelle Nr. 3 Aachen/Brand (ca. 9 km)
- DB Regionalexpress nach Stolberg Hbf; Euregiobahn bis Stolberg-Mühlener Bhf, umsteigen in den Bus
- Düsseldorf, Köln/Bonn oder Aachen/Maastricht
- **S** Aachen-Kornelimünster 8 km, **SO** Nideggen 35 km, **NO** Bedburg-Kaster 45 km

tige, fast ursprünglich belassene Siedlungsstruktur, die durch die architektonische Homogenität des Straßendorfs zu einem bauhistorischen und siedlungsgeschichtlichen Kleinod geworden ist.

Geschichte

Die Geschichte Breinigs reicht bis in die keltoromanische Zeit zurück. Ihren Namen erhielt die Siedlung von den Römern: Breinig ist von Britiniacum (= Wohnort des Britinus) abgeleitet. Archäologische Funde belegen, dass die römische Heerstraße von Gallien nach Köln durch das Dorf verlief.

817 übereignete Ludwig der Fromme seinem Freund und Berater Abt Benedikt von Aniane karolingisches Landgut. Darauf erfolgte eine Klostergründung, aus der später die freie Reichsabtei Kornelimünster hervorging. Breinig wurde Teil dieses Besitzes, des sog. „Münsterländchens". Landwirtschaft gründete sich nun auf Lehnshöfen (u.a. „Hof auf der Heiden" 1489 und „Hof am Steg"), die sich am Rand des Dorfes ausbreiteten; die Erze wurden durch klosterabhängige Unternehmensfamilien abgebaut. Eine erste schriftliche Erwähnung Breinigs stammt von 1303: In einer Urkunde sind zwei Breiniger Bürger als Bürgen genannt. Die Einwohner Breinigs lebten von Erzverarbeitung und Bergbau: auf kleinen Parzellen wurde nebenher für den Eigenbedarf Landwirtschaft betrieben. Am „Schlangenberg" waren zeitweilig bis zu 500 Erzarbeiter im Einsatz; an der Breinigerheide wurde noch bis 1922, wenn auch in geringem Umfang, Eisenerz gewonnen.

Während des Dreißigjährigen Krieges

Zeichnung: Günther Dodt, Stolberg

wurde Breinig Durchzugsgebiet plündernder Truppen; der Widerstand der Einheimischen mündete 1648 in den Kampf gegen Soldaten des Herzogs von Lothringen, neun Breininger fanden den Tod.

Die folgenden Jahrzehnte waren durch wirtschaftliche Stagnation gekennzeichnet; erst in der zweiten Hälfte des 18. Jh. setzte ein wirtschaftlicher Aufschwung ein – die Nähe Stolbergs machte sich bemerkbar.

Mit der Besetzung des Landes durch französische Revolutionstruppen 1794 wurde die Region völlig umstrukturiert; 1815 ging das Land an Preußen über. Erst mit dem Bau der Bahnlinie von Walheim nach Stolberg 1889 entwickelte sich der Ort weiter.

Im 20. Jh. und vor allem nach 1945 entstand hier das neue Zentrum des Ortes; die alte Ortsmitte mit dem Zentrum an der Kirche und die Straße Alt-Breinig gerieten in eine Randlage.

Sehenswertes beim Stadtrundgang

P am südwestlichen Teil der Straße Alt Breinig, nahe dem Friedhof und der Kapelle

1. Die **Hauptstraße Alt Breinig** verläuft auf derselben Trasse wie der Römerweg.
Auf dem **Friedhof** fällt ein „Hochkreuz" aus der 2. Hälfte 19. Jh. auf – ein Blausteinkreuz, vor dem Kreuz eine Monstranzkonsole.
Sehenswert sind die historischen Bruchsteinhäuser (Typ: Aachener Bauernhaus) im Ortskern beiderseits der Kirche. Im geschwungenem Verlauf folgen zahlreiche Häuser der Winkelhofanlagen, eine signifikante Arbeiter- und Bauernsiedlung der Feudalzeit. Hier ist das Haus mit dem Ein-Raum-tiefen und quer erschlossenem Grundriss die Regel, ein Typus, der fast ausschließlich giebelständig zur Straße hin angeordnet ist. Windabgewandt liegt der Eingang. Die Küche liegt in der Mitte von drei Räumen, die auch mit einem Kamin die Stube (nach vorn) erwärmte. Der Stall lag zur Rückseite hin. Eine Spindeltreppe führte zu den Kammern im Obergeschoss und eine Steintreppe in den Keller.
Viele Häuser entwickelten sich zu größeren Anlagen indem Winkeltrakte angefügt wurden. Ursprünglich waren die Häuser Fachwerkbauten, die nach dem Dreißigjährigen Krieg zurück gingen und deren Untergeschosse, später aber auch alle Teile „versteinerten". Nur noch Scheunen sind heute als reine Fachwerke zu sehen. An den Häusern sind Schmuck und Zierrat nur an den Tür- und Fenstereinfassungen (Korbbogen- oder Segmentbogenstürze), Lampengefache oder Blausteingewänden zu entdecken; Tor-/Türkeilsteine oder Türstürze verraten das Baujahr.

Alt-Breinig

2. Im Bereich der **Kath. Pfarrkirche St. Barbara** ist der Straßenverlauf mit angerartiger Aufweitung geschwungen. Der neugotische Sakralbau stellt sich als dreischiffige Bruchsteinhalle mit Chor, Sakristeien in den Chorwinkeln und Westturm dar; 1852–1855 von dem Schinkelschüler Johann Peter Cremer (unter Druck des Kölner Erzbischöflichen Generalvikariats und dessen Gutachter Vincenz Statz gab er klassizistische Entwürfe ab) baute aber im eigentlich „kirchlichen", dem „gotischen" Stil anstelle des Vorgängerbaus von 1731. Sie verkörpert den sog. „Nazarener Stil" und ist deshalb einen Besuch wert.

3. Die **Winterstraße,** in der Verlängerung von Alt Breinig, eine Verbindung nach Stolberg-Zweifall zeigt infolge eines Erdbebens eine lockere Bebauung mit neueren Baustilen.

4. **Essiger Straße/Entengasse** (Nr. 17): Hier findet sich der Urtyp des Aachener Bauernhauses mit Anordnung Stube-Küche-Stall.

5. Die **Wilhelm-Pitz-Straße** hat ihren Namen nach einem Breiniger Musiker (1897 geb.); sie wurde 1806/07 ohne Fortführung der Straße zu einem Platz erweitert. 1864 wurde eine Schule gebaut.

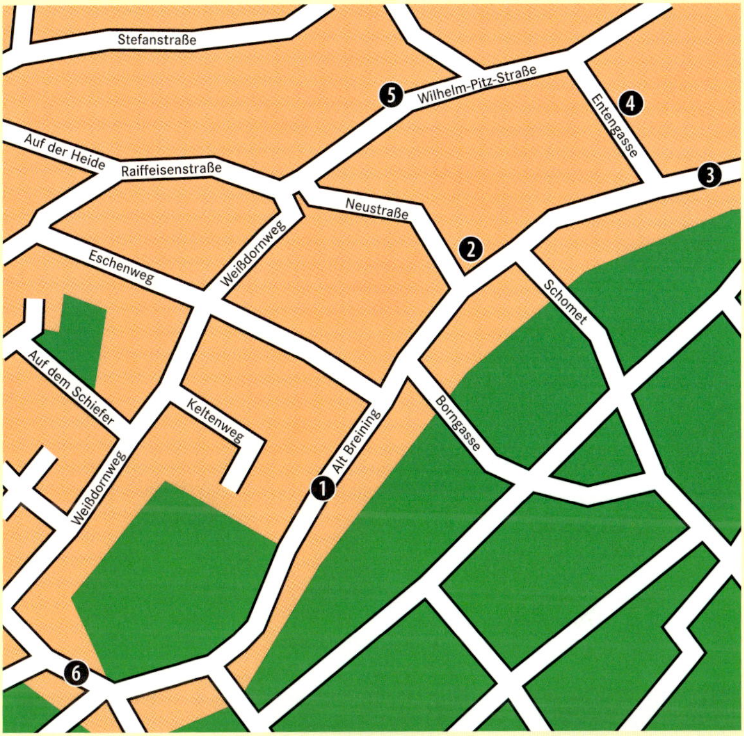

6. Stockemer Straße: erhalten blieben u. a. drei giebelständige Häuser (1806/08) und am südlichen Ende die Hofanlage, ein ehem. abteiliches Ritterlehen als Dreiflügelanlage (davon der Wohnteil in klassizistischen Formen). Der Südflügel ist der älteste Bestand (Anker 1719, Wappenstein 1772); der dreigeschossige Wohnturm wurde 1935 abgebrochen.

Zusätzliche Informationen:

Galerie Pitz, Wilhelm-Pitz-Straße
Steinmetzbetrieb Hennecken, Alt-Breinig

Insidertipps

besonders der Straßenzug „Alt Breinig" – Kath. Pfarrkirche

„Zur Treppe", Alt Breinig 59, T 02402/30881; „Zum Rasch", Auf der Heide 2, T 02402/3406; „Stille Liebe", Entengasse 2, T 02402/30225

„Breiniger Krüstchen", Brot aus tradit. Bäckerei

Empfehlungen in der Umgebung

■ **Infozentrum des Naturschutzgebietes „Schlangenberg",** bes. für Geologen und Ökologen, früheres Erzabbaugebiet, Galmeiveilchen! ⓘ 02402/30193

Detailansicht

Innenansicht eines restaurierten Hofes

■ **Naturkundlicher Lehrpfad** – durch das Münsterbachtal, Münsterbusch und das Gedautal: auf 32 Tafeln großformatige Erklärungen über das Lebensmosaik der Natur und Naturschutzgebiet „Breiniger Berg" mit 370 verschiedenen höheren Pflanzenarten ⓘ 02402/13239

■ **Wehebachtalsperre:** erbaut 1977–1981, Höhe der Staumauer 49 m, Fassungsvermögen 15 Mio. cbm, Nutzung: Trinkwasser, kein Bade- oder Wassersport, aber Wandern, Radfahren. Führungen (Wasseraufbereitungsanlage) a. A. T 02471/17116 oder 117

Anschriften:

Stadt Stolberg, Amt für Wirtschaftsförderung, Werbung und Tourismus, Rathausstr. 11–13, 52222 Stolberg, T 02402/13-499, F 13-362, www.stolberg.de info@stolberg.de

Regelmäßige Veranstaltungen

„Kunst und Breinig" (alle 2 Jahre, wahrscheinlich 2004)

Bewohner „Alt-Breinig"

Wege in der Umgebung:

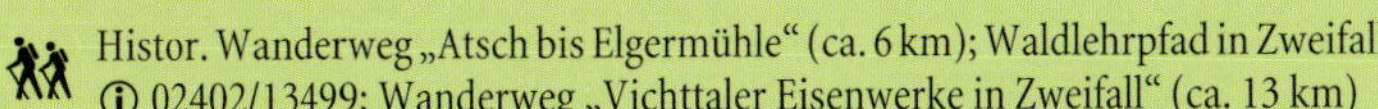

Histor. Wanderweg „Atsch bis Elgermühle" (ca. 6 km); Waldlehrpfad in Zweifall ⓘ 02402/13499; Wanderweg „Vichttaler Eisenwerke in Zweifall" (ca. 13 km)

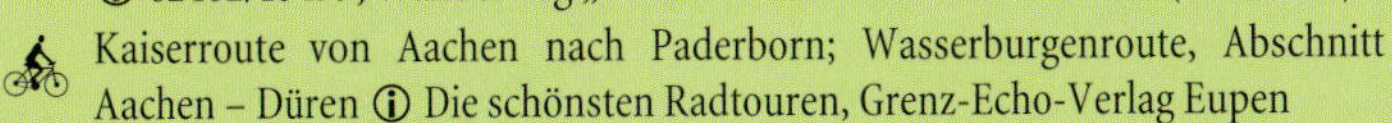

Kaiserroute von Aachen nach Paderborn; Wasserburgenroute, Abschnitt Aachen – Düren ⓘ Die schönsten Radtouren, Grenz-Echo-Verlag Eupen

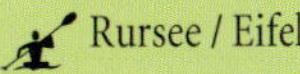

Rursee / Eifel

vor allem Strecken zum „Cruisen" in der Eifel

Register

Aachen-Kornelimünster
Korneliusmarkt / Benediktusplatz 262
Propsteikirche 262
Reichsabtei, ehemalige 263
Varnenum 261, 264

Arnsberg
Klassizismusviertel 126
Kloster Wedinghausen 126
Landtag des Herzogtums Westfalen im Alten Rathaus 125, 126
Oberfreistuhl der Feme 127
Schlossberg 125, 126

Bad Berleburg
Ludwigsburg 132, 133
Schloss Berleburg 132
Schlosspark 132
Stadtkirche 132
Wohnhaus Am Goetheplatz 6 133

Bad Berleburg-Elsoff
Brückenstraße 139, 140
Ev.-ref. Dorfpfarrkirche 138
Jakobstraße 140
Jüdischer Friedhof „Unterm Heiligenberg“ 139
Vogteistraße 139

Bad Münstereifel
Apotheken-Museum 270
Radioteleskop 271
Römische Kalkbrennerei 271
Stiftskirche 268
Windeckhaus 269

Bad Salzuflen
Brandes´sche Apotheke 14
Gradierwerke 15
Haus Backs 14, 15
Historisches Rathaus 14
Salzhof 14

Bedburg-Kaster
Alt-Kaster: historischer Ortskern mit Naherholungsgebiet 194, 195
Grottenhertener Windmühle 197
Historische Stadtmauer in Alt-Kaster 194
Schloss Bedburg 197
Wassermühle in Alt-Kaster 194

Bergneustadt
Ev. Stadtkirche 274
Haus Hauptstraße 30 274
Krawinkel-Villa, Hauptstraße 9 275
Wallstraße 1, Heimatmuseum 274, 275
Wallstraße 15/17 275

Blomberg
Altes Amtshaus 21
Burg Blomberg 21
Ehemalige Klosterkirche 20
Niederes Tor 20
Rathaus 20

Brakel
Alte Waage 27
Kapuzinerkirche 26
Pfarrkirche St. Michael 26
Rathaus 26
Rolandsäule 26

Dahlem-Kronenberg
Ferienpark Kronenburger See 283
Flugplatz Dahlemer Binz 283
Kronenburg 280, 281
Kronenburger See 283
Malerschule Kronenburg 282

Detmold
Adlerwarte Berlebeck 34
art kite museum 34
Externsteine 34
Hermannsdenkmal 34
Westfälisches Freilichtmuseum 34

Düsseldorf-Kaiserswerth
Barbarossawall 201
Fliednerhof und Fliednerkirche in der Fliednerstraße 200
Kaiserpfalz an der Burgallee 200
Romanisches Haus, Suitbertus-Stiftsplatz 200
St. Suitbertus, Suitbertus-Stiftsplatz 200

Freudenberg
Altstadt „Alter Flecken" 150
Altes Rathaus 150
Ev. Kirche Oberholzklau 152
Scheunengruppe Achenbach 150, 153
Stadtmuseum 151

Hattingen
Altes Rathaus 206
Bügeleisenhaus 206
Häuser Kirchplatz 206
St. Georgskirche 206
Zollhaus 207

Hattingen-Blankenstein
Burg Blankenstein 212
Freiheit Blankenstein 213
„Gethmannscher Garten" 213
Haus Kemnade 214
Stadtmuseum 212

Hellenthal-Reifferscheid
Bergfried 286
Besucherbergwerk „Grube Wohlfahrt" 288, 289
Matthias-Tor 286
Pfarrkirche St. Matthias 286
Wildgehege 288

Hennef – Stadt Blankenberg
Burganlage 292
Harmonium-Museum 294
Kirche St. Katharina 292
Turmmuseum im Katharinenturm 294
Weinwanderweg 295

Herten-Westerholt
Brandstraße 218
Freiheit 218
Mühlpforte 218
Schloss Westerholt 218. 219
St. Martinus Kirche 218

Horn-Bad Meinberg
Bad Meinberg 47
Burg Horn 44
Externsteine 44
Rathaus 44
Von Kotzenbergscher Hof (Hotel Vialon) 44

Höxter
Alte Stadtmauer 38
Dechanei 38
Haus Schäfer 38
Rathaus 38
St. Kilianikirche 39

Hückeswagen
Pauluskirche 298
Schloss mit Heimatmuseum 298
Talsperren 301
Tuchindustrie 298, 299
Weberdenkmal 299

Kalkar
Kalkar-Grieth 226
Rathaus 224
Stadtwindmühle 224
Städtisches Museum 224
St. Nicolai 224

Kempen
Alte Schulstraße 230
Kulturforum
Franziskanerkloster 231
Kurkölnische Landesburg 231
Propsteikirche 230
Turmmühle 230

Korschenbroich-Liedberg
Haag 236
Mühlenturm 236, 237
Sandbauernhof 237
Schloss Liedberg 236
Schlosskapelle 236

Krefeld-Linn
Burg Linn 242
DeutschesTextilmuseum 244
Greiffenhorst-Schlösschen 245
Kurfürstliche Ross- und
Wassermühle 242
Landschaftsmuseum 244

Lemgo
Hexenbürgermeisterhaus 51
Junkerhaus 50
Kirche St. Marien 51
Rathaus 50
St.-Nicolai-Kirche 51

Lippstadt
Altes Rathaus 156
Marienkirche 156
Nicolaikirche 156
Stadtpalais 156
Stiftsruine 156

Lügde
Brückentorturm 56
Ehemaliges Franziskanerkloster 56
Hintere Straße 86
(Heimatmuseum) 57
Kilianskirche 57
Kirche St. Marien 56

Mechernich-Kommern
Burg Kommern 304
Gielsgasse 3 304
Kirchberg 304
Kölner Straße 304
Mühlengasse 304

Meschede-Eversberg
Burgruine 162
Heimatmuseum 163
Historisch
Fachwerkgebäude 162, 163
Pfarrkirche St. Johannes 162
Rathaus 162

Minden
Alte Münze 62
Dom St. Petrus 62, 63
Historisches Rathaus 62
Museumszeile 62
Preußen-Museum NRW 64

Monschau
Burganlage 310
Das Rote Haus 310, 311
Evangelische Kirche 311
Haus Troistorff 310
Marktplatz mit kath. Aukirche 310

Nideggen
Burganlage 316
Dürener Tor 316
Luftkurort Nideggen 314
St. Johannes-Baptist 316
Zülpicher Tor 317

Nieheim
Altes Rathaus 68
Holsterturm 69
Kumpgewölbe 68
St. Nikolaus Kirche 68
Weberhaus 68

Remscheid-Lennep
Ev. Stadtkirche 322
Geburtshaus des Wilhelm
Conrad Röntgen 322
Klosterkirche 322
Mollsche Fabrik 322
Röntgen-Museum 322

Rheda-Wiedenbrück
Franziskanerkloster 88, 89
Heimatmuseum 89
Marktplatz Wiedenbrück 88
St. Aegidiuskirche 88
Wasserschloss Rheda 89

Rietberg
Bartscher-Haus 94
Ehemalige Klosterkirche
St. Katharina 94
Heimathaus 94
Historisches Rathaus 94
St. Johannes-von-Nepomuk-Kapelle
und Johannesweg 95

Schieder-Schwalenberg
Barockschloss Schieder 77
Burg Schwalenberg 75
Evangelisch-reformierte Kirche 74
Rathaus 74
SchiederSee 77

Schleiden-Olef
Kath. St. Johann Baptist
Pfarrkirche 328
Kneipp-Kurort Gemünd 330
Oleftalsperre 330
Schleidener Schloss 330
Walderlebniszentrum 330, 331

Schmallenberg
Alter Friedhof 168
Bürgerhaus Schenk 168
Kapelle Auf dem Werth 168
Kath. Pfarrkirche St. Alexander 168
Stadtarchiv 168

Siegen
Altes Telegraphenamt 174
Martinikirche 174
Nikolaikirche 174
Oberes Schloss 174, 175
Unteres Schloss 174

Soest
Pilgrim-Haus 181
St. Maria zur Höhe „Hohnekirche“ 180
St. Maria zur Wiese „Wiesenkirche“ 180
St. Patrokli 180
Wallanlage 180

Solingen-Gräfrath
Deutsches Klingenmuseum 334
Evangelische Kirche 334
Klosterkirche 334
Marktbrunnen 334
Museum Baden 335

Steinfurt-Burgsteinfurt
Altes Rathaus 100
Bagno-Park 102
Historischer Stadtrundgang 101
Schloss Steinfurt 100
Stadtmuseum 102

Stolberg
Burg 340
Ev. Kirche Vogelsang 340
Kirche St. Lucia 340
Kupferhöfe 340
Kupfermeister-Friedhof 340, 341

Stolberg-Breinig
Bruchsteinhäuser Typ „Aachener Bauernhaus“ 346
Kirche St. Barbara 346
Schlangenberg 348
Straßenzug „Alt Breinig“ 346
Winkelhofanlage 346

Tecklenburg
Freilichtbühne 108
Wasserschloss
Haus Marck 107
Burg 106
Legge 106
Puppenmuseum 106, 107

Velbert-Langenberg
Alte Ev. Kirche 248
Bismarckturm 250
Bürgerhaus 248
Kath. Kirche St. Michael 249
Oberstes Pastorat 248

Wachtendonk
Burgruine 255
Gotische Kirche 252, 254
Pulverturm 254
Rathaus 254
Weinstraße 20 254

Warburg
„Eisenhoithaus“ 81
Haus Böttrich 80
Haus zum „Stern“ 80
Rathaus 80
Rondell 81

Warendorf
„Gadem Zuckertimpen“ 112
Hanse 111, 112
Landgestüt 114
Pferde 110, 111, 114
Schweinemarkt 112

Werl
Wallfahrtsbasilika 186
Patrizierhaus der Familie von Papen, Stadtbücherei 186
Krämergasse 186, 188
Propsteikirche 188
Haus Rykenberg 188

Werne an der Lippe
Altes Steinhaus 119
Historisches Rathaus 118
Jüdischer Friedhof 119
Kloster und Kirche 118
Pfarrkirche
St. Christophorus 118